书山有路勤为径，优质资源伴你行
注册世纪波学院会员，享精品图书增值服务

GUIDE FOR BODY OF
KNOWLEDGE LEARNING AND
PRACTICE OF PRODUCT MANAGERS

产品经理知识体系
学习与实践指南

产品与创新管理智库 著

电子工业出版社·
Publishing House of Electronics Industry
北京·BEIJING

图书在版编目（CIP）数据

产品经理知识体系学习与实践指南 / 产品与创新管理智库著. —北京：电子工业出版社，2019.10
ISBN 978-7-121-37482-1

Ⅰ．①产… Ⅱ．①产… Ⅲ．①企业管理－产品管理－指南 Ⅳ．①F273.2-62

中国版本图书馆 CIP 数据核字(2019)第 211902 号

责任编辑：刘露明
印　　刷：北京盛通数码印刷有限公司
装　　订：北京盛通数码印刷有限公司
出版发行：电子工业出版社
　　　　　北京市海淀区万寿路 173 信箱　　邮编 100036
开　　本：880×1230　1/16　印张：18　　字数：471 千字
版　　次：2019 年 10 月第 1 版
印　　次：2024 年 4 月第 21 次印刷
定　　价：80.00 元

凡所购买电子工业出版社图书有缺损问题，请向购买书店调换。若书店售缺，请与本社发行部联系，联系及邮购电话：(010) 88254888，88258888。
质量投诉请发邮件至 zlts@phei.com.cn，盗版侵权举报请发邮件至 dbqq@phei.com.cn。
本书咨询联系方式：(010) 88254199，sjb@phei.com.cn。

产品与创新管理智库

推荐序一

科技创新是一国经济增长和社会进步的关键。中国人民共和国成立七十周年、改革开放四十年，我国的产业创新从跟踪模仿学习到自主研发，从自主研发到自主创新、开放创新、协同创新并举，不断实现突破和举世瞩目的成就。载人航天、超级计算等面向国家重大需求的战略高技术领域持续取得重大突破，高速铁路、第四代核电、新一代无线通信、超高压输变电等面向国民经济主战场的产业关键技术迅速发展成熟，基于互联网的电子商务、电子政务系统日益完善，中国正成为一个伟大的创新型国家。

但与建成世界科技强国的要求相比，我国科技创新能力建设的工作还十分艰巨，表现在卡脖子技术仍然制约着企业的可持续发展，颠覆性技术创新尚不足，原始创新能力更待提升。为此，我们必须继续学习欧美在科技管理发展的成功经验，特别是产品创新能力建设方面的成功经验。

创新固然是一个复杂的非线性的互动过程，但正如我国的创新领先企业华为公司所体会到的，"创新不是一个随意的布朗活动，创新是可被管理的"。因此，企业不仅要重视创新，也要重视创新管理，特别是新产品创新的管理，这对于真正落地创新发展战略，培育一批高素质的创新企业极为关键。

《产品经理知识体系学习与实践指南》一书为各位读者提供了新产品创新管理的较为完整的知识体系，并配备了国内外的成功案例，这对于进一步学习新产品创新的管理体系，提升新产品创新管理队伍的建设，培养更多的创新管理人才，将产生较高的价值。

陈劲

清华大学经济管理学院教授，清华大学技术创新研究中心主任

推荐序二

在这金秋送爽、硕果累累的时节，接到国际人才交流基金会的邀请为本书做序，深感荣幸的同时亦觉得责任重大。消费电子行业诞生及发展至今的短短几十载峥嵘岁月，凝聚着国内一代代产品研发人员的青春和激情。从最早的联想 1+1 家用电脑到现在百花齐放的智能电子设备，从摸着石头过河搞产品到现在开始广泛传播 NPDP 理念，事物的发展总是有其内在的规律的。正本溯源，做正确的事并用正确的方法做事，是时代大潮中对行业可持续性发展的基本要求。成功的产品和成功企业告诉我们：新品研发道路千万条，思维意识转变第一条。

著名的硅谷超级天使投资人戴夫·麦克卢尔曾言，客户不关心你的技术，只关心自己的问题是否被解决。在新产品"孕育孵化"的过程中，我们往往会面临来自不同维度的挑战，需要我们在多维度的边界条件中去定义每个产品可能面对的场景，在这些场景中统筹分析并给出合理决策，这些决策最后又形成了某个时期内既定的对策及方法论。客观地说，过去的 20 年，国内大多数企业都在从做技术转向做产品的变革中寻求企业发展的答案，又在不同的层次理解这个答案。现在普遍认为，以客户为中心（Customer Oriented）就是这个答案。如何通过系统工程来诠释这个答案，就是摆在每个企业面前的具体实践要求。

本书可以帮助从事新产品研发管理的专业人士系统性学习新产品开发知识体系，从抽象的专业术语和高度概括总结的方法论中能够对一些概念进行展开和细化，更可喜的是本书通过各类案例、实践和数据来实例化这些概念，让我们获得各种工具书中找不到的信息，更好地理解和掌握新产品研发的知识。

须向各位读者提及的一点是，这些新产品研发过程所涉及的要素并不是解决问题的"0 到1"的关系，我们更应该将其理解为"0 到 1 之间"的那些小数。这些要素充斥在我们的实际业务中，随着场景的变化对解决实际痛点起到不同的影响，需要我们把每个场景中那些最关键的要素识别出来，并且根据这些要素快速迭代解决痛点的措施，这是通过本书的知识和学习对我们实际自身业务水平进行赋能的"最后一公里"。所以，在阅读本书时，需要回归到自己的业务中，融入自己的实践场景，让《产品经理知识体系学习与实践指南》为我们插上翱翔的双翼。

袁康

联宝科技首席技术官，研发中心高级总监

目 录

0 导论

新产品开发是当代企业最具风险性但也是最重要的工作之一。如果以产品投放市场时间少于 3 年作为新产品的标准，统计数据表明，新产品对企业销售额的贡献已经惊人地占到了 27.3%。也就是说，企业超过 1/4 的收入来自企业 3 年前还没有销售过的产品。越来越多的企业在不断加大新产品研发投入，而新产品失败率超过 50% 的严酷事实也在不断挑战着每位企业家、投资人和产品开发者。

随着产业和技术变革快速推进，消费者需求不断变化，产品生命周期日益缩短，全球产品竞争不断加剧，数字经济广泛应用，这一切成为产品开发面临的新挑战。对于中国，当今世界的种种特点——全球化、保护主义，都表明中国梦的实现，不能单单靠"中国制造"，而必须走向"中国创造"。在这样的大环境中，产品管理日益成为国家、组织、企业、个人成功的必备能力。以华为企业为代表，大量中国企业已经做出了表率。通过在产品管理方面的努力，它们打造了一系列领先世界的产品，不但建立了自身的优势地位，也在寻找持续发展之路方面做出了有益的尝试。

那么，新产品失败的原因是什么？成功的关键因素是什么？有哪些最佳实践？国外围绕这一问题的调查和研究开始于 20 世纪 70—80 年代。SAPPHO 项目、NewProd 项目、美国生产力与质量中心标杆研究、美国产品开发与管理协会（Product Development Management Association，PDMA）的比较绩效评估研究 CPAS 以及普华永道、理特咨询、波士顿咨询公司的调查，都针对这一问题给出了相应的答案。这些答案的核心要点集中体现在了《产品经理认证（NPDP）知识体系指南》以及 PDMA 的系列丛书中。本导论对其加以综述，以帮助读者从整体上加以理解。

0.1　成功的新产品开发：关键要素

目前最权威的两个观点来源于 Cooper 教授的研究以及 PDMA 的调查。他们的调查和研究方法有一些共性：根据新产品开发对销售额的贡献度、上市产品成功率、开发周期等绩效度量指标，把企业分成最佳绩效企业和较差绩效企业，分别考察其在战略、组合管理、流程、组织结构、文化和开发工具等方面的不同。通过比较最佳绩效企业在哪些要素和实践上与较差绩效企业的不同，提炼出成功的新产品开发的关键要素。

1. Cooper 的观点

Cooper 先生从产品和企业两个层面提炼了新产品开发成功与失败的关键要素［详细内容可阅读《产品创新管理——战略、流程与体系（第 5 版）》（电子工业出版社）］。有关产品层面的因素参见表 0-1 和表 0-2。

表 0-1　新产品开发失败的 7 个原因

1. 模仿的或枯燥的新产品。产品本身就是错的！它无法激发顾客的兴趣：产品中没有对客户来说"令人惊叹"的元素，也没有具有吸引力的价值主张。
2. 薄弱的前端工作。尽管尽职调查（市场研究、技术评估、财务分析等）十分必要，但这项工作往往流于形式或者根本就没做。
3. 缺乏顾客信息以及市场洞察。产品特性或功能的定义应该来源于市场信息。现实情况则是，产品到了现场试用或者上市阶段时往往并不理想甚至是错的。
4. 产品规格不稳定和项目范围漂移。产品和项目的定义随着项目的推进不断发生变更，这成为项目延期的首要原因。
5. 项目团队有职能障碍，存在高高的职能墙。团队中缺失了来自关键职能部门的成员，选错了团队负责人，团队没有共同的愿景，团队成员缺乏责任担当，团队缺乏责任制。
6. 管道中有过多的项目（没有重点）。批准了过多的项目，导致没有重点，项目资源不足，人力过于分散；项目耗费时间过长，偷工减料，产品质量下降。
7. 缺乏能力、技能和知识。执行项目的人缺乏正确的技能、能力和知识。项目起初就不该被批准通过。

表 0-2　新产品开发成功的 8 个关键因素

1. 一个独特的、卓越的产品。差异化的产品能为顾客或用户带来独特的利益和有吸引力的价值主张，这是新产品获得成功的第一关键因素。
2. 基于客户声音。有一个市场驱动并以客户为中心的新产品流程，对成功至关重要。
3. 做好前期工作。开发前期的各种分析和调查，会在后期获得回报。这是成功者和失败者的区别所在。
4. 尽早获得清晰的产品和项目定义。避免项目范围蔓延和规格不稳定，将带来更高的成功率和更快的上市速度。
5. 螺旋式开发。通过构建、测试、反馈和修正，尽早将产品呈现在客户面前，有助于确保产品正确。
6. 做世界级新产品。一个针对国际市场的全球化产品或者全球本土化产品（全球概念，本土定制），能确保获得更多利润。
7. 精心构思并有效执行的上市工作，对新产品成功至关重要。一个完善的营销计划是上市工作的中心。
8. 加速！加快开发进程的方法有很多，但不能以牺牲执行质量为代价。

有关企业层面的关键因素见表 0-3。

表 0-3　企业新产品开发成功的 9 个关键因素

1. 新产品开发绩效卓越的企业，都有一个产品创新战略或技术战略，将业务聚焦于最佳战略领域，这也为创意、路线图和资源配置提供了方向。
2. 聚焦成功的业务。这些企业做更少的、却是更好的项目，拥有正确的开发项目组合。它们通过一个系统性的组合管理体系、在新产品从创意到上市流程中建立严格的通过/淘汰决策点，来实现这一目的。
3. 借助核心竞争力杠杆，对成功至关重要。在"陌生领域"进行的开发项目，即业务进入一个不熟悉的新领域（不熟悉的新市场或新技术），往往遭遇失败。协作开发和开放式创新有助于规避部分风险。

续表

4．瞄准有吸引力的市场。项目最好瞄准有吸引力的目标市场。市场吸引力是项目选择的重要标准。

5．资源必须充足。

6．设计一个正确的组织结构和团队设计是产品创新成功的主要动力。

7．擅长新产品开发的企业都有支持和加速创新的正确的企业氛围和文化。

8．高层管理者的支持虽不一定保证成功，但绝对能助一臂之力。许多高层管理者都忽视了这一点。

9．遵循一个多阶段的、规则严格的新产品门径管理流程的企业，比仅有一个临时流程或者没有流程的企业要好很多。

2．PDMA 的观点

PDMA 的比较绩效评估研究将所调查的企业分为两类：最佳企业和其他企业。从表 0-4 可以明显看出这两类企业在绩效上的差别。

表 0-4　最佳企业和其他企业的不同绩效

比　较　项	最佳企业	其他企业
新产品上市后的成功率（%）	82.2	52.9
新产品利润的达标率（%）	78.2	47.9
新产品占销售额的比重（%）	47.9	25.4
新产品占利润的比重（%）	48.5	25.0
1 个成功的新产品需要的创意数量（个）	4.5	11.4

在产品层面，PDMA 认为有 3 个关键成功因素：

（1）拥有一个独特的、卓越的产品。该产品有别于竞争对手的产品，能够为客户提供独特利益和卓越价值。

（2）瞄准一个吸引人的市场——不断增长的大型市场。该市场的利润率高，竞争不激烈，竞争阻力较小。

（3）利用组织内部的优势——组织在营销和技术方面的优势、能力及经验。这些是产品和项目赖以成功的基础。

这 3 个因素，是对新产品机会进行筛选和评估首先需要考虑的因素。

在企业层面，PDMA 将关键成功因素从 3 个方面进行了总结：做正确的事、正确地做事、良好的文化氛围和组织。具体内容如下。

（1）做正确的事

- 在每个项目上花更多的时间，但是做更少的项目；正确的项目，永远是成功的首要条件。
- 采用抢先上市战略。
- 建立全球性的市场和运营战略。
- 监控新技术。
- 认识到知识产权的重要性。
- 有清晰的组合管理战略。
- 促进正式的创意转化为生产的正式的实践。

（2）正确地做事。

- 使用更多的工程、研发与设计工具（关键路径、FMEA、精益新产品开发、TRIZ 等）。
- 使用定性的市场研究工具识别客户需求。
- 使用社交媒体收集信息。
- 有客户反馈系统。
- 使用确定的新产品开发流程，但也有灵活性。
- 高层管理者亲自参与。
- 聚焦开发团队和实践。

（3）良好的文化氛围和组织。

- 高层管理者亲自参与。
- 聚焦团队建设和实践。
- 使用跨职能团队。
- 有良好的认可和奖励机制。
- 支持外部合作——开放式创新。

上述关键成功因素，是理解产品经理认证（New Product Development Professional，NPDP）知识体系的重要考虑因素。

0.2　新产品开发管理：从流程到体系

从技术到产品、从创意到市场，是一个"风险—回报"的过程，如何更好地管控这个过程以降低风险，最早的尝试是设计一个阶段性递进流程。从 20 世纪 60 年代中期 Booz Allen 和 Hamilton 设计的六阶段流程，到后来的瀑布流程，再到 80 年代 Cooper 先生提出门径管理流程，阶段—关卡模型逐步走向成熟并得到了全球大部分企业的认同和应用。最佳绩效企业开发了一系列方法和工具来进行项目选择，严格的项目评审机制有助于确保项目资金用于正确的项目并有限降低开发风险。同时，研发者发现，研发资金在流程前后各阶段的投入是不均匀的，产品开发前期需求和产品定义不清晰对产品成功的影响巨大，使得模糊前端（Fuzzy Front End，FFE）的重要性凸显，市场工作在产品早期介入、尽早获得客户声音（Voice of Customer，VOC），进行更加深入的机会分析、客户调查及商业论证显得十分必要。

随着市场竞争的日趋激烈，越来越多的企业通过产品战略规划明确开发领域、方向，使得业务更加聚焦，产品更加针对差异化市场，借助核心竞争力来提升产品竞争力，并且通过组合管理、管道管理来实现资源的高效配置。在不断缩短开发周期（Time to Market，TTM）的压力下，并行工程（Concurrent Engineering，CE）得到了广泛的应用，越来越多的企业通过战略规划、组合管理、管道管理来实现资源的高效配置，通过技术平台开发与产品开发的并行来提高开发速度。PRTM 公司总结并提出了产品管理七大关键要素：决策评审、跨职能团队、结构化流程、开发工具、产品战略、技术管理、管道管理，在此基础上，IBM 公司提出了集成产品开发（Integrated Product Development，IPD）框架，通过多个跨职能团队将质量功能展开（Quality Function Development，QFD）等各种有效的新产品开发工具和实践应用于产品管理。华为公司 1999 年引入 IPD，并使之成为支撑华为新产品开发的主流程，这对于确保华为有效管理超过

1 000 亿元的研发投入并实现超过 7 000 亿元的销售额（2018 年年报数据），具有重要意义。

同时期，针对降低成本、减少浪费、提高客户价值等一系列目标，丰田公司在丰田生产系统的基础上提出了精益产品开发方法（Lean Product Development，LPD）及一系列开发准则，著名的 A3 方法有助于提高开发效率。针对开发中的不确定性、开发流程的灵活性和与用户交互的迫切要求，软件行业提出了敏捷宣言，Scrum 敏捷开发方法得到了广泛的应用，并进一步推动了门径管理发展出新的方法论——敏捷—门径管理。

近年来，在以客户为中心的开发、交互设计、客户定义价值、客户定义质量、业务模式创新等一系列理念的指导下，设计思维、六西格玛设计、商业模式创新、开放式创新等一系列方法论日益成熟。源于敏捷思想的精益创业理论（Lean Startup）通过最小可行产品（MVP）迭代、客户反复验证过程，将产品创新和初创企业成长有机地联系起来。

这里，我们用 Cooper 的钻石模型（见图 0-1），来理解新产品开发的关键成功因素是如何体现在新产品体系中的。

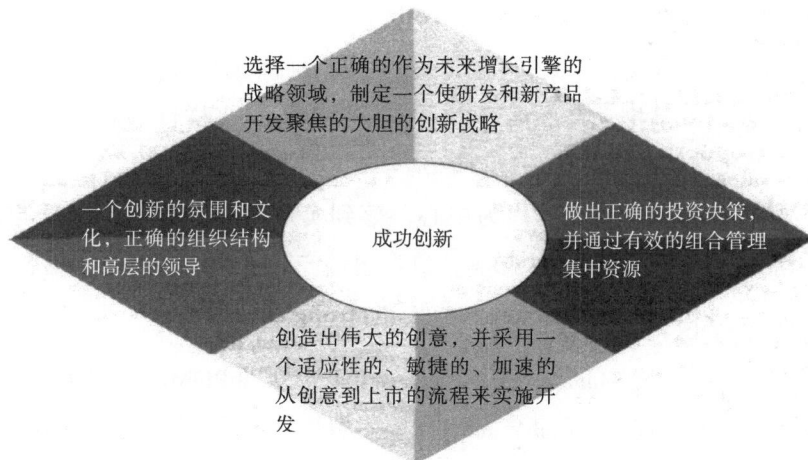

选择一个正确的作为未来增长引擎的战略领域，制定一个使研发和新产品开发聚焦的大胆的创新战略

一个创新的氛围和文化，正确的组织结构和高层的领导

成功创新

做出正确的投资决策，并通过有效的组合管理集中资源

创造出伟大的创意，并采用一个适应性的、敏捷的、加速的从创意到上市的流程来实施开发

图 0-1　钻石模型

我们还可以用图 0-2 来理解新产品开发体系中各种流程之间的关系。

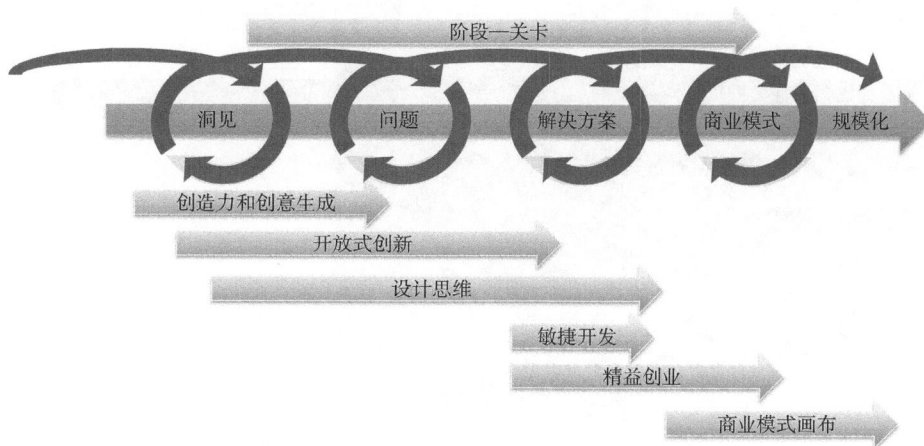

阶段—关卡

洞见　问题　解决方案　商业模式　规模化

创造力和创意生成

开放式创新

设计思维

敏捷开发

精益创业

商业模式画布

图 0-2　新产品开发体系中各种流程之间的关系

0.3 产品经理：角色与知识体系

1. 产品经理的角色

产品经理在国外出现于 20 世纪 20 年代，最初的角色主要是品牌经理（Brand Manager），后来，又出现了客户细分经理（Custom Segment Manager）、行业经理（Industry Manager）。发展到今天，产品经理要想真正满足客户的需求并创造价值，不仅要对品牌、产品的营销环节负责，其职能更进一步延伸到了产品生命周期的各个阶段，要对产品的孕育、创意、概念、开发、上市负责，以及对产品线和产品组合负责；不仅要对实体产品负责，还要对服务、解决方案负责，对客户的体验负责，对产品的运营和迭代负责。结合 PDMA 的定义，产品经理的角色主要体现在以下 3 个方面：

（1）产品责任人。如果说首席执行官是对整个企业负责，那么产品经理就是对具体产品或产品类别负责。这种责任是全生命周期的，产品经理要定义产品、发布产品，并在生命周期的各个阶段继续培育产品，可以用"产品的母亲"来比喻。

（2）迷你 CEO。包括了两层含义：一是落实产品开发战略，确保产品全生命周期处于理想状态，与创新战略和产品战略保持一致。二是推动跨职能合作，产品经理具有多样性的职责，既要懂技术又要懂营销，这样才能确保跨职能沟通顺畅。

（3）客户代言人。产品经理要把"以客户为中心"落到实处，理解客户，随时与客户保持密切的交互，并考虑众多的利益相关方对客户和产品的影响，负责通过产品创新端到端地满足客户需求。

2. 产品经理与项目经理的区别

根据美国项目管理协会（Project Management Institute，PMI）和 PDMA 的定义，产品管理与项目管理的不同之处如图 0-3 所示。项目管理主要负责产品生命周期的某个阶段，如开发、上市、需求调研，最常见的是产品开发阶段；而产品管理将负责从产品的酝酿、创意生成到上市、乃至产品生命终结的全生命周期。

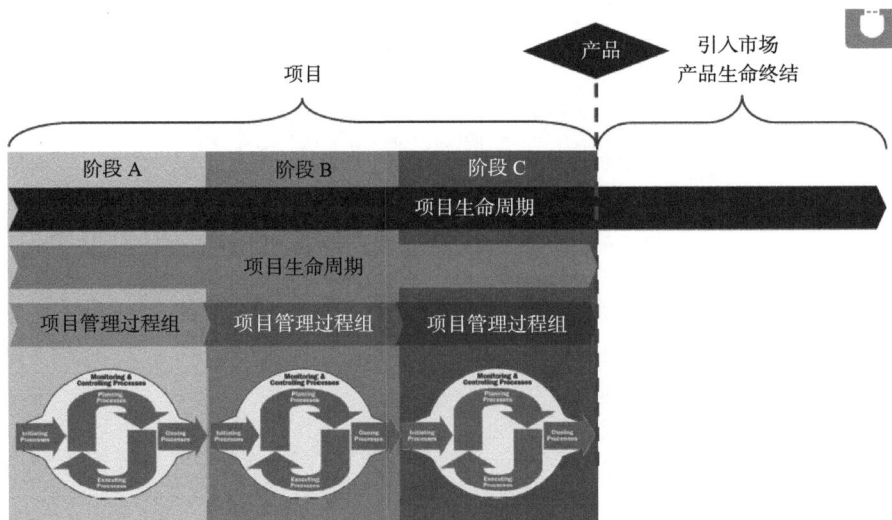

图 0-3 新产品开发不同阶段中产品经理和项目经理的角色

由此可见，项目经理与产品经理的不同职责如表 0-5 所示。

表 0-5　产品经理和项目经理的区别

不同点	产品经理	项目经理
全生命周期责任	• 产品全生命周期：从创意、开发、上市直至退市 • 产品上市后仍要对产品迭代、产品线延伸负责	• 项目生命周期：启动、策划、执行监控和收尾 • 项目交付后结束
更多关注点	战略、调查、规划、决策、评审、筛选、优化、精准、敏捷、价值、回报、模式、度量、测试、可持续性	质量、时间、成本
角色	• 负责发现和定义范围 • 做正确的事 • 产品的"母亲"	• 负责范围的执行和交付 • 正确地做事 • 产品的"助产士"

3．产品经理的知识体系

在 PDMA 的《产品经理认证（NPDP）知识体系指南》中，给出了产品经理知识体系的 7 个模块：新产品开发战略，组合管理，新产品流程，文化、组织与团队，市场研究，工具与度量，产品生命周期管理。这 7 个模块是一个有机体，相互联系、不可分割（见图 0-4）。无疑，掌握这些模块的关系可以更好地理解整个产品经理知识体系，做到融会贯通，游刃有余地应用。

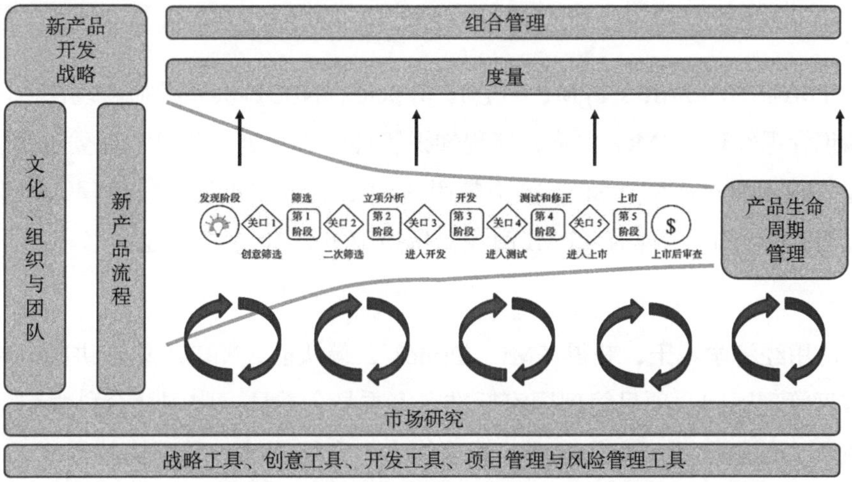

图 0-4　NPDP 知识体系 7 个模块之间的关系

新产品开发战略是为产品管理活动提供方向和指引，回答我们应该在哪些领域开发并聚焦等问题的，它在产品规划和前期的机会识别方面起着关键的作用。有效的组合管理帮助选择新产品开发项目，而这些项目与创新战略具有明确的一致性。因此组合管理与新产品开发的各个流程环节都有交互，通过关口评审和绩效度量确保做正确的项目。组织和文化提供了新产品开发的土壤，使得战略和流程能得到积极和成功的实施。而任何战略、产品组合乃至项目，一定是由企业和组织中的人来执行并实现的，因此跨职能团队是新产品流程执行的有力保障。

新产品开发流程的基础是门径管理，因为项目会流经一系列的检查点。首先，产品从机会点开始，机会点往往通过前期的市场研究来发现客户痛点、痒点或爽点，从而产生新产品的创意。接下来，则是产品概念的生成和评估，筛选出合适的概念来立项。一旦项目立项后，则需要投入组织资源来开发产品，并在过程中不断进行市场测试和产品使用测试。如果产品具备上市的条件，则可以成功面市，进入市场。产品生命周期管理关注产品上市后的引入、成长、成熟和衰退等不同的阶段，确保产品能顺利运营，持续产生效益。市场研究为在新产品开发流程中正确决策提供基础信息，流程中的不确定性得以下降。最后，若干工具为新产品开发起到支撑作用。这些工具包括但不限于战略工具、创意工具、开发工具、项目管理与风险工具等。

本章作者简介

刘立

管理学博士，大连外国语大学商学院教授，NPDP 认证讲师，同时拥有美国创新协会注册首席创新官（CCIO）、中国科技咨询协会注册高级咨询顾问、注册资产评估师、注册房地产估价师等职业资格。拥有超过 25 年的投资项目决策咨询、产业分析咨询、创新创业咨询和研究经验，超过 20 年的政府、跨国企业、民营企业中层和高层管理经验，咨询客户超过 500 家，并有单品上市当年销售额突破 2 亿元的营销实战经验。兼任大连新兴产业规划研究院院长、大连市创业联合会副会长等。著或译有多本专著。

于兆鹏

获得 PMI-ACP、PMI-PBA、PMP、PgMP、PfMP 等认证，NPDP 认证讲师。现任中国银联支付学院主管。曾任上海惠普知识管理经理、PMO 主管，携程知识管理中心总监、项目管理委员会主任。拥有 20 年项目工作和管理经验，曾主导过海尔 SBU、颐中集团 ERP、惠普知识管理、携程知识管理等多个大型项目。著有《高效通过 NPDP 考试》，译有《PMI 商业分析指南》等 10 多本专业图书。

周浩宇

法国凡尔赛大学应用经济学博士，获得 PMP、Prince 2 等认证，NPDP 认证讲师。现为上海创择企业管理顾问有限公司首席管理顾问、项目管理国家标准专家委员会委员、中国社会科学院上海研究院兼职研究员。专注于项目管理、创新管理、产品管理、管理能力提升等领域，受聘执教多所大学 MBA、EMBA课程，译有《怀德曼项目管理词汇手册》《创建软件工程的文化》等书。

第 1 章　新产品开发战略

1.1　新产品开发战略规划

谈到战略，我们就会想起"战争论""三十六计"等耳熟能详的典故。确实，战略的概念是随着战争逐渐发展的。企业在市场中竞争，也是一场战争。传统的战争讲究"零和"，现代的企业市场竞争讲究"双赢"。

站在市场和企业的角度，什么是战略？

迈克尔·波特认为："战略定义和传达了组织的独特定位，阐明了如何整合组织的资源、技能和能力以达成企业的竞争优势。"

科特勒认为："战略是一个企业基于它的业界定位、机会和资源，为了实现长期目标而制定的博弈规划。"

从这些管理大师的定义里，我们可以看到，战略离不开几个关键词：定位、竞争和资源。战略的产生和运用都是基于一定的封闭场景假设，有若干个参与者，根据一定的规则，为达成特定的目标而产生的一个动态的生态的。与战略相关的理论是"博弈论"，英文叫"Game Theory"。不同的文化对战略和执行有潜在的不同影响，基于西方"Game Theory"的战略思维，比较强调游戏规则和智慧。基于东方传统的战略思维，更强调目标，"兵者，诡道也"。现代的战略方法是各种思想和实践逐渐碰撞融合的过程，"双赢""以客户为导向，以市场为中心""企业责任"，这些目标和原则都很重要，是一个动态和平衡的过程。

1.1.1　企业战略体系

1．企业战略层级

很多人和企业都在谈战略，但是战略和企业是什么关系？有的人觉得战略非常重要，有的人觉得战略很虚，谈多了没有意义。我们从企业的创立和成长过程来理解一下战略。

企业刚创立的时候都是小微企业，这时候有战略吗？可能不会有太多书面上的战略文件，因为这时候企业很小，基本上只有单一业务和产品，企业的主要运作模式就是开发和交付。但是企业只要创立，就有创始人的愿景和追求渗透在企业里，此时创始人的使命、愿景和价值观是隐性的。

随着企业逐渐成长，变成中型企业，企业会扩展出多个业务，成立不同的业务部门（事业部），这时候，企业的使命、愿景和价值观开始显性化，会形成文件或贴在墙上。企业会有企业战略，各事业部会有业务战略，当企业业务单一时，企业战略就是业务战略。

随着企业进一步壮大，变成大型企业，企业的组织结构会越来越复杂，形成复杂的矩阵式结构，这时候企业内部的部门政治会逐渐强化，官僚作风会加剧，企业的使命、愿景和价值观会越来越模糊和难以贯彻。

所以，使命、愿景和价值观是一切战略的开始，激励着企业不断发展前行。企业和人一样，也在不断思考和追求存在的意义。对于使命愿景和价值观的定义如下：

- 使命：使命是企业坚持的信条、哲学、目的、商业准则或企业信念。使命的目的是使组织的能力与资源能够力出一孔。
- 愿景："愿景是根据预见及洞察所做的一种设想行为，体现了组织拥有的发展可能性及面临的现实局限……描绘了组织未来最理想的状态。"（卡恩，2013）
- 价值观："价值观是一个人或一个组织所恪守的某些原则。"（卡恩，2013）

基于使命、愿景、价值观所展开的新产品开发战略层次如图 1-1 所示。

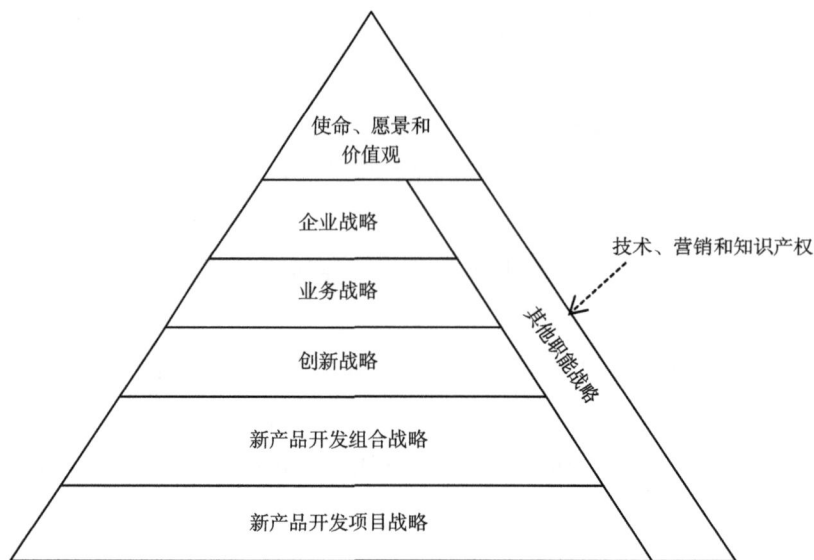

图 1-1　产品战略层次

2．各战略规划的接口：输入与输出

怎么理解战略的不同层次的关系？总体来讲，上一层次的战略内容是下一层次战略内容的输入。每个层次的战略有其不同的目的和具体输出（见表 1-1）。

表 1-1　不同层次的战略的目的和输出

层　　次	目　　的	输　　出
使命、愿景和价值观	定义组成一个特定的企业团队的目的、追求和文化	企业的核心文化、使命宣言
企业战略	定义企业的财务目标，进入哪些业务，从哪些业务出来	企业的 3 年或 5 年规划
业务战略（经营战略）	定义具体业务的财务目标，如何发展和竞争	业务的 3 年或 5 年规划
创新战略	定义支持业务和企业目标达成的创新方向和重点	技术路线图
新产品组合战略	定义做哪些产品，不做哪些产品	产品组合规划
新产品开发项目战略	定义产品开发具体怎么做，例如，是自己研发还是外包；如果是自己研发，开发团队怎么组成，怎么分工和计划等	产品定义，项目章程

3. 新产品开发战略的主要内容

我们了解了企业战略和业务战略的关系，那么新产品开发战略和业务战略又是什么关系呢？我们常说，业务战略是为了实现企业战略服务的；新产品开发战略又是为了实现业务战略服务的。业务战略包含的管理学内容比新产品开发战略要广，包含财务、采购、生产、运作、推广、销售、服务等方方面面，但是新产品开发战略又是业务战略的最核心支撑。成功的企业，都有好的产品，而且持续有好的产品。例如，苹果的 iPhone 曾经是非常惊艳的产品，将苹果企业推上了巅峰。但是随着乔布斯的去世，iPhone 的每代新产品逐渐没有了往日的光芒，虽然现任 CEO 是运作的顶级高手，但是苹果的企业发展动力逐渐显现疲态。

如果我们给好的新产品开发战略下一个定义，可以说好的新产品开发战略是为了支持业务/企业战略目标的达成，通过持续的创新和正确的产品组合布局，依托高效的开发流程体系和上市流程体系，以及恰当的产品生命周期管理，比竞争对手更好地满足目标客户的需求的动态过程。

1.1.2　战略规划的一般流程

战略规划的过程对很多人来说是神秘的。"运筹帷幄之中，决胜千里之外"只是诸葛亮那种传说中的人的故事。确实，战略规划是一个动态的、复杂的、充满智慧的过程，但是战略规划同时也是一个有着规律和方法的科学。

1. 战略规划过程

大部分企业的战略规划是以年度为单位的，每财政年度结束的最后一个季度会启动下一年的年度战略规划。一般步骤是先进行企业级的企业战略规划。企业战略规划中的关键目标和要点确定后，特别是对各个业务块（事业部）的重要性排序、考核目标确定后，会启动业务战略和新产品开发战略规划。业务战略一定要承接企业战略的方向和目标，新产品开发战略一定要能够支撑业务战略的达成（见图 1-2）。

2. 战略规划的要点

从上面的过程看，战略规划过程好像线性的、按顺序进行的。但是真正的战略规划过程是持续的、滚动的和动态的。从企业成立那一天起，战略规划就启动了，然后以一年为一个周期，周而复始，不断优化调整，朝向企业的使命、愿景努力，直到企业结束的那一天。

另外，战略规划表面上看是企业的董事长/CEO/高管的事情，但是好的战略规划过程是全员参与的过程。战略的制定既有"自上而下"的推动，也有"自下而上"的创造。战略规划过程本身也是企业全体人员对战略争论、理解的程。

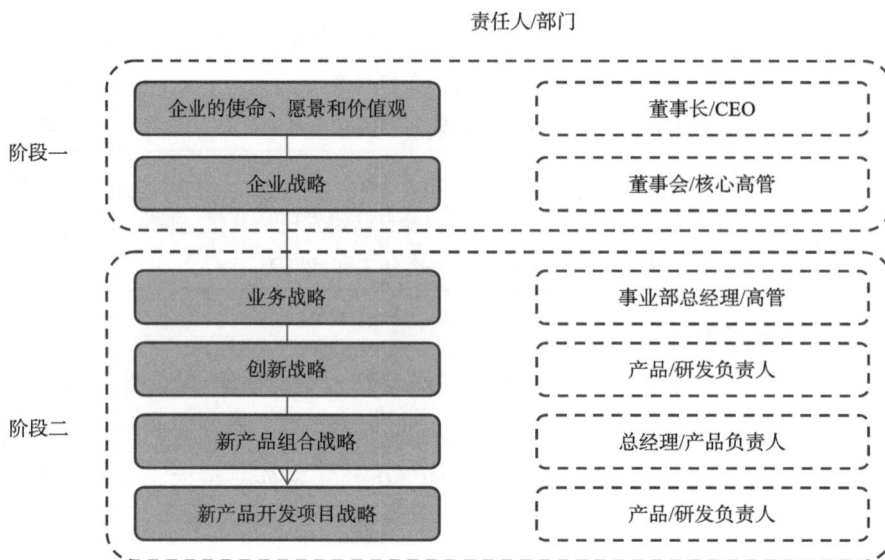

图 1-2 战略规划过程

1.1.3 战略规划的主要工具

战略规划工具如表 1-2 所示，其中重要的工具介绍如下。

表 1-2 战略规划工具

分　类	工　具
企业战略规划工具	战略地图
	五力模型
	波士顿矩阵
	SWOT 分析
	创新战略框架
	战略布局图
	气泡图
	多维标度法
业务/新产品开发战略规划工具	集成产品开发框架
	全生命周期价值创造模型
	价值曲线（战略布局图）
	VOC

1. 战略地图

战略制定难，但是落地更难。特别是业务战略和创新战略。战略落地有个很有名的工具就是战略地图，它是平衡计分卡的发明人卡普兰提出的，是战略中心型组织常用的工具（见图 1-3）。

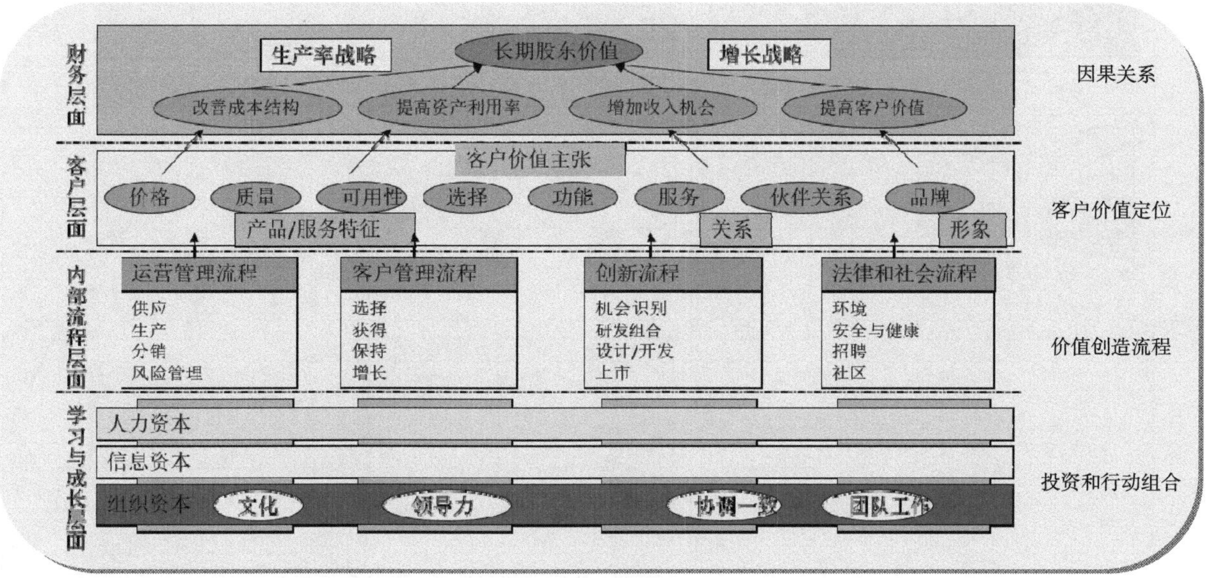

图 1-3 战略地图

战略地图的基本逻辑是：

- 首先，所有的战略要有明确的财务目标，以及达成财务目标的战略方向。
- 其次，财务目标的达成是企业能够给客户带来的价值，所以要有清晰的客户价值主张，定义产品和服务的特色，建立和客户的关系，打造品牌的形象。
- 再次，价值主张的实现靠价值创造流程，所以需要完善运营管理流程、客户管理流程、创新流程，以及法律和社会责任。
- 最后，价值创造流程的执行离不开人和能力，所以要在人力资本上进行策略性投资，通过 IT 的建设提高生产率，通过文化、领导力、沟通和团队协作提升组织效率。

战略地图是一个非常具有逻辑性和理性的工具。它把战略的目标、战略的执行流程，以及能力和文化的建设构建成一个整体的框架。战略地图呈现的是一个图和表格，但是战略地图真正的核心是团队基于战略地图框架的讨论过程，以及各职能部门对战略规划的准确理解，每个人都知道自己的工作和层层目标的相关性。

战略地图可以用在企业战略、业务战略以及职能部门战略制定中，同时并不一定要先有企业层面的战略地图，才可以有各部门的战略地图。战略地图的应用既有"自上而下"的过程，也有"自下而上"的过程。

2. 集成产品开发框架

集成产品开发（Integrated Product Development，IPD）是一套企业级的产品开发哲学。IPD 是 IBM 公司在 1992 年面对激烈的市场竞争开创的。在 IBM 成功经验的影响下，很多高科技企业都采用了集成产品开发流程，如美国的波音公司，中国的华为公司，都取得了较大的成功。

集成产品开发非常重视战略的制定和执行。典型的集成产品开发框架如图 1-4 所示。

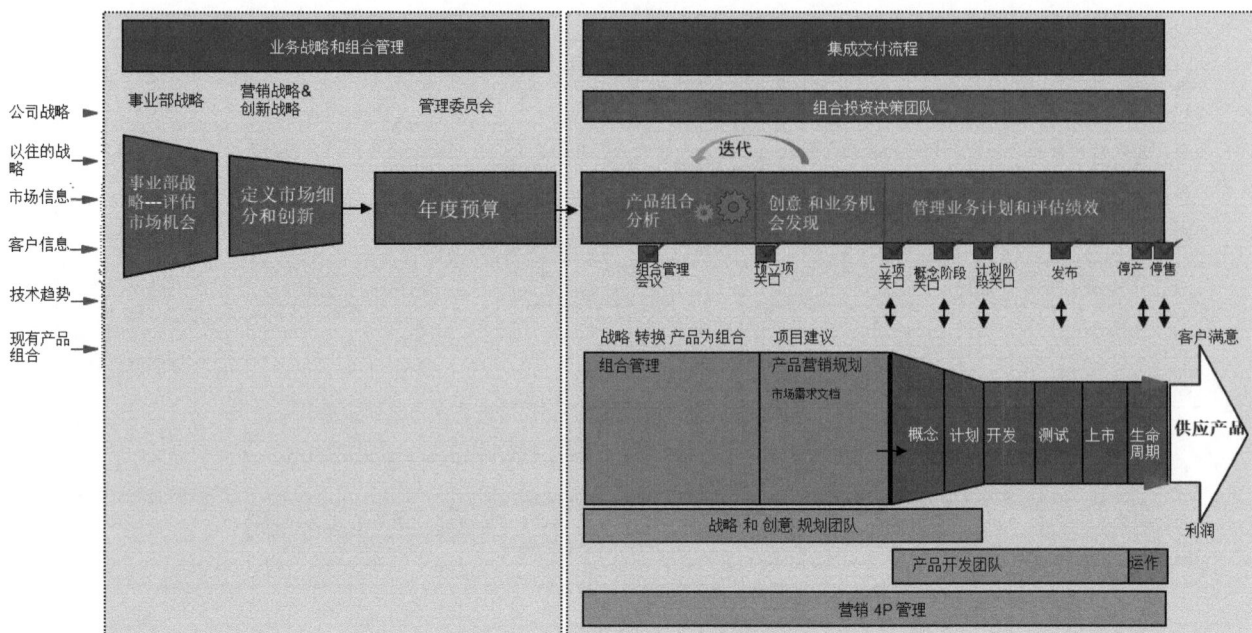

图 1-4 典型的集成产品开发框架

集成产品开发重点是支撑业务战略和新产品开发战略的落地。非常明确业务战略要承接企业战略（企业战略）、以往的战略，要以市场信息、客户信息、技术趋势、现有产品组合作为新的年度战略规划的输入。

业务战略制定的步骤首先是评估市场机会，然后是定义细分市场和创新战略，制订营销计划，最后制订年度的预算计划。业务规划一般会包含新财年的目标、3 年目标或 5 年目标。

集成产品开发的新产品开发战略的制定和执行是滚动式的。具体体现在产品组合管理上，通过滚动的月度产品组合管理会议，根据市场销售数据、客户反馈、技术变化等，不断滚动优化产品组合，以保障财务指标的达成。

应用案例

联想是全球 IT 行业的领先企业，是全球最大的计算机、服务器、智能设备供应商之一，业务遍布世界各地。联想并购 IBM 的计算机业务部门后，采用了 IBM 的集成产品开发管理体系。

联想的战略规划分两个层级：一个是企业层级的战略规划，另一个是事业部层级的战略规划。联想的财年是从当年的 4 月 1 日到第二年的 3 月 31 日，所以联想每年的年度战略规划是从大约当年的 11 月到第二年的 3 月结束，内部又叫"冬季规划（Winter Plan）"。

战略规划的落地主要体现在事业部层级。事业部的年度战略规划要得到企业层级的审批，作为事业部的考核依据。

制定战略规划不只是每年进行一次的事情，而是一个不断迭代修正和执行的滚动式过程。除了"冬季规划"，具体到产品组合管理，联想各事业部每个月都会有产品组合管理会议，不断滚动优化产品组合，调整产品路线图。

3. 价值曲线（战略布局图）

对每个从事产品开发的人而言，定位清晰、有明确的竞争优势、能大卖的产品，就是追求的目标。但是每当面临各种需求、各种可能时，怎样才能够让复杂变得简单，让模糊变得清晰？价值曲线（Strategy Canvas）就是一个有用的工具。价值曲线既可以用在业务战略的制定中，也可以用在产品细分功能的取舍上。

价值曲线的分析步骤如下：

- 从客户的角度明确客户选择产品的关键要素。
- 基于关键要素对不同产品提供者的竞争力水平进行打分。
- 根据竞争策略和能力，剔除客户不关心的要素，减少对客户重要性低的要素的投入，增加对客户重要性高的要素的投入，创造客户新的需求要素。

应用案例

价值曲线（战略布局图）应用最有名的案例就是美国的西南航空公司的新产品开发策略（见图 1-5）。

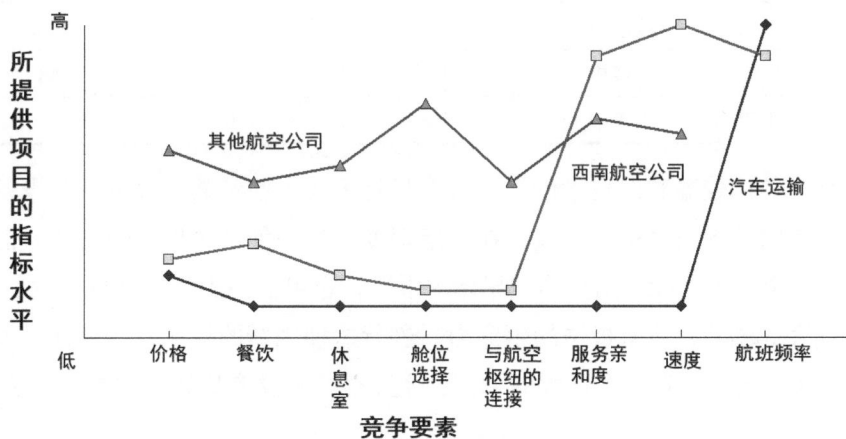

图 1-5　短途航空业战略

从图 1-5 中可以看到，旅行的人关注的要素有价格、餐饮、休息室、舱位选择、与航空枢纽的连接、服务亲和度、速度以及航班频率。西南航空公司在服务亲和度、速度、航班频次以及价格几个要素上极其突出和领先，而在其他方面则策略性弱化，以节省成本和提高效率，这样它的产品定位就和其他航空公司明显区别开来，反而和汽车运输价值曲线有类似的地方。西南航空公司的战略要素的取舍，是有系统考虑的。例如，"舱位选择"的取消看着很奇怪，因为自有航空业以来，买票的时候有明确的座位，不同座位价格不同。西南航空公司取消"舱位选择"，乘客上飞机先到先坐，就和在大学里上课占座一样。这样，一方面登机的时候不会出现因为找座位拥堵的情况，另外，大家为了有个好一点的座位，会抓紧时间登机。所以西南航空公司的飞机从到达机场到再次起飞，最快只需要半小时，大大提高了飞机的使用效率。

在其他企业奉行木桶理论、各个战略要素面面俱到的时候，西南航空公司采用了长板理论。

1.2　创新类型与创新战略框架

创新为企业发展注入不竭的动力，创新活动应当符合企业的整体战略，并且与业务战略紧密关联。创新的种类很多，根据不同的维度，会有不同的分类方法。

1.2.1　按技术划分

1．技术创新（含工艺创新）

技术创新是较为基础的创新方式，往往随着技术的突破或者改进而进行。根据技术生命周期曲线，当一项技术发展到一定程度，会遇到瓶颈，此时需要攻克技术难关，让技术性能再次得到提升，创新由此而发生。

从技术方案上区分，可以分为原有技术改进和新技术突破两类。这两者的对比如表 1-3 所示。

表 1-3　两类技术创新的区别

类　　别	性能改进程度	风　　险	获取的收益
原有技术改进	小或中等	较小	可预期，小或中等
新技术突破	中等或大	大	大

原有技术改进，是一种比较温和的技术创新，可能只是更改一些参数、改进一些设备或替换一些材料等，其本质上是沿着原有的技术路线进行升级，在一定程度上是一种可预见性的创新。但技术改进一般是有上限（天花板）的，这个上限可能是因为物理规律的限制，也可能是因为基础科学发展水平的限制。

以新技术突破为代表的创新，具有极强的生命力。进行这种创新的企业，其目标是利用新技术建立一个新市场或者一个新品类。为了实现这个远大的目标，企业往往需要有比较高的投入，承担较大的风险。

2．产品创新

基于产品的特点，产品创新可以分为新产品创新和老产品功能改进两类。

新产品创新，就是定义出产品独特的价值主张，以建立自身的竞争优势。这种价值可以来自技术的突破带来的新的市场机会，也可以来自满足用户特定需求的解决方案。价值主张是否清晰地被传达和感知，决定了新产品创新的成败。严格来说，在产品规划阶段、开发阶段、上市推广阶段，都需要对其核心价值进行传递，从而保证最终用户体验到产品的价值。即便如此，如果在售后调查访问中发现客户对产品的价值主张感知不明确，就需要反思和追溯产品定义的价值是否合适、价值是否被各过程正确传递。

老产品功能改进，就是基于现有的技术进行的功能升级，随着产品功能的迭代，为用户提供更高性价比的产品。这种创新，更多的是在市场竞争压力下做出的应对变化。

3．服务创新

随着社会的发展，人们在消费时，不仅希望所购买的产品能够满足使用要求，还希望能够在心情、尊严等方面得到满足。服务创新就是通过非物质的方式，提供由于技术限制等之前未能提供的新的服务方式，提升产品的附加价值。

服务创新来自对服务对象的深入了解，这种了解甚至比产品创新更加深入。服务创新可以通过新技术或跨学科的交流合作，进行服务内容重组，形成新的服务项目；也可以通过重塑企业形象和服务档次，提升服务价值。

4．商业模式创新

商业模式是指企业创造价值的基本逻辑，通俗地说，就是企业如何赚钱。商业模式创新，随着互联网技术的发展、全球化浪潮和技术革新的加快，被越来越多的企业重视。

商业模式创新有几个共同的特征（Tretheway，2004；Morris，2005）：

- 提供全新的产品或服务，开创新的产品领域，或者用以前从未有过的方式提供已有的产品或服务。
- 所创造的商业模式，至少有 4 个要素明显不同于其他企业，而非少量的差异。
- 要有良好的业绩表现，体现在成本、盈利能力、独特竞争优势等方面。

1.2.2　按创新程度划分

1．渐进式创新

渐进式创新是基于既有的某一方面（技术、产品、服务等）的发展线路，进行的迭代渐进的创新。渐进式创新的风险可控，脉络可循，属于较为稳健的创新类型。

例如，家电市场的液晶电视的边框，在前后壳连接这种基础技术方案中，逐年呈现收窄的趋势：从最初 LCD 的边框宽 40~50mm，到后来 LED 时期的 20mm 左右，最后演进为 10mm 以内的超窄边框。

2．突破式创新

突破式创新是基于原有的需求，采用与现有的方案不同的方式，来实现更好的效果的一种创新方式。

如上文中讲到的液晶电视的边框，采用类似手机屏贴合的技术，将液晶屏的表面作为液晶电视的前壳，实现超窄边框甚至无边框的效果。这种方案，摒弃了原有的前后壳连接固定的方案，采用新型的技术来实现，最终实现的效果是渐进式创新所不能比拟的。

1.2.3　按连续性划分

1．连续性创新

连续性创新也是一种渐进式创新，指的是基于现有的技术和市场，将产品不断进行完善和改进的过程。在这个过程中，并不会完全否定之前的技术，而是会根据市场情况进行保留或部分保留、升级，或者综合其他技术等，其核心目的是尽快商业化，即通过不断的连续性创新，推出有较小差异化的产品，来获取市场利益最大化。

最典型的例子是 VCD、SVCD、DVD，它们分别在图像和声音两个方面不断进行创新（见表 1-4）。

表1-4 连续性创新示例

产 品	VCD	SVCD	DVD
释义	影音光碟	超级VCD	数字视频光碟
图像	采用 MPEG-1 作为视频保存的格式，图像分辨率为 352×288（PAL 制式）像素/352×240 像素（NTSC 制式）	采用 MPEG-2 作为视频保存的格式，图像分辨率为 480×576（PAL 制式）像素/480×480 像素（NTSC 制式）	采用 MPEG-2 作为视频保存的格式，图像分辨率为 720×576 像素（PAL 制式）/720×480 像素（NTSC 制式）
音频	1 路立体声输出，唱卡拉 OK 时 2 个声道可分别存储原唱和纯伴音两路信号	可提供高质量双路立体声或四路单声道伴音，并且具有叠加图文、多语言及交互性等功能	可提供 2 个立体声声道和 1 个 5+1 杜比 AC-3 环绕立体声声道，可提供高质量的环绕立体声

2. 颠覆式创新

颠覆式创新是指引进新技术、新产品或新服务，以促进变革并在市场竞争中获得优势。

颠覆式创新可以是颠覆性的技术创新，也可以是颠覆性的商业模式创新。需要注意的是，颠覆性技术创新这一概念常常被人们提及，但从本质上讲，只有少数技术才是颠覆性的。很多情况下，促成和创造出颠覆式影响的通常是商业模式的颠覆性创新。

应用案例

电商平台的出现解决了买卖双方信息不对等的问题，将线下的交易搬至线上，信息量大，买卖双方均可以以极低的成本获取想要的资源，从而促成交易。这就是一种商业模式的颠覆式创新，孕育出了亚马逊、淘宝、京东等互联网电商巨头。

微波炉的发明则是比较典型的技术的颠覆式创新。1939 年，年轻的斯宾塞进入专门制造电子管的雷声公司。斯宾塞在测试磁控管产品时，发现口袋中的巧克力棒融化了。斯宾塞猜想，微波也许能使物体发热。为了验证其观点，第二天，他将一个鸡蛋放在磁控管附近，结果鸡蛋受热突然爆裂，溅了他一身。之后雷声公司的乔治·福斯特等人与斯宾塞进行了利用微波热量加热物体的微波炉设计。1967 年，微波炉新闻发布会兼展销会在芝加哥举行，获得了巨大成功。从此，微波炉逐渐走入千家万户。从此案例可以看出，技术的颠覆式创新，最终需要在市场上获得成功，才能够确定其商业价值。

1.2.4 创新战略框架

1. 成本领先、差异化和细分市场

迈克尔·波特提出的成本领先、差异化和细分市场这三种竞争战略，非常具有代表性和指导意义。通常我们说的"同样的质量比价格，同样的价格比质量"，再加上聚焦的市场范围，就是这些战略的通俗说法。每种战略都有其自身的特点，我们可以根据具体的行业情况进行选择和使用（见表1-5）。

表 1-5　不同行业所采用的不同创新战略

代表行业	特　点	新产品开发表现	优　势	不　足
日化用品、快消品	• 通过吸引价格敏感型客户提升企业的市场份额 • 实现方式：规模经济，去除产品功能"冗余"，优化供应链	• 新产品开发投入水平低 • 主要强调细小的产品改变，通常以降成本为重心 • 很少或基本不关注长远的研究或开发 • 技术的重要性主要体现在制造体系的改进上	• 在价格竞争激烈的市场，这通常是进入市场或保持市场地位的唯一方法	• 持续降低成本，可能影响到产品质量，最终导致客户流失 • 利润率较低，限制研发投入
电子消费品	• 聚焦于较宽的产品基础 • 通过交付独特的、优质的产品和建立忠诚的客户关系获取市场份额 • 客户通常更关注产品的质量和性能	• 在新产品开发上的投资水平远高于执行成本领先战略的企业 • 亲近客户，充分理解他们当前及未来的需求 • 对短期及中期的发展趋势有很好的预见能力 • 基于具体的产品类别及利润率，非常强调研究和较长周期的开发 • 技术的重要性主要体现在产品性能与功能的改进上	• 有利于建立客户忠诚度 • 基于差异化的产品性能，能获得更高的利润率	• 企业必须持续进行创新，以开发出新的产品性能，吸引客户 • 未能开发出符合价值定位的产品性能，可能导致市场份额大幅减少
B2B 业务	• 适用于比较狭小的市场 • 对细分的市场深入了解，该市场通常具有独特的需求	• 与差异化战略或成本领先战略相比，新产品开发的投入通常更高，但是投入水平极大地取决于产品类别及其创造高利润的潜力 • 非常强调亲近客户，充分理解当下目标市场的需求和所预测的未来需求 • 经常和目标市场中的先导用户群体一起工作，以识别新的机会，合作开发新产品 • 技术通常在新产品性能和功能的开发中起到重要作用	• 明确聚焦于企业的营销和新产品开发工作 • 能深入理解客户，与客户建立良好关系。后进入者将面对一个很高的竞争壁垒 • 为提高利润率创造了机会，因此也为增加新产品开发投入提供了可能	• 过于依赖单一狭小的市场可能导致风险 • 新技术的出现可能导致现有产品过时

2. M&S 战略框架

迈尔斯和斯诺（M&S）将战略态势分为 4 种，每种战略都有自己的特点（见表 1-6）。

表 1-6　M&S 战略框架

类　别	产品特点	风险承受度	新技术应用	市场业绩
探索者	具有突破性变革的产品，在技术或商业模式上领先	敢冒风险，寻求大的市场机会	应用新技术的灵活性较高	借助较快的上市速度，占领更大的市场份额

续表

类　别	产品特点	风险承受度	新技术应用	市场业绩
分析者（也被称为"快速跟随者"）	模仿型产品，通常具有更好的性能和更低的价格	能承受适度的风险	主要用于分析和再造，而不是突破性的变革	能够为市场提供性价比更高的产品
防御者	在其聚焦的产品类别中，拥有全系列的产品	厌恶风险	拒绝突破性的项目开发，聚焦于老产品的改进	维护利基市场份额
回应者	没有清晰的战略目标	不敏感	没有明确的技术开发计划或市场进入计划	通常无法取得长久的成功

应用案例　　　　　　　　　　　**乐高积木的创新与战略转型**

一开始，乐高做的还是木制玩具，但从 1949 年开始，乐高就开始生产我们现在熟悉的乐高积木了，也就是塑料拼接积木。当时的消费者对塑料积木并不买账，他们还是更喜欢金属和木制产品，这让乐高面临着困境。但乐高认为，塑料积木是发展趋势，在之后的几十年里，乐高一直重视新技术和新材料的运用，1963 年，乐高采用了更好的塑料来作为乐高积木的原材料。新材料做出来的乐高积木更耐冲击，不容易摔坏。2015 年，乐高宣布，将在 2030 年前用可回收材料生产玩具和包装材料。

凭借这些小小的积木块，从 1979 年开始，乐高在全球化的红利下经历了长达 15 年的快速成长期，几乎每 5 年公司的销售额就翻一番。

早在 20 世纪 80 年代，乐高就发布了玩具机器人，可以说是智能玩具的先驱。1985 年，乐高开始了和"儿童编程之父"——西摩尔·派普特的长期合作，研发可编程的积木机器人。

经过努力，1987 年，一个机器人产品的原型诞生了，但是直到 10 年之后的 1998 年 9 月，乐高才正式发布了全新的可编程机器人产品 Mindstorms，不到 3 个月就全部售罄。从此，乐高掀起了一场全球机器人风暴。

从塑料积木块战略转型到积木机器人，乐高不断地进行创新。既有塑料积木阶段不断变换材料以提高性能的渐进式创新，也有开发可编程积木机器人的颠覆式创新，它的创新实践可供我们思考和学习。

锐步的创新战略

1896 年，"Fosters"公司成立，旨在为那些顶级专业运动员生产合适的运动鞋。随后，该公司集中精力设计更加轻便的运动鞋以提高运动员奔跑的速度，并将事业的触角伸向体育运动的其他领域。

1958 年，公司名称和商标更改为"锐步（Reebok）"，最核心的业务依然是为专业运动员提供健身服饰。

1982 年，锐步推出旗下第一双女子健身舞运动鞋，持续深耕健身服饰细分领域。1985 年前后，美国掀起了一波风潮，就是女性开始重视健身和运动。锐步一直主打女性市场，于是它立即迎来了一个大机遇，产品销量大增。

竞争对手耐克一直是主打男性消费者市场的，而且品牌的打造方式也是把运动与男性力量紧紧绑定在一起，所以在这种定位下，耐克错过了整个这一波流行风潮。仅仅过了两三年，到 1987 年，锐步居然反超耐克，成为全美第一运动品牌。

锐步就是这样，从专业运动员和专业健身人士先切入，随后从 1992 年开始，慢慢进入篮球、足球、日常健身等其他领域。从锐步的战略中可以看出，它首先立足于细分市场，采取细分市场战略，精耕细作，做成细分市场的冠军。然后，以此为基础，再进行其他领域的扩张。

1.3　平台战略与架构创新

1.3.1　基本概念

（1）模块化。部分零部件或一些软件程序的命令子集按照一定的规则组合在一起，完成特定的功能，这样的组合被称为模块。

对产品经理而言，模块化的设计思想，能够化繁为简，将整体拆分成模块，每个模块可以单独定义与完善，模块间约束相关条件，这样便于进行产品的功能分解和实现。但需要注意的是，并不是简单地堆叠模块就能构成一个产品，产品的使用要求、外观、成本限制等因素，都是需要考虑的因素。

模块化的思维，也常用在软件产品方案中。模块化用来分割、组织和打包软件。每个模块完成一个特定的子功能，所有的模块按某种方法组装起来，成为一个整体，完成整个系统所要求的功能。[①]

模块化是批量生产发展的必然结果：

- 模块化设计：能够提升开发效率，也是产品平台化的基础条件。
- 模块化分工：促进了行业分工，不同的企业会根据自身的战略和能力，选择不同主营业务。
- 模块化生产：能够带来生产效率的大幅度提升。每个模块都可以采用新的技术、方法、设备等来提高模块的成熟度，从而整体生产效率不断得到提升。
- 模块化成本：模块化能够带来成本的大幅度下降。模块化不仅为批量生产做好准备，同时还考虑到通用性和可拓展性，能够有效降低系统成本。

产品模块化的形成与发展，促成了大规模的产品定制。具有模块化设计和生产能力的企业，能够通过模块本身的差异性或模块间的不同组合，快速开发出基于相同模块要素的不同定制化的产品。

（2）产品架构。产品架构是指将一个客户（的）需求转换成一个产品设计的过程。这是一个通向产品设计的关键步骤，因为一个坚实的产品架构有助于提高产品的最终性能（绩效），降低生产过程中产品变化引发的成本，加快产品进入市场的（上市）速度。

要了解产品架构的开发，可以用一个包含许多部件的产品来讨论。例如，一个便携式 CD 录放机有底架、电机、光盘驱动器、喇叭等部件，这些部件组合成各种组件，如底座、光盘处理系统、录音系统、放音系统等。同样，一个产品也是由许多功能元素组成的，CD 录放机就包含光盘读取、录音、放音、调整音质等功能元素。产品架构指的就是功能元素是如何被分配给组件的，以及组件之间是如何相互关联的。

---

① [美] Kirk Knoernschild 著；张卫滨 译. Java 应用架构设计：模块化模式与 OSGi. 机械工业出版社，2013.

对于传统制造业，产品架构的开发流程如下：

- **创建产品 ID（Industrial Design）图**。ID 图显示的是产品外观要素及产品的部件和功能元素，以及它们之间的相互关联。ID 图设计之初，需要一些基本组件，设计时会进行初步的组件包络，并充分考虑美学、人机工学等要素。一般 ID 图会有多种方案，经过讨论评估后，选择出最终方案。
- **设计几何布局**。采用仿真、计算机辅助设计或其他技术，对产品进行各种不同的配置，以确定最佳的解决方案。最终确定的方案，是综合考虑外观、内部布局、产品功能、生产工艺等方面的结果。
- **验证产品架构**。将完成设计的方案，通过简单加工，制作出产品的功能样机，进行外观、功能等验证，进一步优化产品架构。

（3）技术平台。技术平台是指一系列产品共同采用的技术要素的集合。这些技术要素是该类产品的底层支撑，也是技术类企业长期发展的基础。

技术平台的选择尤为重要，它决定了企业未来产品的方向。一旦选错了技术平台，很有可能错过市场机会，会在未来的市场竞争中处于劣势地位。如电子类硬件芯片平台的选择，如果选择错误，重新进行开发的资源消耗会非常巨大。如语音识别类软件资源技术方案的选择，如果选择错误，可能产生语音识别率不高、传输丢包、搜索延迟等问题，用户体验较差，进而导致语音识别功能开发失败。

技术平台的不断优化改进，能够带来基于该平台的产品性能不断迭代完善。如基于某一软件平台的产品，后续可以随着软件平台的迭代完善，通过在线升级不断提升性能。

（4）产品平台。产品平台就是构成一个通用结构的一组系统与接口。基于这个通用结构，产品家族或产品系列得以高效率地开发。简单地说，产品平台可以被视为一个产品家族中所有单个产品项目的基础。

在许多行业，企业战略影响着产品平台以及所有单个产品项目。而产品平台战略则影响着与通用平台相关的所有项目。一个新产品团队的战略，有些来自企业，有些来自平台，有些来自企业其他职能，有些则来自团队自己。一个产品项目层面的产品创新章程要包含企业层和项目平台层的要求。

产品平台是整个系列产品所采用的共同要素的集合，包括共用的架构、子系统、模块/组件、关键技术等。这些要素按照既定的规则被整合，相互促进，来完成产品平台的系统功能或形成一个良好的循环的生态圈（见图 1-6）。

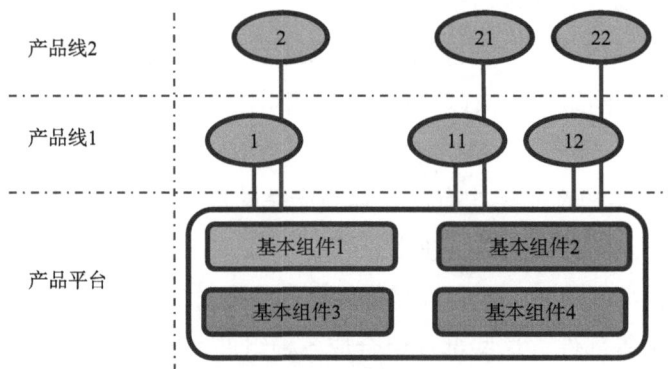

图 1-6　产品平台

产品平台的重要性体现在以下几个方面：

- 产品平台能够使多个产品快速一致地开发，能够有效地降低系统的开发成本。

- 产品平台开发完成后，平台会保持一定的稳定性，可以在此平台上进行产品的差异化派生，从而不断推出新产品。
- 产品系列的通用性高，物料的成本能够得到有效降低。
- 产品平台的设计思想会促使企业进行更长期的产品规划。

Tips

需要注意的是：要平衡产品平台通用化与细分市场的个性化需求之间的矛盾，这就需要产品开发团队确定哪些是平台性要素，哪些是差异化要素，在两者之间找一个平衡点。

产品平台的规划步骤如下：

- 提炼平台要素，尤其是与技术相关的要素。
- 整理与平台对应的产品线各产品间的差异化特征。
- 根据平台要素和差异化特征，制定平台开发策略，从而确定产品开发上市的进度。

另外，"品牌平台"是一种特殊的产品平台，因其战略重要性而被广泛运用。品牌可作为企业开发的新类别的产品上市的跳板，所有产品共享同一品牌，所有战略也与该品牌匹配。

1.3.2　平台战略

1. 制造企业的平台战略

制造企业的产品，以提供有形的产品为主。根据产品要素，可以分为结构、硬件、软件、其他等平台组件。这些平台要素，每个都可以进行不断演变，从而带来产品平台的不断升级。

（1）结构平台组件。结构平台组件是指采用相同的模具结构或生产工艺以实现类似功能的结构零件（见表 1-7）。结构平台组件可以根据功能或形态进行分类。当进行结构平台规划的时候，可以采用不同的方法来进行：

- 将某一项或某几项结构组件作为结构平台组件，相对稳定、通用，其他平台组件可以用于产生派生变化，实现派生机的差异化。
- 将某一项或某几项结构组件作为结构平台组件，而这一项或这几项平台组件本身，就能够实现差异化的功能，这样就能够满足派生机差异化的要求。

表 1-7　结构平台组件示例

产品类别	结构平台组件	结构组件 1	结构组件 2
电视	机壳	底座	内部结构
汽车	底盘（动力总成）	外壳	发动机等

表 1-7 中的电视产品，可以将机壳组件作为结构平台组件，通过更换不同的底座、内部结构等方式，推出系列产品。

表 1-7 中的汽车产品，可以将汽车底盘作为结构平台组件，通过更换外壳、发动机等方式，实现差异化派生。

（2）硬件平台。硬件平台是指基于固定的硬件方案实现相关硬件功能的组件。硬件平台大多数由采用的芯片或其他核心硬件部件所决定。进行系列产品规划时，可以通过对硬件可实现的功能进行参数变化、功能裁切等方式来实现差异化派生（见表1-8）。

表1-8　不同产品及其硬件平台

产　　品	硬件平台	硬件差异化1	硬件差异化2
智能电视	机芯	内存大小	端子取舍
手机	机芯	内存大小	音频/摄像硬件

（3）软件平台。软件平台是指实现系统软件功能的软件架构。若软件功能比较简单，有时不会单独提炼成平台组件，与硬件结合开发即可；若软件功能比较复杂，且后续需要多次迭代完善，则最好使用软件平台的设计思路来进行产品规划。

软件方案派生通常是利用软件功能裁切、内容变化等方式进行的。

2．互联网企业的平台战略

在互联网企业，一个平台可以是一个由多项功能集成而成的架构。

互联网企业的模式，从本质上讲，都是提供服务聚拢用户，把用户流量变现。从谷歌、阿里巴巴、腾讯等互联网企业巨头的发展史不难看出互联网企业平台战略的实施过程（见表1-9）。

- 提供一个拥有广泛用户群体的核心功能的产品。该产品通过免费，甚至补贴的形式，迅速完成前期流量的积累。当使用的人越来越多，产品的价值就越大。
- 完成用户积累后，产品增加更多的功能。新的功能为用户提供更多的产品或服务，用户的忠诚度更高，从而吸引更多的用户来使用。
- 产品各功能模块形成一个生态系统，并持续优化改进，从而衍生出更多的变现盈利方式。

表1-9　谷歌、腾讯和阿里巴巴的平台战略

企　　业	产品平台	拓展功能
谷歌	搜索引擎	邮箱、地图、语音、YouTube等
腾讯	通信	游戏、支付等一站式生活平台
阿里巴巴	电子商务	支付、物流等

应用案例　　　　　　　　　**大众公司的平台战略**

大众汽车是一家总部位于德国沃尔夫斯堡的汽车制造企业，也是世界四大汽车生产商之一的大众集团的核心企业。其旗下拥有两大品牌

（1）奥迪品牌群。奥迪、西亚特、兰博基尼、杜卡迪共4个品牌。

（2）大众品牌群。大众商用车、大众乘用车、斯柯达、宾利、布加迪、保时捷、斯堪尼亚、MAN共8个品牌。

众多的品牌产品是大众汽车平台化战略的产物。我们以中大型SUV平台PL71为例进行分析。

PL71 平台诞生出大众途锐、保时捷卡宴和奥迪 Q7（见图 1-7）。这 3 款同级车型的底盘、动力总成和技术成为平台要素；针对每个品牌每种车型进行一定程度的特征优化设计，最终开发出不同市场定位和适合不同用户群体的车型。

大众途锐　　　　　　　保时捷卡宴　　　　　　　奥迪 Q7

图 1-7　PL71 平台车型

亚马逊公司的平台战略

亚马逊是美国最大的电子商务公司，是网络上最早经营电子商务的公司之一。亚马逊成立于 1995 年，一开始只经营书籍销售业务，现在扩及范围相当广的其他产品，已成为全球商品品种最多的网上零售商和全球第二大互联网企业。

亚马逊当前的三个核心业务是：

（1）Prime 业务，也就是亚马逊的会员服务，会员可以享受一系列非常超值的服务，如免除所有邮费、在平台上收看和收听大量免费的娱乐产品等。

（2）Marketplace 业务，也就是第三方卖家平台，卖家可以入驻亚马逊平台，直接售卖自己的商品。到了 2016 年，亚马逊上已经有超过 200 万个第三方商家，每年贡献的销售额占总销售额的 40%。

（3）AWS，也就是亚马逊的云服务，它的主要功能是给各大大小小的企业提供企业级的云服务。

这 3 个核心业务，分别对应着亚马逊的 3 个产品平台，看似各不相关，实际却相互促进，形成强而有力的"飞轮效应（Flywheel Effect）"。

飞轮效应是亚马逊的创始人贝佐斯反复强调的一个商业理念。"飞轮效应"是指，一个企业的各个业务模块之间，能有机地相互推动，就像啮合的齿轮一样互相带动。一开始从静止到转动需要花比较大的力气，但转的每一圈的努力都不会白费，一旦转动起来，齿轮就会转得越来越快。

1.4　技术与知识产权战略

1.4.1　技术与知识产权战略的内涵

1. 技术的战略价值

简单来讲，所有能带来经济效益的科学知识都是技术。人类经济的发展都是在一波又一波的技术突破的推动下不断升级的。蒸汽机的发明，推动了第一次工业革命；电力技术的发明，带来了第二次工业革命，推动了整个生活方式和工业设备的大变革；个人计算机技术的发展，产生了第三次工业革命，推动了信息时代和互联网时代的形成；信息技术导致了第四次工业革命，手机和智能手机的普及，又创造了新的移动互联网时代。

通过技术战略的规划，不断保持企业产品技术的领先，是企业获取利润和持续发展的保障。

2．技术战略的内容

技术战略是一份计划，是用于维护和开发能够支持组织未来增长和协助其实现战略目标的各种技术布局。

技术战略是所有战略中最难制定的。因为技术的发展趋势具有很多种可能性，同时，一种技术的成熟时间是不确定的。理想上来讲，企业对各种可能用到的技术都应做好准备，但是企业的研发资金和人力投入是受企业的收入和利润状况限制的，所以技术战略制定的过程是一个很强的选择和"赌博"的过程。"赌"对了会大获全胜，"赌"错了则颗粒无收。所以有时候技术战略推进是"做了找死，不做等死"。当年华为放弃小灵通研发，全力投入 3G 研发，阶段性地承受了非常大的市场压力。那时小灵通市场的风云企业是 UT 斯达康，但是正因为华为力出一孔，全力投入 3G 研发，才奠定了华为在无线市场的领先地位。而 UT 斯达康在阶段性技术小灵通风被淘汰后，因为没有 3G 技术的积淀和储备，公司随之快速消亡。

3．知识产权的战略价值

要想促进创新和产业发展，就需要对创新的技术成果进行保护，由此产生了知识产权的概念。通过授予创新者一定的专有获利权利，保护了企业创新的积极性。随着技术和市场的发展，知识产权保护范围不断拓展，不仅限于技术，还包括品牌等。知识产权是指自然人、法人或其他组织对各种智力创造的成果享有的专有权利，其保护对象包括发明、实用新型和外观设计专利，文学和艺术作品，以及在商业中使用的设计、符号、名称、图像等。知识产权受到专利法、著作权法、商标法、反不正当竞争法等相关法律的保护。和其他形式的财产（土地产、房屋等）一样，知识产权也可以被出售、许可、交换或赠送，这使得创新者可以通过自己的发明创造获得社会认可以及相应的经济报酬。

具体而言，知识产权包括专利权、商标权、著作权（版权）、植物新品种权、商业秘密等多种类型。

（1）专利权是指政府针对某项新产品、新方法或者新设计授予发明人或设计人的专有权利，在特定时期内，未经权利人许可，他人不得制造、使用、销售、许诺销售、进口含有该新发明、新方法、新设计的产品。

（2）著作权（版权）是作者对其创作的文学、艺术或科学作品（包括计算机软件、产品设计图等）所享有的专有权，在一定年限内，未经允许，他人不得以复制、发行、改编、翻译、网络传播等方式使用作品。

（3）商标权是指自然人、法人或其他组织注册或经过使用而获得的对某文字、图案、颜色等标识专有使用权，附着该标志或某种声音的商品或服务，具有区别于其他企业的产品或服务的显著特点，未经许可不得随意使用。

（4）植物新品种权是指完成育种的单位或个人对其授权的品种依法享有的排他使用权。

（5）商业秘密是指不为公众所知悉、具有商业价值并经权利人采取相应保密措施保护的技术信息和经营信息。产品和相关的生产及营销信息都属于知识产权的保护范围。

创新是企业在市场竞争中取胜的关键。通过合理的知识产权战略规划，能够确保企业最大化地获得创新的收益，在竞争中限制跟随者，同时也避免企业的业务开展被竞争对手限制。

4．知识产权战略的内容

从知识产权的不同类型出发，企业知识产权战略可以分为企业专利战略、企业商标战略和企业版权战略等。从企业发展的不同阶段出发，企业知识产权战略可以分为初创阶段战略、发展阶段战略和成熟阶段战略。

企业在初创阶段，刚刚起步，规模小、技术实力弱，在这种情况下，要从基础做起，尽可能布局必要的知识产权。首先，在商标方面，要为自己的产品设计一款显著性强的商标以及相关的商业标识，并进行商标的国内外注册。商标注册要与企业宣传同步进行，并保持一贯的商业标识，给消费者和合作伙伴留下深刻的印象。其次，在专利方面，要将企业核心产品尽快申请专利，抢占技术高地，以免他人抢先。在具体的专利申请策略上，要充分考虑发明、实用新型、外观设计 3 种专利的不同技术要求和申请程序上的差别，对于技术含量不高的技术，可以考虑先申请实用新型和外观设计专利。与发明相比，实用新型和外观设计专利创造性要求不高，审查周期短，申请费用低，可以满足企业初创时期知识产权的原始积累。在著作权方面，对企业开发的一些计算机软件和工业设计图之类，可以到国家版权局相关部门进行登记。虽然著作权是自动获得的，不需要登记，但是登记可以成为将来涉诉时的初步证据，如果没有其他相反证据的话，登记证书就是获得著作权的证明，可以减轻权利主体的证明责任。此外，对于企业技术开发阶段涉及的相关技术秘密和经营信息，注意做好保密工作，一方面要建立并完善企业内部的保密制度，另一方面要用保密合同、保密条款等方式约束员工、合作伙伴、代理人等机构和个人的行为，对违反者追究违约责任和侵权责任。

在企业发展阶段，企业具有了一定的规模，技术实力增强，社会关注度提高，在这种情况下，要及时调整知识产权战略。在商标方面要扩大宣传，提高商标的知名度，争取把商标打造成驰名商标。在专利方面，加大技术投入，提高技术的创新程度，多申请发明专利，提高专利的技术含量。如果专利产品在市场上热销，而自己的生产能力不足，可以考虑以专利许可的方式将专利技术许可给其他企业使用，商标可以与专利同时许可。对于有些闲置的专利，可以通过转让的方式获得经济收益。

在企业成熟阶段，要成立专门的知识产权部门，负责企业知识产权事务，具体包括商标维护、专利申请和管理、技术合同审查、版权管理、技术秘密管理等一系列与知识产权相关的事务。企业成名以后，商标侵权和专利侵权的现象都会逐渐出现，搭便车的行为增加，企业要时刻监测商标和专利使用状况，及时打击商标侵权和专利侵权行为。同时，建立战略评价和控制体系，对战略实施情况进行密切跟踪和监视，不断分析企业内外环境的变化对知识产权战略实施的影响。知识产权部门要与技术部门合作，提高专利申请量和授权率，同时要提高专利的利用率，尽量避免垃圾专利的产生。在可能的情况下，可以将企业的技术标准申请成为国家标准，甚至国际标准。一旦企业的专利技术成为国际标准，就有可能构成标准必要专利，成为全球广泛使用的技术，每次被使用，专利人都可以收取一定的使用费。此外，还要注意此阶段申请专利的目的除了自用，还要有防御性目的，即为了防止竞争对手申请专利而自己先申请专利，主动公开相关技术。

1.4.2　技术战略规划

1．技术趋势分析（技术预见）

技术战略规划很重要的部分就是技术趋势分析。技术趋势分析可以定义为一种对未来进行分析以预测技术趋势及其对组织的潜在影响的流程，也叫技术预见。

2. 技术生命周期曲线

任何技术的发展都会经历产生、成长、成熟、衰退 4 个阶段。这 4 个阶段构成技术系统 S 曲线（见图 1-8）。

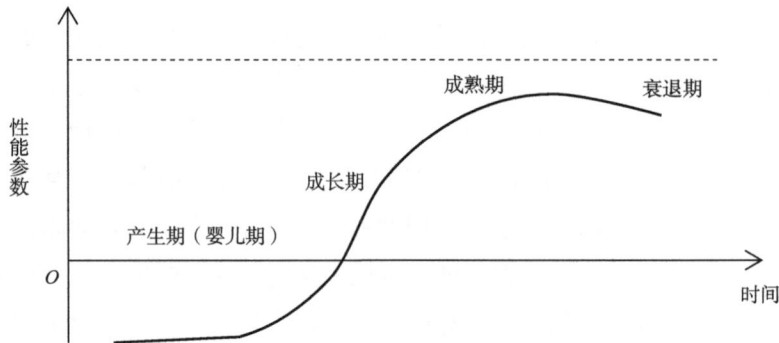

图 1-8　技术系统呈 S 曲线

技术系统 S 曲线是阿奇舒勒的 TRIZ 方法论中的一个方法，可以有效帮助人们了解和判断一个技术所处的阶段，从而有效地制定相应的技术战略。

美国知名的咨询公司 Gartner 从 1995 年开始，根据它的专业分析预测和推论各种新技术的成熟演变速度以及达到成熟需要的时间，形成了很有名的 Gartner 技术成熟度曲线。Gartner 技术成熟度曲线和 S 曲线不同的是，S 曲线是一种工具，而 Gartner 技术成熟度曲线是一种第三方企业的行业技术预测。Gartner 技术成熟度曲线分为 5 个阶段：技术萌芽期，期望膨胀期，泡沫化的谷底期，稳步爬升的希望期，实质生产的高峰期（见图 1-9）。

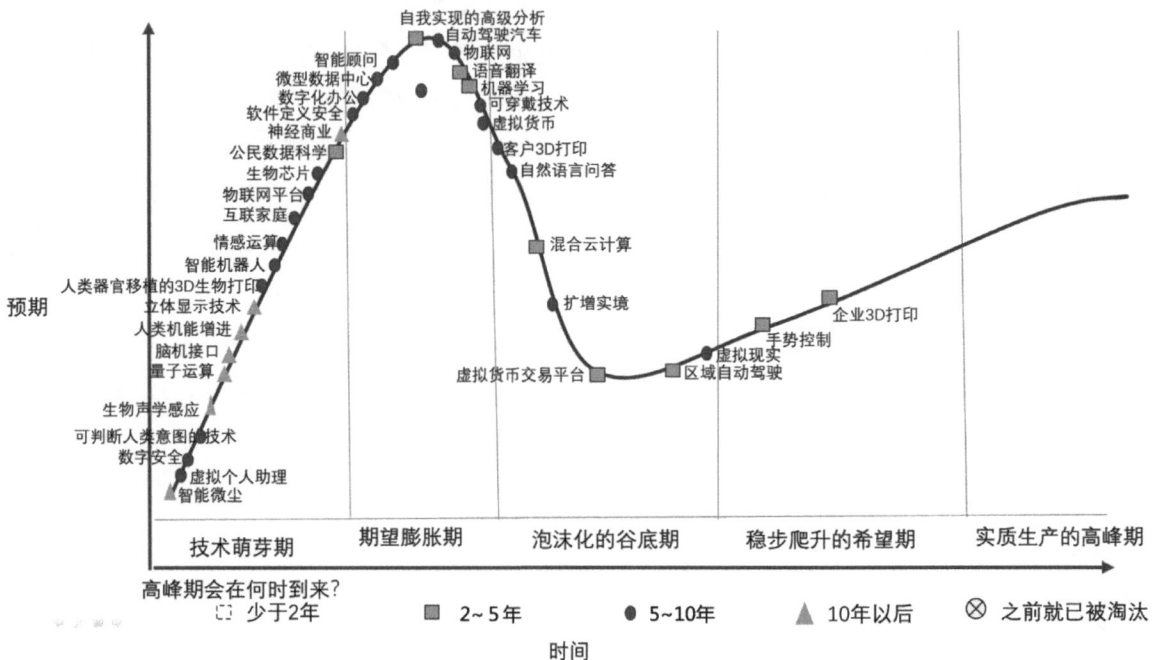

图 1-9　Gartner 技术成熟度曲线

3. 技术趋势分析（技术预见）的流程

技术趋势分析一般流程是，首先要做多领域的相关趋势分析，对未来进行猜测，然后总结对企业的影响，制定应对的策略。技术趋势分析可以说是科学和艺术的结合，有总结，有推理，也有直觉（见图 1-10）。

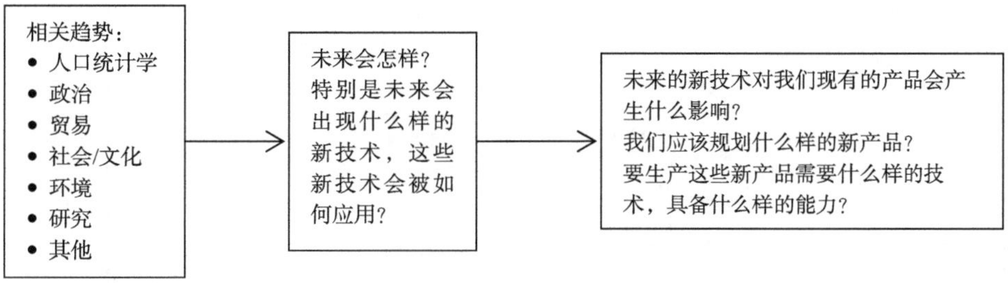

图 1-10　技术趋势分析流程

4. 技术趋势分析的工具

技术趋势分析有很多工具可以使用，包括头脑风暴法、专家小组、德尔菲法、SWOT 分析、专利分析等。

5. 技术路线图

企业技术战略落实到具体执行层面就是企业的技术路线图。企业根据制定的技术路线图进行研发投资和落实知识产权布局。

技术路线图是一种基于时间分层呈现市场需求/企业目标、未来产品开发、技术和辅助支撑资源的，又将各层联系起来的路线图（见图 1-11 及图 1-12）。

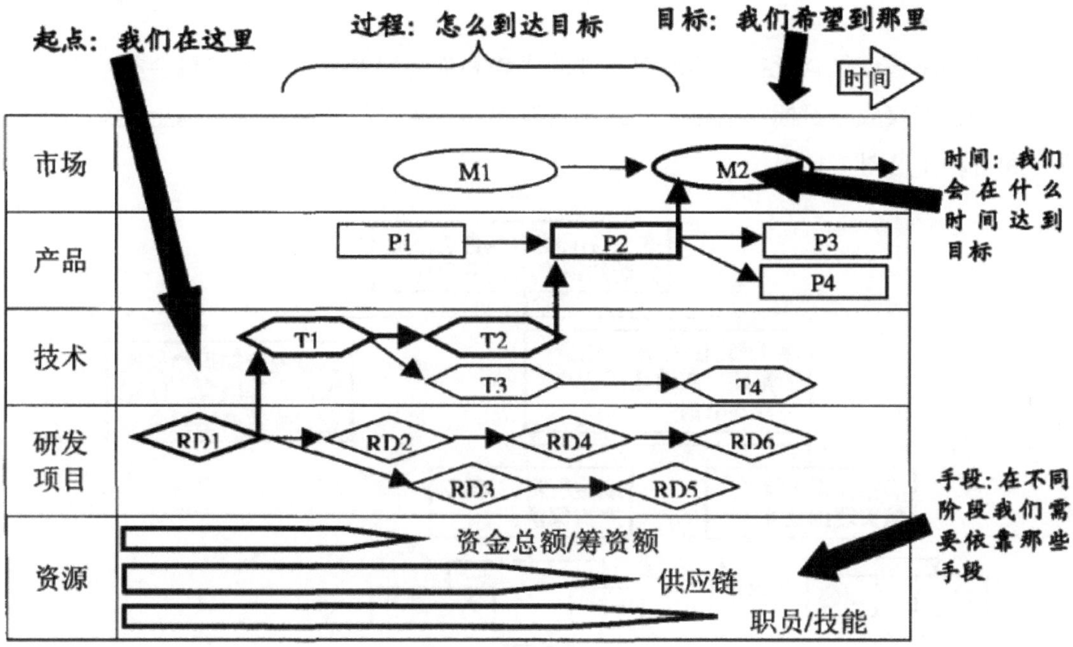

资料来源：剑桥大学技术管理中心。

图 1-11　技术路线图

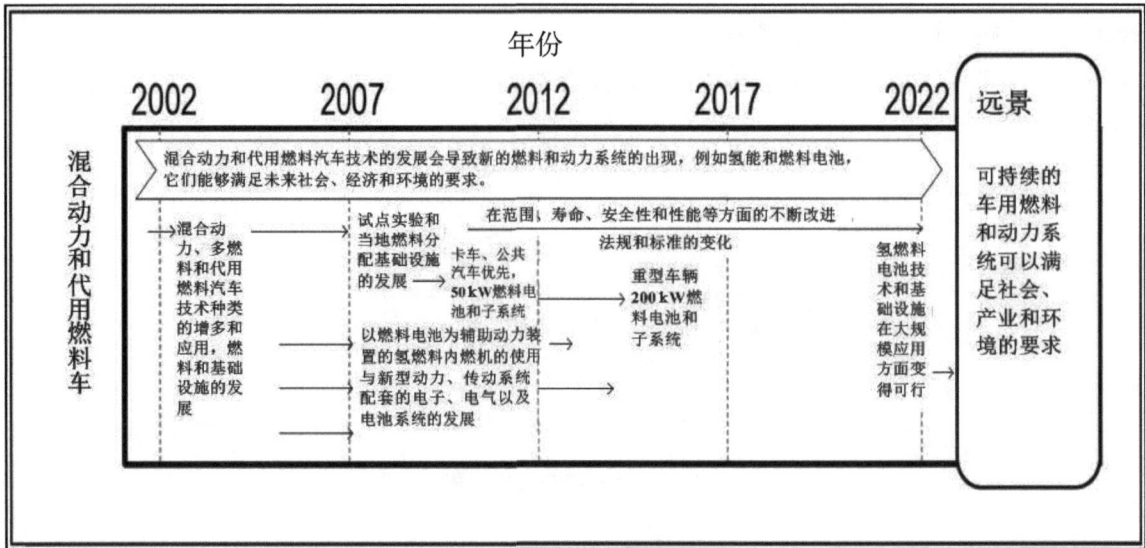

图 1-12　新能源车技术路线图

1.4.3　知识产权战略管理

1．知识产权战略管理流程

对于创新企业，知识产权战略是一个防和攻的过程。通过对创新的知识产权进行保护，可以最大化企业的利益。通过对创新的知识产权布局，可以起到包围和打击竞争对手的作用。

产品的创新度不同，与之相关的知识产权的价值也不同。企业通常可以通过以下方式实现知识产权的价值：在市场上直接出售产品；授权他人生产或销售产品；将支撑该产品的完整知识产权出售给其他企业。

企业知识产权战略管理是企业在对其内部条件的优势和劣势以及外部环境的机会和威胁进行分析研究的前提下，确定知识产权战略目标和指导方针并制定有效的知识产权战略，以实施企业知识产权战略的管理决策、程序和行动（见图 1-13）。

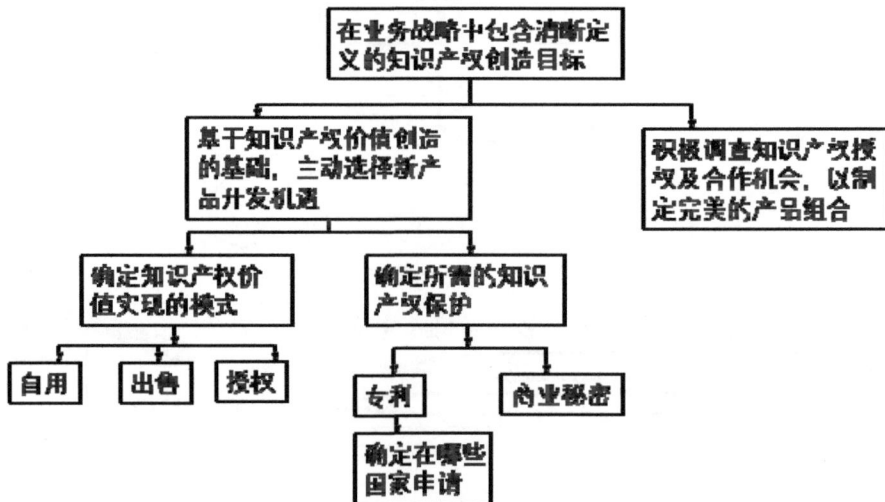

图 1-13　知识产权战略管理流程

2. 知识产权战略管理的成熟度

知识产权战略管理的成熟度体现了企业在知识产权管理方面的能力。不同成熟度的企业，在研究和产品开发、知识产权组合和管理、知识产权收购与出售、竞争情报分析、风险管理与诉讼等方面具有不同的表现。相应地可以分为反应型、主动型、战略型和最佳型（见表 1-10）。

表 1-10　知识产权战略管理成熟度

分　类	反应型	主动型	战略型	最佳型
研究和产品开发	专利作为开发研究的成果	自由地创新	与业务战略一致	知识产权推动战略优势——研发投入
知识产权组合和管理	简单组合追踪	与业务相关的知识产权组合，树立知识产权意识	对研发投入与许可认证的组合管理	为取得竞争优势实施组合管理
知识产权收购与出售	对知识产权授权机会做出临时性反应	主动识别授权伙伴	知识产权忠诚度与收益目标	业务策略驱动知识产权出售和收购目标的制定
竞争情报分析	临时或特定需求驱动的竞争情报分析	针对行业内关键对手的竞争情报分析	对完整知识产权竞争情况的全面分析	竞争情报分析是业务战略的关键部分
风险管理和诉讼	仓促应对突发诉讼	建立风险监控体系，实施保护性专利申请	实施保护性授权	预防不可转移的风险

应用案例

华为的知识产权部创立于 1995 年。从 2000 年起华为国内专利申请量以每年翻倍的速度增长。华为的创新文化有 3 个特点：围绕客户需求持续创新；站在巨人的肩膀上自主创新，积累核心知识产权；开放式创新，广泛吸纳国际范围内的创新成果。华为 2018 年年报显示，截至 2018 年年底，华为累计获得授权专利 87 805 项（90%以上为发明专利，包括 43 371 项中国专利，44 434 项外国专利，其中有 11 152 项核心专利是在美国获得授权的）。华为的专利合作协定（Patent Cooperation Treaty，PCT）申请数量也连续多年居于世界前列。

根据华为企业副总裁、首席法务官宋柳平介绍，华为知识产权战略特点包括以下几个方面：

（1）知识产权是企业的核心能力，华为高度重视技术创新与研究，每年将不低于销售收入的 10%用于产品研发和技术创新，以保持参与市场竞争所必需的知识产权能力。据华为年报显示，2018 年华为在研发方面投入了 1 000 多亿元，约占全年收入的 14.1%。华为坚持长期投入研究与开发，不断丰富自身知识产权的积累，近 10 年华为累计投入的研发费用超过 4 800 亿元。目前，华为是全球最大的专利持有企业之一。2018 年华为专利权价值高达 42.68 亿元。

（2）实施标准专利战略，积极参与国际标准的制定，推动自有技术方案纳入标准，积累基本专利，为之后的电子通信市场的占领及专利诉讼的应对均提供了坚实的后盾。截至 2015 年 12 月 31 日，华为加入了 300 多个标准组织/产业联盟/开源社区，担任超过 280 个重要职位，在 IEEE- SA、ETSI、WFA、TMF、OpenStack、Linaro、OASIS 和 CCSA 等组织担任董事会成员。华为 2018 年全年提交标准提案超过 5 000

篇，同时继续加大在 AI、数据安全与保护、消费终端等领域标准开发的投入。

（3）遵守和运用国际知识产权规则，积极与其他企业合作，依照国际惯例处理知识产权事务，以交叉许可、商业合作等多种途径解决知识产权问题，消除由于知识产权垄断而形成的企业竞争壁垒。目前，华为已与行业内主要厂商和专利权人签署了数十份知识产权交叉许可协议，如苹果、IBM、美国高通、爱立信、诺基亚等。根据华为 2018 年年报显示，2018 年特许权使用费共 63.81 亿元，与此同时，2018 年华为向第三方出售专利权的收益达到 7.5 亿元。

1.5　营销战略

美国市场营销协会（AMA）认为，市场营销是创造、传播、交付和交换那些对客户、合作伙伴和社会有价值的市场供应物的活动、制度和过程。菲利普·科特勒教授认为，市场营销就是识别并满足人类和社会的需要。

1.5.1　产品的定义和类型

菲利普·科特勒认为，产品是任何一种能被提供给市场以满足需要或欲望的东西，它包括有形物品、服务、体验、事件、人物、场所、产权、组织、信息和创意等十大类。这个定义给我们的启示是，虽然产品有多种表现形态，但其共性是能满足需要。图 1-14 显示了面对用户的一个需求集合，产品是如何通过一个功能集合来满足的。

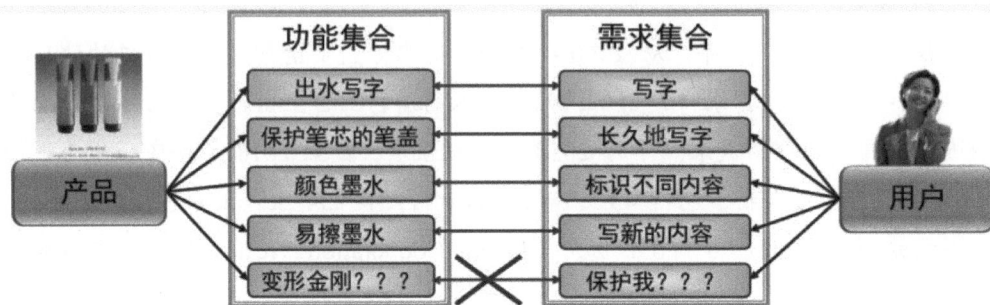

图 1-14　产品满足需求的过程

当然，产品满足用户需求的程度，是一个用户感知或者体验的过程。用户需要将其感知到的价值与感知到的成本进行比较和权衡，才能进行购买决策（见图 1-15）。深刻、准确地洞察用户的显性和隐性需求，是新产品开发和营销的关键所在。

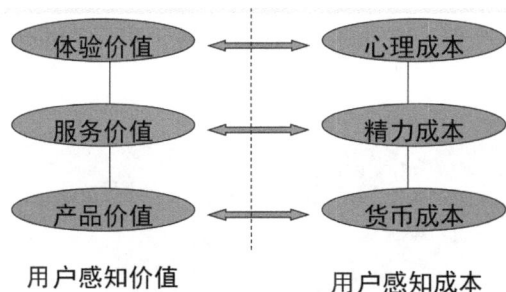

图 1-15　用户的感知价值与感知成本

产品与企业是什么关系？PDMA 认为，产品是一个企业的血液。我们可以进一步认为：产品是企业的市场交付物，是企业的价值所在，是企业得以存在的基础。企业通过不断创造新产品来满足用户不断变化的需要，并最终获得市场回报，形成良性循环，使企业得以实现可持续成长。产品与创新是什么关系？我们认为，新产品是企业创新给市场的交付物，是技术创新、产品创新、服务创新、商业模式创新乃至管理创新或营销创新的载体或结果。虽然创新与创意、发明、专利有概念上的区别，但是创新的中间成果，如创意、专利，也可以作为产品来交易。

按照有形性和耐用性，产品被分为易耗品、耐用品和服务 3 种类型。其中，消费品包括便利品、选购品、特殊品、非寻求品等。工业品包括材料和零部件、资本项目、补给品和商业服务等。

1.5.2　围绕核心利益的完整的产品

在《产品经理认证（NPDP）知识体系指南》中，产品被分为 3 个层次。为了深化理解，可以将产品进一步划分为 5 个层次：核心利益、基本产品、期望产品、附加产品、潜在产品。需要强调的是，产品经理作为产品的负责人，需要构思并交付的是一个围绕核心利益的完整的产品。

- 核心利益（Core Benefit）：用户真正购买的或真正需要的，代表了产品最基本的层次。例如，酒店，客户购买的是休息和睡眠。
- 基本产品（Basic Product，也称为有形产品，Tangible Product）：满足核心利益必须具备的有形内容，代表了产品对核心利益的基本支撑。例如，一家酒店的房间要有床、卫生间、毛巾、书桌和衣柜。
- 期望产品（Expected Product）：用户在购买产品时对产品属性（特性、功能）的期望。例如，顾客期望一家酒店要有干净的床、新的毛巾、亮度足够的台灯和安静的环境。
- 附加产品（Augmented Product）：产品所提供的服务和承诺，代表了用户对服务的期望。
- 潜在产品（Potential Product）：尚未提供的或尚未想到的内容或定义，能够给用户带来惊喜，并使得产品从众多竞争产品中脱颖而出，代表了产品未来可能的趋势。

从图 1-16 中我们可以看到，产品的 5 个圈层，首先体现出了产品的核心内涵：满足用户的需求，特别是核心利益需求。5 个圈层还体现出了产品通过有形载体、无形服务等，满足用户的基础需求、期望需求、惊喜需求等逐级提高附加值的过程。5 个圈层还体现出了产品未来如何满足用户潜在的、无法说出的需求的内涵。对于产品经理来说，开发出一个真正能够让用户产生"哇"的感觉的产品，或者开发出一个全新的产品，是一个崇高愿望。5 个圈层作为一个基本工具，可为产品经理进行产品创新迭代提供思路（见图 1-17 ）。

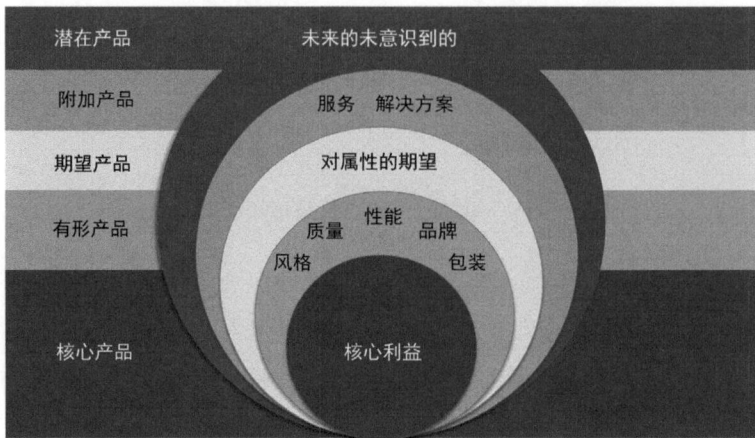

图 1-16　产品的 5 五个层次

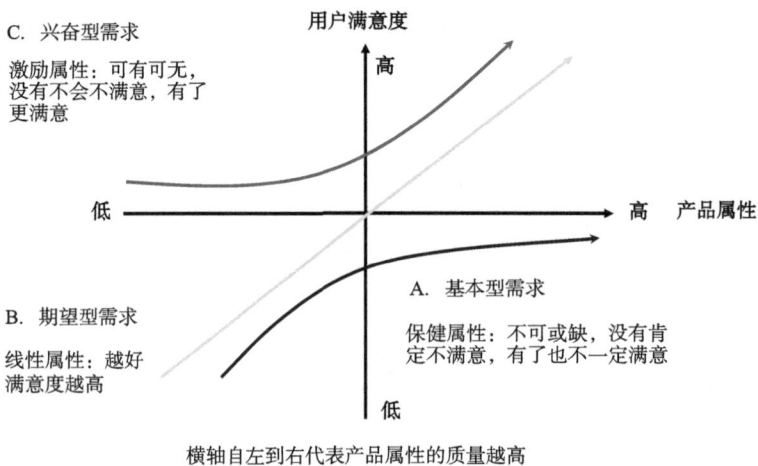

横轴自左到右代表产品属性的质量越高

图 1-17　考虑产品属性与用户满意度的产品创新

1.5.3　营销战略规划

营销战略是企业的一个重要的职能战略。企业制定营销战略的目的，是将有限的资源集中到最佳的机会上，以提高销售额并获得独特的竞争优势。企业在制定总体战略和业务战略时，业务领域和业务目标等都与营销战略密切相关。因此，营销战略始于企业经营战略制定的业务目标，职能部门和事业部门在制定营销战略时，需要落实企业总体战略和经营战略（业务战略）确定的方向和目标。同时，营销战略还要与创新战略保持一致，营销战略中包含的目标市场、产品价值主张、产品线与产品组合、营销组合、产品路线图等内容，是企业产品创新战略的重要内容。

1. 营销规划

营销规划是制定企业营销战略、战术以及实施计划的一个重要过程。企业营销规划包括两个层次：①营销战略规划（Strategic Marketing Plan），在分析当前最佳市场机会的基础上确定目标市场并提出价值主张。②营销战术规划（Tactical Marketing Plan），描绘了特定时期的营销战术，包括产品特征、促销、销售规范、定价、渠道、服务等。在实践中，企业需要对单一产品、产品线、产品组合制定相应的不同层次的营销战略规划和营销战术规划。

2．营销战略规划的内容

（1）**环境和竞争分析**。环境分析一般围绕 3 个层次进行：宏观环境、行业环境和企业环境。采用的分析工具有 PESTLE 分析，主要分析企业产品所面临的机遇和威胁，有关内容详见企业战略规划部分。竞争分析包括企业层面的竞争分析以及产品层面的竞品分析，找出本企业产品的优势和劣势。竞品分析可采用如图 1-18 所示的表格。之后可基于 SWOT 分析来确定企业产品的战略选择，即选择低成本还是差异化战略，选择作为领先者还是跟随者，是否选择一个细分市场作为利基市场或选择细分领域开展利基业务等，有关内容可以参考《产品经理认证（NPDP）知识体系指南》中创新战略框架部分内容。

分析维度	竞争对手产品1	竞争对手产品2	本产品
定位			
亮点功能			
技术和工艺			
广告媒体体验			
购买体验			
成本			
当前状况			
发展方向			
融资状况			
盈利模式			
其他			
优缺点总结和借鉴			

图 1-18　产品分析（示例）

（2）**业务目标**。包括营销目标和财务目标等。

（3）**市场细分与目标市场选择**。市场细分和目标市场选择是在环境和态势分析的基础上进行的，是营销战略落实到客户层次的关键一步，也是企业思考产品与市场匹配性的基础。高质量的市场细分有助于发现市场空白，已经确定的战略选择是目标市场选择的重要依据。

- 市场细分是将市场划分为较小的、独特的消费者群体的过程（各个群体之间在需求、特征或行为上存在明显差异，需要不同的营销战略或营销组合）。常见的市场细分变量有地理变量、心理变量、人口变量、行为变量等，对于 B2B 市场来说，还需要考虑采购方式、采购人的岗位角色和个性特征等。细分市场提供了对你的客户进行特征描述的基础信息。

- 目标市场选择是在市场细分之后对具体开展营销的市场进行选择的过程，是企业营销战略的重要体现。当选择的是相对宽泛的大众市场时，企业常常使用低成本战略。随着市场选择范围越来越狭窄，企业产品的差异化逐渐加强，企业的资源也更加聚焦（见图 1-19）。目标市场选择通常有 5 种方式：单一市场集中化、产品专业化、市场专业化、有选择的专业化、全面进入。

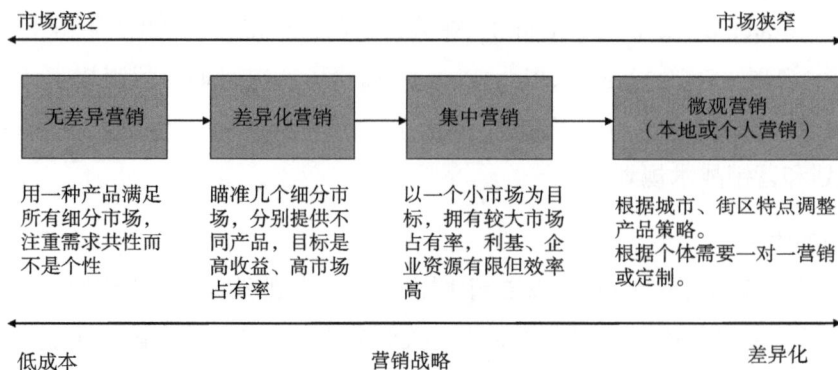

图 1-19　市场可选择范围与营销战略

（4）**组合分析**。根据战略的层次不同，对业务组合或产品组合进行分析。组合分析的目的是从企业众多的现有产品中，找出需要进一步加大投资的产品，并剔除掉那些缺乏优势和利润贡献但又占据着企业资源的"鸡肋"产品。常用的分析方法有波士顿矩阵法或者通用电气（GE）矩阵法。

企业产品组合分析的基础概念是产品线和产品组合。产品线是指企业在一个总的市场上销售的一组产品。这些产品在某种程度上有共同特点、共同客户和共同用途，还可能共享着技术、分销渠道、定价、服务以及营销组合里的其他元素。产品组合是指企业已经上市的一系列产品和产品线。图 1-20 是某企业的产品组合。其中每个品类下有一个产品线。产品组合宽度表示的是产品有多少产品类别，图 1-20 所示的企业的产品类别数量是 5 个。产品组合深度表示的是产品有多少品牌，图 1-20 所示的企业的产品线总长度为 24 个。

	产品组合的宽度				
产品组合的深度（长度）	清洁剂	牙膏	条状肥皂	纸尿布	纸巾
	象牙雪1930	格利1952	象牙1879	帮宝适1961	媚人1928
	德来夫特1933	佳洁士1955	柯克斯1885	露肤1976	粉扑1960
	汰渍1946		洗污1893		旗职1982
	快乐1950		佳美1926		绝顶1992
	奥克雪多1914		保洁净1963		
	德希1954				
	波尔德1965		海岸1974		
	圭尼1966		玉兰油1993		
	伊拉1972				

图 1-20　产品组合分析（示例）

（5）**营销组合**。营销组合包括产品价值主张、产品路线图、渠道、定价、促销方式等。营销组合中的所有要素应同步，并与所选择的目标市场的期望和行为相一致。营销组合中的其他要素，前面已经详述。渠道和促销，在产品生命周期这一章中有详细介绍。关于定价，这里介绍常用的 3 种策略：成本定价、市场定价和客户价值定价（见图 1-21）。

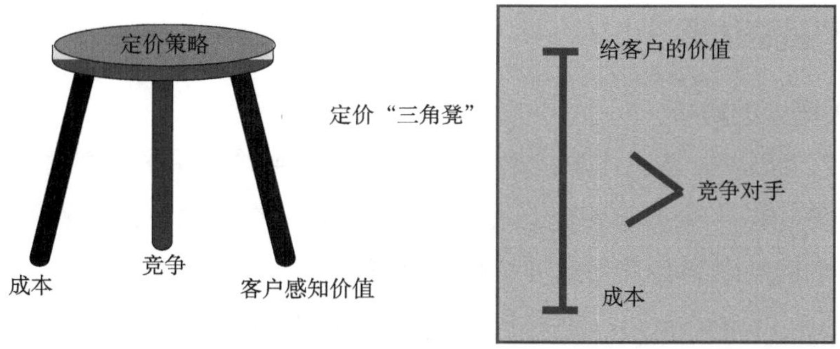

图 1-21　定价策略

进一步思考可以发现，4P 主要是从企业给市场的交付物角度来阐述的。营销中常用的 4C——Customer（消费者）、Cost（成本）、Convenience（便利性）、Communication（沟通），以及流行的四句话[忘掉产品，考虑消费者的需要和欲求（Consumer wants and needs）；忘掉定价，考虑消费者为满足需求愿意付出多少（Cost）；忘掉渠道，考虑如何让消费者方便（Convenience）；忘掉促销，考虑如何同消费者进行双向沟通（Communication）]则是从用户角度思考产品的，我们应从传统的"消费者请注意"向"请注意消费者"转变。

著名营销专家大卫·皮尔逊提出了营销 20P，包括产品、价格、渠道、推广、包装、计划、说服、公关、推拉、定位、利润、生产力、合作、权力、感知、人才、积极、专业、激情、个性，涵盖了企业价值链在其所处的生态价值网络中围绕产品进行价值创造、价值传递和价值获取的核心内容（详见《营销 20力：营销策略的全方位指南》）。

（6）**营销计划**。营销计划包括实施营销战略规划的预算、绩效评价、风险以及控制措施等。

3．营销战略规划的输出
- 市场细分和目标市场选择。
- 业务组合或产品组合。
- 产品价值主张。
- 产品路线图。
- 营销渠道、定价、推广等。

4．营销战略规划的标准
制定营销战略规划应遵循 SMART 原则。
- 具体的（Specific）：指营销目标要切中特定的工作指标，不能笼统。
- 可度量的（Measurable）：指营销目标是数量化或者行为化的，验证这些目标的数据或者信息是可以获得的。
- 可实现的（Attainable）：指营销目标在付出努力的情况下可以实现，避免设立过高或过低的目标。
- 相关的（Relevant）：指营销目标是与本职工作及其他目标相关联的。
- 有时限的（Time-bound）：注重完成营销目标的特定期限。

1.5.4 价值主张和产品路线图

1. 价值主张与相关概念的辨析

在《产品经理认证（NPDP）知识体系指南》中，出现了 4 个十分相似的概念：价值主张和产品概念、产品定义和产品定位。这 4 个概念外延上具有很大交叉性，在实践中，很多企业都有自己不同的定义和使用场景。这里，根据 PDMA 术语集对这 4 个概念进行辨析。

（1）价值主张（Value Proposition）：是关于一个产品在哪些维度以及如何向潜在客户交付价值的简短的、清晰的、简单的陈述。

（2）概念（Concept）：是对新产品创意的一个清晰的表述或者一个可视化的描绘，包括主要特性、客户利益、所需技术的广泛理解。

（3）产品定义（Product Definition）：是对产品的具体定义，包括目标市场、产品概念、拟交付的利益、定位战略、价格点，甚至包括产品要求、设计规格等。

（4）产品定位（Product Positioning）：是将产品营销给客户的方式，指目标客户看重的、定义的、相较于竞争产品的一系列特性和价值。

通过对这 4 个概念的对比我们可以发现，价值主张强调的是对客户感知价值和客户心声的反应，是市场研究工作的成果，因此是对客户需求洞察的描述，也是产品概念描述的基础。产品概念则包括了创意的内涵，在产品特性、利益、技术上与价值主张相比较更加深入，可以将产品概念理解为创意生成阶段的直接成果。产品定义则除了产品概念的内容，还包括设计规格等，又深入了一步，PDMA 创始人之一克劳福德先生甚至称产品定义为产品协议，强调的是在进入开发阶段之前客户需求洞察团队与产品开发技术团队之间需要就产品最终交付物的具体规格和特性达成共识，这也反映了产品定义所起的作用。产品定位从其定义上就可以清晰地看出，其更多地强调了竞争，是营销阶段的重要工作。

2. 价值主张生成的工具

价值主张是基于对客户需求（客户心声）的洞察形成的，有关内容在《产品经理认证（NPDP）知识体系指南》的市场研究部分。图 1-22 是生成价值主张的一个工具——价值主张画布。

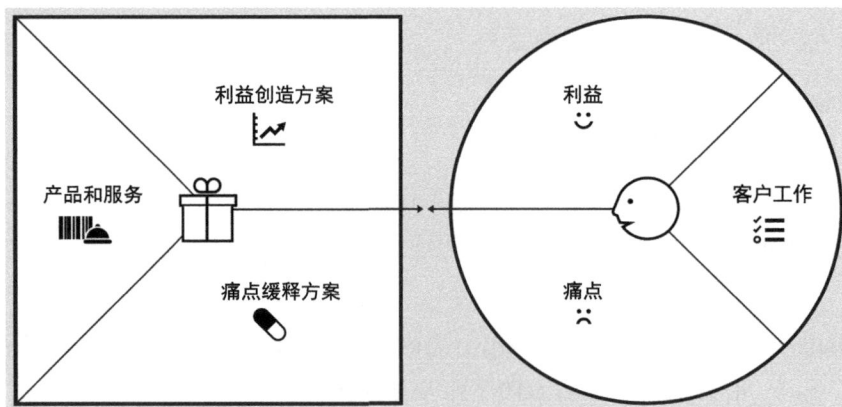

图 1-22　价值主张画布

3．价值主张的陈述

陈述价值主张常见句式是：这个（产品名称）是（什么），主要用于（目标市场），购买这个产品最主要的理由是（带来什么收益），而不像（竞争对手）的（产品特性）。

4．产品路线图

产品路线图是产品营销战略规划的重要交付成果。有关定义在《产品经理认证（NPDP）知识体系指南》中已经给出。需要强调的是：产品路线图是对长期和短期业务目标的落实。同时，由于在产品开发和上市过程中，需要与大量利益相关方（包括客户、供应商、渠道等）进行沟通，产品路线图可以起到很好的沟通作用，减少开发和上市中的摩擦，并减轻竞争压力。例如，在竞争对手率先推出新一代产品的情况下，提早发布本企业同类新产品信息，有助于满足消费者的期望。产品路线图包括：

（1）单一产品路线图，提供的信息是在一个产品开发周期内，围绕一个产品的多个跨职能团队承担的多个开发活动或者开发项目的时间进度，目的是实现内部或外部的多个团队在一个战略目标下的协同。

（2）多个产品路线图，提供的信息涉及产品类别、产品线，或者一个事业部内的多个产品，目的是展示多个产品按照计划在各个时间节点应该达到的开发阶段，并协调总体开发进度和上市计划。

（3）冲刺路线图，提供的信息是用于敏捷开发的 Scrum 冲刺的路线图。冲刺路线图对于民间敏捷团队可能比以往更快地构建出错误的东西。实践中敏捷团队通过故事陈述来识别和理解市场需求，并且把其转化为产品路线图。

1.6　能力战略

1.6.1　创新能力

1．创新能力与核心能力

创新能力是企业在技术和组织方面的能力的总和，它体现在企业的人力资源、技术系统（软硬件）、信息系统、管理体系中。创新能力的本质是知识。

核心能力是那些在战略上构成差异性的能力。核心能力绝不仅仅指拥有核心技术。核心能力是企业几个不同的主要专业知识和能力的整合。核心能力有 3 个标准：①能提供广阔的潜在市场；②能使最终用户在使用产品时受益；③使竞争者难以模仿。

核心能力具有 6 个特征：独特性、增值性、延伸性、动态性、综合性和不可模仿性。

2．创新能力的来源

创新能力的来源有很多。表 1-11 汇总了跨国企业构建创新能力的一些具体实践。

表 1-11　构建创新能力的实践

内　　部	外　　部
创意大赛、创意箱	技术引进
内部研发	并购

内　　部	外　　部
人才招聘、培训	战略联盟
孵化、内部 VC	产学研相结合
跨职能团队	合资
知识库、专利池	外部 VC、孵化
研发中心（研究院、所）	用户、供应商创新
创新基础设施	开放式创新平台
创新文化、氛围	创新网络
创新激励机制	

3．中国企业创新能力提升的方法

中国企业创新能力的提升，是伴随着中国对外开放、引进外资和技术合作的不断深化，不断学习吸收国外先进技术、经验及不断再创新的过程。采用的方法包括用中学、干中学、研究开发中学习，以及组织间互相学习（见表 1-12）。

表 1-12　创新能力提升的方法

主导知识类型	知道是什么 （Know-what）	知道如何做 （Know-how）	知道为什么 （Know-why）	理解如何做 （perceive-how）
知识来源	外部	外部	内部	内外部结合
主导学习模式	"用中学"	"干中学"	"研究开发中学"	"组织间学习"
组织学习层次	程序化学习	程序化学习	能力学习	战略性学习
主要途径	技术引进（购买硬件、购买软件）	内部研究开发	内部研究开发	合作研究开发、内部研究开发

1.6.2　开放式创新

1．开放式创新与封闭式创新

开放式创新是一个与封闭式创新相对应的概念。在很长一段时间里，创新是在企业内部独立完成的，跨国企业通过聘用最具创造力的研发人员、投入巨额研发经费产生创新成果，然后采用自己的渠道来实现商业化以获得回报，从而实现创新的良性循环。这一模式在过去是具有适应性的，能对研发有强有力的控制，形成技术垄断地位。但是，技术路线和创新成果的不确定性，及其与企业业务领域的不一致性，使得很多企业开始思考如何提高研发的效果。随着企业对研发投入的回报的重视，企业对研发效率的要求越来越高；研发周期的日益缩短，也使得企业意识到不能完全依靠自身能力在短时间内低成本地解决所有研发问题。以宝洁公司为代表的一批企业对开放式创新的探索，使得开放式创新越来越得到重视并被广泛地应用起来。如封闭式创新和开放式创新的区别如图 1-23 所示。

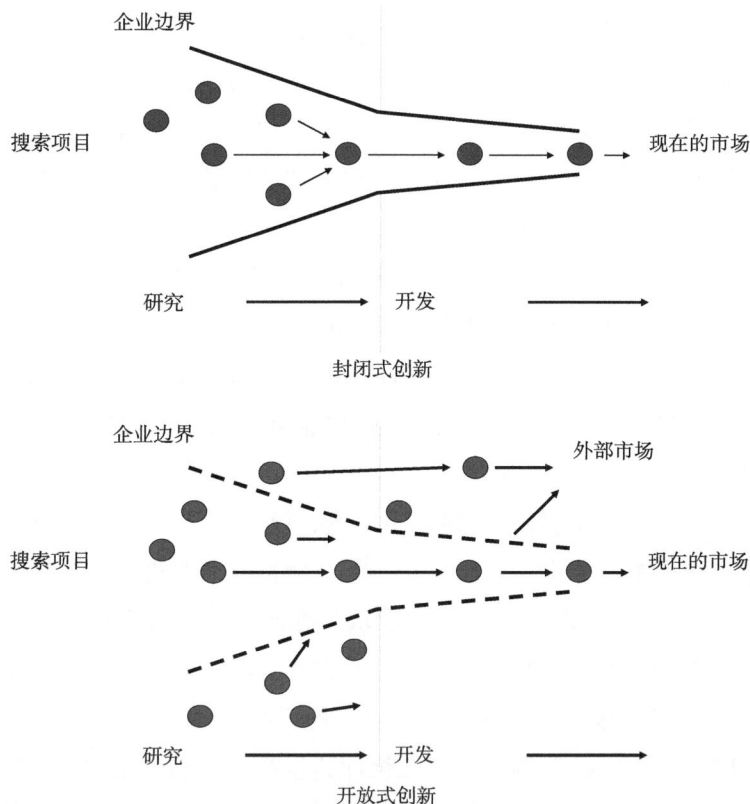

图 1-23　封闭式创新与开放式创新的区别

2．开放式创新的内涵和特点

《产品经理认证（NPDP）知识体系指南》给出了一个简单的开放式创新的定义，即通过有目的的知识流入和流出加速内部创新，并利用外部创新扩展市场的一种创新范式。通过与封闭式创新比较，有助于我们更深入地理解开放式创新的特点。

（1）改变了内部研发的封闭模式，让客户、供应商、投资人、知识产权经纪人等众多利益相关者参与到产品开发流程中，有助于充分利用丰富的外部创新资源，构建创新生态体系。

（2）通过合作、外包、众包、协同等方式，让外部的所有聪明人服务于本企业新产品开发，有助于提高研发效率、降低研发成本、缩短研发周期。

（3）改变了创新即研发的观点，以客户为中心，以结果为导向，创新既可以通过内部研发人员实现，也可以通过关系（联系者）实现。

（4）提高了企业内部研发成果的商业价值，企业既可以将研发成果直接应用于自身产品，也可以将知识产权通过转让、授权、合资等形式产出更多的价值，通过外部途径使得内部技术商业化，实现研发回报最大化。

1.6.3　开放式创新的模式

开放式创新的模式可以追溯到早期采用的产学研合作。企业与高校科研院所建立技术研发、科技成果转化的合作机制，包括企业聘请大学科研人员担任顾问、购买大学的研究成果、联合培养硕（博）士、联合开展项目研究和建立联合实验室等多种形式，实现企业作为创新主体与大学科研院所作为创新技术源头的优势互补与合作共赢。发展到今天，开放式创新已经成为企业与创新生态中的各个角色、主体开展各种形式的合作、进行全生命周期协同创新的一种通用模式。通过技术和创意合同、技术许可证、联合研究、战略联盟、合资等形式，以开放式创新平台为载体，汇聚全球创新资源，不求所有、但求所用，使开放式创新在创新网络层面以各种模式得以广泛应用。

（1）网络众包模式。搭建一个连接"发包方"和"承包方"的在线交互和众包平台，通过"悬赏""投票"等方式发动"草根阶层"和"业余科学家"的力量，获取技术解决方案。它包括两种形式：一种是需求企业搭建的"专有平台"，如宝洁的"Connect+Develop"、亚马逊的"Mechanical Turk"、Twitter的"Marketocracy"、海尔的"HOPE"等；另一种是专业化企业搭建的开放平台，如 InnoCentive、Nine Sigma、Kaggle、猪八戒网等。

（2）协同开发模式。让用户和供应商参与到产品构思、设计、开发和生产等环节中，把开发者的技术、经验和消费者的诉求和体验更早、更好地结合在一起，使得产品改进从"售后"向"售前"延伸，实现"按需开发"和"私人定制"，建立起一种以用户需求为导向、以研发生产销售一体化为方向的新型供需关系，实现生产者和消费者的高度协同和共赢。新产品在开发时，通过征集用户创意、吸引用户和供应商参与，不断地开发出满足市场需求和解决用户"痛点"的产品，如小米的"用户开发平台"、无印良品的"Muji.net"、乐高的"LEGO IDEAS"等；产品在设计和生产时，利用用户多样化和个性化的需求倒逼生产方式转型，把用户差别性体现在产品唯一性上，形成"量体裁衣"和"一人一款"的专属定制，如路特斯的"Lotus Exclusive"、青岛红领的"C2M"、宝钢的"EVI"等。

（3）开源社区模式。将传统的在企业内部进行的研究和开发过程放到开放性社区中完成，社区中的任何"居民"都可以在源代码的基础上进行二次开发，成为创意的生产者和传播者。由用户生成内容，即UGC 模式，如维基百科"人人可编辑的自由百科全书"，赫芬顿邮报"把读者变为记者"等。以企业联盟的形式，通过技术的平台性占领更大的市场，如特斯拉开放专利、Android 开源移动平台、Firefox 开源网页浏览器等。

（4）虚拟协同模式。虚拟协同依赖 ERP, SCM, CRM, PLM 等工业软件系统的集成应用，通过网络向产品全生命周期各环节上全球各地的上下游企业下达统一指令和标准，从而建立起统一的数字化设计、虚拟组装和测试协作平台。例如，波音 787 基于 PLM 平台与 30 多个国家、135 个地方的 180 个供应商形成了在线的交互和协同。在 400 多万个零部件中，波音企业只负责其中的 10%——尾翼和最后的系统集成，波音 787 成为全世界外包程度最高的飞机，也是波音史上完工最快、造价最低的机型。

应用案例一　　　　　　　　　**海尔的开放式创新**

1. 海尔开放式创新的三大驱动力

（1）用户个性化。互联网时代信息获取越来越简单，用户非常容易获取到详尽的产品信息，同时随着互联网原住民的成长，用户的需求越发个性化、碎片化，个性化定制产品的呼声越来越高，因此企业必须改变传统的创新方式，为了满足用户的个性化需求，需要和用户、等外部人员或机构一起创新。

（2）产品创新加速。正如《大爆炸式创新》一书中所描述的，技术的指数级发展和产品的快速迭代改变了原有的创新方式。创新产品以迅雷不及掩耳之势不断冒出，倒逼企业缩短产品研发周期，持续迭代产品，提升用户体验，这一切只有利用全世界聪明人的智慧才能做到。

（3）产业颠覆。互联网时代各个行业都受到互联网的冲击，颠覆式创新无处不在。企业的颠覆往往出现在"意料之外"，又在"意料之中"。封闭系统注定消亡。企业只有建立开放的平台，形成开放的创新生态系统，才能持续创新，涅槃重生。

2. 海尔开放式创新的基本理念

海尔以"世界就是我们的研发中心"为基本理念，通过建立全球资源和用户参与的创新生态系统，吸引全球用户、创客、供应商零距离交互，持续不断产出引领产品，加速产品以及用户体验的迭代，实现生态圈内共创共赢。其特点有：

- 从以产品为中心到以用户为中心。
- 从领导决策到用户决策。
- 从串联流程到并联流程。
- 从自主开发到利用全球智慧交互创新。
- 创新成果从以延续性创新为主到以颠覆式创新为主。
- 机制颠覆，并联对赌。用户付薪：传统研发是串行机制，相关人员分段完成任务获取报酬，而现在报酬统统来自市场的收入，大家同一目标、同一薪源。

3. 海尔开放式创新的基本模式

（1）开放式创新体系。依托在全球的十大研发中心，以及根据用户痛点随时并联的 N 个研发触点，形成了"10+N"的开放式创新体系，"用户需求、创新资源在哪里，研发就在哪里"。

- 海尔在全球布局了十大研发中心，紧密对接一流资源，组成一流资源的创新生态圈。每个研发中心都具备一定的研发能力，相当于一个连接器和放大器，可以和当地的创新伙伴合作，形成了一个遍布全球的网络。
- 根据用户痛点随时并联 N 个研发触点，包括海尔在全球设立的创新中心、创新合伙人社群成员以及遍布全球的合作伙伴。创新中心的主要职能是整合当地（区域）优势创新资源，更好、更快地为用户需求的转化提供最新、最前沿的资讯和商业模式，同时还可以吸纳当地的人才资源，最终建立一个创新解决方案的"蓄水池"，持续输出最新的技术和方案，并快速孵化与转化。创新合伙人社群是通过海尔开放式创新平台 HOPE，以关联海尔产业的技术领域专家为核心，建立的虚拟创新组织，社群成员通过 HOPE 平台接收各类创新课题，并通过多样的参与形式为有技术创新需求的产品团队提供服务。

（2）HOPE 开放式创新平台。HOPE 平台的宗旨是开放、合作、创新、分享。HOPE 平台是一个创新者聚集的生态社区，一个全球范围的庞大资源网络，也是一个支持产品创新的一站式服务平台。HOPE 把技术、知识、创意的供方和需方聚集到一起，提供交互的场景和工具，持续产生颠覆性创新产品。作为一个开放式服务平台，它可以帮助企业解决创新在哪里、如何创新的难题，帮助创新者和创新机构解决创新成果以及知识的商业化问题，同时帮助创新者找到志同道合者，共同创新。HOPE 平台提供的服务有：

- 技术竞争情报。提供竞品及技术专题的研究服务。

- 技术专家咨询。通过社群内汇聚的各领域的技术专家，快速解答各类跨界技术问题，为创新课题明确方向。
- 消费者洞察。通过微洞察工具进行精准的用户洞察。
- 需求拆解。用一套科学有效的方法指标化地描述问题。
- 技术寻源。基于 HOPE 覆盖全球的技术寻源网络，帮助客户快速、精准地匹配所需的技术资源，加速创新转化。
- 技术对接会。为企业举办各类技术对接活动，包括技术创新论坛、技术路演及合作洽谈会等。

应用案例二　　　　　　　　　　　**通用磨坊公司的联系创新者**

通用磨坊公司是全球最大和最知名的食品公司之一，2012 年其全球营业额高达 167 亿美元。该公司在美国的零售业务包括七大部门，负责一系列知名品牌，如脆谷乐（Cheerios）、优诺（Yoplait）、贝蒂妙厨（Betty Crocker）和皮尔斯百里（Pillsbury）。另外，通用磨坊公司还设有国际部及烘焙与食品服务部。

通用磨坊公司的全球创意网络总监杰夫·贝雷尔斯（Jeff Bellairs）说："当人们仔细考察开放式创新时，我认为有一种人才对创新过程十分重要，那就是联系者（connector），或联系创新者（connected innovator）。他认为，联系创新者是一个有能力建立良好的人际关系，并能从同事、上级甚至外部合作者处轻松找到解决问题的方案的人。联系创新者善于接受最初的挑战并想象未来，能以此得出最终成果。最近几年，通用磨坊公司的新产品团队通过与开放式创新商业伙伴联合，开发了许多新的美食产品，包括 Yoplait 奶昔、Fiber One 90-Calorie 巧克力蛋糕（布朗尼）和 Pillsbury Grands！夹心饼干。通用磨坊公司通过其 G-WIN 开放式创新平台寻找新的创新伙伴，与此同时，从过去的合作关系中寻找对新项目拥有所需技术的潜在伙伴。

通用磨坊公司开放式创新的一个范例是 Grands！夹心饼干的产品研发和上市。Grands！是一个新的热门的早餐饼干的概念，制作过程简单快速。负责这个产品的新团队从 2010 年 6 月开始投入研发此产品。虽然通用磨坊公司的 Pillsbury 部门有足够的能力全部由内部自行研发完成，但有些因素促使公司使用开放式创新的合作模式。首先，当时通用磨坊公司的烘焙厂没有剩余的烘焙能力，无法在不影响主要产品生产的前提下再增加一个新产品的生产。其次，饼干配料是产品的一个重要部分，而通用磨坊公司认为由内部专门研发配料既费时又耗资。更重要的是，由于这是通用磨坊公司的第一款冷冻早餐产品，高层管理者认为完全由内部开发的潜在风险过高。基于上述因素，为了更快地生产出配料，公司决定寻找具有必备的烘烤专长的合作伙伴。

一家宾夕法尼亚州的烘焙公司 Better Baked Foods 曾经与通用磨坊公司合作过几个项目，其中最为著名的是一种名为 Tonino 的新式比萨的开发。虽然合作的 Totino 比萨项目最终未能成功，但通用磨坊公司与 Better Baked Foods 公司建立了牢固的关系，并且对两个公司未来的合作发展达成了共识。Grands！项目的研究员皮尤许·马赫士瓦瑞在到 Pillsbury 部门之前曾经为 Totino 品牌工作过，由于他以前有与 Better Baked Foods 合作的经历，他立刻想到该公司是 Pillsbury 新产品研发团队在 Grand！项目上的最佳合作伙伴。2010 年 9 月，Grands！项目团队与 Better Baked Foods 公司开始接触洽谈，并在 10 天内开始启动项目。Better Baked Foods 公司的技术专长与通用磨坊公司的内部技术相得益彰，使得新产品在上市后很短时间内就大获好评，原定的产品开发预算也未超支。

本章作者简介

刘立

作者简介同第 0 章。

李高强

美国产品开发与管理协会（PDMA）会员，NPDP 认证讲师。现任北京安麒智能科技有限公司总经理，专注于人工智能和机器人技术开发，开发了国内首款重型智能垃圾分拣机器人产品。曾任联想集团全球研发和产品营销负责人，负责开发因特网电脑、Tiny 电脑等创新产品，参与 IBM PC 业务并购和全球业务拓展。拥有 40 多项专利和 20 多年战略及产品管理经验。

王峰

NPDP 认证讲师，现就职于海信集团，担任高级产品经理、企业内训师。从事产品开发与管理工作 13 年，拥有发明专利 2 项、实用新型专利 14 项和外观专利 4 项。实战经验丰富，尤其对产品规划与产品管理、项目管理、组织流程建设、职业规划有独特见解。长期致力于产品经理人才的培养推广和培训工作，2016—2018 年获得集团"优秀培训师""十佳培训师"称号。

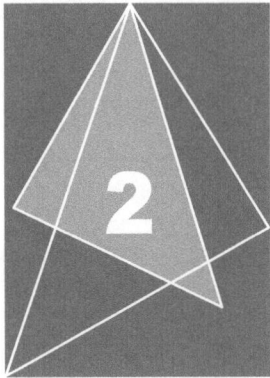

2 第 2 章 组合管理

在《产品经理认证（NPDP）知识体系指南》里，产品组合被定义为"一个组织正在投资的并将对其做出战略性权衡取舍的一系列项目或产品"。从这个定义可以看出，组合管理的对象是"一系列项目或产品"。在具体实践中，新产品开发广泛采用项目化管理，"一系列项目或产品"会以列表的形式呈现出来，本章后文将之称为"组合清单"。

《PDMA 新产品开发工具手册 1》对产品组合管理的定义如下："产品组合管理是一个动态的决策过程，而企业正在进行的新产品（和开发）项目的列表是不断更新和修改的，在这个过程中，对新项目进行评估、选择和排序，已有的项目可能被加快进行、撤销或取消优先级等，然后资源被分配或重新分配给那些进行中的项目。"

这个定义明确了组合管理的主要活动：

- 对项目进行评估、选择和排序。
- 对组合清单进行动态调整 （项目可能加快进行、撤销或取消优先级）。
- 对资源进行分配或重新分配。

对项目的评估、选择和排序，又被称为组合选择。对组合清单的动态调整，称为组合审查。组合管理包括组合选择和组合审查这两个主要活动。

2.1 组合管理的价值

前面介绍了产品组合、组合管理的定义，以及组合管理的主要活动，那么组合管理到底对新产品开发有什么价值，能解决什么实际问题？

2.1.1 新产品开发面临的挑战

组合管理除了要实现《产品经理认证（NPDP）知识体系指南》里提到的五大目标——价值最大化、项目平衡、战略协同、管道平衡、财务稳健，它在一些优秀企业已经成为保证新产品开发成功最重要的手段和方法，是最高管理层驱动新产品开发成功的核心引擎。通过有效的组合管理（包括管道管理），可以有效地克服产品开发中让企业头疼的一些问题和挑战。

挑战 1：新产品开发与企业战略脱节

新产品开发的触发动机有很多，有业务部门识别某个具体的客户需求启动的新产品开发项目，有技术部门开发出新一代功能更强大的技术方案而启动的新产品开发项目，有运营部门发现某个产品或流程改进的机会而启动的项目，还有些是出于企业政治目的而启动的项目，甚至有许多是企业老板头脑发热启动的"拍脑袋"项目。

这些都是项目启动的常见方式，许多很有价值的项目也正是这样启动的。然而一个比较现实的问题是，太多新项目与企业的业务战略关联不强，甚至与战略方向背道而驰，占用和消耗了企业有限的资源，对企业实现战略的能力造成了损害。这种现象不管是在管理相对不够规范的小企业，还是比较成熟的大企业都普遍存在，尤其是大企业，由于 KPI 的驱动，单个部门在启动项目的时候，过于强调项目对本部门 KPI 的贡献，忽略了对企业整体战略贡献大小的衡量。过多的不能为企业战略服务的项目，消耗了企业宝贵的资源（人力和资金），损害了企业达成战略目标的能力，危害了企业的长远发展。

挑战 2：过多的项目同时开发

这是个更加普遍的问题，每个机会看起来都很"诱人"，发起项目的人对项目进行精美的修饰，一再强调项目的重要性，特别是如果项目发起人职位较高，影响力较大，在企业缺乏机会审查与筛选流程的情况下，这些机会不管是好的还是坏的，很有可能被批准立项。

另外，管理层认为项目应该多多益善，可以广泛撒网，东方不亮西方亮。受管理层的鼓励，过多项目被启动和批准并赋予资源。而在实际执行时，有多少项目在运行，运行得是否健康，有多少项目按计划完成，有多少项目最后达成了目标，项目的商业成功率是多少，则没有多少人关注，或者想关注但缺乏有效的监控方法和流程。

应用案例	过多的项目同时运行带来的危害

1．大大降低产品上市的速度

某公司有两个开发项目，假设项目 A 需要 4 个月完成，如果只有一个项目 A 的话，现有的资源刚好可以保证让项目 A 在 4 个月内完成。现在增加了项目 B，重要性与项目 A 相同，同样需要 4 个月完成。两个项目要同时进行，项目 A 和 B 最后以交替的方式进行，这样做两个项目每个月都有进度可以汇报，对项目相关利益方都有所交代。项目切换会增加额外的时间损失，降低执行的效率，结果，每个项目都将花费 7 个月以上的时间来完成（见图 2-1）。

2．影响投资回报和财务目标

我们再分析一下在资源能力一定的情况下，集中资源一个一个项目完成，和两个项目交替进行这两种方式对企业的财务收入有什么影响。

方法一：先完成项目 A，再开始项目 B。单个项目周期都是 4 个月，那么从第 5 个月开始，项目 A 每个月有 100 万元的收入。项目 B 从 5 月开始，8 月结束，从第 9 个月开始每个月有 100 万元的收入。到 12

月的时候项目 A 的累计收入是 800 万元，项目 B 的累积收入 400 万元，两个项目合计收入 1 200 万元，如图 2-2 所示。

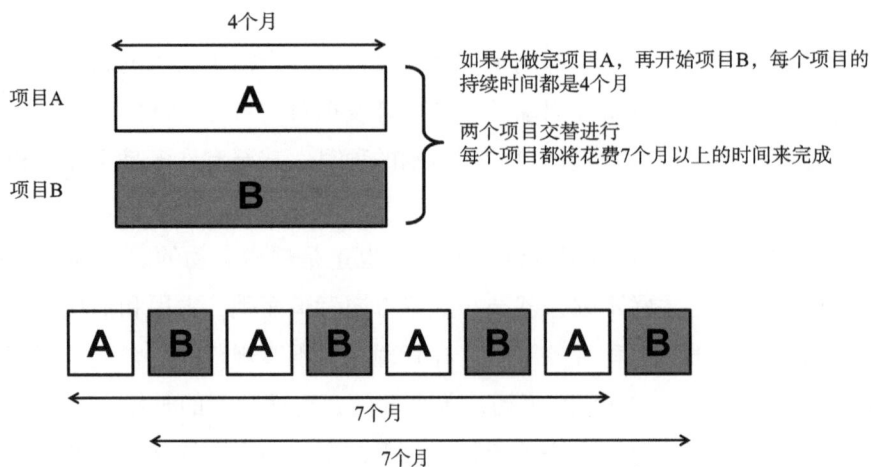

图 2-1 在资源总量不变的情况下，增加项目数对项目进度的影响

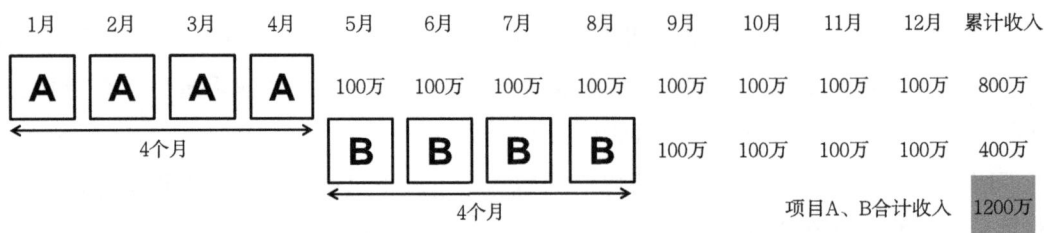

图 2-2 先做完项目 A，再开始项目 B 的收入情况（单位：元）

方法二：两个项目交替进行。项目 A 从第 8 个月开始有 100 万元的收入，项目 B 从第 9 个月开始有收入，从第 9 个月开始项目 A、B 同时有 100 万元收入，也就是 200 万元的月收入，到 12 月的时候，项目 A、B 的合计收入 900 万元（见图 2-3）。

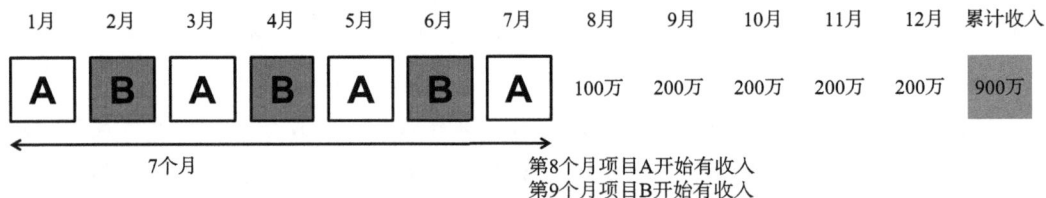

图 2-3 项目 A、 B 交替进行的收入情况（单位：元）

方法一与方法二比起来：

- 单个项目的周期更短。
- 方法一从第 5 个月开始就有收入，比方法二提前 3 个月开始有收入，从财务角度看，缩短了投资回

收期，现金流更加健康。

- 方法一年底合计收入比方法二多了 300 万元，而这正是因为方法一提前 3 个月开始有收入的结果。

确保合适的项目数量早已成为在新产品开发方面绩效领先的企业的共识和核心理念，据 PDMA 2012 年 CPAS 研究，"在每个项目上花更多的时间，但是做更少的项目"是产品开发成功企业与较差企业的显著区别之一。

3. 影响员工的生产力和满意度

过多的项目数量，使员工长期处于高负荷和多任务频繁切换的环境下，幸福感大大下降，焦虑感增加，进而对企业的满意度受到影响。

图 2-4 是这方面的一项研究结果。当员工只被分配一个项目时，大约 60%的时间可以用来做有价值的事情。

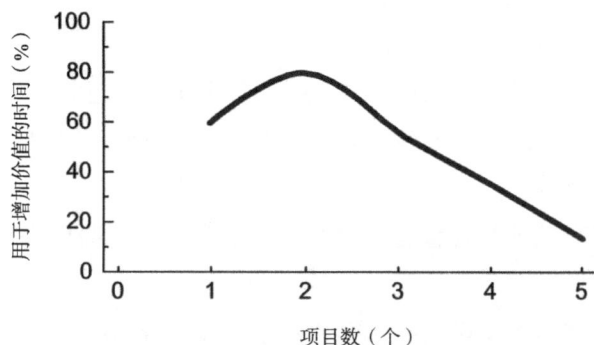

图 2-4　员工生产力与项目数的关系

当同时有两个项目时，生产力最高，有 80%的时间被用在做有价值的事情上。这是因为有两个项目时，员工可以进行调节，当一个项目遇到障碍或空闲时，可以把时间用在另一个项目上。当员工被同时分配 3 个项目时，生产力开始下降。

挑战 3：缺乏有效的任务优先级管理

缺乏任务优先级管理是造成资源竞争和冲突的主要因素。在不同项目，不同业务之间存在着资源竞争，有时候这种竞争关系非常激烈。为了争夺资源，团队成员和管理层需要花费大量的时间和精力来处理冲突，造成了大量的"内耗"与"内斗"。缺乏任务优先级管理，企业无法辨别哪些项目重要、哪些项目具有更高的价值，在资源分配上可能造成重要的项目缺乏资源，高价值的项目因缺乏重视而让机会流失掉，造成企业的价值创造能力和效率降低。

统一的优先级管理，可以有效地避免资源争夺和内耗。对新产品开发机会进行评估和优先级排序，进而分配资源，是组合管理的重要内容。优先级管理是组合选择和资源分配的前提。本章后文将详细介绍基于评分模型对项目进行评估和排序的方法。

挑战 4：资源配置没有随项目优先级的不断变化进行动态调整

在项目执行的过程中，市场环境、客户需求处于动态变化之中，例如，市场大环境不景气，客户需求显著降低，这些将使项目的价值降低，从而导致项目的优先级相应降低。项目执行的质量也会影响项目的优先级变化，例如，在项目执行的过程中，一个严重的技术风险被识别出来，排除这个技术风险需要更多的资源，这也会导致项目优先级的变化和对资源需求的变化。如何随着不断变化的项目优先级和项目执行的状况，对资源配置进行动态调整，是对新产品管理的一个更高层次的挑战，要求更加有效的机制和更为精细化的管理。

上述挑战本质上就是选择正确的项目，正确地组合与实施项目，组合管理为应对上述挑战提供了方法。

2.1.2 新产品开发的精益思想

精益思想起源于丰田生产系统（Toyota Production System，TPS），它聚焦于消除浪费、提高生产力和创造价值。在新产品开发领域，从组合的层面看，主要的浪费有：

- 做不正确的项目，如与战略关联度低的项目。
- 一些价值较低或"僵尸"项目长期占用资源。
- 启动过多的项目，使得资源分散，导致项目开发时间和上市时间过长。
- 缺乏有效的可视化管理，对新产品开发绩效缺少监控，不能及时调整组合清单和优先级。
- 组合规划与计划执行缺乏有效性。

一些领先企业已摸索出一套有效的组合管理方法并应用于实践，这些良好实践体现了新产品开发的精益思想：

- 做正确的项目。通过一个严格的项目筛选和组合程序，确保合适的项目被选择出来。
- 限制在制品（Work In Process，WIP）数量，即在较少的项目上花费较多的资源。
- 减少等待和积压。通过有效的资源配置，使得每个经过批准的项目都有匹配的资源，如果没有匹配的资源，则不予批准，减少项目因资源缺乏而造成的等待和积压。
- 按节拍生产。新产品开发的复杂性和独特性远超产品的流水线生产，在组合层面，通过更加精细的管道管理和正式的门径评审流程，在宏观层面可以实现一定程度的按节拍生产或在大致的周期时间内完成项目。
- 通过可视化的组合管理和管道管理，能够及时监控组合的绩效，并做出调整。
- 敏捷规划方法论用于组合规划和执行，提高执行的效率。

2.1.3 组合管理的目标

《产品经理认证（NPDP）知识体系指南》里提出了组合管理的五大目标，这里运用精益思想对这五大目标做进一步的诠释。

精益思想的核心是通过消除各种形式的浪费来提高生产力，对新产品开发来说，就是克服新产品开发的各种挑战，提高新产品开发的绩效。

有些关键指标可以用于组合管理，并衡量新产品开发的绩效。

- 新产品销售额（New Product Sales，NPS）。通常用新产品销售额占同期总销售额的比例来衡量一个企业的新产品开发能力和可持续性发展的能力。在《产品经理认证（NPDP）知识体系指南》中又称其为"活力指数"。

- 上市时间与量产时间。这两个指标可以衡量新产品开发的速度和效率。
- 新产品的预测销售额，即每个经过批准的新产品开发项目的预测销售额。预测销售额通常很难100%准确，会有一定的比例最后转化为实际的销售额。在组合管理中，可以通过监控预测销售额来预测最后实际的新产品销售额。一个是预先指标，一个是滞后指标。

组合管理有以下五大目标：

（1）**战略协同**。战略协同就是从企业战略、业务战略出发选择项目，确保所选择的项目都是与战略关联的，并能为战略服务。这是组合管理的输入和前提。

（2）**财务稳健**。确保产品组合中所选的项目能够实现产品创新战略中设定的具体财务目标，这个具体财务目标通常包括 NPS 和利润率。

（3）**项目平衡**。项目平衡是指组合里包括不同类型的项目，即组合具有一定的结构性，项目平衡就是按一定比例构建组合的结构并进行管理和维护。组合的结构可以按照产品新颖性或项目的类型进行分类，为每个类别构建恰当的比例；还可以按照企业认为合适的分类方法进行分类，如技术研究性项目、新产品开发项目、维护性项目、高风险项目和低风险项目等；也可以在更高的层次上构建组合的业务平衡，如业务领域 1、业务领域 2……产品线 1、产品线 2……

（4）**管道平衡**。管道（Pipeline）平衡聚焦于可获得的资源与需求之间的匹配，确保有限的资源不至于过于分散，确保组合里包含的项目数量是合适的，与管道容量（资源能力）是匹配的，它是实现"更多的资源做更少的项目"的有效手段。

（5）**价值最大化**。企业的资源是有限的，可以通过组合管理，如项目平衡、管道平衡等进行有效的资源配置，实现组合价值的最大化。组合的价值有经济价值、战略价值或综合价值。价值最大化的方法有净现值法和性价比法、预期商业价值法、生产率指数、期权定价、动态评级排序列表、评分模型等，详细内容参考《新产品组合管理》（第 2 版，罗伯特·库伯著，刘立译）。

组合管理的五大目标，有的是组合管理的前提和输入，有的是财务目标和业务结果，有的是中间管理的方法和手段，它们的关系可用如图 2-5 所示。

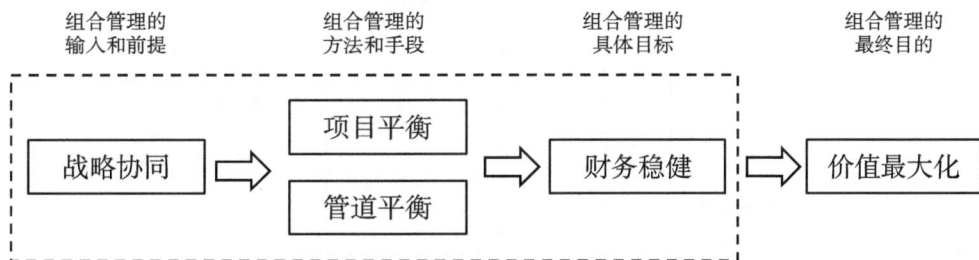

图 2-5　组合管理五大目标的关系

2.2　组合管理的实践过程

组合管理包括组合选择和组合审查两个关键活动，这两个活动并是分开独立进行的，可以按如下过程进行：

- 对项目/产品进行分类。
- 定义项目/产品属性。
- 建立项目/产品筛选标准。
- 执行项目/产品筛选流程。
- 组合选择的输出和描述。
- 组合审查。

2.2.1　对项目/产品进行分类

对产品或项目进行分类，首先要建立分类标准并建立统一的分类模型，以便企业可以按照统一的准则对产品和项目进行分类。以下是一些常见的项目或产品的分类类别。

1. 项目的类型
- 可以按照项目的类型进行分类，如突破性项目、平台型项目、衍生性项目和支持性项目。
- 按照项目的复杂性及风险进行分类，如类型 II（复杂度和风险最高）、类型 I（复杂度和风险中等）和类型 0（复杂度和风险低）项目。

2. 产品的类型
- 按照产品新颖性分类，如对世界而言的新产品（世界级新产品）、对企业而言的新产品（企业级新产品）、产品线延伸型、产品改进型、成本降低型和重新定位型产品。
- 按照波士顿矩阵法分类，如现金牛产品、明星产品、问题产品和瘦狗产品。
- 按照所处生命周期阶段进行分类，如引入期产品、成长期产品。成熟期产品和衰退期产品。

3. 综合分类方法
从两个维度对项目或产品进行分类，如从产品和市场维度分类（见图 2-6）。

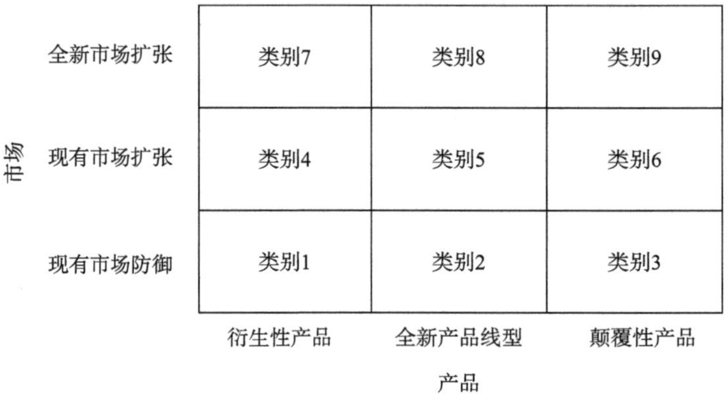

	衍生性产品	全新产品线型产品	颠覆性产品
全新市场扩张	类别7	类别8	类别9
现有市场扩张	类别4	类别5	类别6
现有市场防御	类别1	类别2	类别3

图 2-6　从两个维度对项目/产品进行的分类

2.2.2　定义项目/产品属性

为了对项目/产品进行有效的管理，需要恰当地定义项目/产品的属性。市场研究里有一个多元尺度分析工具叫"联合分析"。该方法把产品看作一系列属性的集合，然后对这些属性进行恰当的描述，并把不同的属性组合在一起来分析消费者更喜欢哪种属性组合。组合管理里对项目或产品的属性定义，也是这种原理。只不过联合分析用来分析消费者对产品属性组合的偏好，而组合管理中对项目或产品属性的定义是从高层管理者角度来描述项目或产品的，从而让高层管理者更容易选择出他们认为正确的项目。

项目或产品的属性定义是评分模型的基础，有了恰当的属性定义，评分模型的建立和运用就水到渠成了。

1. 项目/产品属性

典型的项目/产品属性如下所述：

（1）战略一致性和重要性。描述了新开发项目或产品与企业战略的匹配度有多高，以及对业务的影响力即重要性有多大。

（2）产品和竞争优势。描述了相比竞争对手，项目或产品是否有独特优势，是否更能满足客户的需求，即是否可以给客户带来更大的价值。

（3）市场吸引力。描述了项目或产品的目标市场规模有多大，成长性如何，利润空间怎么样，竞争是否激烈等。

（4）核心能力影响力。描述了新产品或项目是否基于市场、技术和运营方面的核心能力。越与现有的核心能力匹配，就越能发挥企业的核心竞争力，相应地风险也相对较小。

（5）技术可行性。描述了在技术上实现的可能性大小。

（6）财务收益。描述了项目或产品财务上的收益，如投资回收期、净现值和内部收益率如何，机会好不好，实现财务收益的风险和难度有多高。

2. 项目/产品属性水平划分

对项目/产品属性进行定义之后，接下来要对各项属性的水平进行定义。表 2-1 把上述 6 个典型属性划分为 4 个水平。

表 2-1　项目/产品属性水平划分

属　性	属性水平			
	水平 1	水平 2	水平 3	水平 4
1. 战略一致性和重要性 ● 战略契合性和重要性 ● 对业务的影响	和战略不一致或对业务战略不重要；对业务影响小	有些支持战略，不是太重要；对业务影响适中	支持业务战略，重要；影响大	非常支持业务战略，非常重要；影响重大
2. 产品和竞争优势 ● 独特的客户利益 ● 经济价值 ● 客户反馈	无；价值小；客户反馈负面或中立	有限的；优秀程度有限；价值还可以；反馈比较中立	有些新利益；有些优秀；价值良好；反馈比较正面	有新的重要利益；价值巨大；客户反馈非常积极
3. 市场吸引力 ● 市场规模和发展 ● 利润 ● 竞争地位	市场小范围或不存在；低增长与低利润；竞争严峻	市场适中；发展有限；利润一般；有竞争力	重要市场；增长良好；利润良好；适度竞争	大型的、成长性的和有吸引力的市场；利润高；竞争更小

续表

属　　性	属性水平			
	水平 1	水平 2	水平 3	水平 4
4. 核心能力影响力 ● 技术 ● 生产 ● 市场与分销/销售	无法利用核心能力；需要新的技能/经验/资源；没有优势	有一定机会利用核心能力；拥有适当的技能/经验/资源	在相当大的程度上利用核心能力；企业内部拥有项目所需要的技能/经验/资源	能够充分利用企业的优势与核心能力；项目需求与企业的技能/经验/资源高度适配
5. 技术可行性 ● 技术差距 ● 技术上的复杂性 ● 可否使用内部技术 ● 技术可行性是否被证实	低；差距大；对于企业来说是新的科学技术；技术可行性未经证实	适中；差距比较大；有很多障碍但仍值得做；对企业来说是相当新的技术；只有有限的证据支持技术可行性	好；差距小；有些障碍但可以实现；有一些证据支持技术可行性	没有技术差距，可以直接利用现有技术；主要是工程上的重新整合；内部有技术；技术可行性已被证实
6. 财务收益 ● 机会 ● 投资回收期、净现值、内部收益率 ● 评估的确定性 ● 风险性和难度	差，机会有限；净现值为负，投资回收期>5 年；很难赚钱；风险性和难度大	适当的机会；净现值为正；投资回收期=4 年；比较难赚钱；比较具有风险和难度	比较好的机会；净现值为正并良好；投资回收期=2 年；可以赚钱；风险和难度适当	非常好的机会；净现值为正并很高；投资回收期<1 年；风险和难度不大

资料来源：《新产品组合管理》（第 2 版），罗伯特·库伯著。

2.2.3　建立项目/产品筛选标准

1. 建立评分模型

当能够对项目/产品的属性进行恰当的定义，并且对属性的水平进行恰当的划分后，我们很容易以此为基础，建立一个评分模型。工作主要有两步。

（1）**确定每项属性在评分模型里的权重**。在确定各项属性的权重时，没有适用所有企业或项目的统一方法，各个企业也都根据自己的具体情况发展了各自的权重设置，有的企业所有属性权重值设置相同，也有的企业认为某些属性比较重要，权重值相对大一些。甚至有的企业虽然属性定义相同，但应用于不同的项目类型时，同一个属性对不同的项目类型权重也不相同。这些都需要根据具体的管理情境和项目类型综合考虑。但有两点要特别强调：①不管权重如何设置，一定要经过内部充分讨论，并达成一致。某种程度上，内部达成一致远比每个属性权重值设置多少更加重要。②如果项目类型不同，评分模型里的权重设置不同，应该意识到，在这些项目间进行对比是不合适的，已经失去了对比的意义。

以表 2-1 为例，共有 6 个属性，假设我们把第一个属性"战略一致性和重要性"的权重设置为 20（总值为 100），其余 5 个属性权重相同，都为 16。这样权重设置就完成了。

（2）**确定每个属性的评分标准**。因为我们在前面已经对属性的水平进行了划分，这一步相对简单，只需要把属性的 4 个水平用数字来代表属性的水平值就可以了。对表 2-1 里的属性的 4 个水平，我们分别用以下数字代表属性的水平值，从而得到了一个评分模型（见表 2-2）。

- 水平 1——0 分。
- 水平 2——4 分。
- 水平 3——7 分。
- 水平 4——10 分。

表 2-2　评分模型（部分）

属　　性	权　重	评分标准			
		0	4	7	10
1. 战略一致性和重要性 ✓战略契合性和重要性 ✓对业务的影响	20	和战略不一致或对业务战略不重要；对业务影响小	有些支持战略，不是太重要；对业务影响适中	支持业务战略，重要；影响大	非常支持业务战略，非常重要；影响重大

2. 建立筛选标准

有了评分模型我们就可以对每个项目进行评分，这样每个项目都有一个由评分模型评出来的分值，我们要对这些分值进行处理。表 2-3 是模拟运用表 2-2 的评分模型对 10 个项目进行的评分。

表 2-3　项目评分

属　　性	权重	项目 1	项目 2	项目 3	项目 4	项目 5	项目 6	项目 7	项目 8	项目 9	项目 10
1. 战略一致性和重要性	20	4	4	4	7	10	10	4	7	4	4
2. 产品和竞争优势	16	7	4	10	4	7	4	4	7	7	4
3. 市场吸引力	16	7	7	7	10	4	7	4	4	4	4
4. 核心能力影响力	16	10	10	4	7	4	7	7	4	0	10
5. 技术可行性	16	4	7	4	4	0	4	10	7	4	7
6. 财务收益	16	7	4	4	7	4	10	4	4	7	7
总分	100	640	592	544	652	504	712	544	556	432	592

Tips

属性的总权重设置可以为 100，或者 100%，甚至 1 000 等，无论怎么设置，关键是要提供一个统一的标准，使得所有项目在统一的标准下进行评分。单项属性的分值设置，需要拉开一定的档次，如 0,4,7,10 分或 1,3,5,7,9 等，目的是便于区分和识别。

现在 10 个项目都有了通过评分模型评出来的分值，如何筛选就成了接下来重要的工作，也就是要建立一个筛选标准了。我们先做一个模拟，看看项目在不同属性水平上的总分是多少（见表 2-4）。

表 2-4　不同属性水平的项目总评分

属　　性	权　　重	属性水平			
		水平 1	水平 2	水平 3	水平 4
1. 战略一致性和重要性	20	0	4	7	10
2. 产品和竞争优势	16	0	4	7	10
3. 市场吸引力	16	0	4	7	10
4. 核心能力影响力	16	0	4	7	10
5. 技术可行性	16	0	4	7	10
6. 财务收益	16	0	4	7	10
总分	100	0	400	700	1 000

从表 2-4 中得知，项目总评分从低到高是 0,400,700,1 000 分。现实中项目处于极低和极高的情况很少见，绝大多数项目都是介于最低和最高之间。所有属性都处于水平 3（7 分）的项目已经算比较理想的一种情况了，所有属性处于水平 2（4 分）的项目似乎对企业不具有足够的吸引力。这里折中一下，企业认为属性 1、属性 3 和属性 5 相对比较重要，如果这 3 个属性能达到 7 分，其余属性达到 4 分的话，项目还是值得做的，我们把这个设为基准线，看看分值会是多少（见表 2-5）。

表 2-5　项目评分基准设置

属　　性	权　　重	属性水平				
		水平 1	水平 2	水平 3	水平 4	标准线
1. 战略一致性和重要性	20	0	4	7	10	7
2. 产品和竞争优势	16	0	4	7	10	4
3. 市场吸引力	16	0	4	7	10	7
4. 核心能力影响力	16	0	4	7	10	4
5. 技术可行性	16	0	4	7	10	7
6. 财务收益	16	0	4	7	10	4
总分	100	0	400	700	1 000	556

这样就建立了基准线 556 分。使用基准线，有几种方法可供选择：

（1）把这个基准分作为一个筛选标准，把低于 556 分的项目淘汰掉，高于 556 分的项目按照分值高低进行优先级排序并分配资源。

（2）只是把基准分作为优先级划分的一个参考，例如：

- 700 分及以上的项目，赋予优先级 A+，表示极高的优先级。
- 556~700 分的项目，赋予优先级 A，表示高优先级。
- 400~556 分的项目，赋予优选级 B，表示中等优选级。
- 400 分以下的项目，赋予优先级为 C，表示优先级最低。

表 2-6 就是按照这种方法对项目设置的优先级。

表 2-6　根据评分模型设置项目优先级

属　　性	权重	项目 1	项目 2	项目 3	项目 4	项目 5	项目 6	项目 7	项目 8	项目 9	项目 10
1. 战略一致性和重要性	20	4	4	4	7	10	10	4	7	4	4
2. 产品和竞争优势	16	7	4	10	4	7	4	4	7	7	4
3. 市场吸引力	16	7	7	7	10	4	7	4	4	4	4
4. 核心能力影响力	16	10	10	4	7	4	7	7	4	0	10
5. 技术可行性	16	4	7	4	4	0	4	10	4	4	7
6. 财务收益	16	7	4	4	4	4	10	4	4	7	7
总分	100	640	592	544	652	504	712	544	556	432	592
优先级		A	A	B	A	B	A+	B	A	B	A

（3）在方法 2 的基础上，还可以运用查检表的方式，对属性得分较低或为 0 分的项目直接淘汰掉。评分模型里的 6 项属性都是比较重要的，如果有任一属性得分很低，意味着这个项目不值得投资。表 2-6 中的项目 5 及项目 9 就可以直接淘汰。

3．评分模型的优点和不足

评分模型是一种综合了战略、财务、竞争优势等多种因素的评价方法，其的主要优点有：

（1）综合考虑了多种因素（属性），如战略一致性、市场吸引力、竞争优势和财务收益等。既考虑了与战略的关联性，又避免了单一财务指标评估的弊端。

（2）把复杂的项目/产品描述减少为几个关键属性（因素）的描述和评价。

（3）为项目提供了统一的评价准则，促使组织从多方面思考，减少了主观偏见和随意性。

（4）用单一的总评分值来衡量，易于对项目进行排序和决策。

虽然评分模型有诸多优点，能够通过评分模型选择出与企业战略相符的项目组合，并且能够对企业的支出进行优先排序，帮助进行高效和有效的决策，获得高价值的项目组合，但评分模型的过度使用，或过度相信评分模型，也会有些问题：

（1）评分模型的准确性有一定的局限。我们通过量化属性的权重，对每个属性水平赋予不同的分值，最后得到量化的项目或产品评分值，这只是把定性描述转化为定量描述的结果，一个项目 556 分，一个项目 554 分，二者之间到底有多大差异，其实很难回答。

（2）评分模型会让一些"性价比"高的小项目处于不利的位置。一些如产品改进、产品线延伸和成本较低的项目，可能财务收益不大，但需要花费的资源很少，是很快就能获得商业回报的短平快项目，对处于成熟期的现金牛产品来说，这种短平快项目是维持市场份额和延长生命周期的有效手段。评分模型无法体现出这种项目的高性价比，会使这些项目在资源分配上居于不利的处境。

正因为评分模型有其局限性，各个企业还开发了其他方法，在组合管理中可以互相补充和辅助，包括气泡图、选项标价、项目排序、战略水桶、折现现金流、检查清单和投资回收期。

2.2.4 执行项目/产品筛选流程

组合管理是把企业的业务战略与具体的产品开发进行链接的一项重要的企业活动，是落实企业战略的重要手段。提倡在企业里建立正式的项目/产品筛选流程，其好处是：

（1）通过正式的流程，促进企业内部充分地讨论，广泛达成共识，从而在战略方向上聚焦，在具体执行层面更清楚每个新产品开发项目对战略的贡献和意义，在资源分配和内部配合上减少不必要的误解。

（2）通过正规的组合评审或关口评审，赋予组合输出和优先级工作的严肃性，这也是企业坚定执行其战略的意志体现，避免非正式的优先级管理不能得到其他部门尊重的弊端，以及过多的沟通成本和内耗。

项目/产品筛选流程主要有两种方法：关口评审主导法和组合评审主导法。

1. 关口评审主导法及流程

关口评审方法就是运用门径（Stage-Gate®）管理流程，在每个阶段的工作满足标准后进行关口评审。本书第 3 章新产品开发流程对门径管理流程有更加详细地叙述，本节主要介绍关口评审和组合管理相关的部分内容，便于读者运用关口评审法进行项目筛选和组合选择（见图 2-7）。

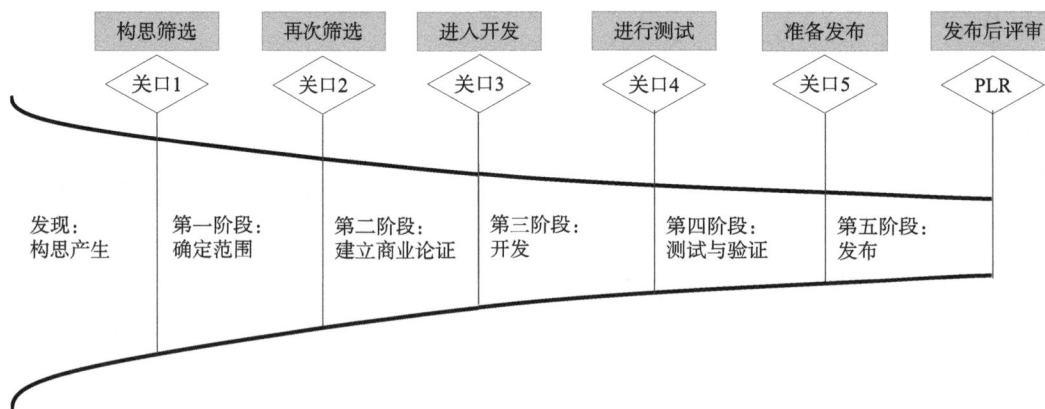

图 2-7　门径管理流程

完备的门径管理流程应该对每个阶段和关口都有清晰的定义，开发团队和管理层对其都非常清楚。表2-7 是设计阶段任务清单的一个示例，清晰的阶段任务清单将为执行关口评审提供良好的支持。

表 2-7　设计阶段任务清单（示例）

阶　段	活　动	可交付成果	责任人	企业规范	表格形式
设计阶段	知识产权战略、专利评审	初始专利申请表	产品开发工程师	文件编号××××	表格编号××××
设计阶段	详细设计	详细设计图纸与 3D 模型	产品开发工程师	文件编号××××	表格编号××××
设计阶段	材料规格制定	材料规格书	产品开发工程师	文件编号××××	表格编号××××
设计阶段	设计失效模式与影响分析	DFMEA	产品开发工程师	文件编号××××	表格编号××××
设计阶段	制程失效模式与影响分析	PFMEA	制造工程师	文件编号××××	表格编号××××
设计阶段	设计验证	设计验证计划与验证报告	产品开发工程师	文件编号××××	表格编号××××
设计阶段	设计评审	设计评审会议记录及行动计划	项目经理	文件编号××××	表格编号××××

续表

阶　　段	活　　动	可交付成果	责任人	企业规范	表格形式
设计阶段	采购策略制定	采购决策与供应商选定	采购	文件编号××××	表格编号××××
设计阶段	模具报价	模具认可要求文件及模具报价	产品开发工程师	文件编号××××	表格编号××××
设计阶段	项目计划更新	更新的项目计划	项目经理	文件编号××××	表格编号××××
设计阶段	固定资产投资申请	固定资产申请表	财务	文件编号××××	表格编号××××
关口 3	评审资料准备	评审资料与提交	项目经理	文件编号××××	表格编号××××

（1）阶段的 3 个要素

- 活动：项目负责人和团队成员基于项目计划必须做的工作。
- 综合分析：通过跨职能部门间的交流，项目负责人和团队成员综合分析所有职能活动的结果。
- 可交付成果：综合分析结果的呈现，这是团队必须完成并在进入关口时所要提交的内容。

（2）关口的 3 个要素

- 可交付成果：进入关口评审点的输入。这些交付件要提前定义，是前一阶段行动的结果。每个关口都有一个明确的交付件清单。
- 决策准则：对项目做出生/杀决策和优先排序决策的依据。决策准则通常设计成一个打分表，包括财务准则和定性准则。
- 输出：关口评审的结果。关口必须有明确的输出，包括决策（通过/枪毙/搁置/重做）和向前的路径（通过审批的项目计划，下一个入口的日期和交付件）。

（3）关口评审流程

1）制订关口评审会议计划。有正式关口评审流程的企业，通常会提前安排好全年的关口评审会议的时间，以便管理层做好日程安排，确保会议按时召开。参与关口评审会议或组合评审会议是高层管理者深度参与新产品开发项目的重要方式。我们一直强调高层的参与和推动是新产品成功的关键因素，可以说高层参与的关口评审会议和组合评审会议是整个新产品开发流程体系的驱动引擎。正因为有高层参与的关口评审会议和组合评审会议如此重要，它比其他大多数会议都具有优先性，很多情况下高层管理者会更改或推迟其他会议的时间，来优先保证关口评审会议和组合评审会议的顺利召开。

2）项目团队完成阶段任务。项目团队根据已经定义清楚的门径管理流程完成相关任务，由团队自己对完成的工作进行评估，评估是否符合相关标准，在此基础上，团队做出符合或不符合提交关口评审的决定。通常会有项目团队领导和项目质量控制人员共同支持团队内部的评审。

3）团队提交项目关口评审请求。项目团队完成评审并认为团队的工作符合相关标准，由项目团队领导向关口评审会议的组织者提出申请：××项目××阶段任务完成并符合标准，请求参与××日期举办的关口评审会议进行关口×的评审。

4）关口评审会议组织者确定接受或拒绝团队的申请。关口会议的组织者收到团队的申请后，会做必要的检查以确认团队申请的项目是否符合参加关口评审会议的要求，然后做出接受或拒绝的决定，如果接受，就会通知团队在规定的日期前提交规定的评审材料。同时，关口评审会议的组织者会综合全部的申请后（通常会有个截止日期，如果团队错过这个截止日期，将无法参加本次关口评审会议），确定关口评审会议的议程，并分发给所有的参与者。

5）提交评审材料。团队在得到确认可以参加关口会议后，按照要求提交规定的可交付成果作为关口评审的输入。关口评审会议的组织者在确认资料没有重大缺陷后，会发给参与关口评审的高层管理者，高层管理者提前审阅材料。高层管理者在审阅的过程中，如有疑问，会把问题发给会议组织者或直接发给团队领导。团队领导在收到这些问题后，要和团队积极准备问题的答案，或者提前解答高层的疑问，或者在会议上回答。

为了提高会议的效率，鼓励项目负责人会前和有疑问的相关方人沟通，解答他们的疑虑，争取他们在会上投出支持性的一票。如果预见到一些关键相关方在某些方面有疑问，一个比较有效的方法就是提前和这些相关方开个预评审的会议，向他们提供更加完整的信息，让这些相关方对项目的状况和项目团队的工作有更加全面和准确的了解。

6）举行关口评审会议。关口评审会议是个非常正式的会议，用来评审和验收上一个阶段的工作，批准下一个阶段的计划，并分配预算，同时需要制定正式的关口评审会议规则。

- **确定关口评审会议的成员**。确定哪些人员在关口评审会议上具有投票权。通常由事业部的负责人和各职能部门负责人组成，如销售、产品管理、项目管理、研发、运营、财务、质量等。有些企业把这个高层管理者组成的关口评审团队称作项目决策委员会（Project Approve Committee，PAC）。除了要决定 PAC 的正式成员，还需要每个 PAC 成员提名一名替补成员，以便在某些 PAC 成员无法参加会议的情况下，有替补成员代替正式成员参加会议并进行投票。还需要指定一名 PAC 的主席，主席有一票否决权，通常由事业部负责人或企业总经理负责。

- **确定关口决策规则**。关口评审决策由关口评审团队（PAC）做出，采用投票制，每人一票，可以投"通过""不通过"。"不通过"又分 3 种情况：一是"取消"，就是把项目撤销；二是"暂停"，因为某种不明朗的信息，如客户的项目暂停了，需要等待一段时间再来决定是否继续。三是"退回"，多发生在项目团队准备不充分，缺乏关键决策信息，无法做出决策的情况下，把项目退回项目团队，重新准备后再来参加评审。决策采用 3/4 投票通过制，如果有 4/3 的成员投票 "通过"，决策生效，关口评审的结果是"通过"。注意，关口评审团队（PAC）主席拥有一票否决权。

- **关口评审会议过程**。哪些项目参加哪些关口评审及项目评审的顺序已经事先确定，由会议组织者和团队负责人共同确定，并在会前分发给所有与会者。PAC 主席是这个会议总负责人，有一个主持人（facilitator）协助会议主席主持会议，负责控制会议时间、会议记录撰写和分发。会议中，项目团队领导进行项目汇报，每个项目大约 15 分钟，汇报完成后由 PAC 成员提问，提问完毕，进入投票环节。会议主持人记录投票结果，并写进正式的会议记录里。按照议程，项目一个一个按照"汇报—提问—投票"的流程进行评审。

Tips　关口评审会议

关口评审会议是个做出是否继续执行投资的业务的决策而非技术性决策，因此应聚焦于如下关键问题而不是技术细节：

- 项目是否还和战略一致？
- 还是一个有吸引力的投资机会吗？
- 是否有资源支持这个项目？
- 前进计划是否够棒？

- **关口评审会议的决策输出**。即做出"通过""不通过"的决策。关口评审会议是非常正式的会议，每次会议需要有明确的决策输出，议而不决的无效会议会给关口决策机制带来灾难性的打击。

7）关口评审会议记录分发。这个是会议支持人的工作，通常要求在举行会议后的一个工作日内，分发正式的会议记录给所有与会者。会议记录是一个正式的文件，会存储在信息系统中，供以后查找和追溯。

关口评审会议流程聚焦于单个项目的关口评审，是在项目层面的"微观"评审。通过关口评审并获得批准的项目，意味着进入了"宏观"的组合清单。《新产品组合管理》里提到关口评审会议实际上是两步决策法。第一步先对项目进行评估和评分，做出"继续"或"淘汰"的决策；第二步在关口评审会议上进行项目的优先排序并对确定继续进行的项目分配资源。资源分配的方法，是把新通过的项目放在组合清单里，看其处于组合清单里什么位置，然后按照优先次序看是否有资源可以分配。

Tips

有一个普遍遵循的规则：为了避免混乱和频繁地调整，对已经批准并分配资源且处于两个关口之间正在进行的项目，通常避免对其优先级和资源进行调整，如同敏捷里对正在冲刺的任务清单原则上不可进行调整一样，调整可以在冲刺结束后进行。对新通过的项目，只能把眼光投向其他地方寻找资源，例如：

- 一个即将结束的项目，资源可能很快被释放出来。
- 一个遇到困难的项目或可能要停止的项目。
- 一个即将进行参加关口评审会议的项目，寄希望于这个项目在关口评审中会被做出不"通过"的决策。
- 其他资源，如新资源或外部资源等。

关口评审的两步决策法，意味着虽然对有些项目做出了"通过"的决策，但其可能不会很快获得需要的资源。如果没有资源就无法立即开展工作，这种情况带来的负面影响是：

- 降低了关口评审决策的权威性。虽然决策是"通过"，但项目并没有获得资源，这样的决策不是一个真正的"通过"决策。
- 给组合评审带来了困扰。一个被批准通过的项目，却没有资源，这个项目到底算开始还是没开始呢？
- 违反了决策的原则。如果没有资源，这个项目就不应该批准，这也和精益开发的原则和组合管理的管道平衡原则一致。

在组合管理实践中已经有效解决了这个问题，方法是新的项目在参加正式的关口评审前，就把这个新项目放进组合清单里，看看其对组合造成的影响。关键相关方，如产品经理、资源经理和组合负责人会进行预先沟通，确保新提议的项目有资源可分配，或预先做好组合调整计划，然后在关口评审会议上，把此方案提供给关口评审团队审批。这部分内容参照本章后面的管道管理部分。

2. 组合评审主导法及流程

与关口评审主导法从项目到组合（从微观到宏观）不同的是，组合评审主导法是把所有项目（不管是已经批准的，还是等待批准的）放在一起综合评估和排序，它是一种从宏观到微观的方法。

组合评审主导法在关口 2 的决策点进行组合评审与决策，把所有到达关口 2 的项目和已经通过关口 2 的项目放在一起，进行审核和优先排序，资源也是在此时而不是在每个关口上进行分配（见图 2-8）。

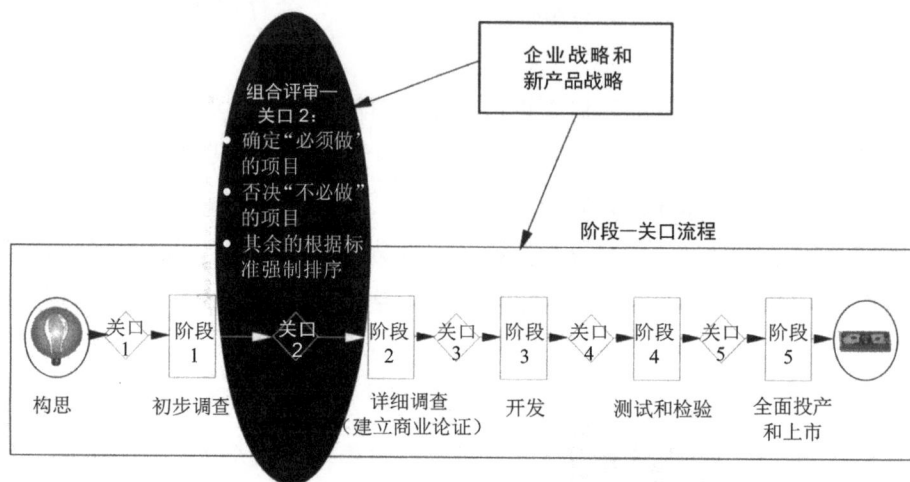

图 2-8　组合评审在门径管理流程中的位置

资料来源：《PDMA 新产品开发工具手册 1》。

组合评审主导法的步骤如下：

（1）审核所有项目。对所有项目进行评估和审核，包括已经在进行的可能处在阶段 3、阶段 4 的项目。一些小型项目可以打包成项目包参与评审，避免对非常小的项目单独讨论。

（2）识别必须实施的项目。

- 战略性项目：为维护企业地位或保持企业地位必须实施的项目。
- 进展良好的项目：对那些正在进行的处于阶段 3、阶段 4 并且进展良好的项目，避免对其调整和撤销。

（3）识别不准备继续进行的项目。直接剔除一些劣质项目，如新的临近关口的项目，或者正在进行的质量不满足要求，或者项目发生重大变化，如市场需求大幅萎缩、不再值得继续进行的项目。

（4）对项目排序。识别了必须实施的项目，剔除了不准备继续进行的劣质项目，剩下的项目要对其进行评估和排序，然后进行资源分配，直到资源分配完毕。

（5）检查组合的平衡性和战略一致性。运用各种气泡图或饼图，对已经产生的组合进行检查，通过定期的反复检查，不断调整组合清单，移除劣质项目，加入优质项目，直到组合处于比较理想的平衡状态，并有良好的战略一致性。

企业需要每年召开几次组合评审会议，对所有进行中的项目进行审查并做出调整，这种方法比较适合变化快的情景。

3. 综合法

无论是关口评审主导法还是组合评审主导法，都有各自的优点和不足。在组合管理实践中，已经有一些良好实践在一定程度上克服了这些方法的不足，下面介绍一个领先企业的实践，看看它是如何做的。

这个方法综合了上述两种方法，同时从微观和宏观两个层面，并结合战略桶进行审查。其流程如下：

（1）建立年度新产品开发资金预算。通常是在做下一个年度财务预算的时候同时建立的，资金预算会根据业务的需求，按产品线进行划分，这也是年度预算管理的内容。

（2）建立新产品路线图和新项目路线图。路线图基于企业的业务战略和产品战略，既包括未来 3~5 年的长期规划，也有下一年度详细的年度计划。产品和项目年度计划是步骤 1 年度财务预算的输入和基础，同时财务预算又是产品和项目规划的约束条件，二者互相参考，互相依赖。

（3）建立组合清单。这个组合清单是个广义的清单，不仅包括已经在进行的项目，还包括即将要进行关口评审和路线图里规划的项目（见图 2-9）。

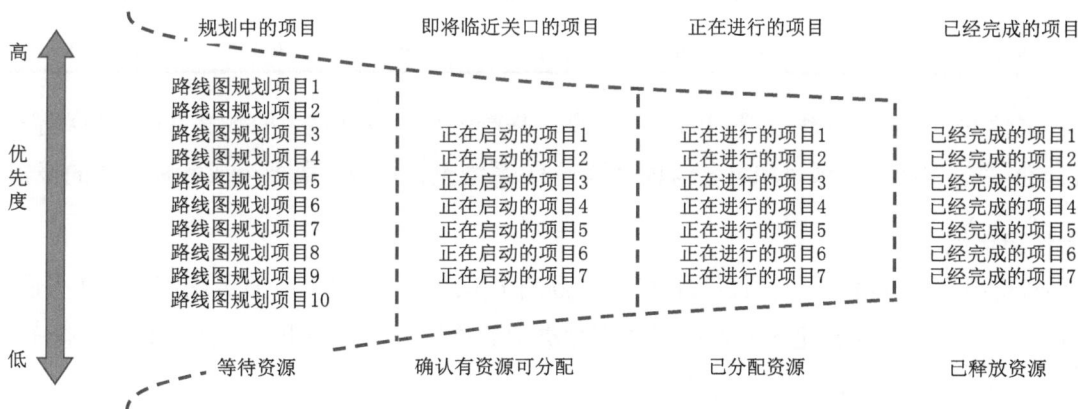

图 2-9　组合清单

（4）确认资源状况。确认是否有资源可供新的项目启动，确认预算的资金是否可获得，包括审查即将要结束的项目，以及遇到状况将不再继续的项目，提供资源供给状况。

（5）举办管道评审会议。有了前面几个步骤的输入，一些关键相关方，如负责产品路线图的产品经理、资源经理、管道维护负责人和项目经理，参加定期的管道评审会议。在这个会议上，根据优先顺序选择路线图已经规划好的项目，或者其他一些临时出现的机会、有资源可以开始的项目，进入正在启动的项目清单。这个会议的相关方也是关口评审的决策成员。在关口评审会议上，那些进入关口评审的项目，已经确认过资源，因此管理层可以直接做出是否批准通过的决定，而无须额外花费精力去为批准通过的项目寻找资源，这也保证了凡是被批准通过的项目都有资源可供分配，维护了决策的权威性和一致性。

（6）关口评审。正在启动的项目或正在进行的项目按照正常流程进行关口评审。

（7）组合审查。审查组合的平衡性、战略一致性、组合价值等，定期对组合清单进行审查和调整。

2.2.5　组合选择的输出和描述

1．组合清单

组合选择的输出首先是一个组合的项目清单，这个清单的详细程度视管理的需要而定，通常会包括一些关键属性，如项目或产品的类别、优先级、潜在财务收益、需要投资的资金和人力资源等（见表2-8）。

表 2-8　选入组合的项目清单

序号	项目编号	项目名称	产品线	产品类型	风险等级	项目评分（分）	优先权	5 年财务收益预测（万元）	资金需求（万元）	开发资源需求（小时）
1	×××001	项目6	产品线1	突破性产品	高	712	A+	56 000	1 000	12 000
2	×××002	项目4	产品线2	产品线延伸	高	652	A	30 000	3 000	5 000
3	×××003	项目1	产品线3	下一代产品线	高	640	A	25 000	500	6 000
4	×××004	项目2	产品线1	产品线延伸	中	592	A	5 000	300	5 500
5	×××005	项目5	产品线1	产品线延伸	中	556	A	2 500	200	4 500
6	×××006	项目8	产品线2	产品线延伸	中	556	A	1 000	150	3 000
7	×××007	项目3	产品线2	产品改进	中	544	B	400	50	1 000
8	×××008	项目7	产品线2	产品改进	低	544	B	300	25	800

带有各种属性的组合清单是组合管理的基础信息，是产生其他各种报表的数据基础。有些企业有强大的项目和组合 IT 系统，所有的项目和组合信息存储于 IT 系统里，可根据需要生成各种形式的报告。

2．组合价值描绘

用图表形式把组合的价值（所有项目累加的收入预测）呈现出来，饼图、直方图都可以（见图 2-10）。如果想要更详细一点的话，可以把不同产品线或产品类别的价值分别呈现出来。其目的是审查不同产品线和整体组合的预期价值是否能满足业务目标。

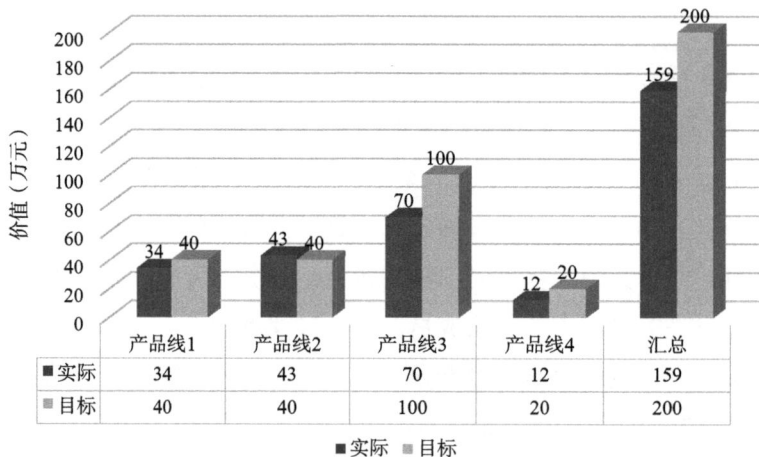

	产品线1	产品线2	产品线3	产品线4	汇总
■实际	34	43	70	12	159
■目标	40	40	100	20	200

■实际　■目标

图 2-10　组合价值

3．产品线收入和资金需求预测

把项目清单按产品线归类，得到按产品线统计的收入预测和资金需求数据，利用饼图等形式来清晰地呈现不同产品线的收入预测和需要的资金的状况（见图 2-11 及图 2-12）。其目的是便于审查业务目标和资金分配是否和战略一致，是否反映了战略优先性，是否和要求的战略贡献一致。

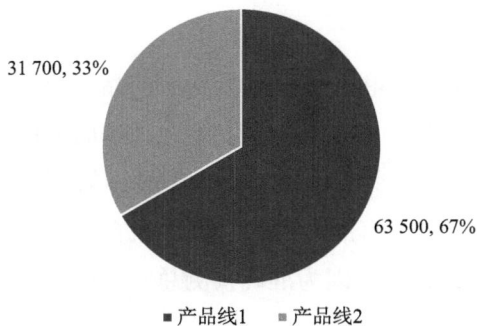

图 2-11　产品线收入预测饼图（单位：万元）

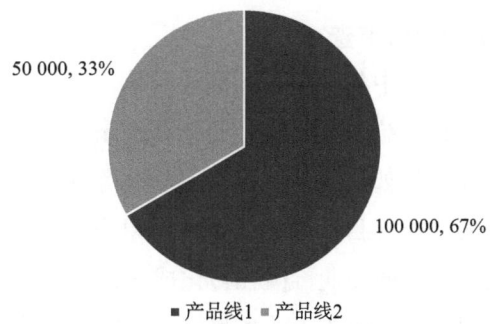

图 2-12　产品线占用资金饼图（单位：万元）

4．项目类型占比

按定义好的项目或产品类型统计项目数量，利用饼图等形式呈现各个类型的项目在组合里的占比（见图 2-13）。其目的是便于审查不同类型的项目比例是否合理（组合结构的平衡性），审查组合的风险平衡状况（不同类型的项目代表不同的风险水平）。

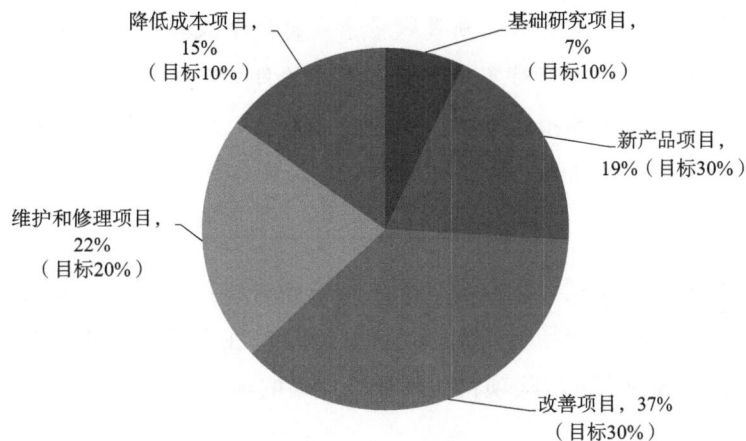

图 2-13　项目类型占比

5．气泡图

气泡图非常适用于构建以不同维度衡量的组合平衡，在《产品经理认证（NPDP）知识体系指南》里有详细介绍。需要注意的是，构建组合平衡的气泡图时，横轴和纵轴应该是两个不同维度的指标，如技术风险和市场风险，如果横轴和纵轴用一个维度的指标，如同属于财务维度的 NPV 和投资回收期，则不是一个好的方法。

2.2.6　组合审查

组合审查是一个动态的评审过程，当最初始的组合选择完成后，组合审查就持续地在每次组合评审会议中进行。组合审查不是一个独立的活动，每次组合评审时与其他活动集成在一起，无法单独分开。组合审查的目的是审查组合的各个方面，如组合价值、组合平衡等是否和目标一致，找出差距，采取行动，动态调整组合。组合描述的各种报告和图表为组合审查提供了输入和依据。

1．组合价值审查

统计出组合中各个项目的商业价值（如对未来销售收入的预测）之和，可根据需要按产品线或按产品类型等进行分类统计。统计的目的是衡量当前的组合价值是否和预期的一致，有多大差距，进而采取措施去优化组合。例如，企业对新产品销售额（NPS）有明确的业务目标，为了达成目标就需要审查当前组合的商业价值和业务目标是否相符。如果未达到预期目标，就需要寻找更有潜力的项目加入组合中。通常，正在开发的项目的商业价值在转化成 NPS 时，不能完全实现当时的预测，因为准确预测总是困难的，这就需要组合的预期价值大于业务目标，才有可能真正达到制定的业务目标。

2．战略一致性审查

战略一致性审查包括战略匹配性、战略贡献、战略优先性。要确保组合的内容反映战略设想。

应用案例

某企业的战略是加大医疗市场的产品研发和投放力度，巩固自己的市场地位。制定战略后，通常会有具体的战略目标需要实现，如当年要发布多少个新产品，这些新产品的销售目标是多少，市场份额要达到多少等。组合审查时要看组合里是否有足够的项目数量来支持这个战略，拟发布的新产品的商业价值是否符合业务目标，发布后能攫取的市场份额对实现市场占有率的目标有多大贡献。假设医疗领域是这个企业的战略优先方向，如果组合里医疗产品项目很少，其他产品居多，那么这个组合就没有反映战略优先性，后续的行动应该减少其他领域的项目数量，释放出资源，增加医疗产品在组合里的比例。

3．组合风险审查

根据企业的创新战略和风险接受度，审查组合的风险平衡情况。例如，某企业的创新战略是防御性战略，不能承受高风险，如果组合里新产品项目比例过多，而维护性或成本降低型项目比例偏少，那么对企业来说，组合的风险偏大，应该减少高风险项目，增加低风险的项目。

4．管道平衡审查

组合管理和组合审查的一项重要内容就是资源的配置和资源匹配性审查。基于精益思想，应该把更多的资源投在更少的项目上，被正式批准进入开发的项目，需要的资源都应该被满足。如果没有资源可以支持项目，这个项目就不应该被批准。资源匹配性审查从两个方面考察：①从项目数量来看，组合里的项目数量是否合适，项目数量不应该超过资源的承载能力；②从资源的负荷来看，无论总体的工作负荷还是个体的工作负荷都必须是平衡的。

上面介绍的组合管理的实践方法是诸多实践的一种，和新产品开发流程一样，没有任何一种组合管理方法是"最好"的，也没有任何一种方法是适用于所有企业和情境的。各个企业应根据自身的具体情况，综合各种方法的优缺点，制定适合自己的组合管理方法和流程。

2.3 管道管理

2.3.1 管道管理的特征

组合管理是链接企业战略和项目的方法，但组合管理与企业的日常活动比，仍然属于较高层级的活动，为了把企业的战略和组合管理真正落实到项目的活动中，一些领先企业发展出一种集成组合管理的方法——管道管理。

组合管理的一个重要目标就是"管道平衡"，管道平衡就是要确保进入开发管道的项目数量是合适的，和资源的承载能力是匹配的。管道管理是以资源约束为基本条件，对组合管理涉及的多个目标和方面进行动态管理的一个过程。你可以把新产品开发过程想象成一个管道，管道的容量取决于资源的承载量，在这一基本约束下对组合管理的多个方面进行集成管理（见图 2-14）。

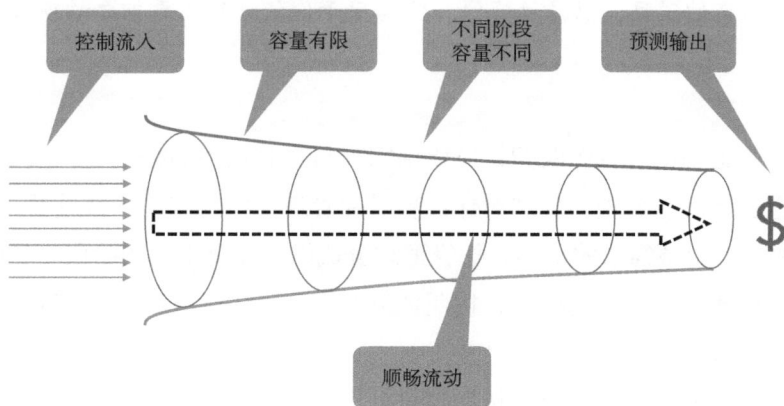

图 2-14 新产品开发管道的特征

管道管理的特征如下：

- 管道的容量有限。资源的承载容量是有限的。
- 在管道的不同阶段容量是有差异的。例如，商业分析阶段和开发阶段项目的工作负荷是不一样的，这就意味着同样数量的工程师，可以处理更多数处于商业分析阶段的项目，而对于开发阶段的项目，能够处理的相对要少些。对管道中的项目，分阶段精细化管理，可以更好地控制管道里项目的"流动"，使管道更加平衡。
- 控制流入，既对流入管道的项目进行筛选，也对流出的项目进行控制。
- 对管道不同阶段的项目进行动态分析和调整，更好地预测管道的流出。

2.3.2　管道管理的框架

管道管理是组合管理的集成体现，是实施组合管理更加具体的方法，其框架可用图 2-15 来表示。

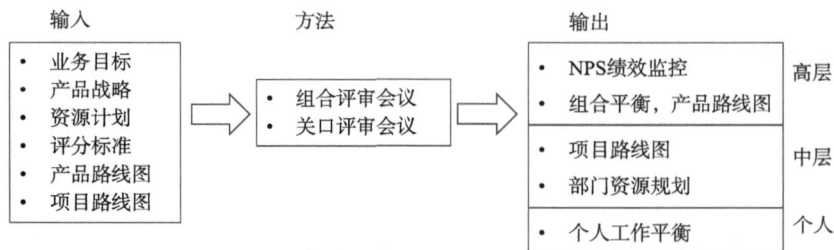

图 2-15　管道管理的框架

Tips

需要强调的是，管道平衡和资源匹配是双向适应性调整的结果。例如，如果业务目标不可调整，为了实现业务目标而规划的项目的资源需求需要优先保证。如果现有的资源不能满足，职能部门就需要更新资源计划，以满足项目需求。如果企业不打算增加资源，基于资源约束，可能需要对项目路线图进行调整，如暂停一些不重要的或价值低的项目，以释放资源，将其用于价值更高、更重要的项目上。

2.3.3　管道项目规划

管道管理除了要实现管道平衡和资源匹配，还要保障项目在管道中顺畅流动，减少项目积压和管道堵塞，是产品精益开发的重要体现。合理的规划对保证项目在管道中顺畅流动非常重要，管道项目规划借鉴了敏捷项目规划方法，根据对资源需求的不同，把管道划分成以下几个不同的阶段（见图 2-9）：

（1）等待资源阶段。位于这个阶段的项目，按照评分模型评估的优先顺序从高到低排列好，等待资源分配。这个类似于敏捷项目管理里的待办事项列表。

（2）确认有资源可分配阶段。经过组合分析和管道分析，确认将有资源可以分配给新项目，按照优先级顺序被选择的项目进入这个阶段，一些资源投入进来，进行项目关口评审或组合评审的准备工作。这相当于被选择进入开发的冲刺列表。

（3）已分配资源阶段。位于这个阶段的项目，都是经过关口评审或组合评审被正式批准的项目，意味着项目所需要的资源已被正式批准并分配到项目上了。

（4）已释放资源阶段。项目完成开发，资源被释放出来。被释放出来的资源将被用于新项目。

对不同阶段的项目数量和项目状态进行定期分析和调整，追踪项目的移动情况，据此可以得到资源利用情况的实时报告，以便进一步采取措施，促进项目在管道中的流动。

应用案例

某企业希望整个产品开发是有序进行的，是可以预测的，不希望过多项目集中在同一个阶段，导致某个时间段内对资源有大量集中的需求，造成资源供给不足，进而使有些项目无法推进。无法推进的项目会积压在管道里造成管道堵塞，有违精益原则。

通过分析已分配资源及正在进行的项目实施情况，发现有 3 个项目进展顺利，风险可控，在一个月后这 3 个项目将进入最后一个关口，有很大概率会顺利通过关口评审，从而释放出 3 名资深工程师资源。这时候，就可以从等待分配资源的项目列表里选择 3 个新的项目，进行关口评审的准备工作，在一个月后的关口评审会议上，可以同时进行 3 个正在执行的项目的最后收尾关口评审和 3 个新选择的项目的首个关口评审，这样保证了资源的衔接和组合清单的稳定，实现了管道平衡。

上述介绍的管道项目规划，是从宏观角度根据可获得的资源对项目进行整体规划，以确保管道平衡。在管道的不同阶段，还需要对具体的项目进行资源配置。对项目进行优先级排序，是进行资源配置的前提。《产品经理认证（NPDP）知识体系指南》里提到了两种资源配置的方法：

- 基于项目资源的需求。
- 基于新业务目标。

这两种方法最大的区别在于对项目的排序方法不同。在方法一中，项目的排序是根据评分模型进行的，评分模型是综合的评估方法，其中包括了"财务收益"的因素。在方法二中，项目的排序是基于"财务收益"进行的，即希望从新产品中获得的回报或利润，导向非常明确，但这种方法的平衡性不如评分模型，而且基于财务收益的最大不足就是财务预测的准确性不够。

2.3.4 管道管理的输出

管道管理的输出和组合管理的输出类似，在某些企业的实践中，组合管理的输出就是来自管道管理的输出。组合管理的输出还应该包括资源利用状态，以反映管道平衡的状态（见图 2-16）。

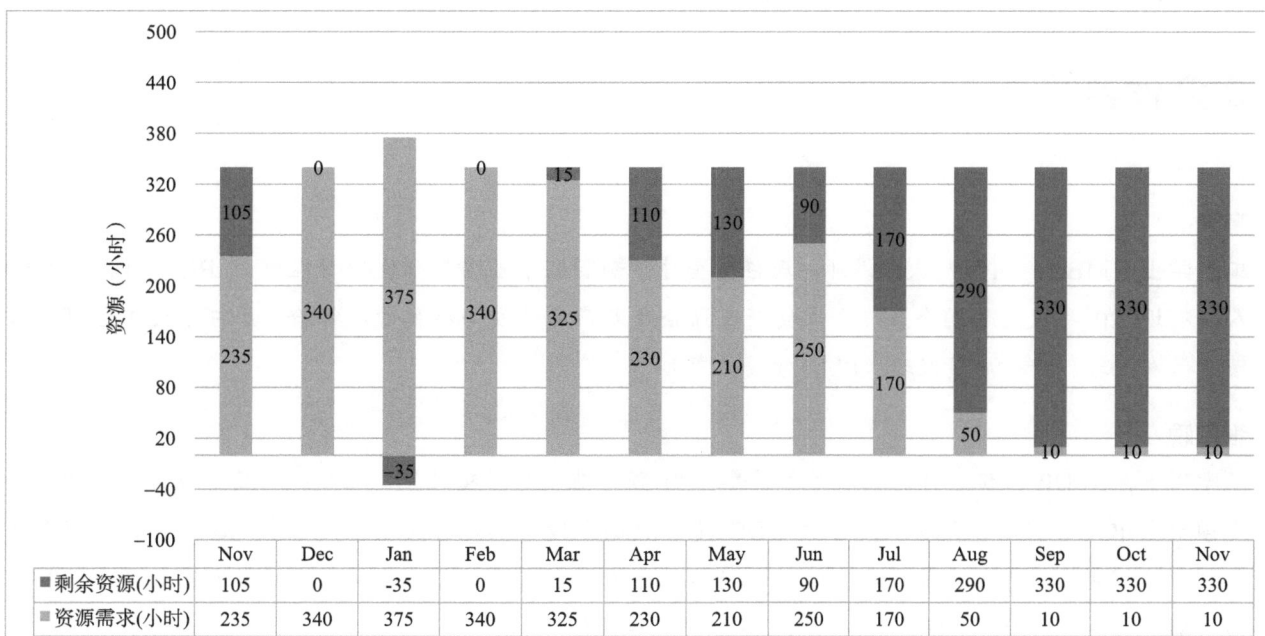

	Nov	Dec	Jan	Feb	Mar	Apr	May	Jun	Jul	Aug	Sep	Oct	Nov
剩余资源(小时)	105	0	-35	0	15	110	130	90	170	290	330	330	330
资源需求(小时)	235	340	375	340	325	230	210	250	170	50	10	10	10

图 2-16 产品开发部门资源利用状态

图 2-16 是对某产品开发部门的资源状态的描绘，从图中可以看出最近 5 个月的资源利用是比较充分的，其中第 3 个月甚至有点超负荷，但在可以接受的范围内。从第 6 个月开始，将有更多的资源被释放出来。作为组合管理人员和资源经理，需要提早计划新的项目，以便在第 6 个月时有新的项目可以获得批准进入开发管道，避免资源的闲置和浪费。

除了对不同职能部门的资源进行分析，还可以对个人的工作负荷进行分析，目的是确保每个人的工作负荷是合理的，每个人的效率和产出处于最佳状态（见图 2-17）。

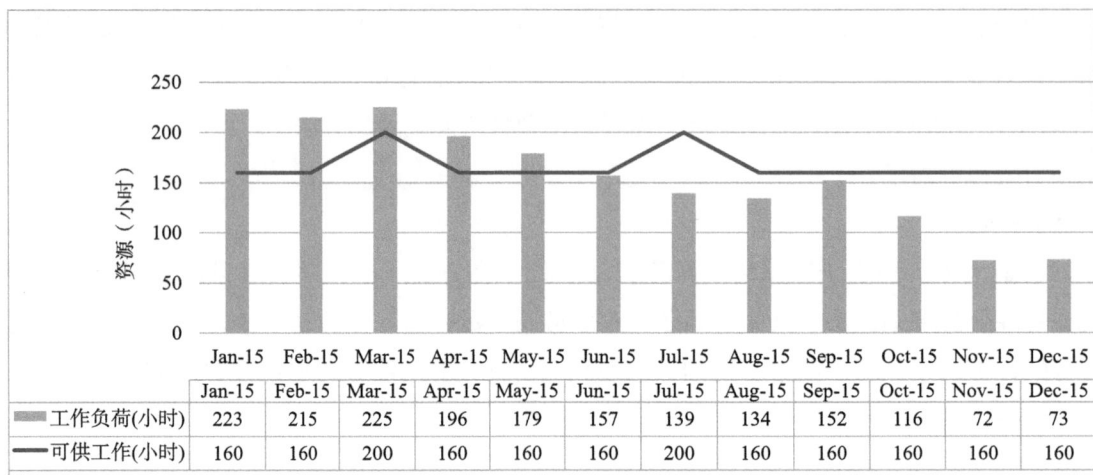

	Jan-15	Feb-15	Mar-15	Apr-15	May-15	Jun-15	Jul-15	Aug-15	Sep-15	Oct-15	Nov-15	Dec-15
工作负荷(小时)	223	215	225	196	179	157	139	134	152	116	72	73
可供工作(小时)	160	160	200	160	160	160	200	160	160	160	160	160

图 2-17　某人工作负荷分析

从图 2-17 可以看出，当前此人的工作负荷明显偏高，需要协助分担他的一些工作负荷。5 个月后他的负荷会下降，届时可以让他去帮助其他团队或接手一些新项目。

本章作者简介

唐晔

工学学士、MBA，NPDP 认证讲师。现任某全球创新百强企业首席研发项目经理，xBU 中国区 PMO 负责人。有近 20 年大型跨国企业、全球创新百强企业新产品开发与项目管理经验。历任研发工程师、项目经理、研发经理、研发质量经理、PMO 负责人等职务。

张智晓

工学硕士，NPDP 认证讲师。拥有多年世界 500 强企业项目、项目集、组织级项目管理经验。曾担任东芝中国研发中心专利推进负责人，负责 RDC 专利创新管理工作。作为项目管理实战派讲师，拥有多年企业内训、认证考培辅导、企业项目管理咨询经验，已为上万名项目管理专业人员、数百家知名企业提供辅导与培训，获得 NPDP、PMP、PgMP、PBA、ACP 等认证。

第 3 章　新产品开发流程

3.1　概述

在新产品开发流程诞生之前,创新者大多都是通过灵感、经验或窍门来进行新产品开发的。随着大型复杂产品的出现、对技术集成要求的增加、市场需求的变化和企业竞争的加剧,靠个人经验和小作坊式开发这条老路已经走到了尽头。摆在当时开发者面前的问题是:如何进行大型复杂产品开发?如何进行大型团队协同开发?如何提高新产品开发的效率和效果?如何降低新产品开发失败率?有没有可复制、可遵循、融入了成功因素的方法来指导新产品开发实践?经过不断实践、探索和思考,新产品开发实践者和理论研究者终于摸索出了一些规律,提炼出结构化、分阶段、持续性且可复用的新产品开发流程,用于指导实践并获得了成功,于是新产品开发流程正式登上产品管理舞台。随着科学的发展和社会的进步,为了适应新的变化趋势,人们又根据不同的需求、市场和产品特点,识别了新的关键因素,开发出了不同的流程以满足不同场景下开发新产品的需要(见图 3-1)。

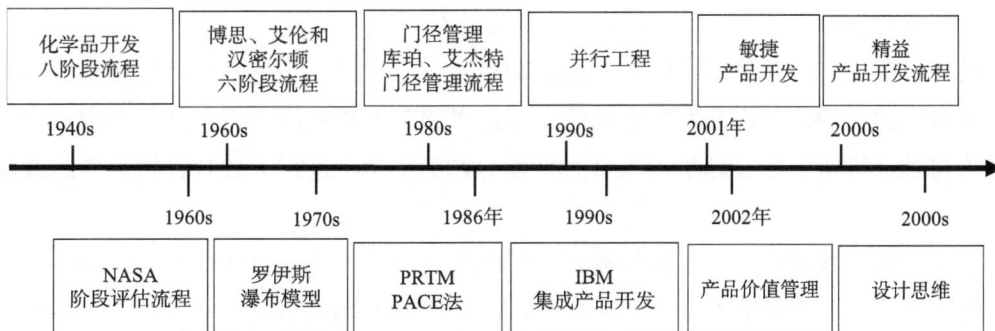

图 3-1　新产品开发流程发展历程

- 最早面世并得到传播的新产品开发流程诞生于 20 世纪 40 年代的化学品开发八阶段流程。
- 20 世纪 60 年代,美国国家航空航天局(NASA)推出了 NASA 阶段评估流程。同一年代,博思、艾伦和汉密尔顿构建了一个由 6 个基本阶段构成的基础流程。

- 20 世纪 70 年代，罗伊斯提出了瀑布模型（Waterfall Model），这种方法随后在软件开发中得到了广泛应用。
- 20 世纪 80 年代，库珀和艾杰特在阶段评估流程的基础上开创性地增加了"关口"这一关键要素，构建了门径（Stage-Gate）流程，又译为阶段—关口管理流程。
- 1986 年，美国管理咨询公司 PRTM 公司开发了产品生命周期优化方法，简称 PACE（Product And Cycle-time Excellence）。
- 20 世纪 90 年代中期，并行工程（Concurrent Engineering）兴起。IBM 公司基于 PACE 和并行工程，总结出了集成产品开发方法，简称 IPD（Integrated Product Development）。
- 2001 年，17 位软件开发者在美国犹他州发布了《敏捷宣言》。自此，敏捷产品开发得到广泛认可和传播。
- 2002 年，融合了盈利模式、产品管理和门径流程管理的产品价值管理（Product Value Management）走上前台。
- 2002 年前后，日本丰田公司的精益生产（Lean Production）模式在全球范围得到追捧。之后，摩根和莱克（Morgan 和 Liker）将研究领域拓展到丰田的产品开发中，于 2006 年出版了《丰田产品开发系统》一书。2007 年，阿伦·沃德（Allen Ward）的《精益产品和流程开发》（*Lean Product and Process Development*）出版。精益产品开发流程日臻完善。
- 近年来，以人为本并结合社会科学和自然科学的设计思维（Design Thinking）方法日渐受到关注。值得一提的是，设计思维的起源可追溯到 20 世纪 80 年代。

新产品开发流程的发展是有规律可循的。化学品开发八阶段流程、NASA 阶段评估流程、博思·艾伦和汉密尔顿六阶段流程，直到后来的瀑布模型都体现了分阶段开发这一基本思想。划分阶段的目的是更好地管理和控制新产品开发活动，这与当时以还原、分解、细化的管理理念的盛行是密不可分的。将决策点独立于阶段之外形成关口，成为门径管理流程的主要特征。为了更好地跨职能协同，PACE 方法应运而生。并行工程的主要目的是提高开发效率，缩短开发时间。IPD 把门径管理流程、PACE 和并行工程中的一些方法进行了融合。PVM 则强调开发工作应该紧紧围绕实现价值和收益这条主线展开。以上这些流程大多是计划驱动型的。

在客户需求模糊、变化多的情景下，以上计划驱动型流程会失效，于是基于变化驱动的敏捷管理走上前台。为了消除开发中的浪费，使得开发更为简约，精益思想和方法被用到新产品开发中。为了提高用户满意度，设计思维将社会科学（如心理学）和自然科学（如工程学）进行了融合，使得产品或服务更容易获得用户认可。

近年来，一些学者和实践者开始将不同的流程进行融合，以期发挥各自的优点。例如，一些企业将敏捷管理和门径管理流程结合，应用于软硬件集成的产品开发。IBM 将设计思维和敏捷管理进行融合，提供更快交付的可用产品和更好的客户体验。

从个性上看，每种流程都有不同的特点，在管理要素上有所侧重。其核心思想和管理重点不是放在范围、交付期、成本、质量管理上，就是放在管控风险、减少浪费上，或者放在满足客户需求、提高客户满意度和实现价值上。从共性上看，这些流程都旨在提高新产品开发成功率。随着产品和技术的复杂性越来越高，多元化目标要求越来越多，统筹平衡各管理目标和具有适应性的流程必将成为未来的发展趋势。

3.1.1　新产品开发流程的作用和价值

一些组织将产品开发成功要素构建到新产品开发流程中，将预防风险和失败的措施也嵌入流程中。调查表明，通过采用适当和有效的流程，新产品开发的成功率得到了显著提升，这是因为新产品开发流程至少在以下几个方面发挥了作用并产生了价值：

（1）新产品开发流程是产品开发战略的固化手段和实现通道。

（2）良好的新产品开发流程是由大量新产品开发最佳实践提炼的、经总结并验证有效的方法，能更好地指导实践。

（3）新产品开发流程建立了平台，规范相关方在此平台上进行沟通，实现协同。

（4）新产品开发流程实现了标准化，提高了效率。

（5）用新产品开发流程取代个人经验，减少对个体的依赖，由个人能力转为组织资产，从而提升整个组织的管理成熟度。

几种新产品开发流程在行业中的应用如表 3-1 所示。

表 3-1　几种新产品开发流程在行业中的应用

序　号	名　称	IT（软件）	互 联 网	制造（硬件）	工　程	服　务
1	瀑布模型	多	多			
2	门径管理流程			很多	很多	多
3	集成产品开发	少	很少	多	少	很少
4	精益产品开发	少	少	中		少
5	敏捷产品开发	很多	很多	很少		中
6	设计思维		多	少		中

注：表中内容来自中国部分 NPDP 学员所在企业目前的使用情况，不代表未来的趋势。未来的新产品开发流程必将往更有适应性、更为有效协同各管理目标的方向发展。

3.1.2　决策

产品开发的成功建立在一系列正确决策的基础上。换句话说，在产品开发过程中每做对一个决策，就向成功迈进了一步；做错一个决策，就会导致前功尽弃，甚至项目全盘失败。因此，决策在产品开发管理中占有举足轻重的地位。为了将决策这一要素嵌入产品开发流程中，库珀在他创建的门径管理流程中加入了关口，并且在每个阶段后都设置了关口，在关口处必须做出决策。

那么，如何做决策呢？比方说，市场人员发现了一个客户痛点或需求，公司是否应该立项呢？下面介绍的决策七步法为我们提供了解决方案。

- 第一步，识别问题和机会。需要提醒的是，准确识别和定义问题并不会如想象那么轻而易举。一旦问题没有识别准确，后面的步骤将毫无意义。可以通过标杆对照、观察、访谈、客户现场访问和客户心声等方法了解、挖掘并识别问题，发现解决问题的机会。
- 第二步，收集信息。这些信息将为决策提供依据。通过行业协会、外部顾问、专利局、竞争对手、客户、供应商和组织内部，采用市场调查、发放问卷、查阅文献、访谈、逆向工程、专利研究和专家判断等工具获得包括行业、市场、竞争对手、专利和技术在内的信息。需要强调的是，要确保信息的质量，包括信息的准确性、完整性、客观性、相关性和及时性，因为低质量的信息会导致低质量甚至错误的决策。

- 第三步，分析情况。采用 SWOT 分析、趋势分析、成本效益分析、敏感性分析、假设情景分析、风险量化分析、预测等工具对收集的信息进行分析、归纳和预测。可以用数据表现技术，如逻辑数据模型、矩阵图、思维导图等方法，对分析结果加以呈现，增进相关方理解，提高沟通效率。
- 第四步，提出备选解决方案。采用头脑风暴、头脑书写、故事板、思维导图、德尔菲法等创意开发工具，提出多个解决方案以供选择。此时，可以淘汰一些明显不可行的方案。
- 第五步，评估备选解决方案。采用通过/失败方法、财务评估法（净现值、投资回收期、内部收益率、投资回报率等）、检查清单、战略桶、项目排序、评分法、期权定价或气泡图等评估工具对备选方案进行评估。通常由评估团队根据评估标准得出评估结果。
- 第六步，优选解决方案。采用多标准决策、投票或专家判断等决策工具，选定最终方案。有时并非只有一种方案胜出，可能是多个方案的组合，也可能是短期和中长期方案的组合。
- 第七步，基于决策而行动。确定方案后，就进入执行阶段。当然，在执行中要验证方案的有效性，并且始终关注对执行结果的反馈。如果方案达到了预期目标，那么就持续推进。如果方案没有达到预期目标，则要重新回到方案评估阶段，有时还会做出搁置或中止项目的决策。

3.1.3　模糊前端

1. 新产品开发流程中"前端"的重要性

新产品开发是一个系列活动，从感知市场机遇开始，到产品开发、销售和交付结束。Clark 和 Fujimoto 认为它是一个组织将市场机遇和技术可能性数据转化为商业生产信息资产的过程。

《产品经理认证（NPDP）知识体系指南》把广义的新产品开发流程分为三大部分（见图 3-2）：模糊前端（Fuzzy Front End，FFE）、新产品开发（New Product Development，NPD）和商业化（Commercialization），其中前端又被广泛地称为模糊前端。

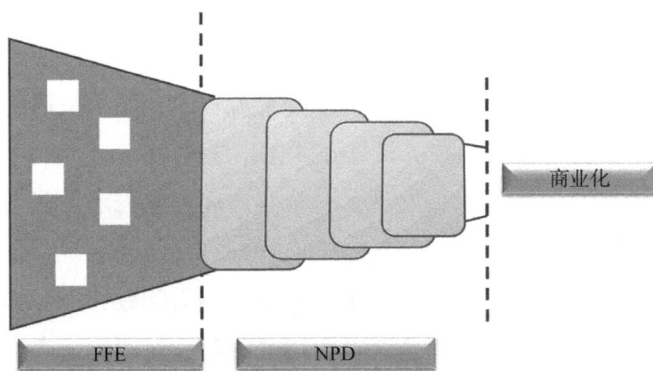

图 3-2　新产品开发流程

模糊前端是新产品开发流程的起点，是创意产生和筛选的阶段，也是新产品开发过程中最不明确的阶段。此阶段最重要的特征就是模糊性（fuzziness）。这个模糊性包含不确定性（uncertainty）、定义不明确性（ambiguity）和歧义性（equivocality）。综合诸多学者们的观点，可以将模糊前端的模糊性分为"环境"和"资源"两大维度，其中"环境"维度包括客户（需求）模糊性及竞争（市场）模糊性，而"资源"维度则包括技术、管理及资金的不确定性。虽然目前关于模糊性的研究尚未达成一致，但深入理解模糊前端的特征，将有利于产品开发管理者有针对性地制定管理策略。

模糊前端体现了企业创新能力，是决定产品开发成功与否的重要阶段。库珀在 20 世纪 80 年代就提出了"开发前活动决定新产品成功"的观点，指出在模糊前端投入的时间与新产品开发的成功率成正比。库珀等学者的研究表明，模糊前端阶段产生的 3 000 多个产品创意中只有 14 个能够进入开发阶段，而最终能够商业化并取得成功的仅有 1 个（库珀等，1998），也就是说，从创意产生到产品得以开发的概率只有 0.47%，而从产品开发到商业化成功的概率则为 7.14%。由此可见，创新的成功率是非常低的，导致产品开发失败的真正原因在于从创意产生到产品开发这一过程。这一结论也恰好符合许多学者的观点：绝大多数项目在开发起始点时就已经注定将会失败。如果在最初阶段判断错误，在产品开发阶段花费再大的气力，也无济于事。因此，管理好模糊前端是创新成功的关键。

了解开发成本、不确定性随产品开发阶段变化的趋势，能够帮助产品管理者很好地理解模糊前端的重要性。

- 开发成本。在新产品开发过程的早期，只是创意产生和策划阶段，故投入的成本相对较低。随着新产品开发工作的深入，进入原型开发和规模化阶段，此时需要设备、材料和人力等资源的密集投入，累积成本大幅上升。

- 不确定性。不确定性分为市场不确定性、技术不确定性及开发过程的不确定性。不确定性在开发前期最高，因为此时大量信息处于未知或模糊状态。随着开发过程的推进，产品管理者通过不断地收集信息、展开分析、做出决策，降低了不确定性（见图 3-3）。

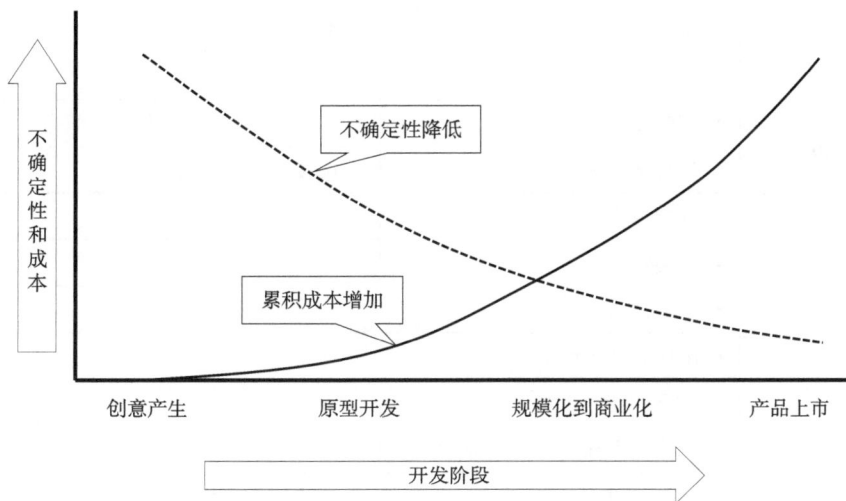

图 3-3　产品开发成本与不确定性关系

在模糊前端进行有效管理可以节省开发时间、降低成本，但实际做法恰恰相反，许多企业在模糊前端投入的时间仅为开发及商业化阶段的 16%，投入的资金量更是仅仅占 6%。由此可见，当前企业对于模糊前端并没有实现真正意义上的有效管理，至少未被重视（Smith 等，1998）。

2. 模糊前端模型

模糊前端未能得到企业足够重视的重要原因之一是缺乏最佳实践，这也是其成为最希望被改进的流程之一的原因。由于诸多不确定性（见表 3-2）及其目的和手段的独特性，模糊前端无法借鉴其他流程的最佳实践。到目前为止，在学术界尚无一个普遍接受的模型。已有的模型主要可以分为两大类：基于过程的模糊前端模型和基于活动的模糊前端模型。

表 3-2　模糊前端与新产品开发流程的对比

流　　程	FFE	NPD
工作性质	依靠经验，通常是混沌的，会有突发的灵感，计划性不强	遵守流程，以目标为导向，有项目计划
商业化日期	不可预测或不确定	高确定性
资金水平	不稳定	有预算
收入预期	通常不确定，依靠推断	可预测，随着产品投放日期的接近，确定性、可分析性等程度都会逐步提高
活动	个体或团队执行研究，力求风险最小化、潜在成功最大化	跨职能团队和（或）流程开发团队
进展评估	强化的概念	达到突破要求

基于过程的模型主要分为两阶段、三阶段和四阶段模型，如表 3-3 所示。

表 3-3　基于过程的模糊前端模型

模　　型	模型提出者	阶　　段	内　　容
两阶段	Griffin	• 阶段 0 • 阶段 1	• 概念形成 • 项目评估
	Russell 和 Tippett	• 创意窗口过程 • 项目选择过程	• 选择机会、战略、标准、组合分析和创意优先清单 • 选择、分析、评价
三阶段	Cooper	• 创意形成 • 产品定义 • 项目评估	
	Sandmeier	• 市场和技术机会 • 产品和商业创意 • 产品概念和初步的商业计划	
	Khurana 和 Rosentha	• 阶段 0 前 • 阶段 0 • 阶段 1	• 初步技术识别、市场和技术分析 • 产品概念和定义 • 产品定义和项目计划

续表

模　型	模型提出者	阶　段	内　容
三阶段	Postma	• 产品或服务机会识别和分析 • 创意形成 • 新产品或服务概念选择	
四阶段	Boeddrich	• 创意战略规划 • 创意产生与采纳 • 创意筛选与执行及进一步概念开发 • 初步计划	

　　上述各种模型虽然在细化程度上各有不同，但都包含了共同的基本阶段：机会识别与选择、创意产生和概念形成。在此基础上，有的模型倾向于更前端的活动，如战略选择；有的模型则加入了一些后续阶段的活动，如产品定义和项目计划等。

　　由于模糊前端的复杂及模糊性，一些学者认为任何企图用一个特定的顺序过程模型去完成模糊前端是不合适的，因此他们将研究重点从过程转移到了基于活动内容的模型上。

　　Ulrich 和 Eppinger 在 1995 年提出模糊前端是新产品的概念开发阶段，包括如下 7 项活动：识别顾客需求，撰写目标说明，生成产品概念，选择产品概念，测试产品概念，确定最终特征，制订下游开发计划。这些活动在时间上可能重叠，并且也需要重复。

　　2002 年，Koen 等人提出了新概念开发模型（New Concept Development，NCD），将模糊前端分为 5 个要素：机会识别，机会分析，创意产生和完善，创意选择和概念定义，并着重强调它们没有先后之分，而且有些会重复发生。NCD 模型由 3 个重要部分构成（见图 3-4）：

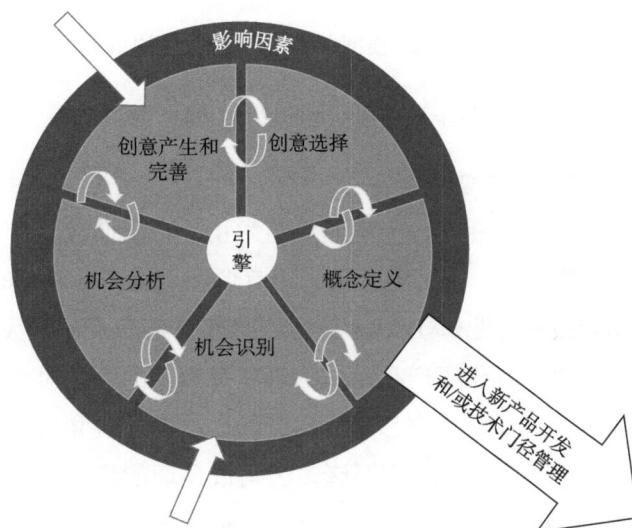

图 3-4　NCD 模型

• 引擎或被称为牛眼部位是企业的领导力、文化及经营战略，驱动 5 个可控的活动要素。

- 内部辐条区域代表模糊前端的 5 个可控的活动要素（在 NCD 模型中被称为要素，而非流程）。
- 影响因素由企业能力和外部环境等组成（经销渠道、法律、政府政策、客户、竞争对手，以及政治、经济环境），这些因素对企业而言相对不可控，但在整个商业化过程中影响整个创新流程。

图 3-4 指向模型的箭头代表起点，表明机会识别或创意产生和完善都可作为起始点。离开模型的箭头表示项目开发进入了新产品开发（NPD）和/或技术门径（Technology Stage Gate，TSG）管理流程。因此，NCD 模型是一个关联模型，而不是一个线性过程，环形结构是希望创意和概念能够在 5 个要素之间循环往复地流动和迭代。在 NPD 阶段，循环、改变方向甚至重新开始都会导致严重的后果：延误、成本增加和产品开发失败。而在模糊前端阶段却完全不同，循环虽然也会导致在该阶段出现延误，但会缩短全部的产品开发和商业化周期。在模糊前端阶段，越努力地降低不确定性和模糊性，在后续的产品开发和商业化阶段中出现返工和改变方向等不利情况的可能性就会越小。

Gassmann 和 Schweitzer 在 *Management of the Fuzzy Front End of Innovation* 一书中，将 Koen 等人的 NCD 模型融入产品创新的全过程，使得这种能够灵活应对激进创新和渐进创新的模型更加便于理解（见图 3-5）。

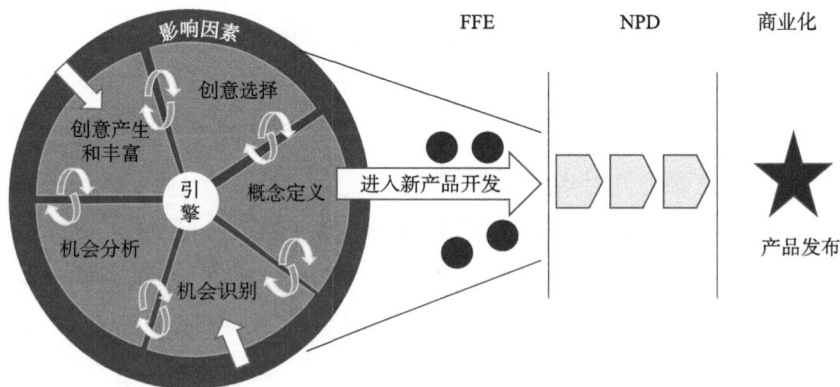

图 3-5　NCD 模型在新产品开发过程中的应用

上述基于活动的模糊前端模型更倾向于依据活动进行管理，强调的是活动本身的内容而非前后顺序。

3．基于特定行业的模糊前端最佳实践

不同行业的模糊前端模糊性不尽相同，至少到目前为止，企图通过一个特定的框架覆盖各行业的产品开发模糊前端阶段的想法是不现实的。下面将分别介绍有形和无形产品行业的模糊前端最佳实践。

（1）**有形产品行业（高新技术行业）**。Bacon 等学者通过研究美国 6 家从事电子系统产品开发和生产的大型公司在产品定义阶段的活动，得出了产品定义的创建及其后的管理对新产品的成败具有重要影响的结论。产品定义的创建涉及对客户和用户需求、竞争性产品、技术风险和机遇及产品交付的监管环境的评估（见图 3-6）。创建一个强大的产品定义通常需要诸多公司或各职能部门的信息和反馈。设计和开发团队根据产品特性、功能和市场方面的资料，完成产品定义。它通常通过优先级标准决策列表确定优先级别，以便在设计和开发过程中权衡决策。产品定义活动的输出通常包括一组广泛的描述性参数，这些参数包括目标市场细分和满足这些细分市场的渠道、产品价格、功能和特性、产品将依赖的技术及完成产品开发的资

源分配等内容。

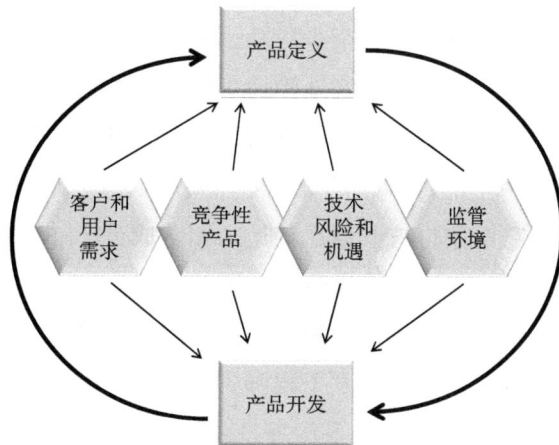

图 3-6　产品定义

　　每个项目通过两份调查问卷和与产品开发团队的广泛交流来收集数据。第一份调查问卷（称为开发团队调查问卷）由开发团队的多名成员负责，重点关注 Wilson 提出的对成功定义产品至关重要的 10 个因素（见表 3-4）。第二份问卷（称为管理问卷）是向项目经理了解他们对项目优势—劣势和开发团队绩效的看法等。

表 3-4　影响成功定义产品的因素

因　素	内　容
战略协调	产品是否符合公司或业务部门的战略计划？受访者是否熟悉该计划？
客户和用户需求的评估和理解	开发团队成员是否清楚地了解当前和潜在用户及客户的需求，包括性能和成本预期？
竞争分析	竞争公司的实际和预期解决方案是否符合用户和客户的需求，并且是否从技术、成本、营销和制造角度进行系统分析？
监管问题分析	产品定义中是否考虑了这些领域的技术标准、知识产权、工人安全和非本国监管制度问题？
产品定位	开发团队是否明确考虑了该产品对于客户和竞争对手的定位？
使用"优先标准列表"	指导权衡决策的关键产品特性或标准的等级排序，开发项目的哪些要素会受到这些变化的影响？
风险评估	是否对开发项目的市场、技术、制造和设计风险源进行了评估，并且制定了解决这些风险的计划？
选择市场渠道	在产品定义过程中，是否为国内和国外市场确定了适当的市场渠道？
管理层的领导和指导	公司或业务部门管理层是否就目标、进度和项目权衡提供指导？
项目资源	财务和员工资源是否充足？如果不是，产品开发的哪些方面受到影响？

　　注：客户被定义为做出购买决定的个人，用户被定义为购买产品后操作产品的个人。

　　通过对两份调查问卷、访谈和实地考察，得出如下结论（结论无先后顺序）：

- 组织战略一致性。与组织战略不一致的项目不太成功，原因是团队士气低落及团队很难获得足够的资源等。

- 信息收集。信息收集和管理不充分的项目很少成功。开发团队没有花费足够的时间收集相关信息，并且可用的信息在团队成员之间也没有很好地沟通，管理层并不关注客户和用户的需求，忽视了产品开发团队成员对客户的理解。而成功的产品开发团队了解其业务部门的战略方向、客户和用户需求、有竞争力的产品（目前可用的及未来的技术），以及其产品领域的监管标准。但是成功的产品开发团队不仅仅收集信息，它们还将这些信息传达给团队成员，并纳入产品设计的决策过程中。信息收集使用的工具有焦点小组、统计分析和客户访问。

- 客户需求。由营销团队来确定客户需求的项目不太成功。主要原因是营销主管不理解技术，无法与客户或开发工程师进行良好沟通，或者开发工程师不能全面考虑营销人员提供的信息。一些成功的项目提供了如下经验：开发团队成立了"客户委员会"，定期组织营销渠道代表、客户和相关产品开发人员参与，从而确定开发的优先顺序，加强产品工程人员和用户之间的定期联系。另外，经常将产品原型与"客户委员会"分享，迅速及时地获得反馈。

- 竞争对手。忽略竞争对手的已有产品和未来可能上市的产品，或者未能有效地将竞争对手信息传达给所有成员的项目都不太成功。成功的项目都积极获取这些信息并加以分析，同时将结果有效地传达给开发团队的所有成员。

- 产品定位。基于价格定位产品的项目，在针对产品定义的修改量上要少于基于功能定位产品的项目。也就是说，目标价格所定义的规则可能大于与目标产品特性相关的规则。这与日本在新产品开发中使用目标成本的观点是相一致的。

- 技术评估。基于"现有"或"现成"技术的项目通常要成功得多。成功的项目技术评估的一个重要组成部分就是确定与技术选择相关的风险程度和风险规划。不太成功的项目未能在开发过程的早期解决潜在的风险，偶尔能侥幸突破技术障碍。遗憾的是，这种突破很少在需要时发生。

- 团队管理。事实证明，多功能团队的存在是取得成功的必要条件，但还不够充分。多功能团队成员之间的信任和有效沟通也至关重要。

（2）无形产品行业。到目前为止，多数关于模糊前端的研究和最佳实践更多地侧重于有形产品的开发，而针对无形产品行业，如服务业，这些理论及最佳实践可能并不适用。Alam 对美国东北地区《财富》500 强中 26 家金融服务公司在模糊前端阶段中的顾客互动与服务产品开发绩效进行了定量研究，得出了积极与顾客互动有助于降低服务行业 FFE 阶段模糊性的结论。

研究设定在金融服务行业。金融服务是一个竞争激烈、充满活力的行业，同时网络银行和电子商务的爆发性增长，以及极其先进的软件应用（Lievens & Moenaert，2000），证明了金融服务是受技术驱动影响较大的行业。另外，服务的无形性、易变性、不可分割性等基本属性使得服务产品的创新经常是不可观察的、难以判断的，这就使得模糊前端在金融服务行业的受关注程度日渐提高。

有形产品的生产和消费是两个独立的、依次发生的阶段，而服务的生产和消费几乎不能分割。这种不可分割性使得与客户的互动成为新服务开发过程中的关键问题。

Alam 的研究还表明，创意生成、筛选和概念评估阶段比其他各阶段更重要，也更复杂和更耗时，这是因为金融服务行业的客户需求难以预测，很难在早期阶段对服务大纲进行评估。由于这种复杂性和模糊性，服务公司应该尽可能地在模糊前端阶段寻求客户的帮助并与他们保持相当密切的互动。客户的参与能够使项目更快地启动，后续任务更容易实现（见表3-5）。

表 3-5 模糊前端中客户互动的过程、益处、策略和问题

主　题	关键问题	管理含义
客户互动的过程	· 在模糊前端阶段，客户的输入非常重要 · 客户输入可以通过多种方式获得 · 客户可以在模糊前端阶段开展多项活动 · 采用独特的风格倾听客户的声音 · 重视一线员工与客户之间的互动	· 在模糊前端阶段，相互作用的强度应该很高 · 使用头脑风暴、面试、团队会议、观察、焦点小组、实验和模拟服务交付和创新退出（innovation retreats） · 采用迭代的方法为复杂的新服务产生创意 · 在公司中发展创意文化 · 使用基于结果的策略来获取客户意见，问客户正确的问题；探讨客户对概念的积极反应
客户互动的益处	· 缩短开发周期 · 提供筛选和评估新的服务理念和概念的机会	· 为竞争对手提供模仿障碍 · 降低新产品开发的失败率
客户互动的策略	· 考虑客户特征 · 将概念传递给客户	· 与客户建立密切关系，让客户积极参与 · 重点关注领先用户，专注于有限数量的项目
客户互动中的问题	· 倾听客户的意见 · 客户和产品经理的目标及意图相互冲突 · 识别合适的客户很困难	· 请关注过度定制新服务的风险 · 客户可能无法与产品经理充分合作 · 客户可能泄露敏感信息给竞争对手

3.2　新产品开发流程模型

20 世纪 40 年代以来，涌现出众多新产品开发流程模型。这里选取一些较为知名并得到广泛应用的流程进行介绍。

3.2.1　化学品开发八阶段流程

20 世纪 40 年代，在机械和化学工程的大型项目中，出现了一种分阶段开发方法。其中最具代表性的是化学品开发八阶段流程。

3.2.2　NASA 阶段评估流程

20 世纪 60 年代，美国国家航空航天局（National Aeronautics and Space Administration，NASA）推出了 NASA 阶段评估流程。NASA 阶段评估包括概念研究、概念与技术开发、初步设计和技术完成、最终设计和制造、系统组装/集成/测试和上市、运营和维护及收尾等阶段。

（1）概念研究。本阶段目的是为被选出的项目集/项目生成大量的创意和备选方案。确定所需系统的可

行性，制定概念，起草系统级需求，评估性能、成本和进度的可行性，确定潜在的技术需求和范围。本阶段的主要输出为模拟、分析、研究报告、可行的系统概念、虚拟模型或实物模型。

（2）概念与技术开发。本阶段目的是确定建议的新系统的可行性，建立与 NASA 战略计划的初始基线的兼容性。制定最终任务概念、系统级需求、所需的系统技术开发和项目集/项目的技术管理计划。本阶段的主要输出为可行的系统概念定义、分析、工程模型和交易定义。

（3）初步设计和技术完成。本阶段目的是对项目进行足够详细的定义，以建立能够满足需求的初始基准。开发系统结构最终产品需求，为每个需求生成初步设计系统。本阶段的主要输出为实物模型、权衡研究结果、规范和接口文件及原型形式的最终产品。

（4）最终设计和制造。本阶段目的是完成系统（及其相关子系统，包括操作系统）的详细设计，制造硬件和代码软件。为每个最终产品生成最终设计。本阶段的主要输出为最终产品详细设计、最终产品组件制造和软件开发。

（5）系统组装/集成/测试和上市。本阶段目的是组装和集成系统（硬件、软件和人员），同时增强满足系统要求的信心。启动并准备操作。执行系统最终产品的生成、组装、集成和测试，以及过渡到使用阶段。本阶段的主要输出为满足需求的最终产品。

（6）运营和维护。本阶段目的是执行任务并满足最初确定的需求，维持对该需求的支持并执行运行计划。本阶段的主要输出为期望的系统。

（7）收尾。本阶段目的是执行上一阶段制订的系统退役/处置计划，并对返回的数据和样品进行分析。本阶段的主要输出为产品收尾。

3.2.3 博思、艾伦和汉密尔顿阶段模型

20 世纪 60 年代中期，博思、艾伦和汉密尔顿设计了一个由 6 个基本阶段构成的流程，分别为探索、筛选、商业评估、开发、测试和商业化。这个流程为后来陆续出现的众多流程奠定了基础。通常在六阶段流程前需要制定新产品开发战略，阐明新产品开发的战略要求，通过审查任务和相关目标，为新产品开发阶段提供指导。

（1）探索。寻找与前一阶段确定的目标相一致的产品创意。通常先进行自我评估，以确定最感兴趣的产品类别。当确定了感兴趣的领域后，会考察环境，寻找增长机会，从任何潜在的创意来源（包括员工、客户和供应商）征求创意。本阶段的最终目的是产生丰富的创意。

（2）筛选。对前阶段收集的所有创意进行分析，以确定哪些发现需要进一步调查。每个想法都被设想成市场上的一个产品，可以根据对企业的潜在贡献进行评估。通过筛选和评估，关注具有最大潜力的项目，缩小前一阶段产生的创意数量。

（3）商业评估。最有前途的产品理念将受到严格的审查，以确定其转化为可行产品的潜力。为这些产品制定包含产品属性、进入障碍、当前和潜在竞争对手、目标市场、市场增长、财务预测和促销方法等在内的商业论证。成功的产品理念将进入开发阶段。

（4）开发。通过前阶段提出的审查要求，将产品理念转化为实际的产品。对于有形产品，开发涉及产品的实际物理组装。对于服务，开发涉及集成提供服务所需的所有组件，如办公空间、设备、操作许可证

和人员。在这一阶段，产品可能有许多变化。

（5）测试。旨在通过测试验证与新产品相关的早期预测。新产品通过试验确定市场适用性，准备进入市场，试验的性质取决于正在开发的特定产品的特性和所寻求的市场。有形产品特别适合实验室测试和市场测试。管理者直接或间接地寻求消费者对新产品的反馈。在进行必要的修改后，产品准备进入商业化阶段。

（6）商业化。新开发产品全面进入市场。随着新产品进入市场，应积极寻求持续的客户反馈，以确保产品满足并超过客户期望。发现的任何"错误"都应迅速纠正。除了确保市场推广，还必须监控竞争对手对新产品的反应，必要时采取措施来加以应对。

3.2.4　瀑布模型

1. 瀑布模型的起源及优缺点

早期的软件开发过程存在着随意性和不规范性，软件质量及交付期都难以保证。为了解决这些问题，Winston Royce 在 1970 年提出了著名的"瀑布"（Waterfall）开发模型。瀑布模型是在软件开发过程中最早被采用、应用最广泛的开发模型。这种模型的本质是一种结构化的线性模型。它把软件生存周期内的各项活动进行严格划分，按照固定的顺序逐次进行，就像瀑布一样逐级下落，因此得名"瀑布"。瀑布模型强调各工作之间的顺序性和依赖性，前工作的结束即是后工作的开始，特别关注需求分析的预先定义（"冻结需求"）。

瀑布模型将软件开发过程严格划分为需求分析、设计、实施、验证及维护五大阶段（见图 3-7）。整个开发流程按照顺序逐一进行。每个阶段必须完成本阶段的所有任务，通过评审，才能进入下一阶段。瀑布模型最主要的优点在于重视阶段管理，确保阶段成果的质量。

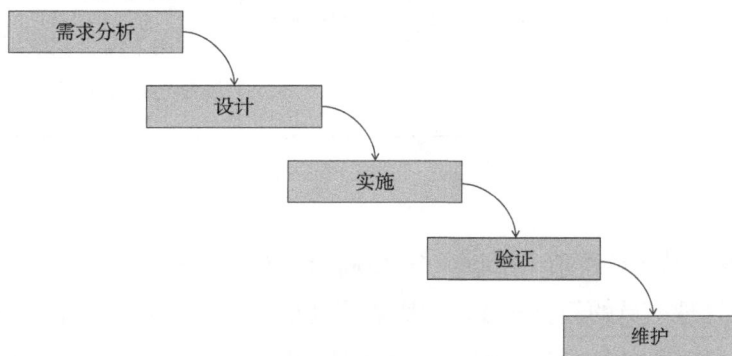

图 3-7　瀑布模型五大阶段

资料来源：Winston W.Royce，1970.

瀑布模型有如下缺点：

- 瀑布模型最需要明确的需求恰巧是客户在早期很难清楚定义的，因此常常导致最终开发出的软件产品不能真正满足客户需要。
- 重大缺陷也许到流程后期评审时才被发现，从而导致灾难性的结果。
- 因为不必要的等待（前工作延迟等）造成开发效率低下，成本不易控制。

2．瀑布模型的演进

虽然存在着很大的局限性，但瀑布模型仍然是最基本的和最有效的软件开发模型。以线性顺序为基础，辅以并行、迭代等来扩展瀑布，可以弥补其灵活性不足的缺陷并提高软件产品的质量。表 3-6 对几种典型的瀑布演进模型进行了比较。

表 3-6　几种典型的瀑布模型比较

模型名称	特　征	应用场景
瀑布模型	<ul><li>分阶段线性完成开发任务</li><li>阶段间存在顺序性和依赖性</li><li>各阶段均有评审</li><li>过程中无客户参与</li><li>要求客户尽早"冻结"需求</li></ul>	适用于项目开始时需求明确的软件项目
快速原型模型	<ul><li>先建立一个原型，用于客户交互</li><li>允许客户渐进式完善需求，对变更的适应性强</li></ul>	可以克服瀑布模型互动不足的缺陷，适用于需求复杂、早期难以确定、变更频繁的软件项目
增量模型	<ul><li>综合了瀑布和快速原型模型的特点，按功能分解为多个增量模块，以模块为单位按照瀑布方式实施开发</li><li>允许开发活动并行和重叠</li></ul>	适用于可以分批次交付、技术风险较大的软件项目，但要求软件产品能够被模块化，项目管理人员具有较高的全局把控能力
迭代模型	<ul><li>开发工作被分割为一系列小的、固定时间长度（如2~3周）的项目，每次迭代遵循瀑布模型</li><li>适应需求变化的能力强</li><li>能降低开发的风险</li></ul>	适用于客户需求在早期不能完全确定，在后续阶段不断细化的软件项目
螺旋模型	<ul><li>结合了快速原型模型、迭代模型的特点及瀑布模型的系统化思想</li><li>引入风险分析活动</li></ul>	适用于需求获取困难、开发风险较大的大型复杂软件项目

3.2.5　门径管理流程

20 世纪 80 年代，罗伯特·G.库珀（Robert G. Cooper）对大量的企业创新和产品开发实践进行了研究，参考了大量来自一线管理人员的经验和建议，吸收了此前新产品开发流程的优点，提出了门径管理流程。门径管理流程一词最早出现在库珀于 1988 年在《市场管理学报》（*Journal of Marketing Management*）上发表的一篇文章。他在 1986 年出版的《新产品开发流程管理》（*Winning at New Products*）一书中详细介绍了门径管理流程的各个方面，提供了经大量研究获得的实证。

门径管理流程主要由阶段（Stage）和关口（Gate）组成。与之前的流程相比，门径管理流程中的阶段定义和排列并无新意。虽然此前也有流程模型要求在每个阶段末进行评审或决策，但只有门径管理流程开创性地把"关口"独立出来与"阶段"并列，并且作为重要组件构建在整个新产品开发流程中。关口被放置在每个阶段之后独立、显著的位置，要求得到强制执行，关口的决策属性也得到了强调。此外，库珀还在门径流程中设计了把关者（Gatekeeper）这个专门的角色和专门的关口会议（Gate Meeting），由把关者通过关口会议，在关口处做出决策（通常有通过、枪毙、搁置、重做 4 种决策，对通过的项目进行优先级排序，配置所需资源。

在门径管理流程中，划分出的阶段数量可根据具体情况进行调整，这个灵活性也使得门径管理流程的适应性更强。因此，门径管理流程一经推出就受到众多公司的推崇，被美国、欧洲各国、日本的企业广泛用来指导新产品开发。近年来，越来越多的中国企业也在采用门径管理流程。下面详细介绍门径管理流程的内容（见图 3-8）。

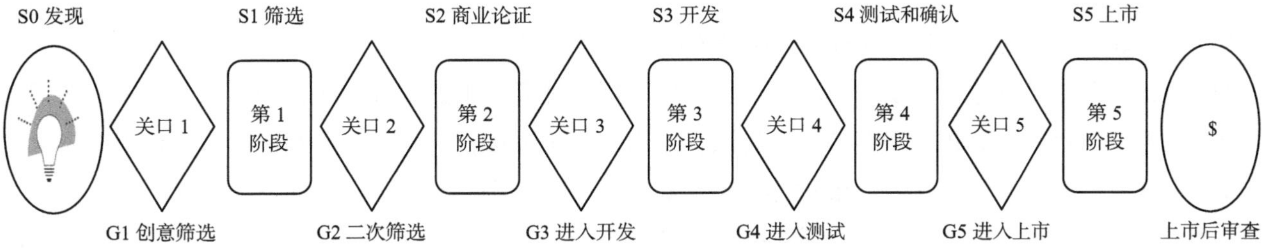

图 3-8　门径管理流程

1．阶段

阶段是通过活动、综合分析交付成果的区间。通常，每个阶段都有一个标准或规定的活动列表，确保将最佳实践构建到每个阶段中。每个阶段都由来自公司内不同职能部门的人员进行的一系列跨职能并行活动组成。参与者组成一个团队一起工作，由项目团队负责人领导。典型的门径管理流程包括以下阶段。

（1）阶段 0：发现。该阶段的主要可交付成果是发现的机会和生成的创意。

一个好的产品管理者往往善于发现并抓住机会，一个好的产品往往来自好的创意。机会和创意对一个企业来说非常关键，因此一些企业将机会发现和创意生成作为一个独立的正式阶段来对待。如何发现机会和产生创意呢？库珀提供了以下做法：

- 构建一个成熟的、主动的创意生成和捕获系统，并且提供信息技术支持。
- 进行具有指导性的基础技术研究。
- 寻求新的技术可能性。
- 与领先用户合作或与客户进行产品价值分析。
- 利用客户心声捕捉潜在的需求和客户痛点。
- 运用竞争分析、逆向工程和头脑风暴分析竞争对手产品。
- 建立一个创意建议方案，刺激员工提供创意。
- 使用战略规划演练，发现市场干扰、与竞争对手的差距，并且发现机会。
- 识别和获取新产品创意的多个来源，并且为这些来源打开渠道。员工提交的应该方便员工准备和通过电子邮件提交创意——一个简单的单页创意提交表单不失为好方法。
- 指定一位专业人员作为创新倡导者，以捕捉创意并对每个创意做出决策。
- 建立一个创意筛选小组，即关口 1 的把关者，每月开会审查创意。决策的及时性很重要。确保这个小组使用统一的标准，确保决策公平，并且及时向提交者提供反馈（包括他的创意被拒绝或接受的理由）。

- 将创意带入第一阶段，授权关口 1 把关者在关口会议上分配有限的资源和人员。可以考虑用一些象征性的奖励对成功的创意提交者进行认可。
- 建立一个创意库，用于保存创意。将这个创意库公开，以便企业中的其他人可以在该库中增加创意或点子。

（2）**阶段 1：筛选。**该阶段的主要可交付成果是经过初步市场和技术评估筛选出的项目，包括初步评估市场机会、技术需求及能力的可获得性，对项目进行快速的初步调查。这一阶段主要采用案头研究，提供初步信息，进行快速的项目筛选，以便在进入下一阶段之前缩小项目范围。库珀指出，这个花费较低的阶段的目标是确定项目的技术和市场价值。该阶段通常历时不到一个月，需要 10 人天左右的工作量。

该阶段的主要活动是进行初步的市场评估。可以采用各种低成本的调查方法，如互联网搜索，图书馆查阅资料，与主要用户、分销商和销售人员访谈，使用焦点小组法，甚至对少数潜在用户进行快速概念测试，目的是确定市场规模、市场潜力和可能的市场接受度，开始形成产品概念。

与此同时进行初步的技术评估，包括对拟开发产品进行快速和初步的内部评估，目的是评估开发和制造路线（或供应资源）、技术和制造/运营可行性、历时和成本，此外也要评估技术、法律和监管风险等。

该阶段采用较为粗略的低成本和快速的方法收集市场和技术信息。阶段 1 完成的财务和商业分析将作为阶段 2 的输入。由于工作量不大，该阶段可以由几个人组成的团队来处理，人员通常来自市场营销和技术团队，当然也要根据项目的规模做相应安排。

（3）**阶段 2：商业论证。**该阶段的主要可交付成果是项目的商业论证，包括产品定义、全面的项目论证和详细的项目计划。

该阶段是一个详细的调研阶段，深入进行技术、市场及商业可行性分析，明确定义产品，在后阶段大量支出费用之前验证项目的吸引力。这是一个需要做足功课的关键阶段，也是一个经常被做得很糟糕的阶段。

该阶段主要活动是市场调研，确定客户需要的、想要的产品及其偏好，帮助定义出一个出色且具有差异化的新产品。竞争分析也是这一阶段要做的工作。另一个市场活动是概念测试，向潜在客户展示拟开发的新产品，测试他们的反应，并且确定潜在客户对新产品的接受程度。

该阶段的详细技术评估侧重项目的技术可行性，也就是说，将客户需求和愿望清单转化为技术上和经济上都可行的解决方案。这种转化可能涉及一些初步设计或实验室工作，但还不是一个全面的开发。制造（或运营）评估通常是商业论证的一部分，其中包含可制造性、供应资源、制造成本和所需投资等。同时，还要开展法律、专利和监管评估工作，以消除风险并制定相应的行动方案。

最后，作为商业论证的一部分，详细的商业和财务分析是必不可少的。财务分析的内容通常包括投资回收期、净现值和内部收益率（具体参见第 5 章），通过敏感性分析识别可能的风险。

阶段 2 比阶段 1 需要付出更多的努力，并且需要各方面的投入。阶段 2 最好由跨职能成员组成的团队来处理，他们通常是项目团队的核心成员。

（4）**阶段 3：开发。**该阶段的可交付成果是经阿尔法测试的或经实验室测试的产品原型及完整的生产和市场投放计划。

阶段 3 的主要工作是产品设计、原型制造、可制造性设计、制造准备和上市规划；实施开发计划和产品的物理开发；进行实验室测试、内部测试或阿尔法测试，确保产品在受控条件下满足要求；制订生产、运营或供应链计划。对于周期较长的项目，开发计划中将包含许多里程碑和定期的项目审查，这些里程碑不是关口，只是为了帮助更好地管理和控制项目。大量的内部测试、阿尔法测试或实验室测试通常也在这个阶段进行。

　　该阶段的重点是技术工作，但营销和运营工作也将同时进行。例如，市场分析和收集客户反馈工作与技术开发同时进行，随着产品在开发过程中逐渐形成，不断寻求客户对产品的意见。这些活动是反复或迭代的，采用螺旋式开发方式，将开发成果（如首个原型）带到客户处进行评估和反馈。同时，制订详细的测试计划、市场投放计划、生产和运营计划，包括生产设施要求。更新财务分析，同时解决监管、法律和专利问题。

　　（5）**阶段 4：测试与确认**。该阶段的可交付成果是经过测试和确认的产品。

　　这个阶段主要活动是测试并确认项目的整个可行性，包括产品本身、生产过程、客户接受度和项目的经济性，开始对产品和项目进行外部确认。该阶段的具体活动有：

- 内部产品测试。扩展实验室测试和阿尔法测试，以检查受控或实验室条件下的产品质量和性能。
- 产品的用户偏好或现场试验。验证产品在实际使用条件下的功能，并且测试潜在用户对产品的反应，以确定其购买意图。
- 试生产/操作。测试、调试和证明生产或操作过程，并且确定更精确的生产成本和生产能力。
- 测试市场或试销。度量客户反馈，度量发布计划的有效性并确定预期的市场份额和收入。
- 修订商业和财务分析。根据新的、更准确的收入和成本数据，进一步检验项目的业务可持续性和经济可行性。

　　如果阶段 4 不能达到要求，会返回到阶段 3。

　　（6）**阶段 5：上市**。该阶段的可交付成果是规模化生产和进入市场的产品。

　　该阶段开始全面运营或生产、营销和销售新产品，进行市场投放、生产和运营、分销、质量保证和投放市场后的监测。这一阶段的工作包括实施市场启动计划及生产和运营计划，采购、安装和调试生产设备（尽管有时在阶段 4 早期完成，但这里作为阶段 4 试生产的一部分），建立物流渠道并开始销售。

　　（7）**上市后审查阶段**。通常进行两次上市后审查。第一次是中期审查，当初始上市结果可用时，大约在上市后的 2~4 个月内。此时，团队成员对项目的细节还记忆犹新，进行审查的时机较好。通过审查，总结项目的经验教训，提供如何更好地完成下一个项目的关键知识资产。此外，审查临时商业结果、初始销售和生产成本等，可以进行一些必要的改善。一旦项目稳定且商业结果已知，即进入市场 12~18 个月后，将进行最终审查。此时，项目团队被解散，产品成为公司产品线中的"常规产品"。此次审查内容包括获得产品收入、成本、支出、利润和历时时间等最新数据，与关口 3 和关口 5 的标准进行比较，以衡量绩效。项目团队的责任心是一个核心问题：团队是否交付了其承诺或预测的结果？需要注意的是，项目团队和负责人在项目上市后的这段时间内一直对项目的成功负责，直到最后的评审结果发布为止。

2. 关口（Gate）

　　关口是新产品开发流程中每个阶段的入口，是质量控制检查点，是通过/枪毙和优先级排序决策点，它决定了下一阶段的行动计划及可使用的资源。关口由可交付成果、标准和决策构成。

（1）关口 1：创意筛选。进行初步筛选，确定项目是否满足少数几个必须满足的关键标准。财务标准通常不属于初步筛选的依据，因为此时可靠的财务数据相对较少。可以应用检查表、记分卡或评分模型进行筛选，并且对项目进行排序。

（2）关口 2：二次筛选。进行严格筛选。这个关口的内容和关口 1 是一样的，只是此时更加严格。根据阶段 1 获得的新信息，对项目进行重新评估。可以考虑额外的标准，如销售人员和客户对项目的反馈，潜在的法律、技术和监管等。通常采用检查表和评分模型。同时也进行财务收益评估，但只进行快速简单的财务测算（如计算投资回收期）。如果在此关口上做出决定，项目将进入一个更大的支出阶段。

（3）关口 3：进入开发。这是开发阶段之前的最后一道关卡，也是项目投入巨额开支前可能被扼杀的最后一道关卡。一旦通过关口 3，财务上的承诺将要兑现。关口 3 通常由业务的领导团队负责。财务分析结果是在该关口筛选项目的重要依据。如果项目通过，开发计划、初步运营和市场启动计划将在此关口进行审查和获得批准，项目团队也将被指派。

（4）关口 4：进入测试。这个关口是对产品开发和项目的进度及其持续吸引力的检查。对开发工作进行审查和检查，确保以高质量的方式完成工作，并且开发的产品确实与关口 3 规定的原始定义一致。该关口还通过基于新的和更准确的数据修订的财务分析重新审视经济指标。下一阶段的测试或验证计划获得批准，可立即实施，详细的市场投放和运营计划得到审查，以备将来执行。

（5）关口 5：进入上市。这个最后的关口开启了新产品的全面商业化——上市启动和全面生产启动。项目在此时仍然有可能被扼杀。该关口主要关注测试和验证阶段的活动质量及其结果。通过关口的标准主要集中在预期的财务回报、项目的启动准备及启动和运营启动计划的适当性。

3. 把关者

谁是这些关键关口的工作人员？谁是制定通过/枪毙和资源分配决策的人？谁是使新产品流程发挥作用的关键人员？是把关者。显然，把关者的选择要和业务及组织结构相对应。以下是一些经验法则：

（1）任何关口的把关者必须有权批准下一阶段所需的资源，也就是说，他们是资源的所有者。

（2）如果需要来自不同职能部门的资源，把关者必须能代表不同的职能部门，如研发、市场营销、工程、运营，也许还有销售、采购和质量保证。仅仅从一个职能部门（如市场营销或研发部）抽人组建一个把关者小组并没有多大意义。

（3）把关者人选通常在不同的关口有所变化。通常情况下，最初的筛选是在关口 1 进行的，由一小部分人进行，可能是 4~5 个人，他们不必是组织中最高层领导者，因为这时的支出水平相当低。但是，在关口 3 中财务和资源承诺是实质性的，把关者就应包括更多的高级经理，如业务领导团队。

（4）从一个关口到另一个关口，把关者也应该保持一定的连续性。

（5）评估小组的组成不应完全改变，需要从项目开始时就对每个关口的评估参与者进行全面的调整。例如，关口 2 需要领导团队的一些成员（如营销和研发负责人），而关口 3 则需要完整的领导团队。关键项目或具有重大战略意义的项目，通常在早期的关口，甚至在关口 1 就让高级把关者参与。有资深人士提出："我们不希望在没有我们的早期批准的情况下启动任何可能最终涉及数百万元支出的项目！"在有些业务中，领导团队很乐意审查关口 3 及以上的项目，将早期的关口决策留给更初级的团队。不过他们确实希望得到这些早期关口决策的信息。

（6）在某些企业，不同规模的项目需要不同级别的把关者组。也就是说，并非所有的项目都交给高级把关者小组或业务领导小组。

4. 关口会议

关口会议通常由来自不同职能部门的高级管理人员参与，这些管理人员拥有项目团队在下一阶段所需的资源。

5. 门径管理流程的最新发展

1994 年，库珀提出了第三代门径管理流程，以 6F 为特征，即灵活性（Flexibility）、模糊的（有条件的）入口（Fuzzy entrances）、流动性（Fluidity）、聚焦（项目优选与组合管理）（Focus）、引导（Facilitation）和永远保持生命力（不断地再生和改进）（Forever Green）。

2016 年，库珀又提出了敏捷门径混合（Agile-Stage-Gate Hybrid）模型。一些开发智能产品的北欧企业运用了这一模式，取得了不俗的绩效。

Tips 应用门径管理流程的建议

需要根据产品的不同、项目复杂度和风险优化、裁剪流程。新产品开发通常采用上述经典的五阶段过程。高风险项目的开发阶段可以更加细分，超过五阶段。低风险项目可以使用简化的三阶段或四阶段版本，或将筛选与商业论证阶段合并为一个阶段，或将开发和测试阶段合并为一个阶段。简单更新的产品则可以使用更轻量的两阶段版本，即开发测试以及上市两阶段。

3.2.6 PACE 方法

1. 起源

PACE（Product And Cycle-time Excellence）即产品生命周期优化法，中文翻译为"培思"，是美国研发咨询公司 PRTM（Pittiglio Rabin Todd & McGrath）在 20 世纪 80 年代中后期提出的一种产品开发模式，随后 IBM 基于 PACE 并结合 IBM 公司的实践提出了 IPD（Integrated Product Development，集成产品开发）。

2. 主要特征

PACE 体现的是"流程"的思想。产品开发是一个流程，从关注客户需求开始，最终把这种需求与公司的技术和技能结合起来，把潜在的商机转化为产品。PACE 是一种关于产品开发的流程框架，关注的是面向市场的产品管理而不是技术管理。把市场的机会和技术等融入一个流程，其结果就是产品。这也符合当下很多公司提出的需求牵引和技术驱动这样的双轮驱动产品研发的模式。PACE 的产品开发流程是可以被定义、被管理的。相对于 CMMI 面向"正确地做事"，PACE 更关注及时响应市场的需求，确保"做正确的事"。PACE 的产品开发流程七要素（决策、项目小组、开发活动的结构、开发工具与技术、产品战略流程、技术管理、管道管理）形成了 PACE 的基础，合理掌握这些要素可以缩短产品投放市场的时间。这7 个要素中的任何一个要素的成功都依赖其他 6 个要素。

（1）决策。产品开发是由决策推动的，正确的决策有助于减少产品开发过程中的浪费。所有的公司都有一个产品开发决策流程，虽然有的公司没有明确定义这个流程。在产品开发中，如果决策流程不当可能引发以下问题：

- 由于高层管理人员不知道应该由谁做出决策，或者因为彼此不能达成一致，因而无意识地延迟决策。
- 信息不充分从而导致决策的质量比较低劣。
- 没有及时解答过程中的疑问。
- PACE 流程中，产品开发决策是通过阶段评审流程进行的，阶段评审流程需要在开发流程中明确定义的关键节点上做出决策。一个阶段结束时必须达到预期定义的明确目标，才能获准进入下一阶段。产品审批委员会（Product Approval Committee，PAC）是指在一个公司内部负责主要产品决策点的高层领导小组。PAC 负责通过产品开发活动来执行公司的战略，有资源分配权，可以通过评审流程动态地分配资源。

PACE 认为，无法正确做出决策很多时候并不是做决策的人不行，而是流程本身不行。要做到高效决策，PACE 要求：①建立产品审批委员会。②建立阶段评审流程。

PACE 的阶段评审分为 5 个阶段，分别是概念阶段、计划阶段、开发阶段、测试阶段、推出产品阶段。有效决策是产品成败的一个重要因素，武断地拍脑袋会给整个产品研发过程带来巨大的损失。

- 概念阶段：快速评估产品机会，焦点要放在分析市场机会和战略可行性上。
- 计划阶段：产品开发的基础阶段，这一阶段的目标是清楚地定义产品，认识产品的竞争优势，明确其功能，定义开发的可行性。
- 开发阶段：根据上一阶段评审会议批准的方案来开发产品，大部分具体的设计和开发活动都在这个阶段进行。
- 测试阶段：完成验收测试，准备批量生产和产品推广。完成这个阶段的标志是成功地通过产品测试，生产和辅助体系得到批准，并且完成了产品推广计划。
- 推出产品阶段：包括批量生产、市场推广、初步分销及产品的早期支持。产品在这个阶段被投放市场。

（2）项目小组。一个高效的项目小组能极大地促进沟通、协作和决策。在评审初期，很多项目小组效率低下，而核心小组的模式可以克服这些缺陷。核心小组是有权开发特定产品的一个小型跨职能项目小组。典型的核心小组有 5~8 人，有权力、有责任管理所有与开发该产品相关的任务。核心小组法关注的是项目组织结构，即执行流程的团队和人。通过有效的沟通、协调和决策，达到尽快将产品推向市场的目的。为了达到这一目的，PACE 认为要把产品开发过程中传统的职能部门之间的组织结构关系转换为一个核心小组，该核心小组成员来自市场、质量、研发、采购等不同职能组织并由核心小组组长带领，核心小组协调人作为流程工程师更关注流程改进。通过这一转变，核心小组负责产品成功，而传统的职能经理则负责组织内技术水平的提升和团队建设。

（3）开发活动的结构。结构化的开发流程明确了要做的开发工作、先后顺序、相互关联性及用于开发项目的标准术语等，对每项工作都有明确的定义。基于 PACE 理念的开发包含 4 个层次：阶段、步骤、任务和活动。PACE 中一个结构和开发流程包括几个等级。在阶段评审流程所提供的框架中，一般有 15~20 个主要步骤来定义一个产品开发流程；每个步骤又分成 10~30 项任务，规定了每个步骤如何在公司得以实施。这些任务又为每个步骤定义出标准周期时间，因此可以据此编制进度表、预测资源需求、制订计划并进行跟踪管理。

（4）开发工具与技术。诸如质量功能展开、装配设计、可制造性设计等技术可以促进产品成功。然而这些技术没有哪一个能单独解决产品开发中的所有问题，所有的工具都需要一个结构化的流程，这是一个先决条件。PACE 中没有给新技术或新工具下定义，其关注的焦点是在整体产品开发流程中，适时运用合适的技术或工具。PACE 描述了一系列技术设计和自动化开发的工具，并且说明了这些工具怎样适应该流程。

（5）产品战略流程。产品战略流程是产品开发的起点。通过产品开发战略，公司定义了要开发的产品的类型、自己的竞争优势及如何将新技术引入新产品。选择开发的产品要与整个产品的战略保持一致。产品战略提供了一个框架，供 PAC 在阶段评审流程中作为决策和设立优先级顺序的依据，并为核心小组提供了指南，在定义产品时使用。产品战略明确定义了扩展现有产品线和创造新产品线的机遇。

（6）技术管理。技术管理的作用是发现应用新技术的机会，并且启动技术开发项目，从而做好底层的基础设施建设，最终提高公司的核心竞争力，为更多的产品提供共享通用的平台。很多公司都没有积极管理好潜在的技术，而是把注意力都放在了产品开发上。但是产品开发是依赖技术的，缺少核心技术会让产品在投放市场后，份额节节丢失，最终丧失竞争力。

（7）管道管理。管道（pipeline）管理解决问题的方法是给项目优先级排序，为资源管理提供一种框架，并且将职能部门的能力和项目要求协调起来。管道管理体现的是一种可持续化的平衡，站在组合管理的角度做好资源平衡。PACE 认为，要做好管道平衡，需要从以下两方面入手：①做好市场优先级排序，基于市场做好资源配置；②打破职能壁垒，产品开发和各职能部门的工作要保持协调一致。

3.2.7 并行工程

1. 起源

1988 年，美国国家防御分析研究所完整地提出了并行工程（Concurrent Engineering）的概念。并行工程是对产品及其相关过程（包括生产、维护）进行并行、集成化处理的系统方法和综合技术。它要求产品开发人员从设计开始就考虑产品生命周期的全过程，不仅要考虑产品的各项性能，如质量、成本和用户要求，还要考虑与产品有关的各工艺过程的质量及服务质量，通过提高设计质量来缩短设计周期，通过优化生产过程来提高生产效率，通过降低产品整个生命周期的消耗，如产品生产过程中的原材料消耗、工时消耗等，来降低生产成本。

并行工程自 20 世纪 80 年代被提出以来，美国、欧共体各国和日本等实施了一系列以并行工程为核心的政府支持计划。很多大公司，如波音公司、西门子、IBM 等也开始了并行工程的实践，并取得了良好效果。

1995 年，并行工程正式作为关键技术列入中国 863/CIMS 研究计划。国内部分企业也开始运用并行工程的思想和方法来缩短产品开发周期、增强竞争能力。但是，无论是技术研究还是企业实践，许多工作仍处在探索阶段。

并行工程的具体做法是：在产品开发初期，组织多种职能可协同工作的项目组，使有关人员从一开始就获得有关新产品的信息，积极研究涉及本部门的工作任务，并且将需求提供给设计人员，使许多问题在开发早期就得到解决，从而保证了设计的质量，减少返工和浪费。

2. 主要特征

（1）并行交叉。并行工程强调产品设计与工艺过程设计、生产准备、采购等活动并行交叉进行。并行交叉有两种形式：一是按部件并行交叉，将一个产品分成若干个部件，使各部件能并行交叉进行设计开发；二是对每个组件的设计、采购、生产等各种活动尽可能并行交叉进行。并行工程强调各种活动并行交叉，但是不能违反产品开发流程的逻辑顺序和规律，不能裁剪任何一个必经阶段，应在各活动的基础上，找出各子活动之间的逻辑关系（软逻辑），将可以并行交叉进行的尽量并行交叉。

（2）并行工程强调尽早开始工作。并行工程的目的是争取时间，所以它强调要学会在信息不完备情况下就开始工作，而传统观念认为，只有等到所有前置活动全部完成以后才能进行后续工作。正因为并行工程强调将各有关活动细化后并行交叉进行，因此我们要打破传统观念的束缚。

3. 应用

并行工程的应用比较广泛，如金融、制造等各个行业。以汽车产品开发为例，一般有 4 个阶段：策划、设计、样品试制和小批量试制。

（1）策划阶段。该阶段一般由高级管理层或决策层从投资的角度考虑产品能为企业带来什么经济效益，产品是否具有竞争力、可行性，是否具有潜在的市场，竞争对手是否也在开发同类型产品，产品是否符合国内外法律法规。

这个阶段也可以称为可行性分析阶段，项目立项后，企业应从与产品开发相关的部门中选出有技术专长和管理能力的产品设计、现场施工、项目管控等人员组成并行工程项目组，同时明确每个人的工作职责。

（2）设计阶段。并行工程要求产品开发人员在制定产品设计的总体方案时就要考虑产品生命周期中的所有因素，快、好、省地满足需求。总体方案的设计成为后续详细设计的输入。

并行工程项目小组应根据用户需求确定产品的设计目标，确保所开发产品能满足用户需求，站在用户的角度考虑项目交付周期、开发成本等，把这些作为设计的输入。

设计目标确定后，根据用户要求，找出关键目标，并且将设计目标分解为若干个子类目标。这样，并行工程项目小组就能自上而下地将把设计目标逐层展开，各职能部门并行开展工作。

（3）样品试制阶段。该阶段的重点是实现产品各方面的优化。并行工程项目组应建立典型产品设计模型。通过对确立的典型产品设计模型的研究，探寻产品设计和改进的要求，实现产品的最优化设计。

（4）小批量试制阶段。该阶段的工作重点是实现生产能力的优化。应按产品质量要求对生产能力进行合理配置。优化组合生产过程的人、机、料、法、环等要素，提高投入产出比，做到既快又好。

总的来说，并行工程指为达成产品开发目标，各领域最大限度地进行协同，并且根据项目情况及时进行改进。并行工程应尽可能地将串行活动并行化，从而确保整体开发过程的周期最短。组织和产品系统架构具备"高内聚、低耦合"的特征，将有助于并行工程更好地实施。

3.2.8　集成产品开发

1．概述

集成产品开发（Integrated Product Development，IPD）是一套产品开发的模式、理念与方法，是基于市场和客户需求驱动的集成产品开发管理体系，包括战略流程、支撑体系和团队。其核心是由来自市场、开发、制造、服务、财务、采购等方面人员组成的跨部门团队共同管理整个产品开发过程。通过 IPD 流程管理，可以使产品开发更加关注客户的需要，加快市场响应的速度，缩短开发周期，减少开发成本，提高产品的稳定性、可生产性和可服务性等。

IPD 流程管理的精髓：

- IPD 首先是一个商业流程，关注商业结果，将产品开发作为一项投资进行审慎管理。
- IPD 管理广泛采用跨部门团队，汇集各职能代表及其所属领域的专业智慧和资源，形成合力，共同承担推进项目成功的责任。
- IPD 流程分为不同阶段，通过在决策评审点（Decision Check Point，DCP）的决策实现集成组合管理团队（Integrated Portfolio Management Team，IPMT）和产品开发团队（Product Development Team，PDT）互动，资源受控分配与投入，既满足项目进展需要，又避免投资失控的风险。
- IPD 是灵活的、发展的，在不断吸纳业界最佳实践和解决业务问题的过程中，与时俱进。

2．组织与团队

（1）集成组合管理团队。IPD 中也有类似的 PAC 组织，称为 IPMT。相对于 PACE，IPD 更多地认为产品开发是一种投资行为，需要基于市场进行创新。IPD 把产品开发分成概念形成、计划、开发、验证、发布和生命周期管理这 6 个阶段，把 PACE 中的推出产品阶段从产品运营的角度进行了细化拆分。评审只在概念形成、计划、验证和生命周期这 4 个阶段进行。

研发是投资行为，把所有研发项目作为投资对象进行管理，设置不同层次的决策团队。决策团队负责做出决策，其中决策团队主席由项目投资方或其委托方人员担任，决策团队成员为决策涉及的业务领域的主要负责人，一般包括规划、市场、研发、采购、生产、供应链、工程、财务、质量等领域。其职责如下：

- 从投资角度对产品开发的目标、策略、收益及存在的风险和问题进行审视，决定是继续还是放弃。
- 为确保产品快速响应市场，特别设立决策机制和下沉机制，根据项目的创新程度和重要程度，确定哪些决策点可以授权，但是授权不授责。

（2）产品开发团队。产品开发团队是一个跨职能团队，由产品经理领导，负责产品全生命周期的产品开发、交付、维护等。产品开发团队由核心组和专业组构成。核心组成员包括产品经理，以及研发、市场、采购、生产、供应链、工程、财务、质量等领域的代表。根据产品开发需要，核心组提出要求，与各职能部门协商确定。核心组的成员要经过部门的充分授权，能代表相关领域参加产品开发中的各项活动，做出决策和承诺，并且调动资源完成工作。核心组的职责有：

- 根据产品规划，制订、更新并管理产品包业务计划，继续进行产品需求分析和各领域策略分析，确保产品按时交付。
- 负责产品的设计、开发、测试、交付和维护。

- 组织成立专业组，协调各专业领域共同完成产品开发和交付。
- 与平台开发等相关团队协作，完成产品开发、交付和维护等工作。

（3）技术研发团队。IPD 设立技术研发团队（Technology Development Team，TDT），负责技术或平台研发流程及技术转化工作，从而对产品开发和技术开发进行了更为彻底的分离。

IPD 参考了 PACE 的核心小组法并把它进行扩展，IPD 整体框架分为四大主流程，分别为产品战略流程、市场管理流程、产品研发流程和技术研发流程，每个主流程都由独立的小组负责运作。除了上文提到的 IPMT 负责产品战略流程、PMT 负责市场管理流程，还有 PDT 负责产品研发流程及 TDT 负责技术研发流程，其中 PDT 是 PACE 核心小组法在 IPD 中的最好体现。

IPD 中的评审使用了 DCP 这个概念，与技术管理中的技术评审（Technical Review，TR）有区别。IPD 提到的产品战略和规划分层与 PACE 是完全一致的，但是做了细分，IPMT 管理整个产品的战略流程。

- 首先，产品平台是一个系列产品的通用化组件的集合，包括共享的软件架构、硬件架构、关键技术等。产品平台战略需要考虑的是现有平台、衍生平台、新平台之间的演进关系。
- 其次，IPD 认为产品线规划是市场管理的输出，所以在 IPD 添加了一个全新的主流程，即市场管理流程，该流程通过市场细分、组合分析等在产品平台的基础上制定产品线规划。IPD 中的组合管理团队（Portfolio Management Team，PMT）负责该流程中的决策。

3. 主要框架

IPD 的结构化分层并不是从范围分解的角度出发的，而是更加关注流程。IPD 把整个产品开发分成 6 个阶段，每个阶段对应一个流程，构成了 IPD 产品研发主流程中的 6 个阶段流程。6 个阶段流程的下面是多个支持性流程或制度，如项目管理、配置管理、需求管理流程及文档控制、质量管理制度。

IPD 基本沿用 PACE 的思想和工作方式。对于 TR，IPD 产品开发流程中一共包含 7 个评审点：TR1、TR2、TR3、TR4、TR4A、TR5 和 TR6，分别分布在产品研发的概念形成、计划、开发和验证等阶段，每个 TR 主要关注产品的一个技术方面，如需求、概念设计等。IPD 流程在应用中因企业不同，TR 点会有所简化，《产品经理认证（NPDP）知识体系指南》只提到 4 个主要的 TR 点。

技术评审在日常研发过程中也是一个比较常见的做法，我们有很多可以使用的评审技术，如同级评审（Peer Review）技术。技术评审的关键是将技术上的决策更好地转化为产品开发成果，例如，组织的一个公共技术平台可能需要同时支持多个产品线的开发工作，那这个技术平台将需要根据各个产品线的不同需求进行适配。

4. IPD 全景图（三大主流程）

IPD 与线索到回款（Lead to Cash，LTC）和问题到解决（Issue to Resolution，ITR）并称公司三大主业务流程，一起完成向客户交付产品。其中，IPD 包含了从产品规划、开发到维护的端到端产品开发过程，以及平台规划和开发、技术规划和研究对产品开发的支撑。IPD 流程在业务流程中的位置如图 3-9 所示。

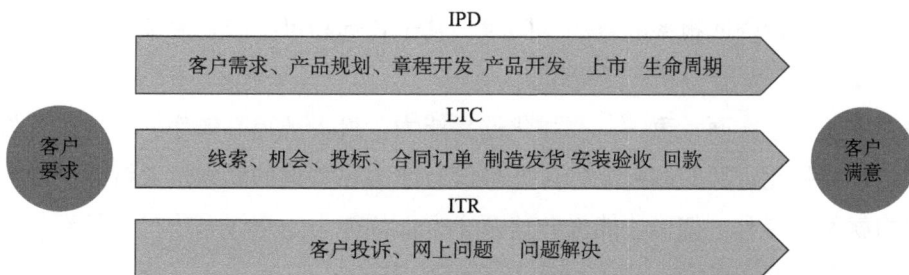

图 3-9　IPD 三大主线

公司战略决定了产品发展的方向性要求和研发投入的整体策略，由此影响各事业部的产品规划和产品组合策略。通过产品规划、版本规划和研发资源分配，将公司战略落地到 IPD 的产品开发、平台开发、技术研究中。

LTC 提供了销售管理线索到回款的端到端流程，覆盖商机挖掘、订单获取、项目交付三大阶段。为了高效满足客户需求，IPD 和 LTC 的协同主要体现在以下 3 个方面：

- 通过需求管理实现 IPD 和 LTC 两个流程之间市场信息和客户需求信息的一致性。
- 规划的产品和服务的解决方案应得到销售计划的支持。
- IPD 在维护阶段的策略需要 LTC 来执行。

ITR 流程的目的是通过以客户为中心的问题解决机制，提高产品和服务的效率和能力。ITR 和 IPD 流程的协同主要体现在通过对客户反馈问题的分析，带动产品和服务的改善及开发流程的优化。

5．IPD 基本原则

（1）**充分授权跨职能团队**。产品开发过程需要跨越多个职能领域进行协作，按跨职能原则组建团队，并进行充分的授权赋能，可以最大限度地保证绝大部分事情在团队内即可得到快速解决，既有利于大幅度降低协作成本，也有助于激活团队，确保组织高昂的战斗力和高效的执行力。

- 开发过程指从概念形成到产品批量上市或完成移交的过程，除了研发领域的设计开发活动，还包括市场分析、财务分析、研发选型和采购、生产/售后/销售准备及产品逐步上市的活动，因此整个过程横跨市场、研发、财务、采购、生产、销售、维护、质量等职能，采用跨职能的研发团队是必然的选择。
- IPD 的团队是重量级的团队，要求各主要专业部门派代表加入这个团队，团队将重心从单个部门（如市场或开发）转移到产品线或项目，这种方式被称为"基于项目的业务模型"。团队成员将本部门的专业知识带到项目组，而且他们所代表的专业领域将成为支持项目组工作的中流砥柱。通过这种方式可以强化各参与的职能部门对最终结果负责的意识，打破职能界限，提高研发的效率。
- 跨职能团队是实施协同开发和并行工程的组织基础。传统的串行开发模式（研发—制造—销售—服务）已不能适应快速的市场变化。为了缩短新产品上市周期，必须强调跨领域协同的管理结构和并行工程的行为模式。

（2）**视研发为一种投资行为**。产品开发过程中的阶段决策是由产品决策团队从投资角度审视产品目标市场的变化和产品开发状况，以决定产品开发的下一步走向的。在整个生命周期中，通过财务分析与管理及时有序地调配资源。公司通过有效的投资组合管理和研发过程管理，增强风险管控，提高投资效益，以达到有效利用资源来最大化投资回报率的目的；同时，基于长远和可持续发展理念，对中长期发展进行投资和规划，以保证持续提升研发能力和产品竞争力。

提高效率应该着重于两个方面：第一，要强化选择能力。最大地提高效率的方式是只做该做的事，不做不该做的事。第二，要强化资源的调配能力。如果没有能力在关键的时候把关键的资源集中到关键的工作上，公司的竞争力就无法提升。如何才能提升这两个方面的能力？建议采用投资管理的方法对研发投资进行管理，具体在研发活动中体现为：

- 采用投资组合管理的方法来管理研发项目组合。应用组合分析的方法筛选、确定潜在的投资机会，使研发项目最大限度地和市场需求匹配，从而将投资收益最大化。资源永远是有限的，需要在总体资源的约束下把研发资源配置到最符合公司战略、利益最大化的项目上，保证公司的市场竞争力，最大化公司的利益。
- 为了降低风险，研发活动应采用分批、分阶段投入的方式进行。在研发过程中设置序列的阶段决策点，在这些决策点上从投资角度审视市场变化和开发状况，及时调整项目方向和分批进行研发投入，以降低风险和确保项目成功，尤其需要强化项目的前端决策活动，起到筛选项目、减少项目失败的目的。
- 将投资回报率作为研发决策的根本依据，这个投资回报率可能是短期的或长期的，也可能是综合的回报，视具体的投资策略而定。

（3）**价值驱动交付**。价值驱动交付指基于用户/业务价值优先级进行产品开发，尽早、可持续地交付产品或产品增量，并且快速从用户和市场获得反馈以不断优化产品、提升价值。所交付的产品要追求低成本、高质量、安全可信、可靠可用。

高效产品开发的最终目的是向客户交付价值，而价值驱动交付就是 IPD 的初衷和内核——以客户价值为核心，快速响应客户需求，快速交付价值，在持续帮助客户获得市场竞争优势的同时，也获得自身的竞争优势并实现企业价值。

（4）**质量内建**。质量内建是指遵循消除浪费的精益原则，将高质量内建在过程和活动中，而不只是在过程的最后以检查的方式保证质量，从而最大限度地提高产出质量，减少返工浪费。

（5）**管控风险**。一种意识和思维方式只有与管理行为相结合，融入活动和过程管理中才能生效。成功的组织会主动将基于风险的思维运用到管理中，形成一种习惯性行为。体现这一管理思维的企业级治理有保证产品安全、信息安全、业务连续性等。风险管理将不再是一个单项的控制活动，而是这种思维与过程方法和 PDCA 循环三者有机地结合。

（6）**结构化流程**。结构化是指相关联的工作有一个框架结构，并且有相应的组织原则支持，以此来实现工作的规范化，有助于成功经验在组织中快速复制。实施结构化流程务必防止过度管控、僵化，须紧密结合充分授权和持续改进，以确保规范性的同时，不失灵活性和良好的适应性。IPD 是一个平衡的结构。

（7）**异步开发与并行工程**。异步开发是指把技术研究、平台开发和产品开发分开进行，以降低开发风险、减少浪费、提高效率和快速复制。并行工程指在开发过程中同时开发和改进相关的生产、采购、服务和市场推广等相关工作和过程。客户要的绝不仅仅是设备，而是一个优质的网络，因此并行工程的实施非常重要。通过实施并行工程，将不同专业领域原本串行的工作提前并行运作，大大缩短了开发周期，提升了企业的研发效率和竞争力。

（8）**开发工具和方法**。为了保持技术先进性、产品竞争力和更高的用户满意度，需要持续投资于对方法与工具的研究，如 DevOps、数字及物理仿真、开源、社区化、云化、成熟度评估，以及更具前瞻性的数字化研发——基于模型的系统工程、数字主线（Digital Thread）、数字孪生等。

应用案例　　　　　　　　　　**IPD 在华为的应用**

IPD 在华为的应用，分为 3 个主业务流程，包括市场管理（Market Management，MM）流程、需求管理（Offering Request，OR）流程、IPD 流程（见图 3-10）。

图 3-10　华为 IPD 主业务流

1．市场管理

华为的市场管理内容如图 3-11 所示。

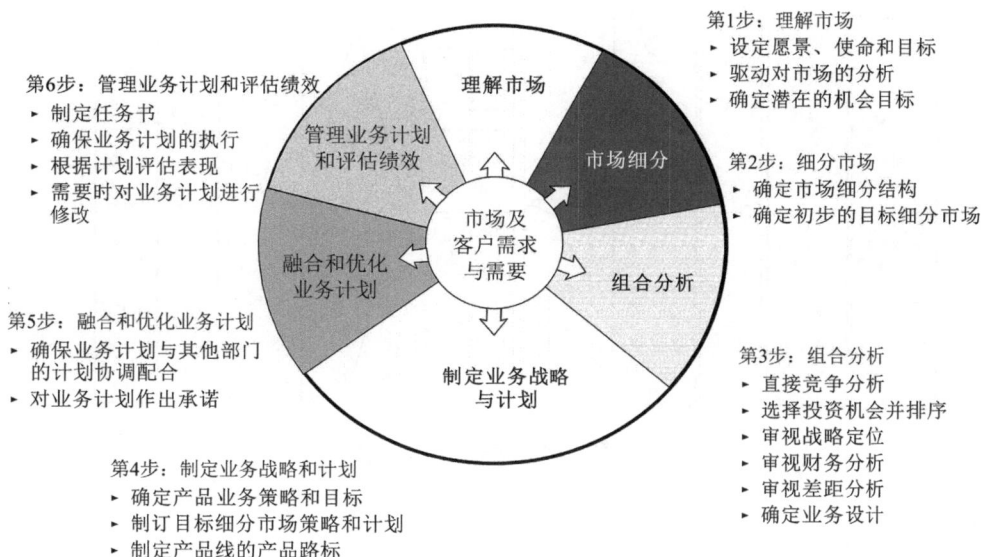

图 3-11　华为 IPD 中的市场管理

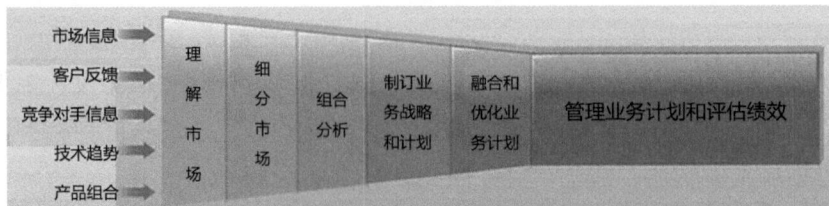

图 3-11　华为 IPD 中的市场管理（续）

通常来说，市场管理是一个持续进行的过程，没有终点，因为外部的环境不断变化，需要快速和准确地响应外部的变化，管理层团队要不断评估和定义客户需求。

2. 需求管理

没有需求就没有产品，需求管理不当是项目方向偏离和产品失败的最主要原因。IPD 使用一种用于了解客户需求、确定产品市场定位的工具——$APPEALS 进行需求分析。$APPEALS 从 8 个方面衡量客户对产品的关注，其含义如下：

$——产品价格（Price）；

A——可获得性（Availability）；

P——包装（Packaging）；

P——性能（Performance）；

E——易用性（Easy to Use）；

A——保证程度（Assurances）；

L——生命周期成本（Life Cycle of Cost）；

S——社会接受程度（Social Acceptance）。

IPD 中需求管理流程主要分为收集、分析、分发、实现和验证这 5 个阶段（见图 3-12）。

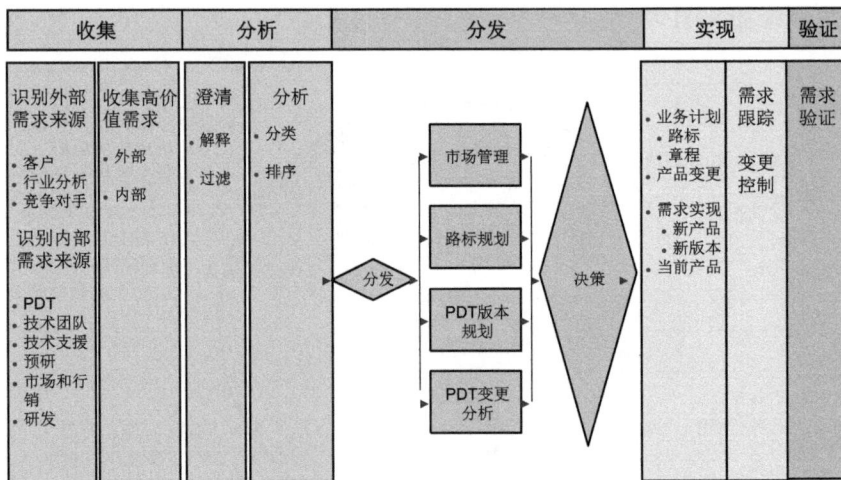

图 3-12　需求管理

3. IPD 流程

华为 IPD 流程的特点：结构化流程，客户需求驱动，跨部门团队运作，基于事实地决策。IPD 致力于

"基于成熟的平台，使用经过验证的技术，快速、低成本地开发满足细分市场需求的、有竞争力的、高质量且安全的解决方案与产品。"其 IPD 的总体框架包括：

（1）主业务流程：产品组合管理、规划、开发和维护。

（2）团队：组合管理团队、规划团队、开发团队和决策团队。

（3）支撑流程：需求开发与管理、项目管理、绩效管理、人员及组织、质量管理、产品数据管理、财务管理和持续改进。

（4）方法与工具：DevOps、数字及物理仿真、云化、开源、成熟度评估等，以及基于模型的系统工程和数字主线等。

IPD 在中兴的应用

2007 年中兴引入 PRTM 公司提供的 IPD 咨询服务，在中兴被称为高效产品开发（High Performance Product Development，HPPD）。HPPD、LTC、ITR 成为中兴的三大主业务流程，共同支撑着整个公司的业务流（见图 3-13）。

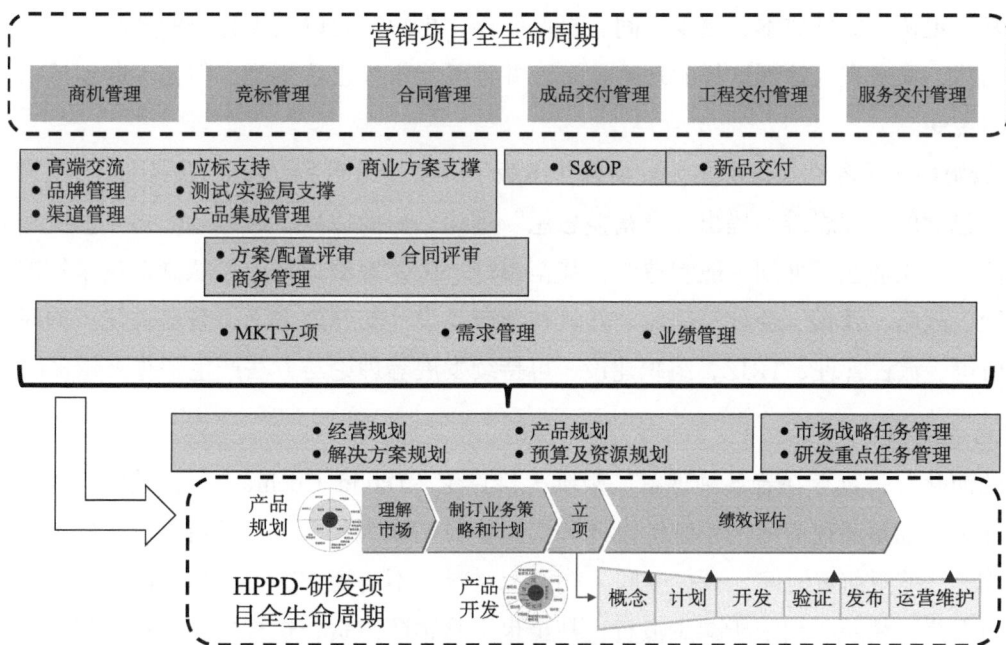

图 3-13　中兴新产品开发全流程和业务分解

3.2.9　精益产品开发

1. 精益的起源及历史进程

1990 年，詹姆士·沃麦克博士等人在对日本汽车工业（特别是丰田汽车公司）生产管理方式进行调研后，在《改变世界的机器》一书中，提出了"精益生产"（Lean Production，LP）这个来源于丰田生产流程的概念。"精益"（Lean）一词是由当时的国际汽车计划研究人员 John Krafcik 命名的。"精"有少而精、不投入多余要素的含义，"益"包含了利益及增加之意，并且有"精益求精"的含义。

沃麦克博士的研究小组认为，日本汽车工业（特别是丰田汽车公司）之所以取得成功正是得益于这种新的生产方式，这种生产方式将取代 20 世纪初开始盛行的大量生产方式。单件生产、大量生产与精益生产的比较如表 3-7 所示。

表 3-7　生产方式的比较

生产方式	单件生产	大量生产	精益生产
工人	高度熟练工人	非熟练与半熟练工人	各个层次的多面手
设备（工具）	简单但又通用	昂贵的专用设备	通用性大、自动化程度高
产品	独一无二的产品	牺牲了品种变化的大批量、标准化产品	有各种各样变化的大宗产品
换产	迅速完成	需数月的停产转换时间	几天内完成换产
价格	大多数人难以承受	价格低廉	客户决定价格

正如表 3-7 所描述的，精益生产综合了单件生产及大量生产的特点，既能避免高成本，又能实现对市场需求的灵活满足。其实，大量生产与精益生产最明显的差别在于它们的最终目的不同。大量生产可以容忍一定的废品率，可以接受最大限度的库存以及范围很窄的标准产品。而精益生产的目标是尽善尽美，追求的是一种更好、更快、更低成本、更少空间、更低库存、更短工时以及无休止的产品改型，并且力求消除一切浪费。当然，尚未有人达到这样的理想状态，并且可能永远也达不到，但是不断地追求尽善尽美，终将产生惊人的转变。

1996 年，詹姆斯·沃麦克与丹尼尔·琼斯合作出版了《精益思想》（*Lean Thinking*），从理论的高度归纳了精益生产中包含的管理思维，提出了"精益思想"理论。由此以后，经过 20 多年的应用和发展，精益的应用领域从汽车制造业延伸到一般制造业，甚至银行、医院等服务行业，从制造技术扩展到运营、供应链、质量管理、战略、营销、会计等领域，并且在新产品设计与开发方面，备受关注。同时，精益与项目管理、六西格玛、流程管理、TRIZ，组织建设、可持续发展等理论与方法产生了越来越多的交集。

2. 精益的核心思想

对于精益的演化，一直存在着各种理解。戴维·科克伦（David Cochrane）将其概括为：精益不是指导我们应该做什么，而是通过有效的系统性设计和实施使我们成为什么。罗伯特·霍尔的观点是：精益最终的目标是压缩——缩短前置时间，减少空间、能源、材料、不均衡、次品、换型时间、开发时间等。约翰·比切诺则概况为：精益不仅限于减少浪费，甚至也不是预防浪费，这样的观点相对消极了，真正的精益应该是面向未来、强调价值和成长的。

沃麦克和琼斯的精益五大原则中的第五个原则是尽善尽美，其实它也是精益的最核心的思想。精益追求的是"理想方式"：完美的质量、零浪费及完美的客户满意度。下面是精益五大原则：

- 精确定义产品的价值。
- 识别产品的价值流。
- 流动。
- 拉动。
- 永远追求尽善尽美。

（1）精确定义产品的价值。丰田人眼中的"浪费"是 Muda（浪费），Muri（过载）及 Mura（波动）

的总称，显著有别于中文的"浪费"（后文中的浪费都指精益定义的浪费）。有人认为，精益仅仅是消除浪费，这就曲解了精益。伴随这种曲解的还有实施上的偏差，如巡视车间，去寻找、消除显而易见的浪费（如库存）。其实浪费与否不是管理者决定的，而是由客户决定的。假如客户在缩短交付时间上特别在意，并愿意埋单，那么看似浪费的库存就不是浪费。

因此，精益的第一原则就是理解价值、定义价值，而价值只能由最终客户来确定。产品的价值只有在满足客户需求后才有意义，可以认为不贡献价值的活动就是浪费。

波特（Michael Porter）教授指出，价值是产品中顾客愿意付费购买的部分。精确定义出是价值还是浪费，在产品开发流程中通常会比较困难。创新方法论萃智（TRIZ，参考第 5 章）提供了很好的定义价值的方法。

大野耐一针对制造业总结出了 7 种浪费，随着精益在其他行业应用的扩展，浪费的定义具有了行业特征。表 3-8 分别列出了在制造业、软件业和服务业的 7 种浪费。

表 3-8　不同行业的浪费来源

行业	浪费	主要表现
制造业	过量生产	生产过多或过早
	等待	生产不均衡，停工待料
	非必要动作	作业不规范，生产场地、模式考虑不周全
	运输	物料、半成品、成品搬送
	过度加工	存在可省略、替代或合并的作业
	非必要库存	作业计划不周全，导致库存产生
	不合格产品	无质量标准或未按照质量标准作业，产生次品
软件业	多余的功能	过于细化的机能、不必要的文档等
	延迟	开发团队互相等待，客户等待
	作业切换	作业间切换造成效率低下
	人员交接	交接导致知识传递损失
	再学习	组织或团队缺乏知识积累等
	部分完成的作业	细化的文档没有通过代码实现、已完成的代码未被测试（存货浪费）
	产生 Bug	软件开发中的 Bug 是彻头彻尾的浪费
服务业	重复	重复输入数据、信息，对组织内不同来源的提问重复回答
	延误	客户等待服务、发货、排队及回答
	不必要的移动	非一站式服务
	不清晰的沟通	缺乏沟通技能，将时间浪费在不必要的沟通环节上
	机会损失	忽视客户，或由于态度不友好等失去保有或赢得客户的机会
	不准确的库存	未掌握准确的需求信息导致断货，无法提供服务
	失误	服务中存在质量问题

（2）识别产品的价值流。价值流是指在产品开发过程中将原材料转化为产品，并且赋予其价值的全部

活动。它包含原材料采购、产品加工以及通过销售渠道将产品提供给客户。价值流可以分为 3 种活动方式：①创造价值的活动；②虽不创造价值，却是产品开发过程中不可避免的活动；③完全不创造价值，而且可以立刻去除的活动。

价值流图（Value Stream Mapping）是识别价值流的工具。图 3-14 是一个企业内的软件系统变更作业，从提出需求变更申请，到完成导入，途中的沟通及评审活动共花去了 5 小时 20 分，而真正创造价值的作业时间只用了 2 小时 40 分，效率仅为 33%。因此，通过描绘价值流图，清晰地分析出流程中的增值和非增值活动，在此基础上进行改善，将会极大地提高效率。

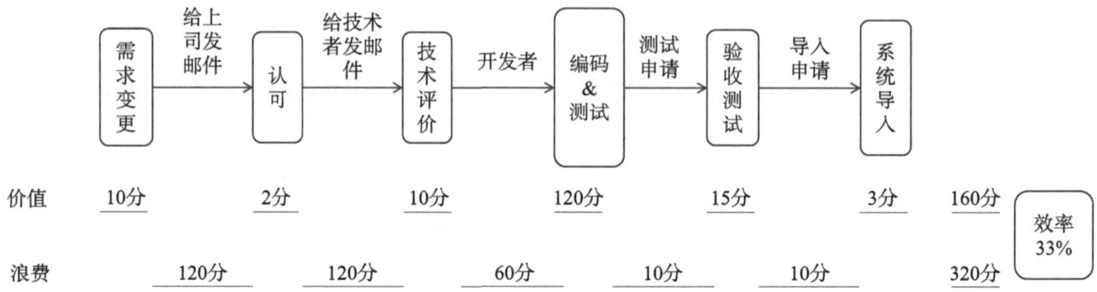

图 3-14　识别价值流

（3）流动。在确定了价值之后，企业要做的就是要使各个创造价值的活动均衡地、不间断地流动起来。为了达成这一目标，需要打破组织层面可能阻断流动的一切因素（工种、职务、职能等），同时要杜绝开发流程中可能出现的废品、中断和障碍，使价值流动起来。

詹姆斯·摩根在《精益产品开发体系》一书中，对精益产品开发流程在价值均衡流动中的特征做了如下概况：

- 在开发前端尽可能多地预测和解决下游工程中可能出现的技术等问题。
- 通过一系列里程碑和活动确定一个清晰的开发流程。
- 制定准确的产品开发计划，管理产能。
- 利用柔性资源平衡开发过程中的波动。
- 按需求确定节拍时间。
- 严格按照流程计划实施开发，消除完成时间的差异性。
- 在所有流程中严格管理质量。
- 把持续改进纳入最基本的流程。

（4）拉动。拉动是"准时制生产"（Just In Time）得以实现的基础。它是以客户需求为起点，根据客户需求安排生产计划的一种生产方式。拉动是在需要的时间，按需要的品种和数量，生产所需要的产品，完全不同于传统的推动式生产方式。拉动可以减少或消除过早、过多的投入，有效控制库存和制造中的产品数量，大幅压缩了前置时间。

丰田汽车公司是通过"看板"（Kanban）和"安灯"（Andon）实现拉动的。"看板"实时反映了生产和搬运信息，可以检知延迟、抑制过剩生产。看板的使用要遵守如下六大原则：

- 后续工程需严格按照看板指示的数量领取在制品。

- 前序工程需严格按照看板指示的数量和顺序生产在制品。
- 保证本工程内在制品 100%合格。
- 消除生产过程中的波动，推行平准化生产。
- 产品状态每时每刻须与看板保持一致。
- 通过看板发现问题。

看板在 IT 行业已经得到了广泛应用。在敏捷开发中，通过张贴卡片（工作项）来呈现和分享项目最新状态。

（5）永远追求尽善尽美。通过上述 4 个原则的相互作用，企业能使自身的生产系统适应客户需求的不断变化，并能使生产过程中一切无用的、多余的部分被精简，为客户提供尽善尽美的价值。"尽善尽美"是上述 4 个原则的结果，也是精益最核心的思想。精益的终极目标就是通过尽善尽美的价值创造过程为客户提供尽善尽美的产品或服务。

3．精益产品开发体系

精益产品开发体系多年来一直在持续进化，以适应不断变化的外部环境。詹姆斯·摩根和杰弗瑞·莱克在《精益产品开发体系》一书中，将精益产品开发体系概括为 3 个子系统：流程、人员、工具和技术。这 3 个子系统相互关联，相互依存（见图 3-15）。

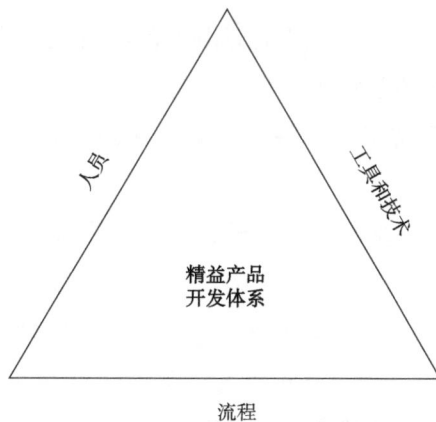

图 3-15　精益产品开发体系

与此 3 个子系统相关联的，还有由詹姆斯等概括整理的精益产品开发体系十三原则。流程子系统覆盖了原则 1~4，人员子系统覆盖了原则 5~10，工具和技术子系统覆盖了原则 11~13。

（1）由客户定义价值，区分增值与浪费。客户是产品开发的起点，要首先按照客户需求定义价值，甄别出哪些活动会给客户带来价值，哪些不会。在精益产品开发体系中存在两大类浪费：一个是由于低劣的设计导致低效的流程，另一个是源于产品开发流程本身。

（2）重视产品开发流程的前端，在前端充分研究各种可选方案。将产品开发的负荷前移，能最大限度地降低产品开发前端的模糊性，避免后续工程的返工。丰田汽车同时还通过"Set-base"方法（不仅仅优化一套方案，而是同时考察多套方案）来进行产品的前期设计，这使得丰田的产品开发在最初就做到了流程清晰、目标明确。

（3）建立均衡的产品开发流程。在定义价值、区分浪费之后，通过一个完全无浪费的流程高速推进产品开发，并在开发过程中持续改善，不断消除开发过程中的浪费。

（4）通过标准化降低生产流程中的变数，保证产出的可预测性。

丰田汽车公司在产品开发过程中将标准化分成如下三大类：设计标准化、流程标准化以及技能集标准化。标准化使丰田能始终保持稳定和可预测的产品输出。

（5）首席工程师负责制。丰田的首席工程师（Chief Engineer）负责与新车开发有关的所有事务。卡罗拉、雷克萨斯、皇冠（这 3 个都是丰田汽车的车型）等拥有各自的首席工程师，他们从搜集和评估市场及竞争信息开始，到确定开发概念以及管理开发团队，是产品开发全过程各团队的总指挥，是开发团队的领导者和技术集成者，对产品相关的重大问题拥有最终决策权，他们既代表客户，又对产品的成败负最终责任。

（6）确立适当的组织结构，平衡各功能部门的技术专长及跨功能部门的整合。任何产品开发项目都需要各功能部门的协同配合，这是在产品开发体系中相对比较困难的任务。要通过首席工程师的黏合作用，利用模块开发小组及"作战室"整合各功能部门，打破部门壁垒，将所有人的精力都集中到产品开发上。

（7）为工程师构建金字塔型的知识结构。丰田为员工设计了金字塔型的职业发展道路，鼓励员工在某一技术领域深入探究，专注学习关键技术，以支持卓越的产品设计。

（8）将供应商整合在产品开发体系中。供应商的管理是精益产品开发体系中非常重要的组成部分。丰田一改传统的供应商利润分配体系，让供应商获得合理利润的同时也专注于技术的提升和成本的降低。将供应商纳入开发体系中，对准时制生产的正常运行意义重大。

（9）内部学习及持续改善。学习和持续改善是精益体系中最强大的工具，这种动态学习能力赋予了精益企业真正的竞争优势。

（10）建立追求卓越的企业文化。企业首先需要形成一个全体员工认同的精益价值观，确定以"客户价值导向""零浪费""持续改善"等内容为目标，调动全员的积极性和主动性，通过 5S、TPM（Total Productive Maintenance，全面生产维护）、看板等工具，建立全员参与的追求卓越、锐意进取的企业文化。

（11）不断调整技术以适应人员和流程。真正意义上的竞争优势不是由某种撒手锏式的技术来维持的，而是让技术去适应已经优化的流程和技能高超、组织有序的人员。

（12）可视化沟通。丰田采用了一种著名的管理工具——方针管理（Hoshin Kanri），就是将公司战略分解为可执行层面工作目标的方法，然后利用一种简单的可视化工具——A3 报告（将产品开发中的问题归纳整理在一张 A3 纸上）进行沟通。

（13）善用标准化。要善于开发和利用一些强大的工具，将学习过程标准化，既可以形成组织资产，又便于项目间分享。当然，标准同样需要不断更新（持续改善）。

4．精益的局限性

精益的主要目标是消除浪费，减少不合理的库存，以最低成本提供最佳质量。与大多数管理体系一样，精益也存在着局限性：

- 关注浪费的特质也许会造成系统产生新的浪费。
- 前后工程衔接得过于完美也许会造成系统的脆弱性。

- 企业的产品特性也许不适合使用精益方式。

- 不均衡改善造成新的浪费。

- 持续改善、关注细节也许会影响员工士气。

- 要求供应商能稳定可靠且不间断地提供零件或产品，可能使得供应商无利可图，导致频繁更换供应商，产生供给问题。

- 缺乏标准方法。

5. 精益与敏捷结合使用

精益通过工具与技术、人员以及流程的控制，能快速适应客户的需求，并在生产过程中去除多余的活动，为客户提供价值，这些理念和做法与敏捷开发非常匹配。敏捷在缩短开发周期、提高开发质量、消除团队障碍以及简化管理工作方面是十分有效的。

软件开发过程中首先需要考虑质量问题。一些软件项目为了降低成本并保证交付期，会忽视软件产品的质量，但质量低下的软件又会造成返工，反而提高了成本。而根据精益原则，在日常的工作中投入大量的时间和精力来保证质量，能够为企业降低成本。

在软件开发行业，有些客户对需求不甚清晰，所以真实地、实时地把握客户需求不是一件简单的事情。敏捷开发通过过程的重复，来解决这个问题，而精益可以为这个过程提供很好的帮助。根据精益"现场现物"的原则，敏捷团队可以进入客户现场，了解客户的背景，通过各种工具和手段收集客户的需求。精益还提供了价值流分析方式，用于分析客户真正需要的软件产品，找到价值和浪费，通过持续改善去推进产品的迭代，为客户提供尽善尽美的产品。精益软件开发体系可以通过标准化和持续培训，提升开发技能，并在组织内部分享不断提升的技术能力。

由于精益和敏捷具有相似且可相互补充的特征（见表 3-9），敏捷与精益结合使用对于提高软件开发效率及成功率具有重要价值。

表 3-9　敏捷与精益的特征比较

敏　　捷	精　　益
迭代	小批量 + 客户拉动
自动测试	自动化
任务板	可视化管理
燃尽图	绩效管理

3.2.10　敏捷开发

20 世纪 90 年代末期，传统软件开发的方式因为其繁杂的过程，以及对文档过于严格的要求，造成了很大程度上开发效率的下降，也就是人们所说的"重型化危机"。人们开始反思传统方法的利弊，对其弊端进行了改进，并提出了一系列的敏捷开发方法。与传统软件开发方法相比，在敏捷开发的整个过程中，有以下几个主要的特点：

（1）敏捷开发的过程有着更强的适应性而不是预设性，这从敏捷宣言"响应变化高于遵循计划"中便可以看出来。因为软件开发项目本身的不可预见性，很多客户在项目开始时不可能对于项目有着一个完整而明确的预期，很多对软件的预期都是在后期的修改和完善过程中产生的。因此高适应性更加符合软件工程开发的实际情况。

（2）敏捷开发的过程中，更加注重人的因素。在传统软件开发过程中，个人的因素很少被考虑到，每个个体都只是整个代码开发机器中的一颗小小的螺丝钉。而在敏捷开发过程中，更强调人的因素。每个人的潜力被充分地挖掘出来，应用什么技术很大程度上直接由在第一线负责开发的技术人员决定；团队成员是自组织的，拥有很大的自主权，这样开发出来的软件更加具有生命力；开发者不再是进行机械乏味的堆砌，而是创造属于自己的艺术品，往往会产生更高质量的软件产品。

（3）在敏捷开发的过程中，整个项目是测试驱动的而不是文档驱动的。不仅每个模块有着相应的测试单元，开发人员在开发自己模块的过程中必须保证所开发的模块可以通过单元测试和冒烟测试。通过构建自动化测试和持续集成的环境，每当有代码被提交时，就会自动触发集成测试，这贯穿在整个开发过程的始终。这样的集成测试每天会进行十几次甚至几十次，而不是像传统方法那样只有当各个模块的编码都结束了才进行联合调试，这样就避免了在最后整个系统完成时错误隐藏得太深而给产品质量和发布造成极大的影响。

1. 敏捷宣言

2001 年 2 月，Martin Fowler，Jim Highsmith 等 17 位著名的软件开发专家齐聚在美国犹他州雪鸟滑雪圣地，举行了一次敏捷方法发起者和实践者的聚会。在这次会议上，他们正式提出了敏捷（Agile）这个概念，并共同签署了敏捷宣言。

虽然敏捷的概念是在 2001 年被提出，但这并不等于敏捷开发实践是在 2001 年才有的。雪鸟会议是对之前几十年软件开发实践探索的总结，本次会议形成了著名的敏捷宣言和敏捷实践的 12 个原则，具体请参考《产品经理认证（NPDP）知识体系指南》敏捷部分的描述。

基于敏捷宣言和敏捷开发原则，一系列敏捷实践如雨后春笋般崭露头角。常见的敏捷开发方法有：

- 软件开发节奏（Software Development Rhythms）。
- 敏捷数据库技术（Agile Database Techniques，AD）。
- 敏捷建模（Agile Modeling，AM）。
- 自适应软件开发（Adaptive Software Development，ASD）。
- 水晶方法（Crystal）。
- 测试驱动开发（Test Driven Development，TDD）。
- 特性驱动开发（Feature Driven Development，FDD）。
- 动态系统开发方法（Dynamic Systems Development Method，DSDM）。
- 精益软件开发（Lean Software Development）。
- 敏捷统一过程（Agile Unified Process，AUP）。
- Scrum。
- 极限编程（Extreme Programming，XP）。
- 探索性测试（Exploratory Testing）。

其中 Scrum 是目前使用最多、也是推广最好的一种实践方法，接下来我们会对其最佳实践进行探讨。

2. Scrum

Scrum 一词来自橄榄球中的"带球过人"。在橄榄球比赛的每次冲刺前，都将有一个安排计划的过程，但冲刺开始后则由队员在原计划的基础上随机应变。不同于瀑布模型将过程划分为需求、设计、编码、测试、运维等阶段，Scrum 是一个增量的、迭代的开发过程，在这个框架中，整个开发过程由若干个短的迭代周期组成，一个短的迭代周期称为一个冲刺（sprint），每个冲刺建议的长度是 2~4 周。

在 Scrum 中，使用产品待办事项列表（Product Backlog）来管理产品的需求。产品待办事项列表是一个按照商业价值排序的需求列表，列表条目的体现形式通常为用户故事。Scrum 团队总是先开发对客户具有较高价值的需求。在冲刺中，团队从产品待办事项列表中挑选最高优先级的需求进行开发。挑选的需求在冲刺规划会议上经过讨论、分析和估算得到相应的冲刺待办事项列表，我们称它为冲刺待办事项列表（Sprint Backlog），其具体的流程如图 3-16 所示。

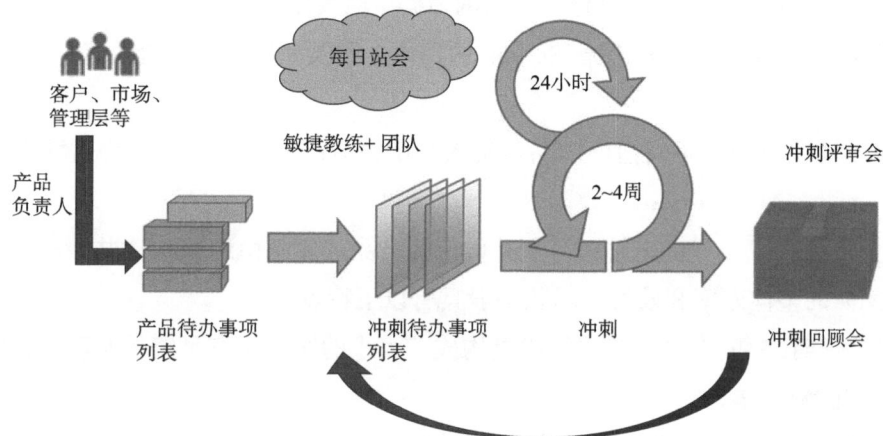

图 3-16　Scrum 框架的构成

在 Scrum 中，主要有 3 个角色、5 个事件和 3 个工件，如图 3-17 所示。

图 3-17　Scrum 核心组件

（1）Scrum 中的角色。在 Scrum 中有一个典型的猪和鸡的故事：有个农夫养了一头猪和一只鸡。他的日子过得很辛苦，每天起早贪黑地忙碌着。一天鸡和猪在路上散步，鸡看了一下猪说："嘿，我们合伙开一家餐馆怎么样？这样可以帮助我们的主人改善生活质量。"猪回头看了一下鸡说："好主意，那你准备让餐馆卖什么呢？"鸡想了想说："我们来做火腿蛋，怎么样？你出火腿，我出蛋。"猪说："不开了，我在全身投入，而你只是参与而已。"

在 Scrum 中猪的角色主要有 3 个：产品负责人、敏捷教练和团队。

- 产品负责人（Product Owner，PO）：产品负责人代表客户利益，决定产品待办事项列表的优先级，以及最大化产品和开发团队工作的价值。
  - 产品负责人是负责管理产品待办事项列表的唯一责任人，负责清晰地表达产品代办事项列表条目，对条目进行排序，确保开发团队所执行工作的价值，确保产品代办事项列表对所有人可见、透明、清晰，并且显示 Scrum 团队的下一步工作。
  - 产品负责人在冲刺规划会上向团队介绍产品待办事项列表的内容，和团队一起定义完成的标准（Definition of Done，DoD）。一旦冲刺开始之后，团队就开始工作，这时产品负责人只能变更产品待办事项列表的内容，而不能变更冲刺待办事项列表的内容。
- 敏捷教练（Scrum Master，SM）：负责确保 Scrum 被理解并正确实施。
  - 敏捷教练负责消除团队和产品负责人之间的障碍，激发团队的创造力。
  - 敏捷教练要确保 Scrum 团队遵循 Scrum 的理论、实践和规则。敏捷教练是 Scrum 团队中的服务式领导者。
  - 一般来说不建议由同一个人担任产品负责人与敏捷教练两个角色，因为这两者之间需要相互制衡。
- 团队：由专业人员构成，负责交付对客户有价值的产品。团队由组织构建并授权，通过协同工作来最大化开发团队的整体效率和效力。团队一般具有以下特点：
  - 团队成员一般有 5~9 人，由跨职能成员构成。太小的团队没有足够的互动，太大的团队需要过多的沟通与协调工作。
  - 团队是自组织性的，有完成工作所需要的授权。
  - 团队成员一般都集中办公，通过自我管理实现冲刺目标。
  - 开发团队中每个成员都有自己的特长和专注领域，大家技能互补，共同承担开发和交付责任。

鸡的角色包括组织中的管理者、公司高管、客户、用户或供应商等角色。在敏捷开发的过程中，我们需要将鸡的角色和猪的角色隔离开来，一般由产品负责人来担任这个分隔的角色。所有的客户、管理层、市场的需求都通过产品负责人在产品待办事项列表中记录下来，并进行优先级排序，而团队只负责关注产品待办事项列表中明确的、有价值的需求，通过迭代来实现快速的价值交付。

（2）**Scrum 中的 5 个事件**。Scrum 中主要有 5 个事件，包括冲刺、冲刺规划会、每日站会、冲刺评审会和冲刺回顾会。

1）冲刺。一个冲刺是指一个 1~4 周的迭代，它是有固定时间长度的。在不同的行业里采用的长度略有不同，互联网公司中一般采用 1~2 周，软件行业采用 2~3 周的比较多，制造业等多采用 4 周等。Sprint 的长度一旦确定，在执行过程中尽量保持不变。一般来说，选择的周期越长，可能遇到的市场的不确定性就越大，对变更的响应时间也会相应加长，从而导致更大的风险。

冲刺的产出是可用的、潜在可发布的产品增量。每个冲刺结束的时间一到，所有未完成的工作都会回到产品待办事项列表中，而新的冲刺在上一个冲刺完成之后立即开始。一个完整的冲刺由冲刺规划会议、每日站会、冲刺评审会和冲刺回顾会构成。一旦冲刺开始了，那么需要确保以下内容保持不变：

- 冲刺的目标。一般在一个冲刺过程中，是不允许变更要工作的内容的。
- 冲刺的验收标准。这个我们会在冲刺规划会中具体探讨。
- 开发团队的构成。

在冲刺执行的过程中，团队要避免一个萝卜一个坑、多线独立作战的工作方式。相反，团队要更好地协作，通过限制在制品的数量，集中优势兵力各个击破。因为所有已经开始但在冲刺结束时没有完成的任务都属于一种浪费，不能交付，无法产生真正的价值。

2）冲刺规划会。冲刺规划会的主要任务就是明确在接下来的冲刺中团队需要完成的产品待办事项列表项。一般所选定的产品待办事项列表项会提供一个连贯一致的功能，同时为团队保留一定的工作任务的弹性。它为开发团队提供了方向上的指引，使团队更加明确当前的核心和聚焦点。开发团队必须在冲刺中时刻谨记冲刺目标。为了达成冲刺目标，需要实现相应的功能和采用相应的技术。如果工作和预期不同，开发团队需要与产品负责人沟通协商冲刺待办事项列表的范围，让相关方持续参与项目过程。

冲刺规划会一般在冲刺的第一天召开，它是限时的，以一个月的冲刺来说最多 8 小时。对于较短的冲刺，会议时间通常会缩短。敏捷教练要确保会议顺利举行，并且每个参会者都理解会议的目的，同时敏捷教练还要教导团队遵守时间盒的规则。

这个会议一般分为上下半场，上半场由产品负责人、敏捷教练和团队参加。主要由产品负责人介绍当前产品待办事项列表中的各项，并提出对当前冲刺的期望。如果团队有对任何产品待办事项列表项不清楚的，由产品负责人来澄清和回答。经过共同讨论，从产品待办事项列表中挑选出需要放到当前冲刺下的事项，经过细化和分解形成冲刺待办事项列表，最后团队和产品负责人对各项最终完成标准达成共识。完成标准是团队的自我承诺，用于评估团队工作进展。一般分为故事级、迭代级和发布级，每个级别都有各自的完成标准。

然后由敏捷教练、团队参加规划会议下半场，把既定冲刺待办事项列表的故事拆分成任务进行故事点估算，产品负责人也可以参加这个会议来了解具体的开发细节，但是在这个过程中，产品负责人一般不允许对团队的任务拆分或任务估算指手画脚。

3）每日站会。每日站会是一个以 15 分钟为限的活动，它让开发团队同步开发活动，并为接下来的 24 小时制订计划。每日站会一般在每天同一时间、同一地点举行，以便降低复杂性。谁都可以参加这个会议，但只有 Scrum 团队成员有发言权。在会议上，每个开发团队成员都需要回答以下 3 个问题：

- 昨天，我做了什么？
- 今天，我准备做什么？
- 是否有障碍在阻碍我或开发团队达成冲刺目标?

开发团队藉由每日站会来检视完成冲刺目标的进度，并检视完成冲刺待办事项列表的工作进度趋势。通过检视上次每日站会以来的工作和预测下次每日站会之前所能够完成的工作来优化开发团队达成冲刺目标的可能性，并且使开发团队的工作高度同步。每天，开发团队应该知道如何以自组织团队来协同工作以达成冲刺目标，并在冲刺结束时发布预期中的增量。在这个过程中，往往使用物理或电子看板的技术，使大家更直观地感受当前冲刺的状态。敏捷教练也需要密切关注冲刺燃尽图，及时发现当前团队中存在的问题，并给予快速响应。

因为每日站会只有 15 分钟的时间，主要目的是用来同步状态，而不是用来解决具体问题的，所以开发团队或者开发团队成员通常会在每日站会后立即聚到一起进行更详细的讨论，或者为冲刺中剩余的工作进行调整或重新计划。

每日站会能增进团队交流沟通，减少其他不必要的会议，发现开发过程中需要移除的障碍，凸显并促进快速地做决策，提高开发团队的认知度。敏捷教练的成熟度是开出高质量每日站会的关键要素。

4）冲刺评审会。在冲刺的最后一天，团队将与产品负责人、客户和利益相关方召开会议，对已完成的工作进行验收。一般会议由敏捷教练主持，最多不应该超过 4 小时。冲刺评审会不是进度状态的汇报会，而是通过演示完成的用户故事来获取反馈和对结果的验收。在冲刺的过程中，团队可能已收集并合并了反馈，所以在会议中，团队焦点主要是演示在冲刺中完成的每个用户故事。产品负责人、客户和利益干系人对达到预期的用户故事进行验收。在许多情况下，客户在观看演示后会更全面地了解其附加需求，并将确定和讨论他们所需的更改。

根据此会议的结果，一些用户故事将会作为已完成的工作获得验收，未完成的用户故事将被重新放回到产品待办事项列表中，而新的用户故事也将添加到产品待办事项列表中。产品负责人将对这些用户故事进行优先级排序，团队将在下一次冲刺规划会议中对它们进行评估。冲刺评审会议由此产生了一份修订后的产品待办事项列表，作为下一个冲刺的输入。

5）冲刺回顾会。冲刺回顾会是 Scrum 团队检视自身并改进冲刺计划的机会。回顾会议一般发生在冲刺评审会议结束之后、下个冲刺规划会议之前。对于长度为一个月的冲刺来说，会议的限时为 3 小时。对于较短的冲刺来说，会议时间通常会缩短。敏捷教练要确保会议举行，并且每个参会者都明白会议的目的。敏捷教练作为 Scrum 的责任者参加该会议。倡导在每个冲刺之后召开冲刺回顾会，但是在不少使用 1~2 周作为冲刺周期的公司中，往往几个冲刺之后才召开一次回顾会。

冲刺回顾会议的目的在于检视当前冲刺中关于人、关系、过程和工具的情况，找出做得好的和潜在需要改进的主要方面并加以排序，同时制订改进团队工作方式的计划。简单来说，就是找出做得好的方面，继续保持；识别出做得不好的方面，进行有针对性的改进。在团队未能完成冲刺目标的时候，敏捷教练需要帮助团队分析根本原因，确定可能的改进策略，以降低再次出现此类问题的可能性。

敏捷教练鼓励团队在 Scrum 的过程框架内改进开发过程和实践，从而在下个冲刺中以更高效、更愉悦的方式工作。在每个回顾会议中，Scrum 团队通过适当地调整"完成"的定义方式来提高产品质量。在回顾会议结束时，Scrum 团队应该明确在接下来的冲刺中需要实施的改进。

（3）Scrum 中的 3 个工件。在 Scrum 中主要有 3 个工件，包括产品待办事项列表、冲刺待办事项列表和燃尽图。

1）产品待办事项列表。产品待办事项列表是一个对需求排序的列表，包含产品所有需要的东西，也是产品需求变动的唯一来源。产品待办事项列表是一个持续完善的清单，根据产品和开发环境的变化而演进。在最初的版本中，只包含最原始的和众所周知的需求，随着时间的推移，产品待办事项列表中还列出了所有的特性、功能、需求、改进方法和缺陷修复等有关未来发布产品所要进行的变更。

产品待办事项列表条目包含描述、次序和估算的特征。通常以价值、风险、优先级和必须性进行排序。它是一个按照优先级由高到低排列的一个序列，每个条目有唯一的顺序。产品负责人负责产品待办事

项列表的内容、可用性和优先级。排在顶部的产品待办事项列表条目需要立即开发，所以排序越高的产品
待办事项列表项就越有清晰的内容和越详尽的信息，从而帮助团队做出准确的估算。

通过对产品待办事项列表的梳理（Product Backlog Grooming）来增添细节、估算和排序，拆成粒度适
中的故事卡片、估算工作量等，这是一个不断持续的过程。产品负责人和开发团队协作讨论产品待办事项
列表条目的细节，同时产品负责人可以随时更新产品待办事项列表条目。

好的产品待办事项列表应该满足 DEEP 原则。

- 大小适宜的（Detailed appropriately）：待办事项列表顶端的 10%可能包含非常小且分析得很详细的
  事项，而其他的90%则不那么具体。
- 经过估算的（Estimated）：团队提供给产品负责人产品待办事项列表中每个事项的工作量估算和技
  术风险估算。
- 涌现式的（Emergent）：为了响应变化，要定期梳理产品待办事项列表。产品负责人会不断地更新
  产品待办事项列表，以反映客户变化的需求、新想法或见解、因竞争而导致的变化、出现的技术障
  碍等。
- 经过优先级排序的（Prioritized）：在产品待办事项列表顶端的事项具有最高优先级。

2）冲刺待办事项列表（Sprint Backlog）。冲刺待办事项列表事项是在产品规划会议上产生的，是一组
为当前冲刺选出的产品待办事项条目，外加交付产品增量和实现冲刺目标的计划，其中每一项都是以用户
故事或任务的形式存在的。如果映射到传统的项目管理，那就是工作分解结构（Work Breakdown
Structure，WBS），它是开发团队对于哪些功能要包含在下个增量中以及交付那些功能所需工作的预计。在
冲刺过程中，只有开发团队可以对冲刺待办事项列表进行修改。

冲刺待办事项列表是一份足够具体的计划，使得进度上的改变能在每日站会中得到体现。开发团队在
整个冲刺中都会修改冲刺待办事项列表。冲刺待办事项列表也会在冲刺的进程中慢慢完整显现。当出现新
工作时，开发团队需要将其追加到冲刺待办事项列表中。随着任务进行或者被完成，需要更新每项任务的
估算剩余工作量。如果计划中某个需求失去开发的意义，就可以将其除去。

3）燃尽图（Burn Down Chart）。燃尽图显示了冲刺中累积剩余的工作量，它是一个反映工作量完成状
况的趋势图（见图 3-18）。图 3-17 中纵轴代表的是剩余工作量，横轴代表的是冲刺的工作日。

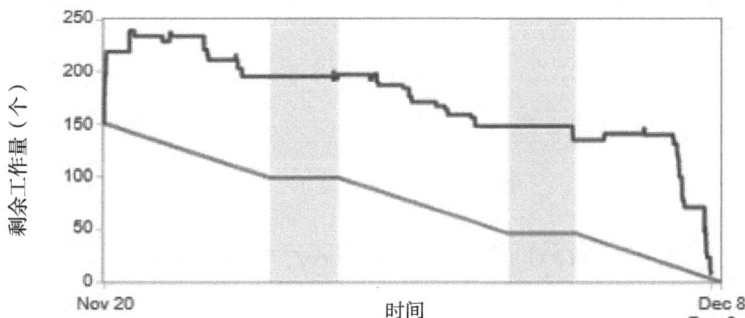

图 3-18 燃尽图示例

在冲刺开始的时候，团队会标示和估计在这个冲刺中需要完成的详细的任务。所有这个冲刺中需要完
成、但没有完成的任务的工作量就是累积工作量，团队会根据进展情况每天更新累积工作量，如果在冲刺

结束时，累积工作量降低到 0，冲刺就成功结束。在冲刺执行的过程中，增加的任务工作量可能大于完成的任务工作量，所以燃尽图有可能略微呈上升趋势。

通过审查燃尽图，团队就可以预测达到冲刺目标的可能性。通过不断地追踪剩余工作，开发团队可以更好地管理自己的工作进度。这时敏捷教练就不再关心花在冲刺待办事项列表上的时间，转而更加关心剩余工作和剩余的时间这两个变量。

3. 敏捷需求管理

（1）用户故事。在传统的需求管理中，我们常常使用功能（Function）来表达客户的需求，这通常是站在乙方的立场上来考察这个问题的。但是在团队实际开发的过程中，没有人关心为什么要做这件事，或这个功能会给客户带来什么样的价值。为了转变思维方式，用户故事这个概念就被提出了，它更多地站在客户的立场上来考虑能给客户带来真正价值的内容。有读者可能对用户故事和故事板的概念产生混淆，用户故事和故事板不是一个层面的内容，故事板是一种原型法的技术，通过一系列的图像或图示来展示顺序或导航路径，主要用于解决用户体验的问题。

用户故事在敏捷开发过程中被当成描述需求的一种表达形式。为了规范用户故事的表达、便于沟通，用户故事通常的表达格式为：作为一个（用户角色），我想要（完成活动），以便于（实现价值）。

一个完整的用户故事包含 3 个要素：

- 角色（who）：谁要使用这个？
- 活动（what）：要完成什么活动？
- 价值（value）：为什么要这么做，这么做能带来什么价值？

用户故事描述的信息以传统手写方式写在纸质卡片上，Ron Jeffries（2001）将其 3 个方面称为 3C：卡片（Card）、对话（Conversation）和确认（Confirmation）。

- 卡片（Card）：用户故事一般在小卡片上写着需求的简短描述、规则和完成标准，如图 3-19 所示。

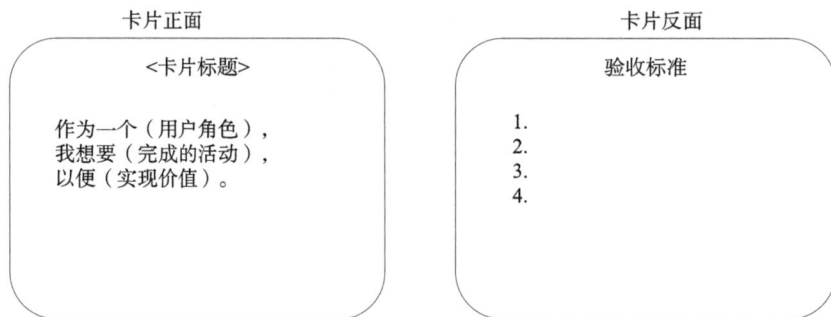

图 3-19　卡片示例

- 交谈（Conversation）：用户故事背后的细节来源于和客户或者产品负责人的交流沟通；确保各方对需求的理解正确。
- 确认（Confirmation）：通过验收测试确认用户需求被正确完成。

好的用户故事除了格式要规范、要素要完整，还应该遵循 INVEST 原则（见图 3-20）：

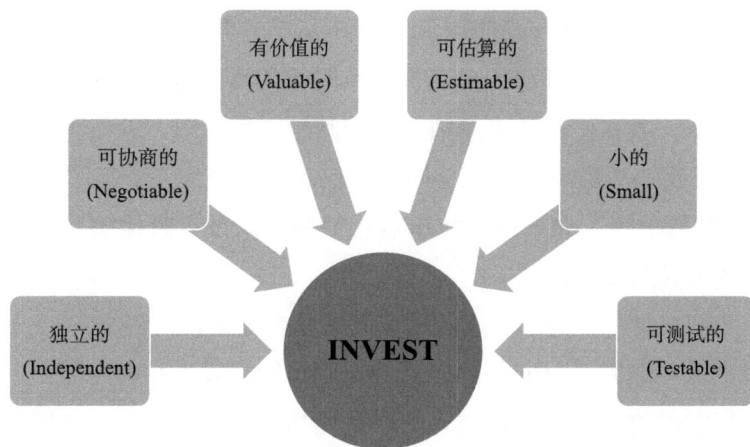

图 3-20　用户故事 INVEST 原则

- 独立的（Independent）。一个用户故事要尽可能地独立于其他用户故事。用户故事间保持独立性不仅便于排列和调整优先级，使得发布和迭代计划更容易制订，更便于被独立地理解、跟踪、实现、测试以及频繁交付，也使得用户故事的大小估算所涉及的范围更清晰，从而估算偏差更小。

- 可协商的（Negotiable）。一个用户故事的内容是可协商的，不是合同或契约。一个用户故事只是对一个需求的简短描述，不包括太多的细节，具体的细节在沟通阶段产出。如果带有太多的细节，实际上限制了用户和团队的想法及沟通。

- 有价值的（Valuable）。每个用户故事必须对客户具有价值（无论是用户、购买方还是公司内部角色），因此应该站在最终用户的角度去编写，描述的是一个一个的功能，而非一个一个的任务。这个特点促进团队的开发和测试成员由传统的指令式工作方式向自驱动的价值导向式工作方式转变，使团队中的每个人知道自己每天做的工作价值。

- 可估算的（Estimatable）。冲刺规划会议里一个很重要的环节就是故事点的估计（我们在后面会探讨这个内容），实际上就是对要开发的用户故事进行一个粗量级的估算，以便团队能够知道这个用户故事的复杂度（工作量）。重点应放在当前迭代里能否按照该用户故事的接收条件和团队定义的DoD（完成标准）来完成这个用户故事，如果不能完成，要给出理由，由产品负责人来决定是否拆分或者重新设计用户故事。让开发者难以估算的原因一般是：相关知识缺乏（这种情况下需要更多地沟通），或者故事太大了（这时需要把故事切分）。

- 小的（Small）。一个好的用户故事在工作量上要尽量短小，最好不要超过 10 人/天的工作量，至少要确保的是在一个迭代中能够完成。用户故事越大，在安排计划、估算工作量等方面的风险就会越大。

- 可测试的（Testable）。一个用户故事应该是可测试的，以便确认它是可以完成的。如果不能测试，那么你就无法知道它什么时候可以完成。一个不可测试的用户故事例子：我作为一个消费者，希望打开购物网站的速度快一些。

（2）敏捷估算。在冲刺规划会议上，还有一个重要的议题就是故事点估算。在传统项目管理中，我们常常使用人日或代码行数进行任务量的估算，这会导致大家虚报人日或特意凑代码等现象。在敏捷项目管理中，有两种不同的声音一直在争论着：是使用故事点还是小时数？双方阵营都有重量级大师的支持。Mike Cohn 坚决支持将用户故事拆散成任务，然后再用小时数估算。而 Jeff Sutherland 提出：有些跟他一起工作过的、非常出色的团队一直在使用故事点数，并用其绘制燃尽图。就编者多年工作的经历来看，更倾向于用故事点。原因是当使用小时数时，大家会倾向于保守，例如，一个工作需要 3 小时，一般团队成员会考虑缓冲而给出 5 小时的估算。如果使用故事点，就和时间没有直接关系，大家会更客观一些。当然，小时数比故事点在表达形式上要更直观一些。

关于什么是故事点，我们来举一个例子。假如用户故事是今天要读一篇 500 字的英文文章，因为不同人的英文水平不一样，有的人可能需要 10 分钟，有的人则可能需要半小时。但是就读这篇文章这件事来说，它是相对客观的，所以它的故事点数对任何人来说都是相同的，区别只是不同的人用了不同的时间来完成这个相同的故事点，而这恰恰反映了团队成员的能力和绩效不同。

Tips

当团队开始使用故事点来估算的时候，总是摸不着头脑。这时我们就需要建立一些故事点的基准值，设定 1 个故事点、3 个故事点和 5 个故事点的基准值。然后团队成员开始使用相对估算（Relative Size）的方法来估算。当有的用户故事比 3 个故事点难，但比 5 个故事点简单时，我们一般就给它 4 个故事点。如果有的用户故事比 5 个故事点难一些，可以给 6 或 7 个故事点。如果难的比较多，可以考虑 9 或 10 个。总之不要在一开始太过纠结，当团队熟悉了故事点的使用方法，等到第三个或第四个冲刺过后，团队的产出就会达到稳定状态，产品负责人也更易于把稳定的故事点数填写到待办事项列表中。

在 Scrum 开发过程中，团队共担责任，集体承诺完成每个冲刺的工作，因此对于工作量的估算敏捷团队采用集体估算的方式，通常采用估算扑克作为工具。使用估算扑克来进行工作量估算是最有效、也是非常有趣的一种方式。估算扑克由一组类似斐波纳契数列的数字组成，这些数字包括 0，0.5，1，2，3，5，8，13，20，40，?，∞（见图 3-21）。

图 3-21　估算扑克中的斐波纳契数列

估算扑克的使用方法：

- 每个团队成员拿到一组卡片。
- 产品负责人或者一名团队成员扮演阅读者的角色，负责阅读需要估算产品待办事项列表的条目，并且询问大家是否有疑问。

- 之后团队开始讨论这个条目。当团队理解了这个条目之后，每个团队成员按照自己的想法给出估算结果，并且选择对应的扑克出牌，估算结果不能告诉其他人，出牌时数字朝下扣在桌面上。
- 所有人都出牌之后，阅读者向大家确认是否都已经确定估算结果，确认后，数"1，2，3"，大家同时展示估算结果。
- 团队成员各自解释自己选择这个数字的原因，数字最大和最小的人必须发言。
- 根据每个成员的解释，回到步骤 3，重新估计时间并再次出牌，直到大家的估计值比较趋同为止。

通过这个估算过程，一方面，统一了大家的认识，尤其是厘清了跨职能团队人员从不同角度的理解。另一方面，也开展了团队建设活动，加强了交流和沟通。

（3）看板管理。看板管理起源于丰田系统，丰田生产的看板管理是为了实现准时制生产方式而控制现场生产流程的一种工具。实施看板的原则是把当前的工作作为起点，通过价值流分析来理解当前的流程，然后对每个环节中的在制品上限达成共识，让看板信号拉动工作流动起来。

看板在敏捷软件开发中成效显著，也吸引了采用传统开发方式的团队的目光。在对组织文化进行精益改造、推动持续改善的过程中，看板往往会被先行引入。WIP（Work in Progress，在制品）在看板中是受限制的。不管是什么任务，因为什么原因被阻塞，都会对整个系统造成影响。如果被阻塞的任务到了一定数量，整个流程就没法运作了。

如图 3-22 所示，看板使用了可视化管理的方式，跟踪任务在整个价值流中流经的不同阶段。人们通常会用带贴纸的白板，或电子卡片墙来展示看板，它带来的透明化也推动着组织文化的改变。它让人们看到了瓶颈、队列、变化和浪费等，种种这些都会影响我们交付有价值的成品数量，影响循环周期，从而影响组织效益。团队成员和外部利益相关者都可以通过看板看到自己的行为（和不作为）带来的影响。

图 3-22　看板示例

3.2.11　产品价值管理

产品价值管理（Product Value Management，PVM）是在唐纳德·莱曼和莫尔·克劳福德的新产品管理方法以及库珀的门径管理流程的基础上，融入盈利模式、价值工程方法，于 2002 年创立的新产品开发和管理模式，在欧洲各国、美国、日本被许多中小企业及全球知名品牌企业所采用。PVM 以客户、需求和市场为焦点，以竞争和利润为导向，从企业愿景、战略落实到产品规划，围绕产品管理和产品生命周期，讨论了新产品从概念构思到商业化的整个过程。PVM 强调基于商业模式的价值链和价值流分析，合理的战略与严密的评价程序是产品创新和开发的可靠保证。

PVM 适用于较难实现差异化、行业竞争激烈的中小型企业和创新型科技企业，在解决问题的同时形成有核心优势的研发管理体系和新产品开发流程。

1．PVM 的基本思想

- 做正确的事。战略决定方向，模式决定绩效，强调产品规划和产品管理。
- 正确地做事。流程决定方法，关注产品需求分析、产品策划、技术开发和营销组合管理。
- 正确地做成正确的事。能力决定成败，项目管理是成功的保证。

2．PVM 的核心内容

（1）以实现价值和盈利为目标。高度重视盈利模式和价值链分析，认为"成功基于优秀的组织，卓越源于非凡的盈利模式"。强调产品规划和产品管理，把研究重心从具体的产品开发层面提升到产品价值和战略层面。

（2）融合产品开发和市场管理。通过有效的产品开发流程管理和决策评审，把产品开发流程和市场管理流程有机地融合在一起，以减少不能产生价值的浪费，最大限度地利用有限的企业资源。

（3）协同和整合资源。协同产品需求分析、产品概念和营销组合，整合企业资源，实现客户价值。

（4）重视项目管理。主张产品管理实行产品经理制。

（5）提倡系统化思维。重视技术开发平台建设、核心技术开发和成本价值工程，认为系统化思维方式是改善研发绩效的正确途径而非仅靠 KPI 和平衡计分卡。

（6）企业核心竞争力是产品和研发。倡导协同各产品研发策略，企业间的竞争将转向产品管理的竞争。

3.2.12　设计思维

1987 年，哈佛设计学院院长彼得·罗（Peter Rowe）出版了《设计思维》一书，首次使用设计思维（Design Thinking）这个词。不同的人对设计思维有着不同的看法，首先设计思维是一种设计理念，它所关注的重点不再是"使用"本身，而是通过理解用户内在的心智模式和用户所处的环境，观察在心智模式和所处环境双重作用下的使用行为，去设计一种真正能够融入他们的生活、被他们所依赖的产品。

设计思维也被认为是一种思维方式，有特定的步骤，适用的项目和人群较广泛，但是因为每个人对于设计思维的理解是不相同的，就算每个人严格按照设计思维所描述的步骤去做，结论也可能是不一样的，这就是设计思维的高明之处。就像指南针一样，它可以告诉你方位，但是目的地在哪里，怎么走，都要靠自己的理解和能力去获得线索从而达到目标。

设计思维不是凭空产生的，今天的设计思维已发展成一个可以学习的创新设计模式，它倚靠的不是设计师个人的创意，而是不同专业的人从不同的角度共同产生创意，然后设计出创新的产品或服务。

传统设计方法主要的步骤包括需求定义、头脑风暴、原型开发、测试矫正，而设计思维基于对传统设计方法的不足进行演化，比较强调从用户的角度出发，设身处地地为用户考虑。设计者通过分析、观察、深入调查研究用户的需求和问题，设计之后通过创造原型获得用户反馈，根据反馈修改设计，其间的各个过程都可以循环往复，最终通过迭代解决问题。在每个步骤环节可以灵活选择和利用多种方法和工具。设计思维有多种流程框架，可以分成 4 步（发现、定义、创建和评估，这是《产品经理认证（NPDP）知识体系指南》介绍的方法）、5 步（同理心、定义、创意、原型和测试）、6 步（理解、观察、定义、构思、原型和测试）。下面我们就以斯坦福设计学院的 5 步法为例进行描述（见图 3-23）。

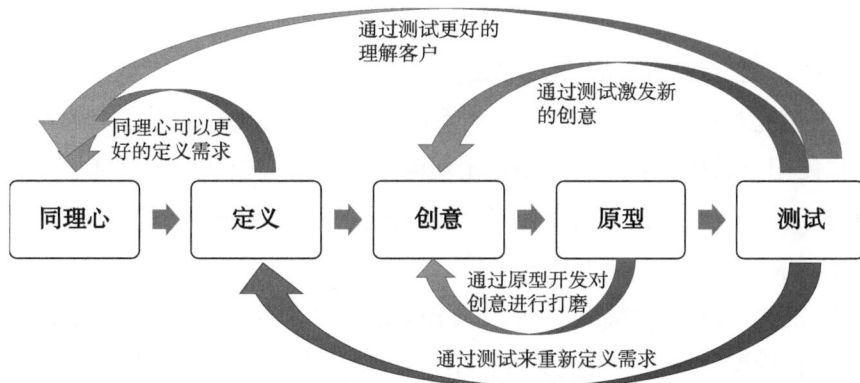

图 3-23　设计思维过程

1. 同理心

同理心就是通过开展用户调研，了解用户的行为、语言、思想和感受来获得用户的真实需求。同理心是一种设身处地地体会他人感受的思考方式。在这一过程中，从用户的角度和思维出发至关重要。假设滴滴打车想改善新用户的乘车体验，那么在这一阶段就需要和真实的用户对话，观察他们做了什么、如何进行思考，以及想要什么，同时思考"是什么激励着用户或阻碍着用户""用户在哪儿受到了挫折"，其目的是收集尽可能多的信息，力求与用户产生共鸣，真正理解他们。

同理心一般有以下 3 个层次：

（1）理解对方所表达的言语、行为和肢体动作。这是最基本的层次，一般可以通过简单重复对方的言语来达到，即表明你关注到了，你理解了。

（2）理解对方未表达的情绪、情感、动机和思维。人在沟通的过程中，会心里想着某件事情，却说着无关紧要的事情，把重要的信息放在后面说或者不说。

（3）给予对方此时最需要的东西。同理心的最高境界不在于你说了什么，或者做了什么，而在于对方的需求得到了满足。常用的方法有观察法、角色扮演和采访。

2. 定义

学会真正发现问题并重新定义它。爱因斯坦曾说："如果只给我 1 小时拯救地球，我会花 59 分钟找准核心问题，然后用 1 分钟解决它。"

定义需求时有一个常用句式：我们该（如何），为（谁），做点（什么），好解决（什么问题）。

《颠覆：鬼才卡兰尼克与他的 Uber 帝国》一书中提到，卡兰尼克在巴黎时，午夜从赌场出来后打不到出租车，而出租车可能就在附近，是信息不对称导致这一结果。卡兰尼克想：能不能有一个软件可以解决？于是他回国后就创办了 Uber。

3. 创意

头脑风暴就是设法提出更多更有创意的解决方法。采用头脑风暴法的组织进行群体创意时，要集中有关专家召开专题会议，主持者以明确的方式向所有参与者阐明问题，说明会议的规则，尽力创造融洽轻松的会议氛围。一般不发表意见，以免影响会议的自由气氛。由专家们"自由"提出尽可能多的方案。

4. 原型

原型是指在实际生产、制造预期产品之前，先造出的该产品的模型，可以据此征求对需求满足程度的早期反馈。"原型开发"就是根据产品使用情景，动手把脑子中的想法制作出仿真的物理模型或者图画模型，展示人们可能怎样使用产品或服务，然后制作出粗略的模型与客户或用户沟通，以便参考他们的意见来改进产品。俗话讲得好：一图胜千言。同样，一个好的模型胜过 1 000 张图。通过大量制作模型，创新的观点得到展示、交流、检验和提高。

制作模型要符合 3R 法则：迅速（Rapid）、粗略（Rough）和恰当（Right），不要追求完美。

- 迅速（追求速度）：模型制作力求快速廉价，不要在构造复杂概念上浪费时间。
- 粗略（不求精细）：以展现设计概念为主，不要在细节上花费太多心力。
- 恰当（正确制作）：要恰当展现想法和方案，保证正确。

模型制作材料可以是橡皮泥、乐高、纸板、塑料和泡沫等。展现的时候可以主动邀请客户参与，用视频呈现消费者在产品及服务推出后可能的使用体验，也可以设计成小品、情景剧、角色扮演等方式，模拟不同类型的消费者，展示解决方案。

5. 测试

原型做好之后，要拿给真实用户测试。测试的时候，让用户玩，自己观察。如果有小的方便的改动，可以直接改进让用户再测试。也可以征询用户对原型的反馈意见，例如，可以通过反馈矩阵收集如下反馈信息：用户喜欢的地方、没有让用户满意的地方、新想法或新建议、开放或未决的疑问等。总之，不要过于固守自己的想法。

看上去设计思维方法的 5 个步骤是线性的，其实在实践中经常循环往复，这么做正是要不断修正解决方案，真正实现"以人为中心"的设计，经过不断测试，让解决方案更加成熟。

应用案例

"拥抱"是一款婴儿保温褓裸，解决早产儿因体温过低而死亡的问题。设计人员原来认为解决方案可能是重新设计医院里的保温箱，但通过对尼泊尔乡村的调研，他们发现当地人最大的困难在于无法及时送婴儿到医院，因此他们需要重新定义产品的原型。

利用设计思维，通过新材料实验，他们找到了一种融点为 37℃ 的蜡，将其放入热水吸热融化，然后放入褓裸中作为保温介质慢慢释放热量，温度不会超过 37℃，一次可持续 3~4 小时，这一产品的成本不到 20 美元，经济性和实用性都很好。据"拥抱"官网介绍，这一产品已经拯救了超过 2 万名婴儿的生命。

Tips

- 想出一种想法相对简单，运用头脑风暴产生很多想法也相对容易，困难的是想出许多不同的想法，而且洞察到想法背后的真正问题和需求，进而得到有效方案。通过使用更加系统化的创意工具，如用户画像、头脑风暴、六顶思考帽等能迅速产生更多想法。
- 以往的团队可能更具有专业性，但也同时产生局限性。为了更全面地了解用户需求，可以使用不同背景和经历的成员，甚至组织外成员，获得不同的观点、能力，产生更具有包容性的创意。
- 设计思维从以产品为中心，转变为以价值、体验和人们的需求为中心。信息收集和合成的过程不是一蹴而就的，尤其是面对解决难度大、尚未被发现的潜在需求，更需要兼具灵活与耐心，才能保证团队选择了最正确的问题。
- 整个设计思维的过程不是单一的线性流程，而是需要不断往复迭代的过程。设计者需要发现和思考各种看似无关的想法之间的关系、交互性和连通性。

3.3　各种产品开发流程比较

表 3-10 为各种产品开发流程的简要比较。

表 3-10　各种产品开发流程比较

名　　称	特　　点	优　　势	劣　　势	适用场景
瀑布模型	按照开发阶段，像瀑布一样逐级下落，是结构化的线性模型	和其他流程相比相对简单。明确了阶段和检查点。前阶段完成只须关注后续阶段	开发活动不能逆转，否则代价高昂。要求客户提供清晰的需求，实际上客户往往做不到。在开发后期才看到产品，有客户拒收产品的风险	需求清晰，范围明确，变化少。开发人员对软件的应用领域熟悉。较少需要客户参与就能交付产品
门径管理流程	有阶段和关口，在关口处进行决策。关口有把关者和关口会议	提供准则和约束，质量得到保障。流程透明，能较好地控制风险	流程可能变得冗长、僵化和官僚化。准则和约束可能扼杀创造力	计划驱动。需要较为严格的管理、控制和决策
集成产品开发	跨职能合作，客户需求驱动开发。将开发视为投资行为，关注商业结果。采用异步开发和并行工程	充分使用不同职能的成果和理念。通过并行开发缩短了开发时间	越来越复杂、冗长的流程会导致效率降低。对团队要求高，成员能力和学科构成完整，而且能高效协同配合	需要跨职能合作和并行工作。需求较为明确，可以采用更多的计划驱动开发。要求严格的管控和决策
精益产品开发	减少浪费和提升开发效率	事件驱动开发。简化合作，优化设计。可视化管理，持续改进	对团队成员和供应商要求高。需要改变组织文化和组织结构	价值导向。信息流动高于严厉管控。对浪费容忍度低

续表

名　称	特　点	优　势	劣　势	适用场景
敏捷产品开发	客户参与。拥抱变化，小步快跑，迭代交付可用产品	对变化的响应很快。快速纠正错误，管理可视化。关注客户反馈和价值实现，运营成本小	管理不当时容易造成范围蔓延。对团队成员和敏捷教练要求较高。每个冲刺都有额外的回归测试的开销	变化驱动开发。适合开发需求不明确或变化频繁的产品。需要客户更多地参与
设计思维	以人为本，将社会科学和自然科学相结合。以同理心体会用户痛点和感受为起点，进行定义、创意、原型开发和测试，交付解决方案，是非线性流程的系统化协作方法	以价值、体验和需求为中心。可以获得更高的满意度，降低风险	对开发者要求高，需要社会科学和自然科学兼备，感性和理性思维兼具。用户主观感受容易变化，不易被准确把握	关注用户心智模式和应用环境。从用户感受出发

3.4　产品开发流程的治理

新产品开发工作者或多或少都有过这样的经历：为了赶进度，只关注技术和物理产品开发工作，至于公司要求的流程，草草交些文档应付一下，走个过场就算了事。产品开发流程和体系成为摆在台面的花瓶和应付外部审计的文件，根本没有得到有效执行，自然不能起到应有的作用，获得应有的效果。这种对流程"说起来重要，干起来不要，错起来要命"的现象在许多企业中普遍存在。那么，如何防止新产品开发流程流于形式，确保流程的整体有效性呢？这就涉及产品开发流程的治理工作了。

"治理"和"管理"有所不同（见表 3-11）。产品开发流程的治理就是要确保流程有效和高效，并能提供正确的结果，从而实现产品开发成功和战略目标达成。具体内容包括：

（1）组织上下达成共识。流程是战略落地的工具和保持战略一致性的通道，要选择与组织和产品特点相适应的流程。

（2）进行组织全通道沟通，确保相关方理解、接受和应用选定的新产品开发流程。

（3）关注产品开发中存在的风险，确保开发团队能够主动识别、分析并应对风险。对于开发团队升级的风险，要给予及时有效的支持，监管重大风险并审计风险管理的有效性。

（4）关注与流程相关的绩效度量指标，获得开发过程中的关键绩效指标，据此识别、分析和解决问题，在必要的时候提供支持和指导。

表 3-11　治理与管理的区别

比较项	治　理	管　理
职能	监督、控制、整合和决策	计划、组织、领导和控制
关注点	结果和目标	方法和技术
层面	宏观，即战略和决策层面	中观和微观，即战术和执行层面

续表

比较项	治理	管理
负责人	董事会	管理层
作用	为管理提供框架、功能和过程。授予管理者经营权并加以监管	在治理提供的框架和监管下，行使经营权，实现经营目标

3.5 产品创新章程

产品创新章程是一份关键的战略性文件，是组织推动新产品商业化的核心纲领，主要包含开发背景、领域、目的和目标以及特别准则。下面用例子进行说明。

应用案例

某软件公司计划基于树莓派的 Pi3 B+芯片板开发出一款高性价比的"瘦客户机"产品推向市场，帮助客户降低实施云桌面的总成本。下面是该产品的"产品创新章程"节选部分。

1. 开发背景

某软件公司在云桌面市场上有清晰的市场战略，现在公司希望可以从医疗行业、呼叫中心向教育行业渗透。教育行业现在希望可以给网管、教师、学生提供安全易用的可控系统，所以对于云桌面有迫切的需求。但是教育行业的用户一般是价格敏感型的，他们对于使用云桌面所需的服务器成本和终端成本有严格的要求。为了提供流畅的环境，服务器的成本一般是固定的，因此终端的成本就很重要了。过去，一台终端的成本在 500 美元左右，该研发产品的成本为 100 美元左右，是性能良好的"瘦客户机"，这将为打开教育行业的市场提供非常好的切入点。

在这个过程中，公司只负责软件的研发和最终成品的销售，其中硬件部分直接采购树莓派 Pi3 B+（其成本在 40 美元左右），组装也由在全球精选的 3 家供应商来完成。

初始的团队由研发和市场营销部门组成，该团队负责产品的研发、供应商的对接和管理、客户开发和市场推广工作。

公司对于该产品的研发投资，初步估算不超过 20 万美元，营销费用不超过 30 万美元，项目开发周期为 1 年。

2. 领域

"瘦客户机"是基于服务器的解决方案的主要组成部分，其没有可移除的部件，可以提供比普通 PC 更加安全可靠的使用环境，以及更低的功耗、更高的安全性。"瘦客户机"不但经济实惠，并且更便于 IT 管理人员进行管理。

在"瘦客户机"的市场上有很多厂商，主要竞争对手包括惠普、Wyse、戴尔、IGEL 等，这些企业从事"瘦客户机"的研发数十年，已深耕市场。

3. 目的和目标

该产品主要是为了公司的云桌面而服务的，希望通过性价比极高的"瘦客户机"来进一步巩固公司在云桌面市场的领先优势。

从财务上来看，公司希望在第一年可以销售 1 万台"瘦客户机"，为公司带来 100 万美元的收入，到第五年可以销售 10 万台"瘦客户机"，帮助公司打开教育行业云桌面的市场，占领 30% 的市场份额。

4. 特别准则

核心项目团队由 5 个研发人员、2 个营销人员和 1 个技术支持人员构成，团队规模会在项目启动 3 个月后再次评估。核心团队每两周向公司管理层汇报进展，所有涉及法务的内容都必须通过公司法务部门的审核。

本章作者简介

楼政

金指南管理咨询（www.jznpmp.com）创办人、首席顾问，业界享有盛誉的留学回国产品开发、项目管理和创新管理资深专家，NPDP 认证讲师。从事项目实操和培训咨询近 30 年，培训、辅导和咨询了包括 IBM、华为、日立、三星、富士康、华润集团在内的 200 多家企业和超过 2 万多名专业人士。首创了项目演习结合全真实战的培训方法，独创了产品、市场和收益三者融合，个人、团队和组织三位一体的咨询方法。拥有 PMP、PgMP、六西格玛黑带、TPM 导师、6D 学习转化教练等证书。

富强

软件开发企业总经理、NPDP 认证讲师、PMP。日本国立大学硕士，拥有多年海外 500 强企业项目管理及事业线管理经验，在软件开发流程、敏捷开发、产品开发战略、门径流程管理及跨国团队管理方面积累了丰富的实践经验，是项目管理、企业战略、产品创新战略及精益开发等方面的资深专家。

张元

项目管理资深专家，知名外企研发中心经理、项目经理、产品负责人。是 NPDP 认证讲师，拥有 PMP，ACP，PBA，NPDP，SAFe 和信息系统项目管理师等证书。有多年软件研发/需求分析和敏捷/大型项目管理经验，特别是跨国项目团队管理经验。从事咨询和培训工作多年，擅长在 IT 领域为企业提供项目管理的战略、规划、实施与优化的解决方案。

刘芳

有 15 年大型项目管理经验，现任中兴通讯高级副总裁助理、组织敏捷转型教练，负责公司级产品项目管理、战略项目推进，参与实施公司集成产品开发、项目组合管理、LTC 等主业务流程的落地与推进。是 NPDP 认证讲师，拥有 PMP、ACP、PBA、NPDP、博赞思维导图管理师、国家注册心理咨询师、企业人力资源管理师、美国 AACTP 认证促动师等证书。

张翠玲

作者简介同第 5 章。

4 第 4 章 文化、组织与团队

4.1 文化、组织与团队的定义

4.1.1 文化是创新的灵魂

文化是人类社会特有的现象，传承了人类的文明。人是文化的载体，又是文化的创造者和传播者，因此文化的主体是人。

在产品创新的过程中，创新的动作是人的新想法的诞生。在一个新的想法诞生的过程中，无法避免文化对人的持续影响，一种积极探索、勇于开拓的文化，会极大地促进创新想法的出现；而一种保守落后、循规蹈矩的文化，则会明显地阻碍创新想法的出现。

组织进行管理创新和创新管理，必须先推行文化创新，因为管理的模式与文化总是密切相关的。组织要进行管理创新和创新管理，必须变革约束创新的思维、观点，打破现有的文化模式。文化创新是指为了使企业的发展与环境相匹配，根据本身的性质和特点形成体现组织共同价值观的组织文化，是一个不断创新和发展的活动过程。

制度创新的基础就是文化创新。没有文化创新，制度创新就是一句空话，而制度创新又是组织文化创新的主要现实表征。对于产品的创新工作而言，从事这项工作的人或团队所秉承的文化会对其创新工作产生质的影响，这种影响是最深层次的，即文化是创新的灵魂。

4.1.2 组织是创新的骨架

西方现代管理理论社会系统学派的创始人切斯特·巴纳德将组织定义为两个以上的人有意识地协调和活动的合作系统。构成一个组织的要素是具有共同的目标、合作的意愿和信息的交流。

产品创新过程并非只是由个别人独自完成的事件，往往是由多个人组成一个组织或团队来合作完成的。创新工作的极致结果，就是多人灵感的集合体现，所以一个优秀的组织和团队对产品创新特别关键。

文化对创新的作用犹如人的灵魂，是创新工作灵感的来源；一个良好的组织对创新的作用犹如人的骨骼，是开展创新工作的支撑，即组织是产品创新的骨架。

4.1.3　团队是创新的细胞

创新不是某一部分团队成员的活动，而是整个团队各个成员的共同运动。从团队领导到团队成员，要围绕组织目标有意识地创新。

团队是创新型组织的基本工作单位和创新单位，团队创新是创新型组织的基本创新方式。想要进行创新组合和打造创新团队，需要从两个方面入手：

（1）打造精神层面的创新基础。组织和团队要不断培育创新文化，利用政策激励、资源倾斜，启用创新人才，打造一个拥有创新基因的文化和氛围，提升组织的创新能力。

（2）建立制度层面的创新规范和流程。好的流程应该带给组织自由的空间，促进组织创新。在《第六项修炼》一书中，作者皮特斯介绍了"7R"创新流程［重新思考（Rethink）、重新组合（Reconfigure）、重新定序（Resequence）、重新定位（Relocate）、重新定量（Reduce）、重新指派（Reassign）、重新装备（Retool）］。这个流程虽然并不能保证创新一定会出现，但非常有助于推翻旧观念，产生新观念。在整个创新流程中，团队群策群力，发挥出每个团队成员的优势和力量，最终在不同层次上为组织的创新贡献力量。

4.1.4　文化、组织和团队之间的关系

文化对组织和团队的影响特别广泛和深入。合适的组织文化可以孕育和培养出创新的思想和理念，没有一个适合创新的文化作为基础，创新的工作将异常艰巨。在创新过程中，优秀的组织会起到强有力的促进和推动作用，驱动和促使创新更快、更好地向前发展。创新的具体工作是由团队来合作完成的，一个优秀的团队对于创新工作来说是必备的要素。团队不断把其能力付诸于创新活动中，让产品创新从一个小小的概念逐步完善成长，最终进入市场，产生价值。

综上所述，文化是开展一切创新活动最根本的影响因素，多人合作的组织存在于这种基础中，并且不断被文化所影响，而团队是组织的一种具体的体现，用来执行组织意志，实现组织目标，进而达成组织战略。

4.2　文化和氛围

4.2.1　文化的定义

文化是一个宽泛的概念，所涉及的范畴非常广泛，由于篇幅限制，在此只讨论关于组织文化的内容。

在《产品经理认证（NPDP）知识体系指南》中，组织文化被定义为"组织中人们共同拥有的信念、核心价值观、假设和期望"。通常，在具体的组织中，组织文化是指组织的全体成员共同接受的价值观、行为准则、团队意识、思维方式、工作作风、心理预期和团体归属感等群体意识的总称。

一个组织所具有的文化，可以明确地反映这个组织所特有的核心价值观，也就是说，组织的核心价值

观可以通过组织的文化呈现出来。了解并研究一个组织的文化，在一定程度上，就可以了解这个组织的价值观是如何的。

组织文化的体现形式和呈现渠道丰富多彩，例如，通过在日常活动中所显示的行为、习惯、准则、作风、仪式、树立的榜样人物等来体现。在某一具体的组织中，组织文化最大的作用就是用来指导这个组织的成员按照组织所期望的方式和方法完成既定的目标，以及明确为了达成这个目标，应该具体做些什么。

所以，一个组织的文化特征，是这个组织是否健康发展的晴雨表。在组织不断发展和演进的过程中，组织文化也会随着组织的变化不断地发展和演进。

4.2.2　组织文化的 3 个层次

麻省理工学院斯隆管理学院的艾德·希恩教授提出了一个十分著名的文化模型。这个模型认为，组织文化是在企业的发展过程中不断完善的。组织文化通常由 3 个层次组成。

（1）人工制品（Observable Artifacts）。人工制品是那些外显的文化产品，能够看得见、听得见、摸得着，却不易被理解。具体包括实物布局、办公环境、着装要求、标语、噪声和心理气氛等方面。尽管内部文化的这一层次对外部成员来说是最显而易见的，但这些"物质形态"却揭示了组织的一些重要特征，如果你不是这种文化中的一员，就很难理解它们的真正内涵。

（2）信仰与价值（Espoused Values）。藏于人工制品之下的便是组织的信仰与价值，它们是组织的战略、目标和哲学。

（3）基本隐性假设与价值（Basic Assumptions）。组织文化的核心或精华是早已在人们头脑中生根的不被意识到的假设、价值、信仰和规范等，由于它们大部分出于一种无意识的层次，所以很难被观察到。然而，正是由于它们的存在，我们才得以理解每个具体组织事件为什么会以特定的形式发生。这些基本隐性假设存在于人们的自然属性、人际关系与活动、现实和事实中。

对一个组织来说，只是从浅层次上变更决策制定的结构，并不会使决策制定的过程发生变化，除非组织文化也发生相应的改变。在一个过去严格实行等级制的组织中，倘若文化还扎根于原来的那种命令加控制的体制，就很难授权他人制定一些决策。

假如员工发现组织口头上的变化与实际的举动相矛盾，那么员工很快就会断定，组织根本没发生任何实质的变化。这样一来，员工就会继续对决策抱着无动于衷的态度。

4.2.3　氛围的定义

氛围，在《产品经理认证（NPDP）知识体系指南》中的定义为"员工可直接或间接地感知到的工作环境特点的集合，对员工的行为有重大影响"。通俗地讲，氛围可以被理解为在特定环境中的气氛和情调。氛围会使人产生一种强烈的感觉，这种感觉来自特定环境中所体观的精神。

氛围是一种看不见、摸不到的东西，却可以实实在在地感觉到，组织中的氛围是在成员之间的不断交流和互动中逐渐形成的。和谐的氛围能够使每个成员心情愉悦，建立安全的人际信念，增强组织和团队的凝聚力。明确的组织、团队和个人目标，顺畅的沟通渠道，及时的反馈链路，系统的激励机制，以及具有人格魅力的管理者和通情达理的成员，是建设和谐的组织氛围不可缺少的因素。

4.2.4 文化和氛围的关系

组织文化和组织氛围是两个截然不同的概念，文化和氛围两者都是组织环境和状态的重要方面。

（1）组织文化往往被组织的所有的或大多数成员所共享。组织的"老人"会将组织文化通过言传身教传递给"新人"，并且通过这种方式塑造出所有人的合一行为、统一架构和对世界一致的看法。文化包括根深蒂固的价值观、信念、假设、标志性符号、团队英雄和仪式。

（2）组织氛围通常被定义为组织中反复出现的行为、态度和情感。组织氛围分两种：一种是环境氛围，另一种是人文氛围。环境氛围指的是由办公空间的设计、装饰等营造出来的感受。人文氛围指的是周围团队成员言行举止的传播影响。这两者的叠加会让员工的能力产生不可预见的反应，其结果是工作的表现也许大相径庭。

尽管文化与氛围是相关的，但氛围往往更容易被评估和改变，而组织的文化往往是深刻、稳定而难以改变的。

4.2.5 营造良好氛围的方法

氛围是在组织成员之间交流和互动中逐渐形成的，没有人与人的互动和交流，氛围就无从谈起。组织的制度对氛围的影响比较有限，这种硬性的制度要求对氛围主要起到保障的作用。分析起来，对氛围影响较大的因素主要有 3 个：适合的组织文化、明确的职责分工和高效的组织内部沟通。要想营造良好的氛围，要更多的关注这 3 个因素。

（1）不同的组织有不同的组织文化，没有两个组织的组织文化是一模一样的。在组织的不同阶段，组织文化也会有较大的差异，这些都是正常的现象，对于组织文化来说，没有一个办法可以严格区分好与坏，只有适合与不适合。只要符合组织当前的战略，可以促进组织持续发展，对这个组织来说，这种组织文化就是适合的。在具体工作中，理解和利用组织文化，营造一个相互协助、相互理解、相互激励、相互关心的组织氛围，可以稳定工作情绪、激发工作热情、形成共同的工作价值观，进而提升组织和团队的工作效率。

（2）任何组织在工作开展的时候，都需要进行不同程度的分工和合作，工作职责之间的明确分工和合作有利于工作的推进和执行。明确的分工是良好的合作基础，没有明确的分工，就不可能有良好的合作，也就不可能产生良好的氛围。所以组织想要建立良好的氛围，就务必在组织的不同层面，对工作职责进行合理的明确分工，从而建立产生良好氛围的基础。

（3）如果组织氛围存在问题，说明组织内部团队和成员之间大概率存在冲突和矛盾，这种没有解决好或解决掉的冲突和矛盾会直接影响组织的整体氛围。就如在一个家庭中，如果夫妻双方之间存在着矛盾和冲突，那么家庭里的氛围一定不会很好。有了矛盾和冲突并不可怕，只要找到解决矛盾和冲突的办法，化解这些矛盾和冲突，受到影响的氛围也就会随之得到改善。在解决矛盾和冲突的各种方法中，最行之有效的方法就是加强沟通，通过沟通来增进彼此的了解，化解误会，进而解决矛盾和冲突。所以想要创造良好的组织氛围，良好的沟通是必不可少的一个因素。

4.3　组织

4.3.1　组织的定义

在管理学中，组织是指为了实现既定的目标或期望，按照一定的规则和程序而设置的具有多层次岗位及具有相应成员隶属关系的权责角色结构。每个组织观其核心，都具有 3 个普遍的基础要素：组织目标、组织结构和组织成员。

4.3.2　组织的 4 个特点

（1）组织有明确的目标。任何一个组织都有其明确的组织目标，组织的目标是从组织的战略衍生和规划而来的。

（2）组织是实现特定目标的工具。为了实现组织的战略，我们组建了不同类型的组织，所以组织是实现战略目标的工具之一。

（3）组织有不同层次的分工与合作。在组织中的不同层级，都存在着分工与合作。通过分工来实现各尽其责，通过合作来使效益最大化。

（4）组织是一个有机的系统整体。每个组织都是一个内部协同的整体，只有汇聚成一个整体，才能形成合力，发挥组织最大的战斗力。

4.3.3　组织的类型

组织的类型并没有非常严格的分类法，按照不同的分类方式，组织类型可以有多种分类结果。

（1）按照组织的规模来分，可分为微型、小型、中型、大型和超大型组织。

（2）按照组织对成员的控制方式来分，可分为强制型、规范型和实用型。

（3）按照组织产生的依据来分，可分为正式组织和非正式组织。

4.3.4　组织工作的原则

（1）目标统一原则。组织中所设置的各部门都必须有助于组织目标的实现，用组织目标来统一组织各部门的活动，避免出现不必要的部门。

（2）授权原则。授权给能够胜任的下属，减少管理者的工作负担，提高管理绩效，充分发挥组织成员的主观能动性，充分调动组织成员的积极性。

（3）分工协作原则。组织中的工作目标要进行分解，分解后进行必要的分工与合作，通过个体的持续努力，最终整合为组织目标的达成。

（4）权责对等原则。对组织成员授权过程中应该注意授予的权力和其所要承担的责任要对等，不能权大责小，也不能权小责大。

（5）管理宽度适宜原则。在设置组织结构时，管理人员的数量要与其下属人员的数量相匹配，管理人员过多和过少都会影响管理的效率和效果，阻碍工作的开展。

（6）最小层次原则。组织中管理层次的设定要与组织规模相匹配，最大限度地采用最小的管理层级，以降低官僚主义和最小化管理成本。

（7）统一指挥原则。组织是一个整体，为了实现组织的目标，必须统一指挥，统一管理。

（8）弹性结构原则。组织所处的内外部环境一直在动态变化，所以组织必须针对这些动态的变化做出适应性的调整，无法跟上快速变化的组织，将面临被淘汰的风险。

4.3.5　组织的结构

组织结构是组织内各要素相互联结的框架。一个组织好比一座房子，组织结构就是房子的框架。组织有不同的类型，组织结构同样也有不同的类型。

亨利·明茨伯格把组织形态的许多方面归纳为 5 个部分，他认为组织整体来说包括以下 5 个不同部分：

（1）运营核心：完成基本工作任务的那些人。

（2）战略高层：最高管理层。

（3）中层线：层次介于运营核心和战略高层之间的人员。

（4）技术结构：提供思想的人员。

（5）支持人员：提供服务的人员。

总体来说，组织通过下述 5 种机制进行协调：

（1）相互调解。通过人们之间的非正式沟通来实现。

（2）直接监督。由上级主管来进行。

（3）工作流程标准化。详细规定工作内容。

（4）工作成果标准化。详细规定理想的工作结果。

（5）员工技能标准化。对从事工作所要求的培训内容加以详细规定。

大多数组织结构可分为如下 5 类：

（1）简单结构型。组织的关键部分是战略高层，协调机制是直接监督。

（2）机械行政型。组织的关键部分是技术结构，协调机制是工作流程标准化。

（3）专业行政型。组织的关键部分是运营核心，协调机制是员工技能标准化。

（4）分公司组织结构型。组织的关键部分是中层，协调机制是工作成果标准化。

（5）非常规组织型。组织的关键部分是支持人员（有时还包括运营核心），协调机制是互相调解。

任何组织结构的目的都是协调行动。组织结构能够发挥其积极作用的前提是服从文化的影响。

4.3.6　有利于产品创新的组织模式

随着社会的不断发展，涌现出了一些新的组织模式，这些新的组织模式有些是传统的组织模式的补充或演化，有些则是一种全新的尝试。这些新的组织模式在特定行业或特定场景下得到了应用和验证，并且对组织的成功起到了一定的帮助和促进作用。

在产品创新领域，也同样存在着一些新的组织模式，以下列举几种目前普遍被认同的、对产品创新工作有较好的推动和促进作用的新兴组织模式。

1. 阿米巴模式

目前在一些偏向于创新的组织内，阿米巴模式的应用效果比较突出。分析阿米巴模式的特点，很多方面的特征有利于组织的产品创新和经营。

阿米巴原意指单细胞变形虫，"阿米巴经营"是稻盛和夫先生独创的经营手法。阿米巴模式就是将整个公司分割成许多个被称为阿米巴的小型组织，每个小型组织都作为一个独立的利润中心，按照微型企业的方式进行独立经营。阿米巴经营成功的关键在于通过这种经营模式明确企业发展的方向，并且把它传递给每位员工。因此，必须让每位员工深刻理解阿米巴经营的具体模式，包括组织构造、运行方式及其背后的思维方式。如果员工对于经营没有一个正确的理解，其结果就会流于形式，出现以自我为中心。为了自己的利益而损害其他部门利益的情况，也有可能因为达成目标的压力过大，而导致员工心理疲劳。

根据日本神户大学的教授三矢裕在《创造高收益的阿米巴模式》中的总结，阿米巴模式有五大目的：

（1）实现全员参与经营。

（2）以核算作为衡量员工贡献的重要手段，培养员工的目标意识。

（3）高度透明地经营。

（4）自上而下和自下而上地整合。

（5）持续不断地培养领导人。

阿米巴模式虽然侧重于经营范畴，但阿米巴模式的很多理念和方法都可以应用到新产品开发领域，在一定程度上促进和推动创新的进程。

2. 虚拟团队模式

由于社会的持续发展，虚拟协同的理念得到持续的应用，采用虚拟团队的组织模式也逐步成为产品创新领域常见的一种组织形式。

虚拟团队是一种新型的工作组织形式，是把一些不在同一个地理位置的具有共同理想、共同目标或共同利益的人，通过现代的沟通手段结合在一起的团队，虚拟团队业已广泛应用在各种组织中，通过电话、网络或可视图文来沟通和协调，甚至共同讨论、交换文档，分工完成一个事先计划好的工作。换句话说，虚拟团队就是在虚拟的工作环境下，由进行实际工作的真实的团队人员组成，在虚拟协同的场景下，团队成员相互协作，以提供更好的产品和服务。虚拟团队作为一种新型的组织形态，具有以下 5 个优势：

（1）人才的优势。现代通信与信息技术的使用大大缩短了世界各地的距离，区域和地理位置不再成为直接影响人们工作与生活地点的因素，这就大大拓宽了组织的人才来源的渠道。组织可以动态地聚集和利用世界各地的优秀人才资源，不仅可以获得通常很难获取到的具有专技能的人才，同时也减少了关键人才的流失。

（2）信息的优势。虚拟团队成员来源区域广泛，能够充分获取世界各地的技术、知识、产品信息，这为保持产品的先进性奠定了基础。同时，成员可以采集各地客户的相应信息，反映客户的需求，从而能够全面地了解客户，及时解决客户的相关问题，有利于组织尽快设计和开发出满足客户需求的产品和服务，建立起良好的客户关系。

（3）竞争的优势。虚拟团队聚集世界各地的优秀人才，他们在各自的领域内都具有知识结构优势。众多单项优势的联合，必然形成强大的竞争优势。同时，通过知识共享、信息共享、技术手段共享等，优秀成员好的经验、灵感能够很快在数字化管理网络内得以推广，实现优势互补和有效合作。网络内良好的知识采集、筛选、整理、分析工具和机制，使众多不同渠道的零散知识可以迅速整合为系统的集体智慧，进而转化为竞争优势。

（4）效率的优势。团队是高效组织应对环境变化的有效手段之一，而虚拟团队利用最新的网络、邮件、移动电话、可视电话会议等技术实现基本的沟通，在技术上的诱惑力更是显而易见的，团队成员之间可以及时地进行信息交流，防止信息滞留，从而缩短了信息沟通的时间，确保及时做出相对正确的决策。

（5）成本的优势。虚拟团队打破了组织的界线，使得组织可以大量利用外部人力资源，减轻组织内部人工成本的压力。在此基础上，组织可以大力精简机构，重新设计组织构架，使人员朝着有利于组织发展的方向流动，促使组织结构扁平化。此外，团队柔性的工作模式减少了成员的办公费用、为聚集开会而支付的旅行费用等，也减少了重新安置员工的费用，从而降低了管理成本。

虽然虚拟团队具有很多优势，但是大家普遍认为，能够直接接触、面对面沟通的传统实体团队，仍然是最佳的工作方式。

3．指数型组织

指数型组织是指在运用了高速发展的技术的新型组织方法的帮助下，让影响力（或产出）相比同行发生不成比例的大幅增长的组织（至少 10 倍）。如海尔、小米、滴滴、爱彼迎（Airbnb）、Uber 等企业都属于指数型组织。人类社会一个时代由于新技术发明而进入另一个时代，例如，狩猎采集时代由于发现种子而进入农业时代，由于发明蒸汽机而进入工业时代，由于发明计算机而进入信息时代。两个时代的更迭都使生产力提高 50 倍以上，更迭期也使一些组织的产出呈指数级增长，这些组织及时运用了新技术和新的组织模式，成为指数型组织。指数型组织有以下关键属性：

（1）宏大的变革目标（Massive Transformative Purpose，MTP），它是指数型组织最重要的属性。

（2）外部属性（SCALE）：

- 随需随聘的员工（Staff on Demand）
- 社群与大众（Community & Crowd）
- 算法（Algorithms）
- 杠杆资产（Leveraged Assets）
- 参与（Engagement）

（3）内部属性（IDEAS）：

- 用户界面（Interfaces）
- 仪表盘（Dashboard）
- 实验（Experimentation）
- 自治（Autonomy）
- 社交技术（Social Technologies）

4.4　团队

4.4.1　团队的定义

团队是指为了实现某一目标而由相互协作的个体所组成的正式群体，它合理利用每个成员的知识和技能协同工作，解决问题，达到共同的目标。

4.4.2　团队的构成要素

团队的构成要素总结为 5P，分别为目标、人、定位、权限和计划。

（1）目标（Purpose）。团队应该有一个既定的目标，为团队成员导航，知道要向何处去，没有目标这个团队就没有存在的价值。团队的目标必须与组织的目标一致，此外还可以把大目标分成小目标，然后分到各个团队成员身上，大家合力实现共同的大目标。同时，目标还应该有效地向团队成员传播，让团队内外的成员都知道这些目标，有时甚至可以把目标贴在团队成员的办公桌上、会议室里，以此激励所有的人为这个目标而工作。

（2）人（People）。人是构成团队最为核心的力量，3 个（含 3 个）以上的人就可以构成团队。目标是通过人具体实现的，所以人的选择是团队中非常重要的一个部分。在一个团队中可能需要有人出主意，有人订计划，有人实施，有人协调不同的人一起工作，还要有人监督团队工作的进展，评价团队最终的贡献。不同的人通过分工共同完成团队的目标。在人员选择方面要考虑人员的能力如何，技能是否互补，人员的经验如何。

（3）团队的定位（Place）。团队的定位包含两层意思：团队的定位，即团队在发展过程中处于什么位置，由谁选择和决定团队的成员，团队最终应对谁负责，团队采取什么方式激励成员；个体的定位，即作为成员在团队中扮演什么角色，是制订计划还是具体实施计划或评估工作。

（4）权限（Power）。团队中领导者的权力大小与团队的发展阶段相关。一般来说，团队越成熟，领导者拥有的权力相应越小。在团队发展的初期阶段，领导者的权力相对比较集中。

（5）计划（Plan）。目标最终的实现，需要一系列具体的行动方案，可以把计划理解成目标的具体工作程序。按计划进行可以保证工作顺利开展。只有在计划的引领下团队才会一步一步地贴近目标，从而最终实现目标。

4.4.3　团队发展阶段模型

心理学家布鲁斯·塔克曼（Bruce Tuckman）的团队发展阶段（Stages of Team Development）模型可以被用来辨识团队构建与发展的关键性因素，并且对团队的发展历史给予解释。团队发展的 5 个阶段是：组建期（Forming）、激荡期（Storming）、规范期（Norming）、执行期（Performing）和休整期（Adjourning），如图 4-1 所示。

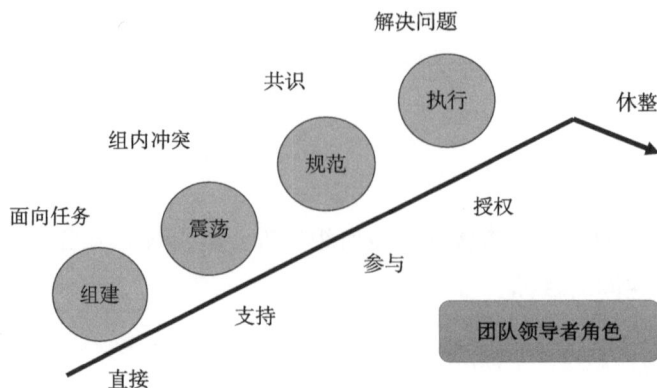

图 4-1　团队发展的 5 个阶段

1. 组建期

此阶段是团队的启蒙阶段，是从混乱中理顺头绪的阶段。

（1）此阶段特征：

- 项目团队酝酿，形成测试。测试的目的是辨识团队的人际边界及任务边界。通过测试，建立起团队成员之间的关系、团队成员与团队领导者之间的关系，以及各项团队标准等。

- 团队成员行为具有相当大的独立性。尽管他们有可能被促动，但普遍而言，这一时期他们缺乏团队目的、活动的相关信息。部分团队成员还有可能表现出不稳定、忧虑的特征。

- 团队领导者在带领团队的过程中，要确保团队成员之间建立起一种互信的工作关系。通常采用指挥或"告知"式领导，与团队成员分享团队发展阶段的概念，形成共识。

- 团队成员由不同动机、需求与特性的人组成，此阶段缺乏共同的目标，彼此之间的关系也尚未建立起来，人与人的了解与信任不够，彼此尚在磨合之中，整个团队还没建立规范，或者对于规矩尚未达成共识。这时矛盾和内耗很多，一致性很少，花很大力气，产生不了明显效果。

（2）此阶段目标：立即掌握团队情况，快速让成员进入状况，降低不稳定的风险，确保工作得以开展。

（3）此阶段管理策略：

- 此阶段的领导风格要采取控制型，不能放任自流，目标由领导者设立（但要合理），清晰直接地告知团队成员自己的想法与工作目的，不能让成员自己想象或猜测，否则容易走样。

- 团队领导者要宣布对团队的期望，与成员分享愿景，为团队指明方向和目标（展现信心），同时向团队提供所需的信息。

- 要强调互相支持、互相帮助，促进团队成员彼此认识。

- 此阶段要快速建立必要的规范，不需要达到完美，但需要尽快让团队进入轨道。规范也不能太多、太烦琐，否则不易理解，束缚手脚。

- 此阶段的两个工作重点是形成团队内部架构，建立团队与外界的初步联系。简单地说，一个对内，在内部建立合适的框架；一个对外，与团队之外的领导者或其他团队保持联系。

2. 激荡期

此阶段在团队内将形成各种观念激烈竞争、碰撞的局面。

（1）此阶段特征：

- 项目团队获取团队发展的信心，但是存在人际冲突、分化的问题。
- 团队成员在面对其他成员的观点和见解时，更想要展现个人性格特征。对于团队目标、期望、角色及责任的不满和挫折感会表露出来。
- 项目领导者指引项目团队顺利度过激荡转。教练式领导者会强调团队成员的差异性，提倡大家相互包容。
- 借由领导者的努力，团队中建立了开放的氛围，允许成员提出不同的意见与看法，甚至鼓励建设性的冲突。目标由领导者制定转变为团队成员的共同愿景。团队关系从保持距离、客客气气，变成互相信赖、坦诚相见。规范由外在限制，变成内在承诺。此时期团队成员成为一体，愿意为团队奉献，智慧与创意源源不断地涌现。

（2）此阶段目标：建立愿景，形成自主化团队，调和差异，运用创造力。

（3）此阶段管理策略：

- 此阶段团队领导者的工作重点是创造众人参与的环境，建立工作规范并以身作则。鼓励团队成员对有争议的问题发表自己的看法，容许差异与不同的声音存在，鼓励团队成员参与决策。
- 安抚人心，认识并处理冲突；化解权威与权力，不以权压人。
- 建立团队共同愿景，提倡团队学习，促进团队向下一阶段转型。

3．规范期

此阶段团队的规则、价值观、行为、方法和工具均已建立。

（1）此阶段特征：

- 项目团队效能提高，团队开始形成自己的特征。
- 团队成员调适自己的行为，团队发展更加自然、流畅。大家能有意识地着眼于解决问题，实现组织和谐。成员工作动机水平增加。
- 团队领导者允许团队有更大的自治性，采取参与式领导。
- 经过一段时间的努力，团队成员逐渐了解了领导者的想法与组织的目标，互相之间已经熟悉并产生默契，对于组织的规定也渐渐了解了，违规的事项逐渐减少了。这时日常事务都能正常运作，也能维持一定的生产力，领导者不必特别费心。但是组织对领导者的依赖很重，主要的决策需要领导者的指示才能确定，领导者一般非常辛苦，如果还有其他繁忙的事务，极有可能耽误决策的进度。
- 紧张的人际关系开始解冻，由敌对情绪转向相互合作。人们开始互相沟通，寻求解决问题的办法，团队这时候也形成了自己的合作方式和新的规则，人们的注意力开始转向任务和目标。
- 通过激荡期的磨合，将进入规范期，人们的工作技能开始慢慢提升，新的技术慢慢被掌握，工作规范和流程也已经建立。

（2）此阶段目标：挑选核心成员，培养其能力，进行更广泛的授权与更清晰的权责划分。

（3）此阶段管理方法：

- 此阶段的领导者的工作重点是在可掌控的情况下，对于较为短期的目标与日常事务，直接授权部属，定期检查，维持必要的监督。在成员能接受的范围内，提出善意的建议。如果有新进人员，必须尽快使其融入团队中，部分核心成员可以参与决策。

- 在逐渐授权的过程，要同时加以控制，不能一下子放权太多，否则回收权力时会导致士气受挫。配合培训是此阶段很重要的事情。
- 团队要想顺利地度过此阶段，最重要的是要形成团队的文化和氛围。团队精神、凝聚力、合作意识能不能形成，关键就在此阶段。

4．执行期

在此阶段，人际结构成为执行任务或活动的工具，团队角色更加灵活和功能化，团队能量积聚于一体，项目团队运作如一个整体。工作能顺利、高效完成，冲突较少，不需要外部监督。

（1）此阶段特征：

- 团队成员对于任务层面的工作职责有清晰的理解，即便在没有监督的情况下自己也能做出决策。
- 随处可见"我能做"的积极工作态度。互助协作使团队信心大增，具备多种技巧，协力解决各种问题。
- 团队已经适应用标准流程和方式进行沟通，化解冲突，分配资源。
- 巅峰的表现是有一种完成任务的使命感和荣誉感。

（2）此阶段目标：团队应具备识别团队逐渐转变为休整期的风险敏感性，必要时进行团队变革，持续调整团队，延长和维持此阶段。

（3）此阶段管理方法：

- 团队领导者更像团队成员而非领袖。领导者让团队自己执行必要的决策。此阶段适宜采取委任式领导。
- 通过承诺而非管制追求更佳结果，给团队成员具有挑战性的目标。
- 监控工作的进展，承认个人的贡献，庆祝成就。
- 准备变革，随时更新工作方法与流程。

5．休整期

任务完成，团队解散。

（1）此阶段特征：团队成员工作动机水平下降，团队未来的不确定性开始上升。

（2）此阶段目标：识别团队未来发展的方向。

（3）阶段管理方法：根据团队的不同，有以下不同的管理方法：

- 团队任务完成了，准备解散。伴随着团队任务的完成，团队的使命结束，面临着解散。这个时候成员的反应差异性很大，有些人很悲观，好不容易大家组合在一起，彼此间都形成了很好的关系，但时间这么快，合作默契的时候又面临解散；也有些人很乐观，他们觉得没有白来一趟，完成了既定的目标，新的目标还在等待着自己。由于人们的反应差异性很大，团队的士气可能提高，也可能下降。
- 团队这一任务完成了，第二个任务又要来了，所以进入了修整时期。经过短暂的总结、休年假等，准备进入下一个工作周期。这个时候新的团队将宣告成立，可能原来一部分成员要离开，新成员要进入，因为人员的选择与团队的目标是有关联的。

- 团队绩效不好，勒令整顿。整顿的一个重要内容就是优化团队的规范。通常团队不能达成目标就是因为规范不够健全，流程做得不好，没有形成一套系统的方式和方法。

4.4.4 常见的团队的组织结构

在产品创新领域，非常强调采用跨职能的团队。跨职能团队之间的技能互补和通力合作可以大幅地提升产品商业化的速度，提高产品创新的成功率，在产品创新领域通常采用矩阵型组织结构，常见的基于矩阵型的跨职能团队的组织结构有职能型团队、轻量型团队、重量级团队和自主型团队 4 种类型 。

1．职能型团队

职能型团队是指团队的成员行政上隶属于各自的职能部门，除了承担各自职能部门的工作，还兼职承担部分项目工作的团队形式。我们通常把具体项目工作按照不同职能分成不同的部分，交由各职能部门来完成，具体的工作安排由各职能经理或更高层次的管理者来进行协调和负责，团队成员各自向自己的职能部门经理汇报。在这种场景下，跨职能部门的整合能力是比较低的。职能型团队的组织结构如图 4-2 所示。

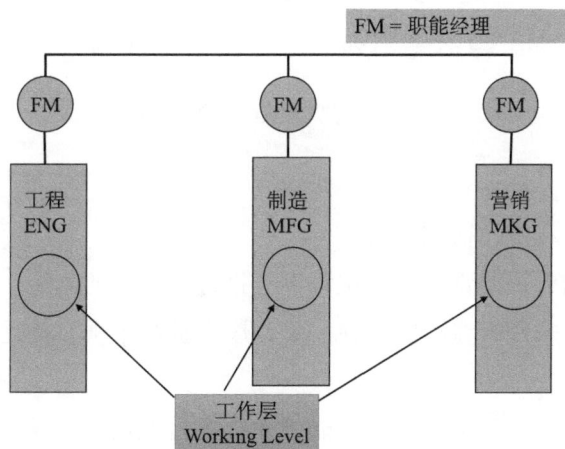

图 4-2　职能型团队的组织结构

（1）职能型团队的优点：
- 按功能将专家进行分组，可以优化利用资源，并且各专家在相应领域有较高的建树。
- 结构简单，责任清晰，一般不会出现多头管理的问题。
- 职能部门内员工的职业成长路径一致，通过彼此分享，易于改善其专业能力。

（2）职能型团队的缺点：
- 难以跨越职能界限，部门本位主义与部门墙的问题非常严重。
- 信息在职能部门间的水平流动存在障碍。
- 任务不是项目导向的，团队成员对职能部门的忠诚可能阻碍项目的完成。
- 团队领导者没有权力，项目开展过程中难以形成合力。

（3）职能型团队的适用场景：职能型团队在新产品开发中适合那些支持型的项目，或者那些只需要一个职能部门就可以完成的衍生型项目。

2．轻量型团队

与职能型团队相比，在轻量型团队中，虽然团队成员仍然隶属于各自的职能部门，职能部门的领导者仍负责他们的绩效评价，但是会任命一个名义上的团队领导者，在必要时，由这个团队领导者参与项目协调与管理的工作。在这种场景下，跨职能部门的整合能力有所提高。轻量型团队的组织结构如图 4-3 所示。

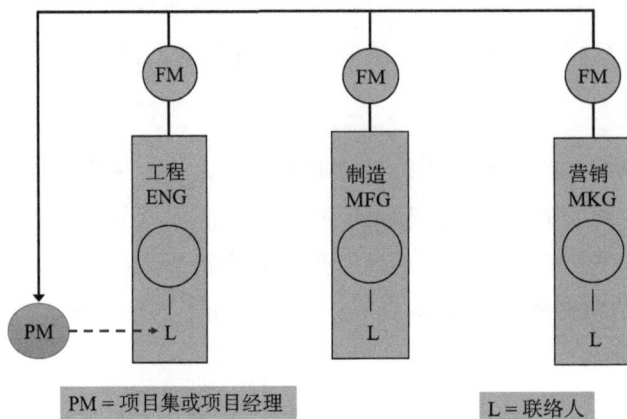

图 4-3　轻量型团队的组织结构

（1）**轻量型团队的优点**：

- 水平职能部门之间的沟通和协作得到改善。
- 项目计划的执行有具体的人员监督，在一定程度上推进了项目的发展。
- 与采用职能型团队相比，采用轻量型团队在一定程度上提高了项目的地位。

（2）**轻量型团队的缺点**：

- 团队成员仍只是兼职工作，会更多地关注职能工作，项目聚焦性不够。
- 团队领导者没有足够大的权力，在工作协调方面会遇到较大的阻力，并且可能产生多头管理的趋势。

（3）**轻量型团队的适用场景**：轻量型团队适用于那些不需要大量协调和沟通的平台型或衍生型项目。

3．重量型团队

在重量型团队中，团队成员从职能部门中抽离出来，他们的工作由团队领导者指派。和轻量型团队相比，在重量型团队中，项目目标的重要性更高，高于职能部门的目标。在这种情况下，团队领导者的权力大于职能经理的权力，并且团队领导者有一定的资源调配和考核团队成员工作绩效的权力，跨职能部门的整合能力变得非常高。重量型团队的组织结构如图 4-4 所示。

图 4-4　重量型团队的组织结构

（1）重量型团队的优点：

- 强化了项目的重要性，团队更多地聚焦在项目目标上，而不是聚焦在职能工作上。
- 团队领导者具有较大的权力，可以整合资源推动项目，有利于协调和解决问题。
- 在团队中成员职责较明确，易于得到团队成员的承诺。
- 可以有效进行大量跨部门的沟通和协调，加快项目的推进速度。

（2）重量型团队的缺点：

- 人际关系的处理成为一个问题，团队领导者和职能经理可能针对权力产生争执。
- 团队容易出现多头管理的问题。

（3）重量型团队的适用场景：重量型团队适用于平台型项目和需要大量沟通的衍生型项目。

4．自主型团队

在自主型团队中，团队成员完全从职能部门中脱离出来，全职投入项目的开发中。团队领导者对团队成员拥有绝对的权力，项目中所有工作全权由团队领导者负责。自主型团队有时也被称为"老虎型"团队，其组织结构如图 4-5 所示。

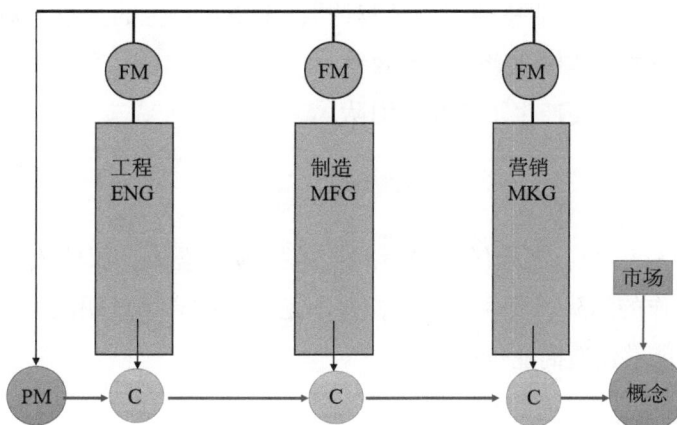

图 4-5　自主型团队的组织结构

（1）**自主型团队的优点**：

- 团队成员全职为项目工作，完全聚焦于项目目标，项目领导者可以全力聚集团队的优势。
- 团队领导者全权负责整个团队的管理，不会出现权力的争执与多头管理的问题。
- 由于不涉及各职能部门的水平沟通，团队沟通和决策都非常高效，信息流动非常优化。

（2）**自主型团队的缺点**：

- 由于权力集中在团队领导者身上，可能出现领导者过于专治的现象。
- 因项目独占资源，团队成员可能工作量不饱和，导致资源浪费。

（3）**自主型团队的适用场景**：自主型团队主要适用于特别重要的、周期比较长的突破型项目或大型的平台项目。

4.4.5 团队的有效性及影响因素

团队的有效性是指团队面对不断变化的外界环境，能够实现其最终目标的程度。影响一个团队的有效性的因素包含以下几个：

（1）团队目标。团队目标是具体子目标的集合汇总，只有一个个和总目标有着密切关联的具体子目标实现了，团队目标才会实现。

（2）团队绩效。团队绩效的考核包括以下 3 个方面：团队成员个体的考核、团队领导者的考核，以及团队整体的考核。对团队成员个体的考核重点涉及团队具体任务的完成情况、自身的工作效率、对团队的贡献、专业发展、任务难度，以及承担的责任等。对团队领导者的考核，从项目完成情况、工作能力、对团队的有效领导、项目难度、承担的责任等方面来进行。对团队整体绩效的考核可以从客户指标和财务指标的完成情况、团队的学习与成长，以及内部运作过程指标等方面进行评价。

（3）团队满意度。团队满意度包括团队成员满意度和顾客满意度。团队成员满意度不仅体现在物质层面上的满意，还有精神层面的满意。顾客满意度是指提交的产品或服务满足了其要求，而且在合作的过程中气氛融洽。

（4）团队心理默契。团队心理契约就是团队与成员之间彼此在心理上达成的角色期待。成员进入团队时，往往要和团队领导及其他成员缔结一种"心理契约"，希望在特定的情景中对方做出自己所希望的行为反应。它没有法律效力，但如果违约会影响工作效率。

当团队有效性发挥到最大时，便产生了高绩效团队。

4.4.6 高绩效团队

高绩效团队是指发展目标清晰、完成任务前后对比效果显著增加，团队成员在有效的领导下相互信任、沟通良好、积极协同工作的团队。要注意的是，并不是所有的高绩效团队都一定拥有创新能力，但具备创新能力的高绩效团队更能够创造商业价值。

1. 高绩效创新团队中的角色

要打造一支高绩效的创新团队，不必每个角色都是出类拔萃的，就像奥运会十项全能比赛一样，只要在几个领域拥有绝对优势，在其他多数项目上拥有较强实力就可以了。如果说，创造并维持创新文化的方法一共有 10 种，那么真正重要的是总成绩。此时，一个拥有不同角色、各司其职的团队就显得尤为重要了。团队角色有多种分类方式，下面举例两种主流的分类方式。

（1）**Tom Kelley 定义的创新型组织 10 种角色**。在新产品管理中，我们提出过"团队中所需要的个性类型"的分类概念。分类中包括企业家、创新者、项目领导者、发起人、信息处理者、氛围制造者，这个内容在《产品经理认证（NPDP）知识体系指南》中已经有清晰的表述。在对团队角色的研究中，这些角色的概念有更深入的细分和更新的内容延伸。

著名的 IDEO 公司创始人 Tom Kelley 在其著作《创新的十个面孔》（*The Ten Faces of Innovation*）提出，一个创新型组织需要 10 种角色。

1）人类学家（Anthropologist）：人类学家一般所做的工作是跟踪、观察人的行为方式，深入了解人与产品、服务、空间的接触过程和情感心理，然后把这些新发现提交给公司。他们会带上笔、摄像机记录生活中的体验，试着多问一个问题以发现习惯背后的缺陷。他们拥有坚实的社会科学基础，有认知心理学、语言学或人类学等学科的高等学位，他们具备深厚的理论知识，以及强大的直觉判断力。他们擅长从新的角度对问题进行重构，通过现场观察和思考，得出正确的解决方案，实现创造性突破。

2）实验家（Experimenter）：实验家所做的就是对新构想不停地进行模型试验，从错误中不断学习改进。实验家的战术就是"在实战中实验"，他们的成功伴随着风险。实验家所追求的是"想法的迅速实现"，从概念迅速到言语描述，到草图，再到模型，直至最终产品上市。他们力求严谨但更注重效率，力争以更快的速度、更低的成本完成每件事。

3）嫁接能手（Cross-Pollinator）：他们的角色更类似于"杂家"，知识渊博，积极好学，将各种知识进行融合产生神奇的效力。他们能对那些看起来完全不相干的想法和概念进行巧妙的嫁接，创造出新的事物。他们所擅长的常常是把某个行业最先进的思路或者发明完美地移植到另一领域。

4）跨栏运动员（Hurdler）：他们有时扮演冒险家的角色，通常都是团队中实践经验最丰富的人。他们的主要任务是调动所有可用的资源，跨越障碍，所以他们对事物的处理方式非常灵活，常常能跳出常规。他们的心理素质是最出色的，即使在逆境中也能泰然处之。

5）协调员（Collaborator）：他们是能将各种元素融合在一起的人，能团结所有人共同完成工作。他们主动提供交叉培训，愿意而且有能力超越组织间的界限，耐心地说服大家走出自己的小天地，进行跨学科、跨领域的协作；组建多方参与的专门小组，并保持其运转；带领团队时能够左右兼顾，当团队面临分裂或解体时，能利用"外交手腕"维持团结。

6）导演（Director）：众所周知，导演不仅要负责召集演员和组建制作班底，同时还需要激发剧组的创造力。在创新的世界中，导演的任务更加复杂、更加细致入微。导演的首要任务是始终保持创新朝着目标的大方向前进。不论是提供产品，还是创造客户体验，导演都必须把握一个根本：他们不仅要负责今天的工作，还要确保明天的工作也能正常进行。他们必须使工作具有可持续性，在上一个创新活动刚结束就开始利用下一个机会，促成新项目。他们还要放手工作，培育创新型文化，策划出创意。他们的重要作用是激励并引导他人培养团队默契，紧盯战略机会，激发创新动力。

7）用户体验设计师（Experience Architect）：他们所设计的用户体验往往超越了"满足用户需求"，而变为"创造用户需求"。通过产品、服务、计算机虚拟互动、空间以及交流互动，优秀的体验设计师利用各种各样的办法来搭建起与客户进行正面接触的渠道。

8）布景师（Set Designer）：他们的作用可以概括为改变公司的环境和布置，影响人的行为和态度。一间有意思的办公室就如同一座精心搭建的舞台或摄影棚，会为整场演出添彩。而且，这些办公室的布景师们在不断调整着办公室布局设计的同时，知道他们不仅是在支持同事的工作，而且也在维护公司文化本身。

9）照料者（Caregiver）：照料者的概念来自医护业，对待客户和消费者，应该像医护人员对待病人那样专业和悉心。好的照料者能够提前感知客户的需求并做好准备，因为最好的服务需要针对每位顾客个性化的兴趣和需要。

10）故事大王（Story teller）：他们的角色就是说商业故事的高手。企业的成败得失，奋斗事迹都是他们的素材，他们的目的是通过讲述别人的故事和经验来启发同事，激发他们的斗志。同时，他们通过对基本价值观或文化特质富有说服力的阐述来扩大外部的认同。他们能运用各种你能想到的载体——录像、文字、动画，甚至连环画……最重要的是，在分布范围广、文化背景多元化的组织里，"讲故事"是传递价值观和理想目标的重要手段。

（2）**贝尔宾团队角色**。贝尔宾团队角色（Belbin Team Roles），亦称贝尔宾团队角色表（Belbin Team Inventory），是由剑桥产业培训研究部前主任贝尔宾（Meredith R. Belbin）博士和他的同事们经过多年在澳洲和英国的研究与实践提出的著名的理论，即一支结构合理的团队应该由 9 种人组成，他们分别为：

1）执行者（Implementer，IM）：执行者是实用主义者，有强烈的自我控制力及纪律意识。他们偏好努力工作，并系统化地解决问题。简而言之，执行者是典型的将自身利益和忠诚与团队紧密相连、较少关注个人诉求的角色。然而，执行者或许会因缺乏主动而显得固执如果没有一流的执行能力和魄力，再好的点子也仅仅是一个不切实际的幻想。朝着一个目标执行到底的精神，可以帮助团队不忘初心，牢记使命，更快达成目标。

- 典型特征：保守，有责任感，有效率，守纪律。
- 优点：有组织能力，务实，能把想法转化为实际行动，工作努力，自律。
- 缺点：缺乏灵活性，对未被证实的想法不感兴趣，阻碍变革。

2）智多星（Plant，PL）：智多星创造力强，能充当创新者和发明者的角色，为团队的发展和完善出谋划策。通常他们更倾向于与其他团队成员保持距离，运用自己的想象力独立完成任务，标新立异。他们对于外界的批判和赞扬反应强烈。他们的想法总是很激进，并且可能忽略实施的可能性。他们是独立的、聪明的、充满原创思想的，但是他们可能不善于与那些气场不合的人交流。

- 典型特征：有创造力，个人主义，非正统的。
- 优点：有天分，富于想象力，聪慧，博学。
- 缺点：好高骛远，无视工作细节和计划。与别人合作本可以得到更好的结果，却过分强调自己的观点。

3）外交家（Resource Investigator，RI）：外交家是热情的、行动力强的、外向的人。无论在公司内外，他们都善于和人打交道。他们与生俱来是谈判的高手，并且善于挖掘新的机遇、发展人际关系。虽然他们并没有很多原创想法，但是在听取和发展别人想法的时候，外交家的效率极高。就像他们的名字一样，他们善于发掘那些可以获得并利用的资源。

- 典型特征：外向，热情，好奇，善于交际。
- 优点：有与人交往和发现新事物的能力，善于迎接挑战。
- 缺点：当最初的兴奋消逝后，容易对工作失去兴趣。

4）审议者（Monitor Evaluator，ME）：审议者是态度严肃、谨慎理智的人，有着与生俱来的对过分热情的免疫力。他们倾向于三思而后行，做决定较慢。通常他们非常具有批判性思维，善于在考虑周全后做出明智的决定。具有审议者特征的人所做出的决定，基本上是不会错的。

- 典型特征：冷静，不易激动，谨慎，精确判断。
- 优点：冷静，判断，辨别能力强。
- 缺点：缺少鼓舞他人的能力和热情，毫无逻辑地挖苦、讽刺别人。

5）协调者（Coordinator，CO）：协调者最突出的特征就是能够凝聚团队的力量向共同的目标努力。成熟、值得信赖并且自信，都是他们的代名词。在人际交往中，他们能够很快识别对方的长处所在，并且通过知人善用来达成团队目标。虽然协调者并不一定是团队中最聪明的成员，但是他们拥有远见卓识，并且能够获得团队成员的尊重。他们个性沉稳，自信成熟，拥有很高的情商和责任心。他们通过对目标和整体动态的良好把握，确保大家共同努力。同时，协调者擅长发挥团队的潜力，能够认识到团队成员各方面的才能，并鼓励他们勇敢地发挥。

- 典型特征：冷静，自信，有控制力。
- 优点：目标性强，待人公平。
- 缺点：智力和创造力中等，将团队努力的成果归于自己。

6）完成者（Completer Finisher，CF）：完成者是坚持不懈、注重细节的人。他们被内部焦虑所激励，但表面看起来很从容。一般来说，大多数完成者都性格内向，不太需要外部的激励或推动，更偏好自己来完成所有的任务。这类人擅长检查工作中的纰漏，确保工作成果尽善尽美，他们的动力来自自己内在对确保不出差错的渴望。

- 典型特征：埋头苦干，遵守秩序，尽职尽责，易焦虑。
- 优点：坚持不懈，精益求精。
- 缺点：容易为小事而焦虑，不愿放手，甚至吹毛求疵。

7）鞭策者（Shaper，SH）：鞭策者是充满干劲、精力充沛、渴望成功的人。通常，他们非常有进取心，性格外向，拥有强大驱动力。他们勇于挑战他人，并且关心最终是否胜利。他们喜欢领导并激励他人采取行动。在行动中如遇困难，他们会积极找出解决办法。他们顽强而又自信，在面对任何失望和挫折时，倾向于显示出强烈的情绪反应。他们对人际关系不敏感，好争辩，这些特征决定了他们是团队中最具竞争性的角色。这类人通常是团队中的领军人物，经常持不同意见且竞争意识极强，不愿意别人左右自己，而是根据自己的意愿来驱动团队的方向。

- 典型特征：有挑战性，好交际，富有激情。
- 优点：随时会挑战传统，厌恶低效率，反对自满和欺骗行为。
- 缺点：喜欢挑衅，易怒，做事不耐心，不会用幽默或道歉的方式来缓和局势。

8）凝聚者（Team Worker，TW）：凝聚者是在团队中给予最大支持的成员，性格温和，擅长人际交往并关心他人。他们灵活性强，适应不同环境和人的能力非常强。他们观察力强，善于交际，作为最佳倾听者在团队中备受欢迎。他们在工作上非常敏感，但是在面对危机时，往往优柔寡断。如果一个团队在组建伊始是一盘散沙，那么凝聚者的作用就是这盘散沙的"黏合剂"，他们的精神力量可以将所有人的心凝聚在一起，为了团队目标共同努力。

- 典型特征：合作性强，性情温和，敏感。
- 优点：随机应变，善于化解各种矛盾，促进团队精神。
- 缺点：在危机时刻优柔寡断；不愿承担压力。

9）专业师（Specialist，SP）：专业师指的是关键知识领域中经验丰富的人，往往智力超群，但由于过于专注自己的知识领域，会不够全面。他们的个性通常比较强，常常独来独往，不喜欢团队合作，也不想被约束。但另一方面，他们好为人师，愿意和别人分享自己的知识。他们会成为只对专一领域有贡献的专家，但是很少有人能够成为一流的专家。

- 典型特征：诚心诚意，主动性强，甘于奉献。
- 优点：具有奉献精神，拥有丰富的专业技能，致力于维护专业标准。
- 缺点：只局限于狭窄的领域，专注于技术而忽略大局，忽视能力之外的因素。

（3）贝尔宾团队角色匹配矩阵。不同角色之间要沟通与合作。当不同角色在团队中担任不同职位时，他们之间的关系会有多种组合和变化（见表4-1）。

表 4-1　团队角色匹配矩阵

角色 ＼ 职位 合作情况	上司		同事		下属	
	赏识	不赏识	配合	冲突	满意	不满
鞭策者（SH）	CO/ME	IM	RI/PL		TW/CF	CO/ME
智多星（PL）	CO/TW	SH/IM	CO/RI/TW	ME/PL/IM	IM/ME	SH/RI
专业师（RI）	IM/TW/CO	SH/RI	IM/TW	PL	IM/TW	PL
审议者（ME）	CO	ME/SH	CO/IM	ME/CF	IM	ME
完成者（CF）	RI/PL/SH	CF	IM	RI	IM	RI
执行者（IM）	SH/PL/CF	IM	CO/ME/RI/PL/F	IM/PL	TW	RI/PL
外交家（RI）	SH	CF/RI	IM/TW	CF/RI	CF	SH
协调者（CO）	SH/PL	TW	TW	SH	PL	SH
凝聚者（TW）	SH	TW	TW/PL	SH	RI	SH

无人能达到完美，但团队可以通过不同角色的组合达至完美。团队中的每个角色都是优点和缺点相伴相生的，团队各个角色之间要学会用人所长，容人所短。在团队管理的实践中，团队领导者要尊重角色差异，发挥个性特征，理解角色并无好坏之分，关键是要分配与角色特征相契合的工作。

无论采用哪种团队角色类型分类，我们都能得出相似的结论：在一个团队中，每种角色都十分重要，当团队中同一角色类型的成员较多而其他类型的成员缺乏时，作为团队管理者需要根据实际需要，进行人员的合理调配或培养。被誉为"二十世纪最伟大的 CEO"的通用电气总裁杰克·韦尔奇在总结自己的职业生涯时曾说："我的全部工作便是选择适当的人"。确实，识人、择人、用人是团队管理者最紧迫、也最应该掌握的一项技能。

2. 高绩效团队的特征

在《产品经理认证（NPDP）知识体系指南》中，对高绩效团队的特征概括为战略协调一致、高参与度和授权，这些特征可以体现在以下几个方面。

（1）有明确的目标。高绩效的团队拥有符合战略的明确的目标，主要体现在：

- 团队成员能够描述并献身于确定的目标。
- 目标十分明确，具有挑战性，符合 SMART 原则。
- 实现目标的策略非常明确。
- 面对目标，个人角色十分明确，或团队目标已分解成个人目标。

（2）赋能与授权。团队已从集权向分权过渡。团队在组织中的地位提升，自我决定权在提高，支配权也很大。团队成员拥有某些方面的支配权。

Tips

在赋能与授权给团队成员的时候，需要注意：

- 将合理的规则、程序和限制同时告知成员。
- 成员有渠道获得必要的技能和资源，能知道该怎样在指定的范围内做事。
- 在政策和做法上能够支持团队的目标。
- 成员互相尊重，并且愿意帮助别人。

（3）关系和沟通。在关系和沟通方面，高绩效的团队表现出的特征是：

- 成员肯公开而且诚实表达自己的想法，哪怕是负面的想法。
- 成员会态度温和，了解与接受别人，相互间的关系更融洽。
- 成员会积极主动地聆听别人的意见。
- 不同的意见和观点会受到重视。

（4）弹性。团队成员能够自我调节，满足变化的需求，表现出一定的灵活性。团队成员需要执行不同的决策和功能，当某一个角色不在的时候有人能主动去补位，分担责任。

（5）最佳的生产力。团队有很好的生产力，产出很高，产品质量达到了卓越，团队决策的效果也会很好，具有明确的解决问题的程序。

（6）认可和赞美。个人的贡献受到领导者和其他成员的认可和赞美，团队成员感到很骄傲。团队的贡献受到组织的重视和认可，团队士气大大提升。

（7）士气。每个人都乐于成为团队中的一员，都很有信心，而且士气高昂。

3．对团队绩效影响程度较高的因素

对团队绩效影响程度较高的因素包括目标、人、沟通、氛围与文化。

（1）共同的目标——高绩效团队凝聚力的秘诀。团队成员对所要达到的目标有清楚的了解，坚信这一目标有重大的意义和价值，而且这一目标还可以很好地使团队成员能够将个人目标升华到群体目标中，使团队成员愿意为团队目标做出承诺，清楚地知道自己应该做什么，以及怎样共同工作，最终完成目标任务。

在确立清晰、合理的团队目标时，建议采取以下步骤：首先，要收集团队成员对团队目标的意见，对相关信息进行整理与技术分析，结合实际工作初步确立团队目标；其次，要将经团队目标专家小组初步确立的团队目标交由团队全体成员讨论，以了解团队成员的意见，对目标进一步沟通和完善，最后将团队目标确定下来。

（2）匹配人才及人才机构——高绩效团队的原动力。人是整个团队中最核心的力量。一支高绩效的团队，团队成员的素质与能力的高低极为关键。一方面，高绩效团队要求团队领导"德高望重"，具有较强的凝聚力，而且还必须是业务上的行家里手，具有能够统领团队的智慧和决策水平。另一方面，高绩效团队还要求团队成员具备良好的道德素质和合作的意愿，同时具备相应的业务能力及某方面的专长，这样团队成员间能取长补短。在关注个体的同时，团队的结构是否优化也非常关键。一个团队要想有效地运转，需要由不同类型的人员构成。

（3）无障碍沟通——高绩效团队联动的渠道。高绩效团队的沟通渠道一定要畅通。畅通的沟通渠道、频繁的信息交流，不仅使团队的每个成员间不会有压抑的感觉，而且能迅速掌握各种信息和技术，从而使工作效率得以提升，目标得以顺利实现。

（4）良好的氛围与创新文化——高绩效团队的精神需求。高绩效团队的氛围应该是公平、公正与和谐的。一个高效的团队，不仅需要有良好的沟通机制，同时也需要营造一个让置身其中的每个人都能够感受到的公平、公正与和谐的团队氛围。一些团队人性涣散、凝聚力不强的根本原因就在于没有建立起保证公平、公正与和谐的机制，没有形成公平、公正与和谐的氛围。

高绩效团队一定要拥有优秀的团队文化和卓越的团队精神。团队成员在长期互相协作、完成任务的过程中形成了共同的价值观、工作方式与行为准则，这正是高绩效团队的"灵魂"。优秀的团队文化和团队精神具有极强的号召力，能够将不同角色的团队成员凝聚在一起，为共同目标的实现而努力。

4．团队管理中常见的问题及对策

（1）社会惰化。社会惰化是指个体在群体中工作不如单独一个人工作时努力的倾向，即群体一起完成一件事时，个人所付出的努力比单独完成时偏少的现象，也称为社会惰性化作用。

马克斯·瑞格曼（Max Ringelman）做了一个拔河比赛的实验，他要求被试者分别在单独与群体的情境下拔河，同时用仪器来测量他的拉力。结果发现，随着被试人数的增加，每个被试者平均使出的力减少了。群体人数越多个人出力越少的现象，不仅在实验室里能看到，在日常经营管理中也很普遍。

减少社会惰化的有效途径有：

- 不仅公布整个群体的工作成绩，还公布每个成员的工作成绩，使大家都感到自己的工作是被监控的，是可评价的。

- 帮助群体成员了解他人的工作成绩，使他们知道不仅自己在努力工作，他人也在努力工作。
- 不要将一个群体弄得太大，如果是一个大群体，可以将其分为几个小规模的群体，使得更多的成员能够接收到外在的影响力。

（2）小团体的本位主义。本位主义指在处理组织与部门、整体与部分之间的关系时只顾自己，而不顾整体利益，对他人漠不关心的思想作风、行为态度和心理状态。当大的团队中存在共生的小团体，而且小团体凝聚力很强的时候，容易出现小团体本位主义的问题。这时，当团队管理者为了整体利益，需要调整和平衡小团体的时候，会遇到阻力和抵抗。

消除小团体的本位主义的有效方法有：

- 设定组织的宏大变革目标。当组织拥有明确的愿景、使命和价值观，有明确的团队目标时，将有利于消除小团体的本位主义。很多时候小团体过于关注自身利益，是因为对小团体的目标设定与大目标有偏差而导致的。
- 设定团队内合理的平衡机制和规则，以数据和流程为标准，平衡小团体间的利益，从而使团队正常运作和获得高绩效。
- 良好及顺畅地沟通。很多小团体的本位主义问题的根本原因是沟通不够。顺畅地向下沟通和平级沟通，能缓解小团体过于关注自利益而忽视整体利益的情况。在沟通顺畅的基础上，团队领导者应该重点关注各小团体带头人之间的团队建设，达成小团体之间的理解与合作。
- 改进绩效考核体系。组织要对只关注小团体利益的行为进行惩罚并体现在绩效考核中，要打破小团体边界，对将组织利益放在首位的行为进行奖励。

（3）联动不足。我们经常会过于关注自身工作，而缺乏团队内外部的有效联动，久而久之，将形成责任推诿、绩效不佳的问题。虽然所有的企业都在强调合作的重要性，但在实践当中，团队缺乏有效联动却是常见的问题。改进团队内外部联动的有效措施有：

- 科学详尽地分解任务，明确工作边界，避免关键工作遗漏。高绩效团队常常在进行任务分解时，要求团队成员明确提出达成目标所需要的资源，这些资源可能来源于其他团队成员或其他团队。其他团队或成员需要针对这部分资源的需求，对是否有能力支持予以反馈，并制订符合 SMART 原则的行动计划。
- 创建有利于合作联动的文化和氛围。要在团队内部强化“工作有分工，责任无边界”的理念，建立认同互信和共情的团队文化，创造团队合作的价值大于个人英雄主义的氛围，搭建加速团队沟通的平台。
- 实施部门轮岗机制。不在一个岗位工作过，永远不可能理解这个岗位的压力与难度。实施部门轮岗机制，有利于各部门增进了解和配合，在合作中能够相互谅解，共同推进工作。

4.4.7　团队管理中常用的工具和模型

常见的团队成员能力匹配模型和工具主要有以下几种。

（1）冰山模型。冰山模型就是将人员个体素质划分为表面的“冰山以上部分”和深藏的“冰山以下部分”。其中，“冰山以上部分”包括技能和知识，是外在表现，是容易了解与测量的部分，可以通过培训来改变和发展。"冰山以下部分"包括角色定位、价值观、自我认知、品质和动机，是人内在的、难以测量的部分，不太容易通过外界的影响而得到改变，但对人的行为与表现起着关键性的作用（见表 4-2）。

表 4-2 人的素质的定义及包括的内容

素 质	定 义	内 容
技能	一个人能完成某项工作或任务所具备的能力	表达能力、组织能力、决策能力和学习能力等
知识	一个人对某特定领域的了解	管理知识、财务知识和文学知识等
角色定位	一个人对职业的预期，即一个人想要做些什么事情	管理者、专家和教师
价值观	一个人对事物的是非、重要性、必要性等的价值取向	合作精神和献身精神等
自我认知	一个人对自己的认识和看法	自信心和乐观精神
品质	一个人持续而稳定的行为特征	正直、诚实和责任心
动机	一个人内在的自然而持续的想法和偏好，它驱动、引导和决定一个人的行为	成就需求和人际交往需求等

其中，技能和知识大部分与工作所要求的直接资质相关，能够在比较短的时间内使用一定的手段加以测量，如通过资格证书、考试、面谈、简历等形式，也可以通过培训、锻炼等来提高这些素质。

角色定位、价值观、自我认知、品质和动机很难度量和准确表述，又与工作内容无较多直接关联，只有它们的变化影响到工作时，才会体现出来。考察这些素质，每个管理者有自己独特的思维方式和理念，但往往因其有偏好而产生局限性。管理学及心理学有着一些测量手段，但往往很复杂，不易采用或不够准确。

（2）能岗匹配模型。能岗匹配是指尽可能使人的能力与岗位要求的能力匹配。这种匹配包含着"恰好"的意思。"匹配"比"个体优秀"更重要。有的人能力很强，但放到某一个环境中不但个体不能发挥其能力，而且整体的战斗力被削弱；有的人能力一般，但放到一个适宜的环境中，工作很出色，团队的协作能力也加强了，整体效益达到最优。因此，我们把匹配原则作为招聘的黄金法则，录用的人是不是最好不重要，重要的是最匹配。

能岗匹配的要点如下：

- 人有能级的区别。能级包含了一个人的知识、能力、经验、事业心、意志力和品德等多方面的要素。不同的能级应承担不同的责任。
- 人有专长的区别。不同的专长，很难比较能级。例如，一个优秀的计算机专家不能和一个优秀的建筑设计师比较他们之间专长上优秀的等级和差别。
- 同一系列不同层次的岗位对能力的结构和大小有不同要求。例如，处于高层的管理者需要有更高的战略能力和宏观控制能力，处于基层的管理人员应有具体的技术能力，并对生产工艺的细节有所了解。
- 不同系列相同层次的岗位对能力有不同要求。例如，人力资源部经理必须具备较强的沟通能力和协调能力，而财务部经理必须具备较强的计划能力，熟知相关的财务和法律知识。
- 如果能级高于岗位的要求，个人的才华无法施展，积极性会受到挫伤，企业的人员流动率就会大；如果能级低于岗位的要求，人心涣散，企业的凝聚力和竞争力均会受到影响。

（3）3D+E 任职资格模型。3D+E 任职资格模型是指在人力资源管理中，构建员工专业发展资格标准及晋级标准有 4 个维度：

- 职业发展"门槛"的限定（Experience）：通过限定在现任等级上的工作年限或过往相关经验，设定"门槛值"。
- 职责（Do）：该类岗位（角色）的典型职责要求。
- 专业能力（Display）：专业知识和技能要求。
- 业绩（Deliver）：在现有等级上的绩效表现。

4.4.8 团队成员个人能力成长模型及工具

1. 常用的团队文化管理模型

衡量组织文化最有效、最实用的模型之一是由瑞士洛桑国际管理学院的著名教授丹尼尔·丹尼森（Daniel Denison）创建的组织文化模型。丹尼森认为，理想的企业文化的四大特征有参与性、一致性、使命和适应性（见图 4-6）。

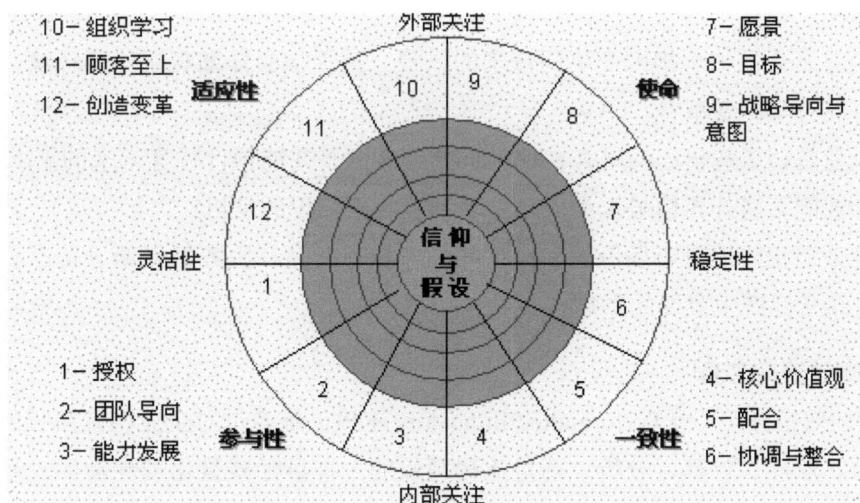

图 4-6 丹尼森的组织文化模型

（1）**参与性**（involvement）：涉及员工的工作能力、主人翁精神和责任感等的培养。公司在这一文化特征上的得分，反映了公司对培养员工、与员工进行沟通，以及使员工参与并承担工作的重视程度。参与性有 3 个维度：

- 授权：员工是否真正获得授权并承担责任？他们是否具有主人翁意识和工作的积极性？
- 团队导向：企业是否重视并鼓励员工相互合作，以实现共同目标？员工在工作中是否依靠团队力量？
- 能力发展：企业是否不断投入资源培训员工，使他们具有竞争力，跟上企业业务发展的步伐，满足员工不断学习和发展的愿望？

（2）**一致性**（consistency）：用以衡量企业是否拥有一个强大且富有凝聚力的内部文化。一致性有 3 个维度：

- 核心价值观：企业是否有一个大家共同信奉的价值观，从而使员工产生强烈的认同感，并对未来抱有明确的期望？
- 配合：领导者是否具备足够的能力让大家达成高度的一致，并在关键的问题上调和不同的意见？
- 协调与整合：企业中各职能部门和业务单元是否能够密切合作？部门或团队的界限会不会变成合作的障碍？

（3）使命（mission）：用于判断企业是一味注重眼前利益，还是着眼于制订系统的战略行动计划。使命有 3 个维度：

- 愿景：员工对企业未来的理想状况是否达成了共识？这种愿景是否得到全体员工的理解和认同？
- 目标：企业是否周详地制定了一系列与使命、愿景和战略密切相关的目标，可以让每个员工在工作时做参考？
- 战略导向和意图：企业是否希望在本行业中脱颖而出？明确的战略意图能展示企业的决心，并使所有人都知道应该如何为企业的战略做出自己的贡献。

（4）适应性（adaptability）：指企业对外部环境（包括客户和市场）中的各种信号迅速做出反应的能力。适应性有 3 个维度：

- 创造变革：企业是否惧怕承担因变革而带来的风险？是否学会仔细观察外部环境，预计相关流程及变化步骤，并及时实施变革？
- 顾客至上：企业是否了解自己的顾客，使他们感到满意，并能预计顾客未来的需求？
- 组织学习：企业能否将外界信号视为鼓励创新和吸收新知识的良机？

以上 12 个维度分别相应地对市场份额和销售额的增长、产品和服务的创新、资产收益率、投资回报率和销售回报率等业绩指标产生重要的影响。

2．常用的团队绩效管理工具

（1）KPI。关键绩效指标（Key Performance Indicator，KPI）是通过对企业内部流程的输入端、输出端的关键参数进行设置、取样、计算、分析，衡量流程绩效的一种目标式量化管理指标，是把企业的战略目标分解为可操作的工作目标的工具，是企业绩效管理的基础。KPI 可以使部门主管明确本部门的主要责任，并以此为基础，明确部门人员的业绩衡量指标。建立明确的、切实可行的 KPI 体系，是做好绩效管理的关键。

KPI 法符合一个重要的管理原理，即"二八原理"。在一个企业的价值创造过程中，存在着"20/80"的规律，即 20%的骨干人员创造企业 80%的价值；每个员工 80%的工作任务是由 20%的关键行为完成的。因此，必须抓住 20%的关键行为，对之进行分析和衡量，这样就能抓住业绩评价的重心。

（2）PBC。个人事业承诺（Personal Business Commitment，PBC）指在企业范围内自上而下地将企业、部门的工作目标逐级分解到每个员工，由直线经理与员工签订 PBC，以实现组织绩效和个人绩效的有机联结。每个员工都要在年初制定自己的 PBC，并列举出在来年为了实现各个方面的目标所需要采取的行动，相当于立下了一个一年期的"军令状"。制定 PBC 时，需要个人与其直线经理共同商讨，使个人计划与整个部门的计划相融合，以保证其可行性。

制定 PBC 要基于 3 个原则：①制胜力，偏于结果导向，指工作的结果是什么，且为了获得这个结果所要付出的努力不亚于任何人。②执行力，偏于过程导向，即要完成目标需要做的事情是什么。③团队配合，任何个人的力量都不如团队的大，完成目标需要的团队配合是什么。

（3）OKR。目标和关键成果（Objectives and Key Results，OKR）是企业进行目标管理的一个简单有效的系统，能够将目标管理自上而下贯穿到基层。

KPI 要求严格按照 SMART 原则制定，是否达到目标甚至达到比例多少都要能测量。但这导致一个问题：有些事情值得去做，但在完成一部分之前无法测量，因此无法制定目标，这时候就陷入了先有鸡还是先有蛋的纠结。比较保守的做法就是这项 KPI 先不写，或者写一个很低的目标值，反正季度末再改 KPI 的事情也不罕见。有些团队常常到季度末才完成 KPI 制定的工作，那时候什么能完成什么不能完成都基本上确定了，当然能够让 KPI 都处于基本达成状态。

KPI 还有一个更严重的问题，那就是为了完成可测量的目标，有可能实际执行时采取的手段与该目标要达到的最终的愿景正好相反。举个例子，我们希望用户更喜欢使用我们的产品，因为喜欢无法测量，所以把页面浏览量写进 KPI 里，但在实际执行的过程中，我们可以把用户原本在一个页面上就能完成的事情分到几个页面上来完成，结果页面浏览量达到了 KPI 的目标，但用户更讨厌我们的产品了。大家如此应付 KPI 是因为 KPI 跟绩效考核挂钩。如果 KPI 达不到就会影响奖金，所以即使违背企业利益和用户利益，也要把自己的和部门的 KPI 完成。

OKR 解决了 KPI 的种种缺陷。它和绩效考核分离，强调最终的关键结果必须服从目标，所以如果你在目标上写了要让用户喜欢我们的产品，但你实际执行时用的手段违反了这一点的话，谁都能看得出来。既然关键结果只是用来服务于目标的，那就没必要像 KPI 那样一早制定好，然后强制执行了，你可以在做的过程中更改关键结果，只要它们还是服务于原本的目标就行。

4.5 综述

良好的文化、组织和团队是产品创新的基石。虽然正确的战略和流程可以大大促进组织的成功，但仅靠它们，仍无法保证组织持续成功。使组织得以持续成功的最终要素是人，而文化和氛围提供了基础。

人在组织中会受组织文化和氛围的持续影响和打磨，反过来，人也在不断地影响和改变着组织的文化和氛围，这是一个相互的、持续的、循环的过程。如果这种影响是正向的、相互促进的、彼此协调的，将极大地提升组织成功的概率，反之亦然。

在组织中，人分布在具体的组织结构中，对应着不同的角色和职责，在组织结构的不同层级、不同部分和不同领域，发挥着无可替代的作用。

组织中的各种工作有着千丝万缕的关联，这些组织工作往往以不同的项目形态存在于组织中。开展这些项目的人并非是孤立存在的，而是以团队成员的形式存在于各种规模的团队中，以相互协作的形式工作在项目的不同岗位上，通过产品经理或项目经理对团队卓有成效的管理，以高绩效的团队状态开展和完成具体的项目工作。

最终，在组织层面上，遵照组织战略方向的指引，通过统一的、规范的流程管理，整合各种因素和成果，聚小溪成江海，合力推动着组织向着战略目标不断前行。

本章作者简介

李大鹏

实战派管理专家。NPDP 认证讲师，获得 PMP，PMI-ACP，PMI-PBA，NPDP，以及人社部和工信部信息系统项目管理师、信息系统项目监理师、高级企业培训师，英国东尼博赞思维导图认证培训师等认证。

曾在国际大型 IT 上市企业任职 13 年，历任项目、产品、咨询和营销等管理岗位，具有丰富的管理实践，自 2011 年起从事 PMP、ACP、PBA、NPDP 等认证课程的培训和企业管理咨询工作，具有丰富的培训和咨询经验。

孙涧溪

NPDP 认证讲师项目管理及产品管理专家。现任医药及互联网领域信用征信公司的项目管理办公室经理。曾任大连港集团码头操作系统项目经理、产品经理，华煤集团信息部部长。具备多年的产品及项目管理、商业分析和信用风控经验。善于领导及管理大中型团队，在团队的组织模式创新管理和创新实践方面有着极为丰富的知识储备和实践经验。

陈佳力

NPDP 认证讲师，并获得 PMP、PgMP、PfMP 等认证。拥有 15 年制造业经验，一直专注于新产品开发领域，工作经历覆盖外企与民企，历任企业 PMO 项目经理、事业部总经理等职。

参考文献

[1] 吉尔特·霍夫斯泰德，格特·扬·霍夫斯泰德. 文化与组织·心理软件的力量（第二版）. 李原，孙健敏，译. 北京：中国人民大学出版社，2010.
[2] 三矢裕，等. 阿米巴模式. 刘建英，译. 北京：东方出版社，2013.
[3] 森田直行. 阿米巴经营. 窦少杰，译. 北京：机械工业出版社，2015.
[4] 汤姆·凯利，乔纳森·利特曼. 创新的十个面孔. 刘金海，等译. 北京：水利水电出版社，2007.

5 第 5 章　工具与度量

本章主要阐述在新产品开发过程中常用的工具、方法论及度量方式。对工具和方法论将分别介绍其定义、背景、关键要点、应用场景和方法。对度量将从考核指标的角度，对产品开发的质量进行评估，并且阐述其相应的逻辑和注意要点。

5.1　工具

5.1.1　战略分析工具

1. SWOT 分析

（1）概念适用。SWOT 分析能够帮助企业系统分析其业务在市场中的战略位置，并且据此制订战略性的经营计划，为新产品研发决定方向。SWOT 是优势（Strengths）、劣势（Weaknesses）、机会（Opportunities）和威胁（Threats）的首字母缩写，这些因素都和企业所处的商业环境息息相关。

SWOT 分析的初衷是帮助企业寻找在商业环境中的自身定位，通常在创新的早期执行，综合分析的结果可以用于得到探索领域，并且在此基础上做出决策。

（2）方法步骤。SWOT 分析中的 4 个要素组成 4 个象限矩阵。其中，SW 分析组织内部有利与有害因素；OT 分析企业及其竞争对手在市场中的相对位置，然后制定相应的战略。具体包括：

- 确定商业竞争环境范围。例如，企业所属的行业，下一步希望攻克的可能的战略领域。
- 分析外部因素，区分机会和威胁。例如，目前的市场趋势、经济趋势和文化趋势，产业链中经销商、供应商面对的趋势。客户需求是什么？竞争对手已经或计划做什么？……可结合 PESTEL（后面有介绍）等方法进行全面分析。
- 罗列公司优势与劣势清单，对照竞争对手逐条评估。聚焦核心竞争力，寻找市场机会。当设计目标确定后，再审查组织的劣势及瓶颈，分析阻力，解决相关问题。

- 结合 SO 制定利用优势抢占机会的理想战略，结合 WO 制定弥补劣势获得机会的改进战略，结合 ST 制定强化优势减轻劣势的长板战略，结合 WT 制定减轻劣势回避威胁的防御战略。

（3）注意事项。

- 基于理解。SWOT 分析的质量取决于分析者对不同因素的理解深度和综合考量，跨职能团队的通力合作尤为必要。

- 分类宽泛。SWOT 分析通用性高，但不够细致。实操中可引入其他分析工具，进行更系统化的分析。例如，外部因素可以参考 PESTEL 进行细化，内部因素可以结合精益创业的商业模式深入分析。

- 细分领域。通过 SWOT 初步分析之后，如果想找到合适的、有前景的领域，需要进一步进行领域细分，即缩小范围。

- 祸福相生。试着从威胁中寻找机会，看起来好的机会可能也饱含着威胁。

（4）应用示例。以某 IT 企业尝试开展互联网电子商务为例，SWOT 分析内容如表 5-1 所示。

表 5-1　SWOT 分析

内部因素 外部因素	优势（Strengths） • 对互联网理解深入 • 技术上有骨干攻坚 • 拥有核心团队	劣势（Weaknesses） • 缺乏行业积累 • 没有线下实体支撑 • 没有强大资金支持 • 人员配备不完善
机会（Opportunities）	SO 利用优势，抢占机会	WO 弥补劣势，获得机会
• 市场前景巨大 • 行业没有领头羊 • 存在可创新的空间	• 抓住互联网的发展趋势，分析细分市场，通过抢滩方式占领某个细分市场 • 利用自身技术优势实现模式创新，通过提供良好的用户体验建立口碑和积累人气，成为行业领头羊	• 通过搭建和发展平台不断加强与品牌供应商的沟通，加深对最终消费者需求的洞察，积累相关行业经验 • 逐步完善整个人员体系，填补人员能力上的不足
威胁（Threats）	ST 强化优势，减轻劣势	WT 减轻劣势，回避威胁
•低价竞争激烈 •物流配送体系不完整 •行业不规范 •巨头们有可能介入	• 密切关注行业巨头的动向 • 从业务入手，找准自身价值寻求多方合作关系 • 技术上完善平台底层架构，增强平台的可扩展性，满足未来价值链上下游多方接入的需要	• 以最小可售产品的方式整理用户痛点和产品卖点，接触并获得投资者的支持 • 与专业巨头的电子商务平台做好产品对接，实现间接电子商务，不与它们展开正面冲突

2. PESTEL

（1）概念适用。PESTEL 能够识别宏观环境中对组织有冲击的关键影响因素，辨析客户需求和商业机会，为制定商业战略、设计目标提供依据，催生创意想法。PESTEL 是 Political（政治）、Economic（经济）、Social（社会）、Technological（技术）、Environmental（环境）、Legal（法律）的首字母缩写。

（2）方法与步骤。针对 PESTEL 的各个要素分别进行思维发散，筛选对产品有效的外部环境信息，在此基础上制定战略和目标。

- 政治：对组织经营活动具有影响的政治力量和相关政策法规等，如政企关系、货币政策变化、政治条件、进出口限制和特种关税等。
- 经济：组织外部的经济结构、产业布局、资源状况、经济发展水平及未来经济走势等，如经济转型、GDP 变化、货币市场利率、失业率和汇率等。
- 社会：组织所在社会的历史发展、文化传统、价值观念、教育水平及风俗习惯等，如人口环境、企业或行业特殊利益集团、消费习惯和社会责任等。
- 技术：与企业生产有关的新技术、新工艺、新材料的出现，发展趋势及其应用前景，如行业关键技术水平对标、技术发展趋势和公司技术路线图等。
- 环境：组织的活动、产品或服务与环境发生相互作用的要素，如企业概况、行业发展趋势、对其他行业的影响、对非产业环境的影响、媒体关注度和可持续发展空间等。
- 法律：组织外部的法律、法规、司法状况和公民法律意识所组成的综合系统，如世界性公约条款、基本法、劳动保护法、公司法、合同法、税法、行业竞争法、环境保护法、消费者权益保护法和行业公约等。

（3）注意事项。

- PESTEL 分析必须基于充分的相关研究资料和对被分析企业的深刻认识。
- 在发散思维阶段需要收集尽可能多的因素信息，筛选时再归类收敛各种因素。

（4）应用示例。以我国电动汽车生产为例，PESTEL 的简单分析如表 5-2 所示。

表 5-2　PESTEL 分析

政　治	经　济	社　会
1. 国家政局稳定	1. 处于经济结构转型期	1. 受交通状况制约
2. 有 "一带一路" 政策支持	2. GDP 增速下降	2. 购车目的改变
3. 限购政策增多	3. 经济下行压力大	3. 消费重心下移
4. 鼓励万众创新	4. 制造业产能过剩	4. 消费者维权意识提升
技　术	环　境	法　律
1. 节能技术有所发展	1. 空气质量问题突出	1. 有环境法制约
2. 新能源技术提升	2. 环保要求提升	2. 有节能减排政策要求
3. 互联网 + 技术提升		

5.1.2　创意工具

1. 头脑风暴（Brainstorming）

（1）**定义与适用性**。头脑风暴是在新产品概念生成阶段经常被采用的一种创新性解决问题方法。其关键的假设前提为：数量成就质量。头脑风暴可用于设计过程中的各个阶段，尤其是概念创意阶段；也可针对单个特定要求或主题开展。头脑风暴通常是由一组参与者共同完成的，但独立设计师也可借鉴其原则和流程让创意过程相对系统化。

（2）**方法与步骤**。事先挑选参与人员，一般人数 6 ~ 10 人为宜，如果人数过多，可以考虑分组讨论。

时间以 20 ~ 60 分钟为宜。在头脑风暴正式开始前，为整个活动过程设定流程、时间和方法。需要提前向参与者解释方法和原则，并且公示要讨论的问题。由主持人引导大家发散思维寻找方法、整理归类评估、聚合思维进入下一环节。

- 定义问题。书写一份问题说明，问句可以用"如何"开头。如果有必要，可能需要重新定义问题，并且提前为参与者举行热身活动。先在白板上写下问题说明及头脑风暴的绝对性原则（参考以下注意事项）。主持人提出启发性的问题，并且将参与者的反馈写在白板上。
- 发散思维。参与者针对问题各自进行思考，形成创意。参与者可以采用多种不同的方法来完成，如各自独立书写和绘图，在各小组内轮流口述等。一旦生成许多创意，就可以停止发散思维。如果计划时间用尽，可以决定加时或停止。
- 归类评估。从问题出发，将所有发散思维的成果进行分类整理。此时可以采用多种归类方式，如简单聚类、思维导图等。在评估的过程中，可能需要借助一些设计标准作为参考。
- 聚合思维。所有参与者共同选择，得出最有价值或大家最满意的产品创意或概念组合，进入下一环节。在共同选择的过程中可以采用多种决策手段，如手势投票、圆点投票等。

（3）**注意事项**。头脑风暴更适合解决相对简单、大众的设计问题。对于一些复杂度高、专业性强的问题则较难获得有效结果。如果将复杂问题分解拆分，针对细分问题分别进行头脑风暴，容易忽视系统性问题。对于专业性问题，可以邀请专家进行专题的头脑风暴。

头脑风暴务必严格遵守如下绝对性原则：

- 延迟评判。不要在头脑风暴期间否定任何想法或意见。对别人提出的任何想法都应保证不评判、不阻拦、不质疑，确保每位参与者不会因受到冒犯而思维受限，从而确保头脑风暴在思维发散阶段能够产出大量出人意料的创意。
- 追求数量。围绕目标问题，迅速抛出大量想法。得到的想法越多，越能活跃大家的思维，增加高质量想法的产出概率。
- 鼓励提出疯狂的想法。鼓励大家随心所欲，想法越大胆越好，内容越广泛越棒。让所有参与者都感到安全和舒适，有助于打开思路，得到意想不到的创意。
- 站在巨人的肩膀上。鼓励参与者基于他人想法进行补充和改进，形成真正的群策群力场域，即通常所说的 1+1 > 2。

（4）**应用示例**。如图 5-1 所示，给出头脑风暴要讨论的问题，写便笺为思维发散过程，分组为整理过程，圆点为思维聚合过程。

2．脑力书写（Brain Writing）

（1）**定义与适用性**。脑力书写小组中参与者通过书写和阅读来互动。参与者将自己的想法写在纸上，然后其他参与者接力书写，每位参与者都可以在前人想法的基础上进行补充和拓展，以减少产出的阻碍，获得大量创意。脑力书写与头脑风暴有类似的使用场景。

图 5-1　头脑风暴示例

（2）**方法与步骤**。参与人数 4~8 人为宜，如果人数众多，可以进行分组。时间约半小时。参与者在纸上写下创意放入交换区，再从交换区拿走一个创意，在其基础上写下自己的想法。然后由下一位参与者进行补充，不断激发新想法。采用的方法如下。

- 发散思维。参与者围着一张桌子坐下来，每位参与者人手一张 A4 空白纸，在纸的最上方写上题目或标题，之后写下一个观点并标上序号，然后把纸放在桌子中间（创意汇集区 / 创意交换区）。每个人从交换区拿走一张其他人的纸，继续上面的步骤，从此前的观点中获取灵感，相互补充或写下自己的新想法。参与者偶尔拿到自己写的那张纸也是可以的。当收集到大量的想法后，或者既定时间到了就停下来。

- 收敛思维。通过讨论澄清并相互激发想法，排序找出每个小组的共同观点或选出最受欢迎的想法，将最受欢迎的想法与会场的其他小组分享。

（3）**注意事项**。脑力书写适合解决相对简单且开放的设计问题。

- 参与者要具备一定的书写表达能力，如需绘图说明，则须有绘画基础，以便有效表达想法或概念的精髓。

- 不在脑力书写期间否定任何想法或意见。

- 在完成脑力书写后建议安排一个休息环节，有利于缓解疲劳和转换思维到后续的创意筛选环节。

- 写下的观点尽量采用动宾结构短语，符合 SMART 原则，有意义、可操作，避免写下单个表意模糊的词语。

（4）**应用示例**。6-5-3 是广为人知的一种脑力书写方法：6 名参与者，每人 5 分钟内写出 3 个想法，然后将纸依次传递给身边的参与者（同为顺时针或同为逆时针），直至自己最初的想法被传递回来。用时约 30 分钟，可产生约 90 个创意。

3．奔驰法（SCAMPER）

（1）**定义与适用性**。奔驰法是一种辅助创新思维的常见创意工具，主要通过 7 种思维启发方式帮助我们拓宽解决问题的思路。SCAMPER 是 Substitute（替代）、Combine（组合）、Adapt 调整、Modify（修改）、Put to another use（挪为他用）、Eliminate（消除）和 Reverse（反转）的首字母缩写。奔驰法特别适用于发散思维阶段，在创意构思后期或初始概念产生后、创造力枯竭时，可以暂时忽略可行性和相关性，运用奔驰法得到出人意料的创意。在头脑风暴的过程中也常常使用奔驰法，先通过头脑风暴得到一些创意，之后在一些创意的基础上通过奔驰法进一步拓展思路。独立设计师也可以在设计中独自运用此方法，打开设计思路。

（2）**方法与步骤**。创意者可以运用上述 7 种启发方式，针对现有的每个产品创意或概念进行提问，引发思考，以便产生更多的灵感或概念，然后运用其他方法对创意进行分类、排序，筛选，进一步深入设计。

- 替代（Substitute）。思考当前创意或概念中有哪些内容可以被替代，例如，系统/产品中是否有可被替换的原材料、组件、人员、工艺等。

- 组合（Combine）。思考哪些元素需要组合在一起来改善产品创意或概念。例如，将不同产品/服务整合在一起，将不同设计目标/想法结合在一起，是否能产生意想不到的结果。

- 调整（Adapt）。思考产品创意或概念中有哪些元素可以调整。例如，有哪些功能可以进行调整，是否可从他处借用部件、工艺或创意。

- 修改（Modify）。思考如何，修改产品创意或概念，以便进一步改进。例如，哪些属性可以改变（大小、颜色、形状、味道、声音、包装、名字），哪些范围可以放大或缩小？

- 挪为他用（Put to another use）。思考如何将产品创意或概念运用到他处。例如，是否能将该创意或概念用到不同的场景/行业，废料是否可以回收并产生新产品。

- 消除（Eliminate）。简化已有的产品/概念，去除非必要的构成元素。例如，确定产品核心功能和非必要功能，如无必要则去除。

- 反转（Reverse）。思考与你的产品创意或概念完全相反的情况是怎样的。例如，改变产品使用顺序，使产品里外反转或上下颠倒等会产生什么结果。

（3）**注意事项**。

- 运用奔驰法所得到的大量创意，其质量严重依赖创意者的历史经验，未经专业训练的创意者应用效果一般不太理想。

- 如果想发挥出这个方法的极致优势，就必须学会不断追问各种具有挑战性的根本问题，整合相关资料，挑战自己的创造力，甚至提出一些近乎疯狂的想法。

- 所有的评估过程都应在归类之后进行，以避免一些看似不切实际、实际上非常独到的想法过早夭折。

- 奔驰法的提问过程不应是线性过程，在评估时可以去除一些明显不可行或不相关的想法，这不代表创意完毕，此时很可能还需要将选出的产品创意或概念进一步细化，推进设计。很多时候，需要经过几轮奔驰法的提问思考，才能得到令人满意的创意结果。

4．思维导图（Mind Mapping）

（1）**定义与适用性**。思维导图是一种全脑思考式思维的视觉表达形式，能够自由发散思维联想，并且将各种想法、概念、信息、图示、数据进行分类组织连接，以类似神经元链接的方式呈现出来，有利于明确问题定义和主次要因素，或者启发设计师找到解决方案，并且标注每个方案的优劣势。

虽然思维导图可以用于设计过程的不同阶段，但是最常被用于创意产生阶段，用来启发头绪，找到关联。思维导图可以个人使用，也可以团队共创。

（2）方法与步骤。思维导图围绕一个中心主题绘制多个分支，每个分支针对不同的方面还可以继续细化。要兼顾主题和分支的图文信息，在主题和分支上写下关键词，添加图示，方便理解和记忆。如果有必要，可以将某个分支作为另一张思维导图的中心词进行分层描绘。使用方法如下：

- 聚焦目标。一般将空白纸横向放置，将中心主题的名称简述或中心主题的示意图放在空白纸的中央。可用线条圈起，方便从中心主题引出分支。

- 发散思维，建立连接。对主题的每个方面进行头脑风暴，从中心向外绘制发散的线条，将想法总结成关键词写在不同的分支线上。

- 根据需要在分支的基础上添加下层分支，不断细化。也可以后续对需要强调的关键词增加小图标。通过不断添加元素、想法和关联补充信息。

- 研究思维导图，从中找出各个想法之间的相互关系，提出解决方案。

- 在此基础上，可以根据需要重新组织图上的分支结构，也可以整理绘制新的思维导图。

（3）注意事项。

- 思维导图一般是个人脑海中问题思考的主观看法和思考路径，并且抽取出关键词，在设计师独立工作时十分有效，也适用于小型团队协作。为了保证大型团队理解的一致性，需要对抽取出来的关键词提供额外注释和说明。

- 中心词 + 中心图的大小应适中，在 A4 纸中以 3cm×5cm 为宜。中心图的颜色一般为 3 种或 3 种以上。

- 各个分支最好相对均衡分布在整张纸上，在手绘过程中要注意预留空间。分支与上下层分支之间不能断开。每个下层分支线的颜色应与主分支的颜色相同，这样有利于区分彼此。

- 将关键词写在线上，一条线一个词。关键词的提取以名词、动词为主，不建议使用冗长的句子，如果引用名句建议加框区分。关键词一般用纯黑色笔书写。

- 有必要时可以在某个关键词上方或侧面添加小图标，方便强调和记忆。

（4）应用示例。图 5-2 为 SCAMPER 法的思维导图。

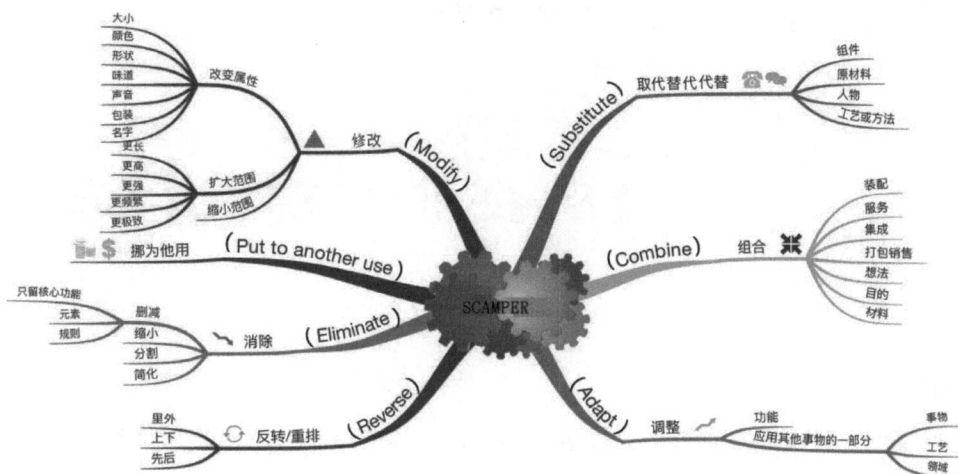

图 5-2　思维导图示例

5. 故事板（Story Board）

（1）**定义与适用性**。故事板是用视觉化方式讲述故事的一种方法，可以用来呈现特定创意在应用场景中的使用过程，有助于创意者理解目标用户（群）在产品使用中的交互情景、使用方式和大体时间。在电影拍摄中，故事板用来安排剧情中的重要镜头，展示各个镜头之间的串联关系。

故事板可以应用于整个设计流程，也会随着设计流程的推进不断改进。该工具帮助创意者设计交互过程，此时故事板可能仅是简单的草图，还可能包含一些评论和建议。随着设计流程的推进，故事板的内容逐渐丰富，会融入更多的细节信息，帮助创意者探索新的创意并做出决策。在设计过程末期，设计师依据完整的故事板反思产品的设计形式、使用效果、用户价值和设计品质。

（2）**方法与步骤**。可以用多幅简单的故事板草图，也可以利用视觉素材和辅助文字设计、呈现用户与产品的交互过程如何发生：何时、何地、如何使用，用户有何种行为，产品呈现何种状态，进而挖掘用户的生活方式、潜在动机、评估体验和产品价值。使用方法如下：

- 明确创意。首先明确一个用户角色和该角色的关注点，然后设想创意目标，虚拟大体的使用场景。
- 选定故事。选定一个需要用故事板表达的场景，明确希望通过故事板表达的交互内容，即需要用故事清晰地传递的信息。
- 制定大纲。分析驱动用户的出发点，确定交互过程中的交互事件、产品状态；确定故事发生的时间轴，对故事进行简化；确定故事板中分镜头的数量，可以先用文字故事板进行分镜头的制定。
- 绘制草图。按照大纲内容，对应时间轴绘制各个草图。选择适当的构图框架，考虑需要添加哪些注释信息，需要强调哪些内容，哪些地方应适当留白。
- 完整绘制。绘制完整的故事板，适当补充简短注释，调整表达层次，将一连串的故事连接成完整的用户交互场景。

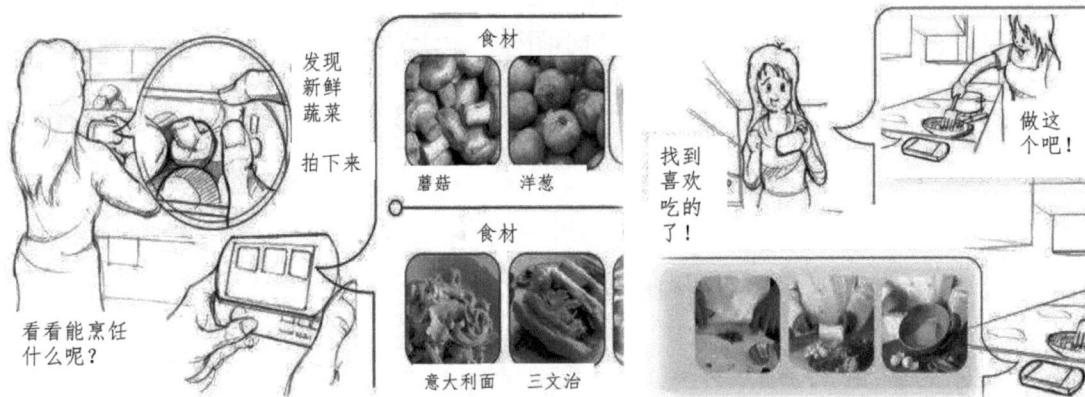

图 5-3　故事板示例

（3）**注意事项**。

- 不同的视觉表达方式可能左右读者对故事板的反馈，提前给出的故事板可能给用户造成先入为主的印象。
- 如果涉及多个角色，建议制作多个故事板。

- 在分析使用、引发联想、评估创意时，事实型的、粗略的、开放式的故事板草图更容易引发用户的评论和思考，过于精美的故事板反而会限制用户的思维。在展示产品概念、设计方案时，故事板通常需要完备的设计细节。

（4）**应用示例**。图 5-3 是一个故事板的示例。

6. 六顶思考帽（Six Thinking Hats）

（1）**定义与适用性**。六顶思考帽分别代表不同的思维类型，是指引注意力的工具，用来帮助我们在同一时间只用一种特定的思维方向进行某种特定类型的思考。避免团队由于意见不一致，或者过多争论对错，浪费团队能量。其强调的不是"它本身是什么"，而是集中团队所有人的智慧探索"它能够成为什么"。

六顶思考帽适合产品创意 / 概念生成的各个阶段，可由一人独立完成，也可由一名主持人带领团队完成。六顶思考帽最常见的用法，是在讨论时偶发地使用某一种帽子来打开思路，通常持续两三分钟。

六顶思考帽通过事实信息、主观感受、反向质疑、正向说明、创意提议、程序控制 6 个方面进行集中思考。它们分别是：

- 白帽。集中思考相关的事实、数据和信息，是对信息的客观描述。例如，我们有哪些信息？我们需要哪些信息？
- 红帽。集中思考自己的情感、直觉甚至预感。例如，我在此时此刻对这件事情有什么感觉？
- 黑帽。集中思考真相、判断和合理性，这是一种质疑，寻找负面的观点，甚至指出逻辑上的错误等。例如，这合乎事实吗？它有效吗，安全吗，可行吗？
- 黄帽。集中思考优点和好处，代表着收益。例如，为什么它是可行的？为什么它有好处？
- 绿帽。集中思考建议、提议、新的创意或其他选择。例如，我们在这里能做什么？还有其他不同的主意吗？
- 蓝帽。集中关注思考的过程，控制思考的流程。例如，思考进行到哪里了？结论是什么？下个思考步骤是什么？

（2）**方法与步骤**。

- 确定问题类型。使用帽子的顺序并不是固定的，根据问题的类型和现场情况可以调整顺序，因此首先明确问题的类型就比较重要。
- 设定帽子顺序，并且按顺序展开思考。下列是一些参考建议。
  - a. 寻找创意较适合的顺序：白、绿、黄、黑、绿、蓝、黑、红。
  - b. 选择方案较适合的顺序：红、黄、黑、绿、白、绿、黑、红。
  - c. 简易顺序：黄 / 黑 / 红，白 / 绿，黑 / 绿，蓝 / 绿，蓝 / 黄。

针对不同目的，一般都可以使用简易顺序。

（3）**注意事项**。

- 可以随着认知的不断更新，重复六顶思考帽的思考过程，不断趋近于更合理的创意。
- 如果采用指定某人承担某种角色的方法，有可能选出的人员与角色特点不符，限制了方法的最终效果。如果时间允许，整个团队共同逐一承担各个角色会有所缓解。

- 程序的设定和执行都依赖蓝帽角色，一旦经验不足可能出现失控情况。过度中断讨论和过多讨论同样是有害的。
- 过度或过早使用黑帽会使气氛紧张，致使大家过分小心谨慎。
- 如果黄帽的想法没有必须性、合理性，没有匹配对应强度的黑帽，会使结果不实，自我感觉良好。因此可以适当关注所提出的好处的理由是什么。

7. 德尔菲法（Delphi Method）

（1）**定义与适用性**。德尔菲法是一种专家匿名集体多轮函询反馈的预测方法。由企业专门的预测机构向若干匿名的专家发出多轮调查问卷，背靠背地征询专家对未来产品、市场和技术等方面的意见或判断，统计获得的预测结果，进而消除权威效应和交流不充分的不利影响，得到更加充分、具有代表性的反馈和相对统一、可靠的结果。

德尔菲法是预测活动中的一个重要工具，可以广泛应用于产品、市场、技术和成本等诸多方面的预测。在实际应用中通常可以分为 3 种类型：经典型、策略型和决策型。

（2）**方法与步骤**。在对所要预测的问题匿名征得专家的意见之后，进行整理、归纳、统计，再将新问题匿名反馈给各专家，再次征求意见，再集中，再反馈，直至得到一致的意见。其特点为匿名性、多次反馈和小组统计。一般德尔菲法都要经过多轮调查反馈，其步骤如下：

- 前期准备。组织者拟定预测主题，编制预测问题的咨询表（表中说明研究目的、德尔菲法简介、专家的作用、专家信息收集、具体征询问题和必要的填表说明），选取专家 15～50 人为宜。
- 开放式第一轮。第一轮调查表的问题是开放式的，不带任何框框，只提出预测问题，请专家围绕预测问题提出预测事件。要避免限制太多，漏掉一些重要事件。专家反馈后，组织者汇总归并同类事件，排除次要事件，用准确术语提出一张预测事件一览表，形成第二轮的调查表。
- 评价式第二轮。专家对第二步调查表所列的每个事件做出评价。包括事件、事件发生的最大值、最小值、中位数、四分位数和四分位数间距及有关概念说明，以及事件发生在四分位数外的理由，并附上各专家第一轮答卷的复印供参考。例如，说明事件发生的时间、争论的问题和事件或迟或早发生的理由。组织者整理统计二轮反馈得出第三张调查表。
- 重审式第三轮。发放第三张调查表，与第二轮类似地统计中位数和上下四分位数等，并附上部分专家不同意预测结果的意见，其重点是争论双方的意见。请专家重审争论，对上下四分位数外的对立意见做出评价。给出自己新的评价（尤其是在上下四分位数外的专家，应重述理由）。如果修正自己的观点，也应叙述修正的理由。组织者收集、总结新评论和新争论，形成第四张调查表。
- 复核式第四轮。发放第四张调查表，专家再次评价和权衡，做出新的预测。是否要求做出新的论证与评价，取决于组织者的要求。组织者回收第四张调查表，综合各轮意见进行统计分析。计算每个事件的中位数和上下四分位数。归纳总结各种意见的理由及争论点。

（3）**注意事项**。

- 对于意见分散、不太统一的预测，需要经过多轮调查、统计反馈，比较耗时，要求专家们务必保证自始至终有充分的精力参加反馈，尽量不中途退出。
- 预测准确度受到所选专家经验总体水平的影响，因此在选择专家时要注意广泛性、代表性、权威性，并兼顾专业领域和地域的分布，降低由于地域、背景雷同，出现多数专家经验同频共振的问题，或者专家经验储备不足，导致轮回之间应答率的下降。

- 预测机构应该避免把自己的意见列入咨询表。
- 专家之间不得互相讨论，不得横向联系，专家只能与调查人员联系。
- 问题的数量不宜过多、过繁，如果问题数量超出 50 个，则要认真研究问题是否过于分散。
- 不是所有被预测的事件都要经过上述 4 步，达到统一即可省略后续步骤。最终，即便不统一，也可以用中位数与上下四分位数来做出结论。
- 在实施德尔菲法的过程中，始终有两大类角色互动：预测的组织者和被选出来的专家。在每一步骤中，组织者与专家都有各自不同的任务。
- 德尔菲调查表与通常的调查表有所不同，除了有通常的问题并要求回答的内容外，还兼有向被调查者提供信息的责任，是专家们交流思想的工具。

5.1.3　可行性分析工具

可行性分析是对新产品进行系统的技术、经济、可能性论证，选择最小的人财物料消耗，取得最佳技术、经济和社会效益的可行方案。

早在制定产品创新章程时我们就会考虑潜在市场的规模、市场份额和利润等短期目标。为了从被考虑的所有项目中找出最合适的项目，必须考虑每个产品与组织战略长期目标和能力的匹配度。可行性分析一般分为 3 个阶段：

（1）机会识别。通过对社会需求、技术趋势和资源状况的分析，寻找合适的投资机会，包括市场调查预测、投资目标、投资范围等。

（2）初步可行性分析。在识别投资机会的基础上，寻找可行项目和投资方向，在经济上进一步考察原料市场，在技术上进行试验。

（3）可行性论证。通过全面的分析、对比、论证项目的可行性，选择最佳方案，得出定性的可行性结论。

可行性分析主要的工具如下所述。

1．销售预测（ATAR）

（1）**定义和适用性**。ATAR 由 Awarness（关注）、Trial（试用）、Availability（可获得性）、Repeat（重购）的首字母组成，是基于新产品销售额与利润的预测法。我们从销售预测来进行财务分析，一旦预测了未来几期的销售状况，就能够评估成本、预测获利，并计算出主要的财务指标（净现值 NPV、内部收益率 IRR、回收期 PBP 等，详见后文）。

ATAR 适用于早期对新产品概念进行评估，得到合理的粗略销售预测。ATAR 能帮助我们以关注度和可获得性为基础来评估市场导入，识别问题所在，纠正错误，调整销售，有利于长期的销售预测和市场份额的稳定。ATAR 可以广泛应用于工业品及服务等新产品的基础市场调研、概念测试、产品使用测试、成分测试和市场测试中。

（2）**方法与步骤**。ATAR 运用了创新扩散（diffusion of innovation）的原理：个人或公司要想变成创新的固定购买者/用户，首先必须关注创新，接着尝试创新，然后发现该创新产品可获得，最后用户喜欢并反复购买该产品。它涉及以下几个方面。

- 关注（Awareness）。购买者得知新产品存在，新产品有独特卖点，在不同产业间甚至开发人员间存在差异性。
- 试用（Trial）。可以有多种定义，通常意味着实际购买并至少进行消费。例如，在工业场景中，样品被可能使用（会产生成本）。
- 可获得性（Availability）。购买者想要尝试此产品并成功找到此产品的比例。例如，引入此产品的商店的比例，直销商的数量。
- 重购（Repeat）。可以有多种定义，通常意味着购买者自己重复购买或推荐给他人购买。例如，对于快消品，一般指反复购买一次以上的比例；对于耐用品，往往指推荐他人使用的比例。

ATAR 使用方法如下：

- 确定目标客户。针对潜在的目标市场进行分析，确定可能购买本产品的购买者。可以是某个细分市场的个人客户，也可以是参与购买决策的企业部门。
- 定义模型。研究市场中对应客户的购买情况，根据客户定位定义 ATAR 的 4 个方面。确定如何引起购买者的关注，购买者如何进行试用，购买者可以通过何种方式获得产品，预想的重购是何种类型的。
- 预测销售。根据客户情况和市场情况，假设 ATAR 中的可能数据，如可能购买的客户数量、关注比例、试用比例、可获得比例、重购比例、单位产品收益、单位产品成本等，计算出预测结果。
- ATAR 预测=购买者数量×关注比例×试用比例×可获得性比例×重购比例×（单位产品收益 – 单位产品成本）。
- 改善利润：根据最初的销售预测进行测试，根据测试反馈的情况，一次选择某一项相关因素采取措施进行改善。循环上述步骤，直到获得预期的利润，或者测试结果为失败，尽早退出市场。

（3）**注意事项**。

- 由于一开始时只知道部分数据，很多估计的假设不具有较高的可信度，随着新产品开发流程的进行，需要对原来达成共识的数据进行修正。
- 必须进行客户定位测试，以便识别客户试用时的兴趣所在、使用之后的反应，以及其他对产品有改善作用的内容，因此需要大量数据和反馈来不断强化我们的估算能力。可以用过去大量的研究文件为基础来校正方法以及试用率与重购率的估计。
- 财务模型必须有产品的成本、价格和货币的现值、未来所得的可能赋税、投资未来产品的资金金额等信息，这些信息有些在产品生命周期结束之后都不一定能确定。
- 不同的产品、不同的销售方式对 ATAR 概念的定义可能存在差异。如果没有对 ATAR 概念的准确定义，就不可能存在有价值的度量，因此需要针对新产品进行具体定义，并且与战略保持一致。
- 对于不合理的利润预测值需要改变其中一个因素来进行预测的改善，如检查促销阶段的购买者的关注度，或者看看需要怎样的经销体系才能使购买者在有意愿购买时就能找到该产品。

（4）**应用示例**。以大屏手机为例，我们假定此类手机功能与市场现有手机类似（价格、目标市场、提供的利益），客户为现有大屏手机用户，ATAR 预测示例如表 5-3 所示。

表 5-3　ATAR 预测示例

预测项目	预测值
现有类似产品的市场规模（用户数量）	1 000 万人
关注到我们手机的用户比例	40%
决定试用的用户比例	20%
最终购买（初次）该手机的用户比例	50%
再次购买该手机的用户比例	10%
每部手机的单价	2 000 元
每部手机的成本	1 000 元

利润贡献预测=1 000×40%×20%×50%×（100%+10%）×（2 000–1 000）= 4 400（万元）

2．预测资金时间价值

（1）净现值（NPV）

1）**定义和适用性**。净现值（Net Present Value，NPV）是财务分析中常用的指标，适合预测、评估新产品或新项目的盈利能力、新产品开发工作的当前投资和产品未来收入。其核心理念是因为考虑到通货膨胀率，今天的资金比未来的资金更值钱，所以将未来的资金收益折算成现在的资金价值，以利于判断其实际价值。NPV 越大越好。

2）**方法与步骤**。其计算公式为：

$$PV = \frac{FV}{(1+i)^n}$$

$$NPV = PV_{收益累积的现值} - PV_{成本累积的现值}$$

式中，PV 为现值，FV 为未来价值，i 为折现系数，n 为期间数（年数）。

- 给出折现系数：通过表格形式列出不同时间段（年数）和利率对应的折现因子。
- 确定期间数：确定产品的潜在生命周期（年数）。
- 计算现值：按产品年数，分别计算各年的收益、成本、现金流的现值。
- 计算净现值：用收益累积的现值减去成本累积的现值。

3）**注意事项**：

- 沉没成本（已经投入项目的资金）并没有在 NPV 计算中考虑。
- 折现系数对净现值计算的影响重大，通胀率和预期利率的预测相当关键。
- 生产和销售是一个长期持续的过程，其贴现过程是持续发生的，所以很难准确预测出全部情况。近期产生的销售收入比远期产生的销售能够更大程度地抵消当前的开发成本。同样，近期规划的营销和开发成本也会比后期所产生的费用更大程度地抵消未来收入。

4）**应用示例**。假设产品生命周期是 3 年，其 NPV 计算如表 5-4 所示。

表 5-4   NPV 计算 （单位：万元）

项　　目	第 1 年	第 2 年	第 3 年
收益	500	1 000	1 500
成本	800	400	500
现金流	500－800＝－300	600	1 000
折现因子*	0.909 1	0.826 4	0.751 3
现值	－300×0.909 1＝－272.73	495.84	751.3
净现值	－272.73+495.84+751.3＝974.41		

*折现率为 10%。

（2）投资回报率（ROI）

1）**定义和适用性**。投资回报率（Return on Investment，ROI）是用来评估新产品开发项目可行性的常用财务指标，是衡量项目盈利能力的标准测量手段。因为新产品开发项目通常会持续多年，最终产品在其生命周期内会以不同的价格进行售卖，因此在组合管理中将一个项目与另一个项目进行比较时，都折算为当前现金价值的投资回报率会更合理。大多数公司或组织所能接受的最低投资回报率称作"基准收益率""最小收益率"或"门槛收益率"（Hurdle Rate），只有超过这个标准指标的新产品开发项目才能被批准继续开展。ROI 也是一家公司资产配置良好程度的指标，通常 ROI 越大越好。

2）**计算方法**：

$$ROI = \frac{总折现收益-总折现成本}{总折现成本}$$

3）**应用示例**。假设产品生命周期是 3 年，其 ROI 计算如表 5-5 所示。

表 5-5   ROI 计算 （单位：万元）

项　　目	第 1 年	第 2 年	第 3 年
收益	500	1 000	1 500
成本	800	400	500
折现因子*	0. 9091	0.826 4	0.751 3
ROI	［（500－800）×0.909 1+（1 000－400）×0.826 4+（1 500－500）×0.751 3］／（800×0.909 1+400×0.826 4+500×0.751 3）＝974.41/1 433.49＝67.97%		

*折现率为 10%。

（3）内部收益率（IRR）

1）**定义和适用性**。内部收益率（Internal Rate of Return，IRR）就是资金流入现值总额与资金流出现值总额相等，净现值等于零时的折现率。可以最通俗地理解为项目投资收益能承受的货币通货膨胀贬值的能力。IRR 越大越好，它可以用来评估某个新产品或项目的投资吸引力，在多个可选的投资项目、组合中进行选择。

2）**计算方法**。设内部收益率为 r，可列出如下推导公式：

$$\frac{FV_1}{(1+r)} + \frac{FV_2}{(1+r)^2} + \frac{FV_3}{(1+r)^3} + \cdots + \frac{FV_n}{(1+r)^n} - 总成本 = 0$$

式中，r 为内部收益率，n 为期间数（年数），FV 为未来资金价值。

如果不使用计算机，内部收益率需要用若干个折现率进行试算，直到找到净现值为零或最趋近于零的折现率。其过程如下：

- 确定初始折现率。根据经验确定一个初始折现率。
- 计算净现值。根据投资方案的现金流计算财务的净现值，计算过程参考 NPV 计算。
- 判断净现值。如果净现值等于零，则找到需要的折现率；如果净现值大于零，则需要增大折现率；如果净现值小于零，则需要减小折现率。
- 重复试算。重复步骤 3，直到找到净现值为零或最趋近于零的折现率。

5.2　方法论

5.2.1　产品需求管理

1. 需求及需求管理的定义

需求（Requirement）是指客户对产品应承载或应表现出的特征，应达到或满足的预期要求的总和。需求是对产品功能与特征的一种期望。

> **Tips**
>
> 特别提示：新产品开发与设计过程中的需求（Requirement），有别于市场营销中的市场需求（Demand）。市场需求是指一定时间内和一定价格条件下，针对某种商品或服务，消费者愿意且有能力购买的数量。

需求管理（Requirement Management）是指企业收集、整理、传递并最终实现客户需求的全过程。在新产品开发过程中，需求管理是实现客户需求的最基本的方法论。

需求管理与客户心声（Voice of Customer，VOC）密切相关。企业很早就发现客户的确切需求难以辨明，需求在企业内部的传递极易"失真"，最终导致产品开发失败。需求"失真"是指在客户需求传递的过程中，各功能团队根据各自的理解，或出于己方团队利益考虑，有意或无意地改变客户原始需求，导致新产品的特性与预期发生偏差（见图 5-4）。这些差异不仅会导致客户需求失真，同时也会为企业带来巨大的损失。

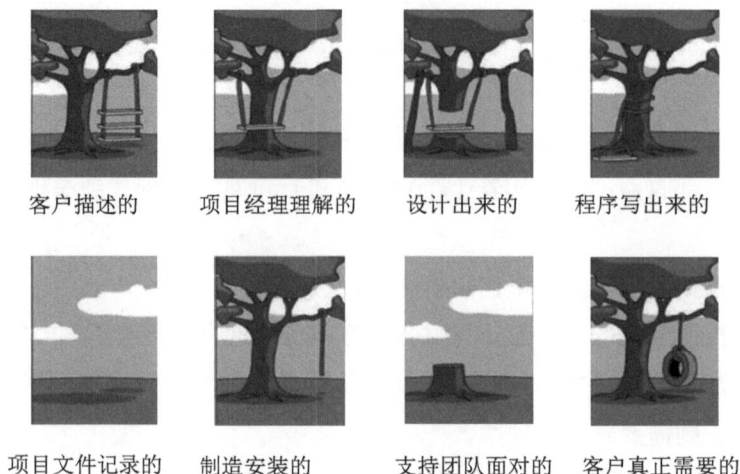

客户描述的　　项目经理理解的　　设计出来的　　程序写出来的

项目文件记录的　　制造安装的　　支持团队面对的　　客户真正需要的

图 5-4　客户需求的变化

需求管理帮助企业正确地看待需求、管理需求，并且实现需求，使之成为企业内部的组织资产，进而形成企业产品开发管理的主脉络。需求管理跨越多个知识领域，有自己的阶段划分方式和工具集，并且多与企业的开发流程密切结合在一起。需求管理对新产品的属性并不敏感，所以无论是在以传统加工制造行业为代表的实物开发行业，还是在 IT、互联网、金融服务等非实物开发行业，都有非常好的应用。

2．需求管理的阶段与模块

需求在客户与企业之间传递，在企业内部流转，整个过程具有明显的时间特征，所以需求管理通常可以根据不同阶段的任务目标来进行阶段划分。通常需求管理大致分成需求收集、分析整理、概念生成、需求实现、验证实施等几个阶段，每个阶段各自拥有一些特定的模块和交付物。

（1）需求收集。这是典型的商务及市场活动。需求的典型来源主要有 3 部分：客户直接表述的需求、市场调研反馈的需求（包括潜在的未来需求）和企业根据历史经验总结出的需求。无论是哪种来源，需求都与客户的需求有关，所以企业需要通过一系列的市场或商务活动，如客户拜访、市场调查等方式获取客户的原始需求。通过这些活动也有小概率直接获得定量且明确的客户需求，如产品规格书等。

（2）分析整理。在大多数情况下，客户的原始需求难以解读或与企业的实际情况有出入。企业需要使用一些工具对这些需求进行整理和分类，此时的工具多数以定性分析为主，尝试将客户需求分成若干类别并与企业的新产品战略和平台组合相匹配。同时企业还会对客户的模糊需求进行必要的"翻译"。所谓翻译，就是把客户的原始需求转换成企业内部功能团队可识别、可操作的语言，也就是把客户心声转变成为企业之声的一部分。亲和图就是这个阶段常用的工具。

（3）概念生成。本阶段包含两部分：概念产生和概念的选择，其中概念产生需要用到大量的创新工具。概念产生基于企业对客户需求的理解，通过"翻译"，大致获取客户的意图和倾向性。企业应尽可能寻找满足这些需求的可能性。在获取了足够多的可能性或方案后，通过方案的排列组合得到匹配企业战略目标的设计概念。而概念选择则是企业确定新产品价值主张的重要环节，在众多概念中，通过需求对比，在概念之间进行优劣比较，平衡企业资源，最终确定要开发的概念，并且为后续的设计开发指明方向。

（4）需求实现。这是需求管理的核心部分，包含了需求在企业内部传递的主要过程，也是把客户需求和产品设计关联起来的部分。质量功能展开（Quality Function Deployment）是该阶段的重要工具。质量功能展开形成了从客户需求到产品功能，到产品设计规格，再到过程规范/作业规范，最终到控制计划的整个链条，是新产品开发环节中相对生命周期最长、跨部门协作最多的工具之一，几乎涉及企业内部常规的所有业务部门。其具体内容将在下一节介绍。

（5）验证实施。这是需求管理的闭环环节。在新产品进入批量生产或批量作业/常态化作业之前，需要通过一些测试和试运行来验证客户需求被满足的程度。这些测试的种类很多，其目的也各不相同，部分测试以验证产品自身的功能性为主，部分测试以验证产品批量作业的可行性和稳定性为主，也有部分测试为了更好地匹配用户习惯而设置的，如软件行业常用的用户接受度测试（User Acceptance Testing，UAT）。所有这些测试都应与客户的原始需求列表进行对比，以检验需求的满足程度。此时应尽量获取客户对产品开发需求满足度的确认。在各种试验验证之后，产品通常会被企业内部批准进入量产或常态化作业或上市的批准程序。

3. 需求管理的流程图

需求管理在各个企业里的实施和规划方式不尽相同，与产品特性强相关。需求在企业内部会经历多个功能模块，各功能团队都有各自重要的应用工具和交付物。客户需求就是在这样的过程中一点点被传递和实现的（见图 5-5）。

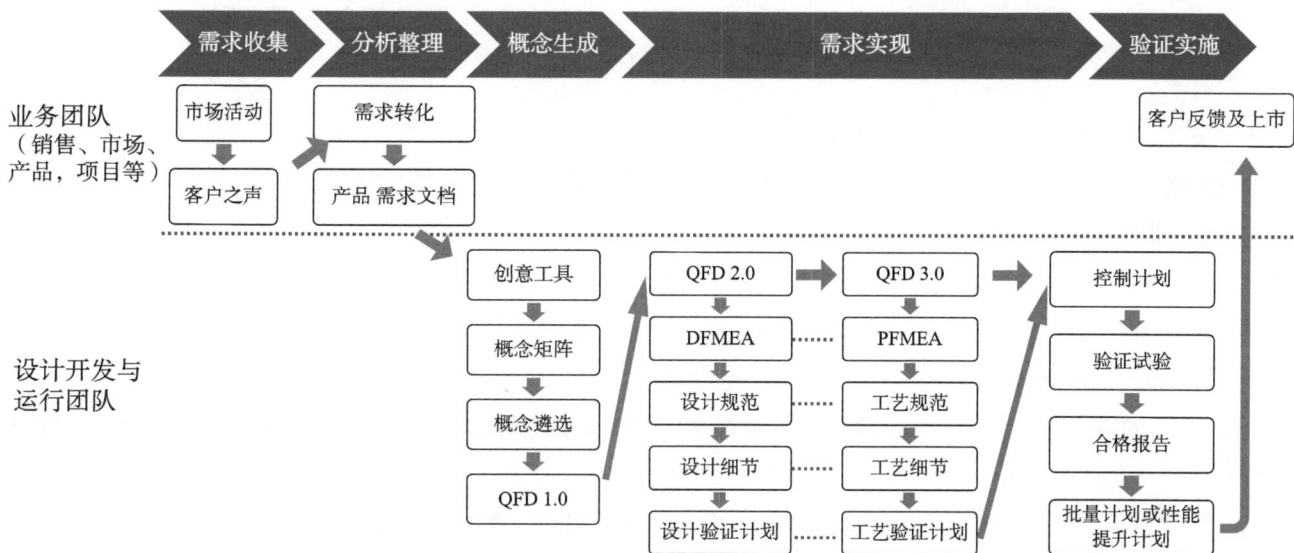

图 5-5　需求管理总体流程图

4. 需求管理的重要工具或交付物

（1）质量功能展开。质量功能展开（QFD）是 20 世纪 60 年代由日本的两位专家赤尾洋二和水野滋创建的，经过了很多年的发展和演化。目前 QFD 有固定的模块，但各个企业在使用时，并没有使用统一的量化和评价方式，所以相应的展现形式和风格也存在较大差异。

QFD 的出现是为了减少需求在企业内部分解和传递过程中的差异性，形成有效的需求链，连接企业各个功能团队并达成最终目标。QFD 通过一系列连续的转置矩阵来传递需求，这些矩阵相互关联，构成了

QFD 不同阶段的版本。

QFD 一般可分成 4 个阶段（见图 5-6 各个企业在实际应用时可能存在定制和差异性），各阶段使用小数点的原因是在分解传递需求的过程中，可能存在过渡版本，如用 1.5 版本把产品系统功能分解为子系统/组件功能，本章不再展开。其中：

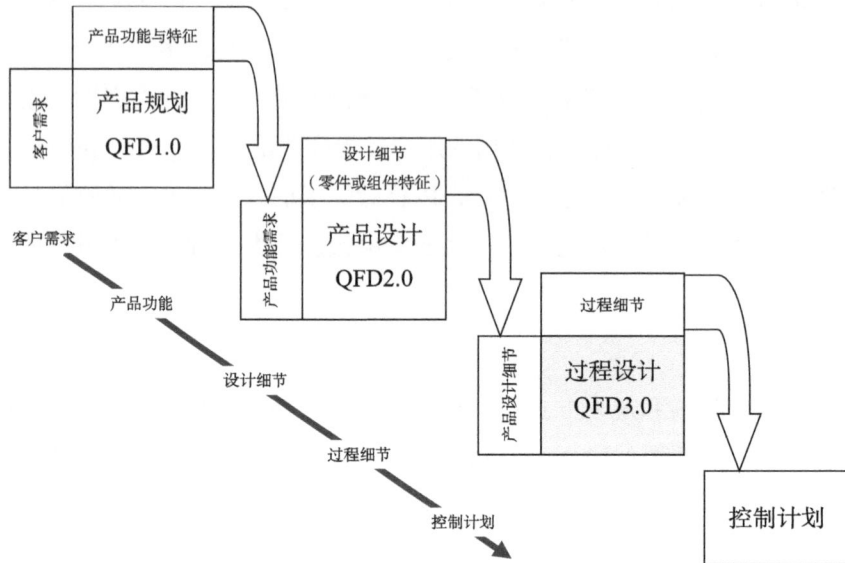

图 5-6　QFD 的不同阶段

- QFD 1.0：从客户需求到产品功能。
- QFD 2.0：从产品功能到设计细节，也有书籍把设计细节描述成零件特征，两者本质上没有差异。对于非实物新产品开发，设计细节的通用性更高。
- QFD 3.0：从设计细节到过程/作业细节。
- QFD4.0：控制计划或等同的文件，该阶段的文件通常不以 QFD4.0 的名称出现，而直接使用控制计划。该阶段内容形式也与之前的矩阵有较大差异。

在 QFD 的各个版本中，1.0 版是模块相对最多、最完整的版本，也是客户需求管理实现的源头，故以 QFD1.0 模块为例进行介绍。

如图 5-7 所示，通常 QFD 1.0 模块被分成以下几部分，各部分的评分或符号可以由企业自行定制。

1）客户需求：通常是被整理或翻译后的需求，常用亲和图法或等同的工具作为原始输入。

2）客户需求的重要度：企业对客户需求重要程度的理解，也可理解为需求权重，通常为 1~10 分，10 分最重要。建议打分时拉开分值，否则最终方案的分数可能无法拉开差距而无法排定优先级。

3）产品功能特征：这是通过客户需求分解获得的，通常建议每个客户需求至少被分解成 3~5 个对应可实施的功能特征。

4）特征期望：根据被分解的特征类型，确定实现的最终期望的类型。通常分成望大（目标最大化）、望小（目标最小化）、望目（实现目标），例如，材料成本最小化（望小），实现控制功能（望目）等。

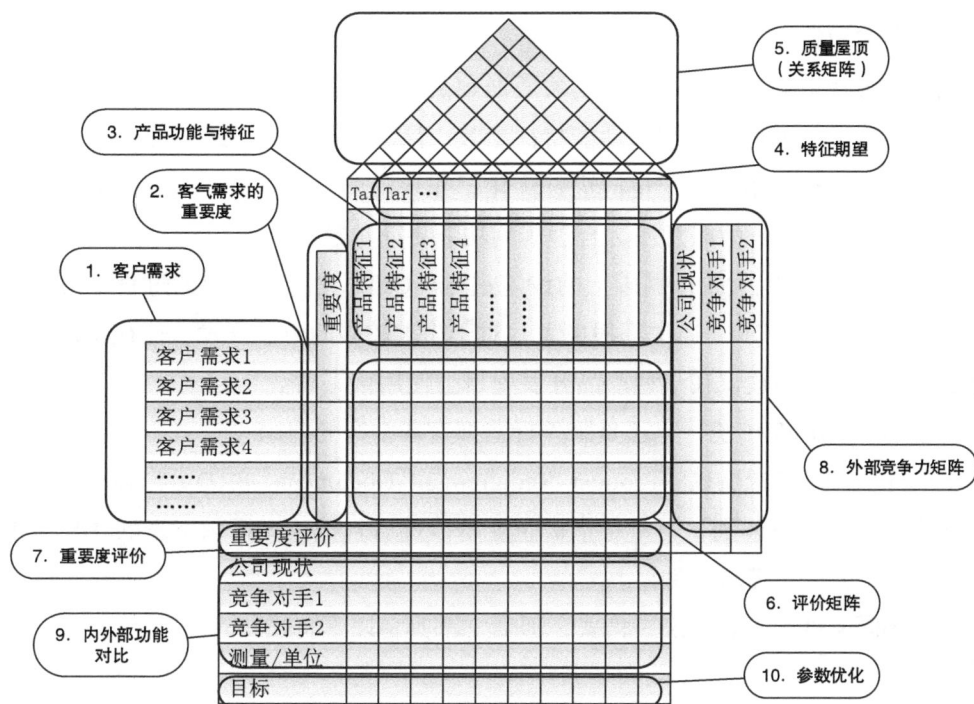

图 5-7　QFD 1.0 模块分布

5）质量屋顶：功能特征的关系矩阵。功能特征之间可能存在某些关联，包括相互促进、相互排斥和互不相关。对这些关联性的判断可以帮助产品开发团队更好地设计产品，避免出现功能互斥或系统性问题。通常把两个功能之间的关联分成 5 类：强烈正相关（相辅相成）、正相关（一定程度上相互促进）、负相关（轻微矛盾）、强烈负相关（功能互斥，无法共存）、不相关（两者不关联，或者关系不明显）。例如，车辆自重和油耗，在不改变原理的情况下，车辆越重油耗越高，两者成强烈负相关关系。

6）评价矩阵：评价客户需求与产品特征之间的影响，这种影响可能是正面的，也可能是负面的。为了拉开分差，通常打分以 0 分，1 分，3 分，9 分居多，9 分代表存在强烈的影响；3 分为一般影响；1 分为轻微影响；0 分为无影响，可以不填写。每个需求的评价项至少应具备 1 个 9 分，否则即代表该需求没有很好的实施方案或对应的功能特征。

7）重要度评价：每个功能特征都与客户需求进行关联评价，所以该分值等于矩阵内每个值与该需求的权重相乘后纵向累加，该分值可以认为就是该功能特征对客户需求的响应程度。该评价通常会进行排序，分值越高的功能特征即代表影响程度越高，产品开发团队应优先处理对待。

8）外部竞争力矩阵：该模块为工具的附加矩阵，较依赖市场研究的数据。通常会罗列关键的竞争对手，仅考虑当前竞争对手和自身企业关于客户满足度的打分，每个需求都单独打分，通常以 1~5 分常见，分值越高代表客户满足度越高，也有企业使用图形来表示。最终评分与重要度评价类似。本矩阵对比了竞争对手和企业自身的当前情况，帮助企业完成自我定位与调整。

9）内外部功能特征对比：该模块不仅依赖市场研究的数据，同时也涉及与竞争对手产品的相似度。该模块依然以竞争对手为参考对象，同时罗列企业自身当前规划的功能特征参数，如果竞争对手的产品与企业的新产品差异不大，则本矩阵的充盈度较高，如两者差异巨大，如更新换代的传统能源汽车和新能源汽车，则很可能有相当多的数据空缺（因为功能特征不存在可比性）。

10）参数优化：该模块罗列产品功能特征的参数期望值。在经过与竞争对手的参数对比之后，企业可能要对当前参数进行调整，此处应合理规划功能特征参数，该参数将成为后续设计产品规格的重要依据。需要注意的是，即便自身强于竞争对手，也应进行优化；如果弱于竞争对手，不应简单地以竞争对手的参数为目标，而应该平衡企业资源和战略意图，合理规划功能特征参数。

QFD 其他版本的各个模块也大致依据以上的设定进行。QFD 在传递需求的过程中扮演重要角色，但该工具也存在某些适用性问题。QFD 通常都很庞大，对于需求较多的产品开发，往往功能特征会非常多，导致评价矩阵过于繁复。所以不建议在小型产品开发项目上使用该工具。

QFD 的适用性很强，无论在传统行业还是服务行业都有非常好的应用。

（2）产品需求文件。产品需求文件（Product Requirement Document，PRD）与客户的原始需求（部分客户也会提出一些需求文件）有区别，通常是指被企业解读过后且被正式记录下来的客户需求。几乎所有行业的产品开发都具有这样一份需求文件。

产品需求文件或等同文件，不具备统一格式，但通常都具备以下特征：

- 可追溯的需求编号。
- 清晰的版本控制和变更日志。
- 符合产品特点的结构化需求分类。
- 需求的来源及预期的满足方式。
- 由必要的相关人员签署确认，包括但不限于产品经理、项目经理、开发人员等，客户的加签将提升产品的一次性成功率。

关于需求的分类维度没有统一的标准，不同行业衍生出具有各自特点的分类法。客户需求通常被分成客户明示需求、行业或市场需求和内部需求等。

- 客户明示需求：客户明确表达出的需求，是必须满足的，如可拆卸的手柄、具有防水功能的手机等。这类需求通常也会通过书面形式被记录和传递。
- 行业或市场需求：隐含需求的一种，此类需求不会由客户直接提出，但企业须参考行业和市场需求自行匹配与予以满足。如客户要求设计一款新的水杯，通常不会说这杯子不能漏水，但水杯不能漏水是常识，也是该行业特性，不需要单独指出。
- 内部需求：反映企业的心声，指企业满足客户需求的同时，自身也必须面对的问题。部分内部需求很可能与客户需求之间存在矛盾，需要企业自行克服和解决。内部需求还可能被分成设计需求和过程/作业需求，如注塑零件的充料口会留下痕迹，这是很难避免的（很显然这会影响产品的美观）。

产品需求文件应完整记录上述内容，该文件也往往是企业受控文件之一，最后被验证的产品应至少满足该文件所记录的全部需求。

（3）产品设计规范和过程规范。产品设计规范（Design Specification）完整地记录产品功能特征。为了确保产品设计目标的一致性，以及后期的可追溯性，产品设计规范要客观描述产品设计的范围、目标、边界条件或参数、应用场景、使用方式、工作原理等所有体现产品核心价值的功能特性。

由于设计规范是产品细节设计的指导性文件，它所记录的特性应满足以下特点：

- 可量化的、具体的：可以成为设计图纸或操作规范的具体参照。
- 可执行的：原理上是可以被实施的，而且易于实现的。
- 及时的：与时代发展是相符的，与当前产品的路线图是一致的。
- 符合客户需求的：与产品需求文件紧密关联，确保客户需求被满足，同时也关注企业内部客户的需求。

产品设计规范往往会和测试验证计划和过程/作业规范衔接。过程规范（Process Specification）包含了具体工作实现客户需求的流程步骤、过程参数及过程条件。客户需求是通过这些过程体现在最终产品上的。对于服务行业或互联网行业等非实物制造行业，一般也有类似过程规范的作业规范来标准化作业流程，以保证客户需求可以无偏差地被连续实现。

（4）合格报告。合格报告（Qualification Report）是客户需求的闭环环节，它会对所有内部和外部的需求，明示和隐含的需求进行评价。当产品通过测试并取得这份报告，即代表产品可以进行批量生产或满足交付的条件。

正因为合格报告的重要性，所以它通常由一系列子测试报告组成，例如，它通常先提交产品功能性验证报告、可量产性测试报告或客户接受性测试报告等。同时，该报告也会审查产品上市前的各种风险，包括商务风险、技术风险、采购风险、供应链风险等。由于该报告几乎涉及所有的主要部门，所以这份报告往往要求由各团队会签，产品经理和项目经理是主要的会签对象。

应用案例

某电子消费品行业的公司，主要生产电脑附件产品，包括电脑鼠标。该公司以往的产品主要客户为商务人士，为了向年轻客户群扩张，经会议讨论决定，将在半年内开发一款符合年轻客户需求的新型鼠标。

为了了解目标客户的确切需求，项目团队拟订了拜访计划，并且选定多家大型电子产品经销商的负责人进行访谈。通过对访谈记录加以整理和分析，项目团队基本确定了当前年轻客户群购买鼠标时的主要关注点。

为了获取进一步的数据，市场部门设计了相应的调查问卷，以收集目标客户真实的声音，获取他们的使用习惯和基本需求，了解他们对于当前市场上已有的鼠标的不满和抱怨。市场部门将回收的有效问卷进行了分类整理和总结，提炼出客户需求。调查问卷的结果被反馈到产品开发部门，产品开发部门结合反馈，查阅了历史开发记录，将产品应实现的基本功能一一敲定。产品经理将这些已确定的信息综合在一起，拟定并发布了新产品最初的需求文件。

在客户需求从产品开发部门传递到设计部门的过程中，由于部分信息源自终端客户的主观描述，导致其无法被工程/设计人员直接理解和转化为设计参数，例如，在客户需求文件中提到，鼠标外形要酷、时尚或可爱。这类描述基于客户主观感受，缺乏明确标准，致使设计团队内部在确定产品功能和参数时产生了分歧，无法决定产品的最终功能和参数。为了解决该问题，产品经理和项目经理带领项目团队成员一起，先后使用了头脑风暴和亲和图法等创意工具来分析、梳理和转化原始需求，最终项目团队将客户原始需求转化成工程人员能够理解的内部语言。

为了确保原始需求没有发生偏移，产品经理与市场人员一起，将转化后的功能需求和一些典型客户进行意见交换，以确保其有效性，几经修改后最终确定需求文件并转交给开发设计团队。设计团队随即对这些需求进行分类，使用 TRIZ 等方法寻找出可以满足需求的设计方案，带领其他功能模块的项目成员一同制作 QFD1.0（见图 5-8），完成了从需求到产品功能的转化。

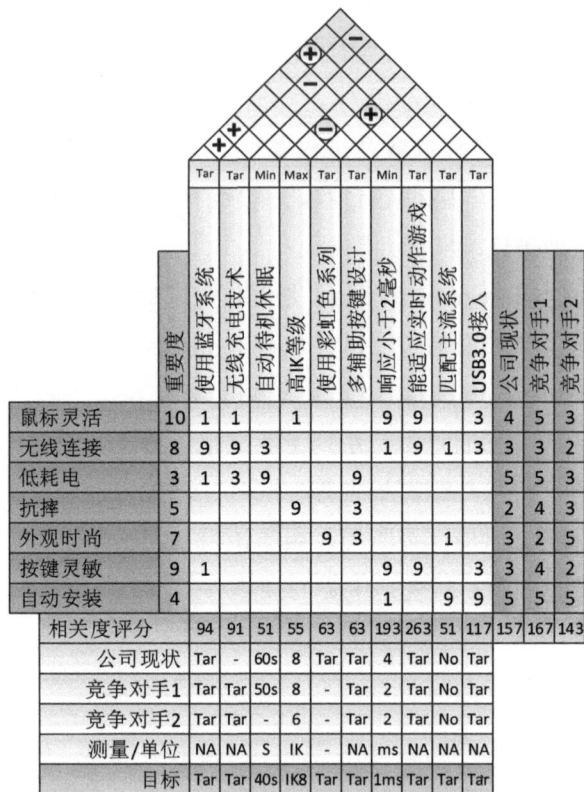

	重要度	使用蓝牙系统 (Tar)	无线充电技术 (Tar)	自动待机休眠 (Min)	高IK等级 (Max)	使用彩虹色系列 (Tar)	多辅助按键设计 (Tar)	响应小于2毫秒 (Min)	能适应实时动作游戏 (Tar)	匹配主流系统 (Tar)	USB3.0接入 (Tar)	公司现状	竞争对手1	竞争对手2
鼠标灵活	10	1	1		1			9	9		3	4	5	3
无线连接	8	9	9	3				1	9	1	3	3	3	2
低耗电	3	1	3	9			9					5	5	3
抗摔	5				9		3					2	4	3
外观时尚	7					9	3			1		3	2	5
按键灵敏	9	1						9	9		3	3	4	2
自动安装	4								1	9	9	5	5	5
相关度评分		94	91	51	55	63	63	193	263	51	117	157	167	143
公司现状	Tar	-	60s	8	Tar	Tar	4	Tar	No	Tar				
竞争对手1	Tar	Tar	50s	8	-	Tar	2	Tar	No	Tar				
竞争对手2	Tar	Tar	-	6	-	Tar	2	Tar	No	Tar				
测量/单位	NA	NA	S	IK	-	NA	ms	NA	NA	NA				
目标	Tar	Tar	40s	IK8	Tar	Tar	1ms	Tar	Tar	Tar				

图 5-8　某鼠标的 QFD1.0 示例（部分）

随着 QFD1.0 的转换，设计团队明确了设计目标，把高速响应，匹配主流系统、抗摔、无线且低耗电等确定为主要的产品功能需求，逐步制作完成 QFD2.0，明确了鼠标各个零件和组件的具体特征，完善设计细节，形成详细的设计参数，依据设计参数进行详细设计。设计团队以已成形的详细设计为基础，编写了设计规范文件和设计验证计划。随后的图纸细节设计也以设计规范文件为依据逐步展开。

为了确保产品设计满足生产制造的可制造性和可装配性要求，尽可能降低生产制造的成本及风险，生产运营团队也加入了项目进程中，在技术评审会议上，同步对设计规范、设计风险进行协同评估。同时，由工艺团队牵头，制作完成 QFD3.0，实现了从产品设计细节到过程细节的转化，对工艺规范和工艺验证计划进行了初始化和进一步完善。在详细设计的阶段评审中，产品经理和项目经理都对需求是否得到有效和无偏的传递进行了查验，确认无误后产品设计冻结，产品开发工作进入测试阶段。

产品的第一批原型很快被制作完成。设计团队依照设计验证计划对产品进行了功能性测试，以确保最初的功能需求在产品上都得以实现。生产运营团队则对产品小批量生产的可行性进行了测试。在整个测试验证过程中，部分不符合功能需求或与现有工艺不匹配、不利于批量生产的产品参数不断地被迭代更新，直至确认产品原型已满足设计功能和批量生产的要求。在产品原型通过所有测试后，项目经理召集各功能团队对产品是否合格进行综合评审，由产品经理对需求文件与产品原型的一致性进行确认。同时，为了测试目标市场对产品的反映，产品经理还将部分产品原型交给市场部门进行客户使用测试，收集客户反馈，形成客户接受性测试报告。最终的客户接受性报告显示，该款鼠标受到了 80%以上被测试目标客户的青睐，同时，此次测试也带回来了部分改进意见和建议，产品经理对此进行了详细记录，作为该产品系列后续产品开发的参考。

此外，市场和供应链等部门也对产品可能存在的商务和供应链风险进行了分析，并且制定了风险应对措施。最终，产品经理认为该新鼠标满足了客户需求文件记录的所有需求，并且得到了试用客户的肯定，于是整个产品开发团队的负责人共同会签了产品合格文件并批准量产上市。

5.2.2　六西格玛

六西格玛诞生于 20 世纪 80 年代的摩托罗拉公司，在当时的质量管理领域中是一种突破性的改善方法，其前身与全面质量管理有千丝万缕的关系，通常也被视为全面质量管理的一种继承和新形式。

经历高速发展后，它演化出一种新产品设计的方法论——六西格玛设计（Design for Six Sigma，DFSS），这是一种与传统六西格玛相关的业务流程管理方法，旨在通过使用先进技术避免制造/服务流程问题，从新产品设计之初就避免后期可能存在过程问题。

DFSS 几乎被应用于所有的领域，如金融、医疗、电子消费品、电信和能源等。它基于应用基本统计工具来确定客户和业务的需求，进而寻找满足这些需求的解决方案。在满足客户需求的过程中，六西格玛设计会尝试获得与新产品相关的系统参数，通过数学建模和模拟来优化和预测这些参数，最终实现企业和客户的利益最大化。

1. 六西格玛的分类与阶段划分

六西格玛在发展过程中分化成两大类——六西格玛改善与六西格玛设计，其中六西格玛改善针对既有产品或流程，六西格玛设计针对新产品开发或新流程设计（见图 5-9）。这两大类方法论都发展出了各自的工具体系和哲学理念。

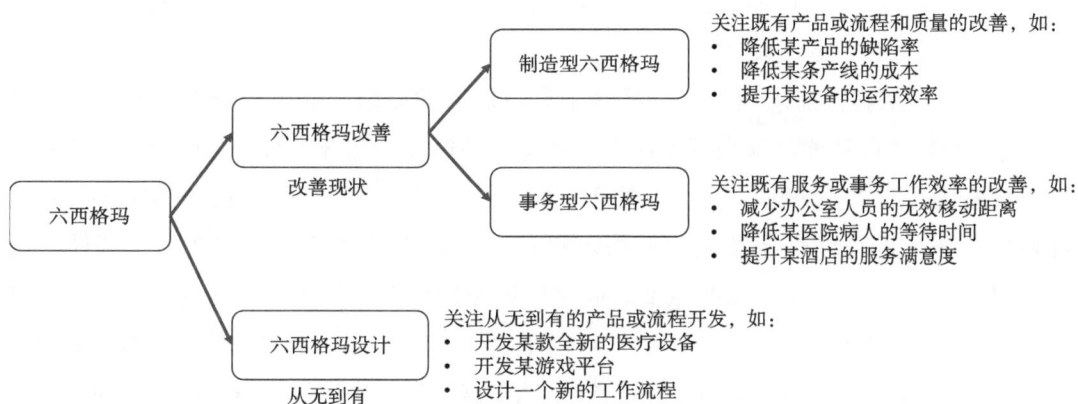

图 5-9　六西格玛的分类

六西格玛改善是以既有产品或流程指标改善为目标，其阶段被大致分为 5 个：定义（Define）、测量（Measure）、分析（Analyze）、改善（Improve）和控制（Control），简称 DMAIC。在实操过程中，根据实施对象的不同，又细分为以传统实物加工制造为代表的传统六西格玛改善，以及以服务行业或非实物为对象的事务型六西格玛改善。两者都遵循 DMAIC 的项目流程，但由于其典型数据类型的巨大差异，也演化出了各自独特的工具集，分析和改善思路也有一定的差异。

六西格玛设计主要面向从无到有的产品或流程开发设计，是六西格玛的重要分支。由于其面向的产品本身具有不确定性，而且产品之间存在巨大差异，所以六西格玛设计的阶段划分并不统一，不少企业都发展出了符合自身产品特点的六西格玛项目阶段划分方式，其中比较常见的有：定义（Define）、测量（Measure）、分析（Analyze）、设计（Design）、验证（Verify），简称 DMADV；或者，鉴别（Identify）、设计（Design）、优化（Optimize）、验证（Verify），简称 IDOV。还有一些企业会结合这两者的特点，演化出 DMADVOV，IDDOV 等形式，此处不一一说明。

六西格玛设计不同于传统的指标改善，其主要目的是充分满足客户需求，降低企业成本，一次就设计出高质量产品，提升产品可制造性，控制产品可靠性。六西格玛设计对客户需求有深刻的理解，强调企业与客户之间的沟通和有效性，并且尝试收集和分解客户的需求，保证这些需求在企业内部流转时不会失真。它通过使用创新工具，找出解决方案，以及满足这些需求所必需的特性指标。

设计的稳健性是六西格玛设计的目标之一，六西格玛设计所关心的这些特性指标都是统计和研究的对象，通常都是产品的重要特性，这些特性往往与后期的加工制造有关。六西格玛设计充分体现了"产品质量是被设计出来的"的理念，希望设计出对后期生产加工过程可能存在的自然波动不敏感的产品，以大幅度提升产品质量的稳定性。

与此同时，六西格玛设计还致力于提升产品的可靠性，通过对历史数据的研究，以及系统科学的试验，得出产品特性的可靠性特性曲线，并由此规划、管理和提升产品的可靠性。

2．六西格玛设计的主要模块和工具

新产品开发是产品实现客户原始需求的过程，也是从无到有的过程，是六西格玛设计的典型应用舞台。

六西格玛设计的模块主要分成产品平台规划、客户需求管理、创意管理、统计学基础、生产运营工具集、试验设计、可靠性设计和稳健性设计等。

（1）产品平台规划。从客户需求出发，寻找满足客户需求的原型产品，充分考虑产品设计的基本要素，通过产品功能（包括当前功能及未来可能存在的功能）的梳理，结合既有产品的经验，寻找新开发产品可能存在的公共模块，形成模块化设计。根据已经规划的模块，将产品实际使用的零部件数量降至最低，以减少部件发生失效的可能性（按照六西格玛设计理论，产品质量和可靠性与零部件的数量强相关）。然后综合以上的成果，创建新产品的原型。同时以该原型出发，创建一系列的产品家族，就是一些具有类似特征、性能、外观等特质的产品系列，即产品平台。产品平台规划的直接收益就是直接把产品的使用特征与应用环境用量化的方式展现出来，不仅极大地丰富了产品应用的覆盖范围，同时也大幅度压缩系列产品开发的周期与成本。

（2）客户需求管理。需求管理经过多年的发展已经逐渐成为一个独立的方法论。详情参见本章前面章节。

（3）创意管理。创意管理与创新工具息息相关，但并不是简单的创新工具的集合。创意管理从客户需

求出发，要求使用者针对客户需求的特点，选择适用的创意工具，在一定程度上对每个需求都尽可能寻找各种可能的解决方案，创意和方案要足够多，甚至包含一些看似天马行空甚至不可思议的想法。然后，通过再次审视客户整体需求，将所有与需求对应的创意想法放在一起，根据商务规划的理念，设计出部分可行的排列组合来满足客户的需求（客户需求是不可以被遗漏的，都需要被满足），这些排列组合被称为产品概念。创意管理最后会通过方案筛选技术，如概念选择矩阵，来进行产品概念的筛选，最终确定产品的设计方案。创意管理包含从发散思维到聚合思维的全过程。

（4）统计学基础。统计学博大精深，尽管六西格玛中多数工具都与统计有一定关联，但这些依然只是统计学的冰山一角。六西格玛设计中所涉及的统计也都属于初级统计，其主要目的是为设计的改善和优化提供必要的证据，构建优化与预测模型或验证设计的有效性。六西格玛设计中的常见统计工具包括基础统计、假设检验、常见分布检验（通常以正态分布、t 分布、卡方分布、F 分布居多，与质量相关的多为二项式分布和泊松分布，其他多种分布也会在特定场合使用）、非参数检验、相关性分析和回归分析等。统计工作会帮助新产品开发构建起 $y=f(x)$ 的数学模型，并且通过对输入因子 x 的研究来实现产品特性 y 的优化和改善。

（5）生产运营工具集。六西格玛设计并不要求所有人都是运营专家，但产品最终需要由运营团队来实施。所以与运营有关的一些常用工具，尤其是涉及统计理念的部分工具也是六西格玛设计不可或缺的部分。主要工具有测量系统分析、过程能力控制、过程能力分析、控制计划，同时还包括一些行业特定的流程体系，此处不一一罗列。

（6）试验设计。试验设计诞生于 100 年前，是六西格玛设计的重要模块之一。该工具通过多元回归的方法，充分考虑所有输入因子 x 对研究对象 y 的影响，通过独特的编码方式，构建起研究对象和输入因子之间的数学模型。从这个数学模型可以看出各因子对产品特性的影响权重，以及与响应之间的动态关系，为新产品特性的改善指明了方向；同时，该数学模型是可以被计算的，在合理的边界范围内，可以使用计算机帮助使用者进行优化求解，找到产品特性与输入因子之间最佳的组合方式。

（7）可靠性设计。可靠性是新产品开发的关注点之一，也是六西格玛设计独特的关注方向。这里提及的可靠性一般指实物型的新产品（由实物产品的可靠性规律决定），非实物型的新产品的可靠性目前没有确切成形的特定方法论来匹配（但非实物型的新产品的可靠性数据依然可以使用其他常用统计工具来研究）。可靠性设计的本意是为了提升产品有效工作的时间，使单个产品的使用生命周期延长，既实现客户的利益最大化，也降低企业可能面临的劣质成本。实物型的新产品的可靠性数据，通常是满足威布尔分布、对数正态分布或其他分布的，因其数据的特征明显，所以可靠性设计有自己的数学模型，如著名的生命曲线，也称作浴盆曲线。另外，可靠性是与时间有关的特性，如何在短时间内实施可靠性试验并获得可靠性数据是一个长期课题，由此衍生出了老化试验、加速老化试验等。

（8）稳健性设计。稳健性设计是日本质量专家田口玄一先生发明的方法，主要关注现场的质量改善，同时为新产品开发的某些特性指明了改善方向。田口先生的理念是，不排除生产过程中的自然波动（产品特性值的差异），因为这符合自然规律，如果新产品开发设计能做到即便出现了后期生产加工过程的波动或变异，产品特性依然满足客户的需求，那么这种产品设计就是稳健的。田口先生开创性地找到信噪比 S/N 来描述产品稳健性。田口先生的方法虽然也借用了一定的数学模型，但本身并不过于强调数学模型的精确性，取而代之的是使用信噪比来帮助产品开发团队找到最优设置。

六西格玛设计是目前六西格玛领域中工具使用量最大、技术领域最宽、理论深度最深的方法论，所以部分企业将六西格玛设计的知识体系当成最完整的六西格玛知识体系。

3．六西格玛设计的应用场景

六西格玛设计的应用领域几乎没有限制，通常应用在新产品、新流程的开发项目中，以帮助企业更好地满足客户需求。在实物产品开发设计项目中，几乎所有的项目都可以被定义或设置成为六西格玛设计项目；在非实物产品或流程类的设计项目中，也会保留其产品的特征属性，以这些产品的特征作为研究的对象，同样可应用六西格玛设计，但由于数据类型有差异，部分定量分析工具的有效性会受到影响。

六西格玛设计在应用时可能会与传统的项目管理出现磨合上的问题，因为两者各自都有常用的阶段和特征，但目前很多企业都通过对门径管理的研究，结合集成产品开发的特征与优点，将六西格玛设计项目和传统项目管理结合在一起，开发出符合自己企业特点的项目管理体系，从而把六西格玛设计变成企业新产品开发的一个常态化应用。在这种应用下，各个新产品开发项目的阶段交付物中都会有六西格玛工具的输出交付物，比如失效模式与影响分析、过程能力分析等。

小型新产品开发项目不建议应用完整的六西格玛设计方法，应对其框架进行必要剪裁，根据新产品类型的特征进行分类，构建不同的开发流程，适当选用必要的工具，并且控制相应的交付物数量。

应用案例

某瓶装包装公司接到某药企的新品需求，该药企有一款药水需要装在瓶中，但由于药性和使用方法的要求，该药水瓶需要特殊设计。由于客户的原始需求模糊，包装公司的产品经理在接到产品需求的时候并不清楚客户的详细需求，但根据公司的产品战略，该产品与公司的产品路线图中所规划的产品家族基本一致，所以产品经理按照公司既定的产品开发项目程序进行立项，发起新产品开发设计项目，拟定该项目参照 DFSS 进行开发设计，框架按 DMADV 执行。

1．定义阶段

产品经理组建项目团队后多次拜访客户，希望更好地理解客户的需求。通过对客户需求的收集和整理，团队使用 Kano 模型（日本东京理工大学教授狩野纪昭发明的模型）总结了客户期望，其中包括：

- 基本需求：瓶子要经常被打开，药液有挥发性，每次使用后都需要密封。
- 期望需求：瓶盖可以反复开关而不影响密封性能，且操作简单。
- 兴奋性需求：在满足以上需求的前提下，瓶子的外观尽可能美观。

产品经理参考了公司之前类似产品的一些问题，如瓶盖生产的稳定性不佳，不良率大约为 0.5%，且曾有客户反映产品的瓶盖很难打开，整理了客户需求文件，确定了产品关键的特征：

- 瓶身要耐压（因为药液有挥发性）。
- 保证药液有效保存至少 6 个月以上。
- 瓶盖不能轻易被打开，但打开和关闭都要操作简单。
- 瓶盖可以反复工作 10 次以上而不影响密封功能。
- 瓶身外观需要更加美观。

……

产品既往的质量问题也应通过这次的设计加以解决，例如，产品的外观可能存在一些色差，部分产品的尺寸会有差异（不影响功能，但超公差）。

2．测量阶段

项目团队对需求文件进行研究，发现瓶盖的旋紧力是重要的研究目标（y）之一，同时也鉴别了潜在的影响因素。团队对这些因素进行了深入讨论，并与行业对标，对每个因素打分，最后使用帕累托图（见图 5-10）对所有的潜在因素进行排序筛选。

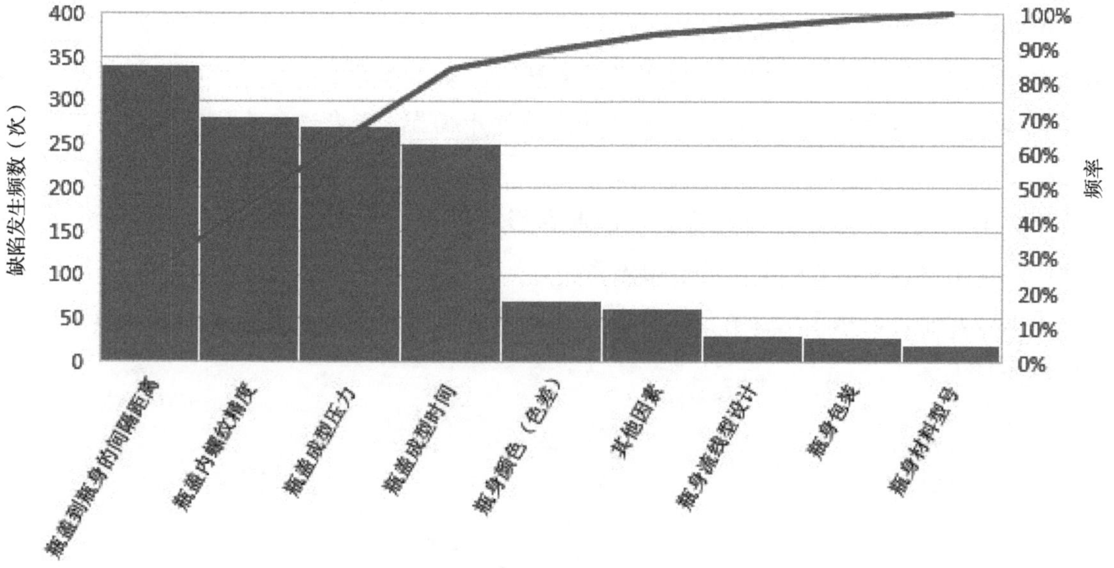

图 5-10　影响因素的帕累托图

在这些因素中，项目团队初步认为瓶盖的原材料成型参数（时间、压力）、瓶盖瓶身的间隔距离和瓶盖内螺纹精度是关键要素，对每个关键要素的数据类型都进行了判断并制定了数据收集计划。

3．分析阶段

为了寻找瓶盖锁紧的最佳设计形式，根据已分解的关键要素，团队在各种创意工具的帮助下寻找解决方案和概念组合。初步的概念组合中包括采用高弹性密封圈、复合侧封环结构、过盈配合结果和压旋式瓶盖等多种方案组合（见表 5-6）。

表 5-6　概念选择矩阵

需求	概念 A	概念 B	概念 C	概念 D
	高弹性密封圈	复合侧封环结构	过盈配合结果	压旋式瓶盖
旋紧力	S	+	+	—
密封性能	S	S	+	+
耐久性	S	—	—	+

	概念 A	概念 B	概念 C	概念 D
⋮				
总计（+）	—	11	8	15
总计（−）	—	12	13	6
总计（S*）	—	8	5	7
总计（NA**）	—	1	6	4

*S——Same，即没有显著差异。

**NA——Not Available，即不可比较。

通过概念选择矩阵的筛选，最后决定使用压旋式瓶盖。瓶盖在普通状态下可以轻松拧紧，实现密封，但无法直接旋松打开，需要压紧瓶盖的同时才可拧松并打开瓶盖。瓶身进行曲线型设计，不仅增加了时尚感，同时也对耐压有帮助。

针对所选择的瓶盖密封形式，对应已鉴别的潜在影响要素，项目团队尝试通过统计工具，如均值检验、相关性回归等分析来确认它们之间的模型关系。

例如，通过回归分析，研究瓶盖成型压力与瓶盖旋紧力之间的关系，有证据可以认为它们之间存在线性关系（见图 5-11）。

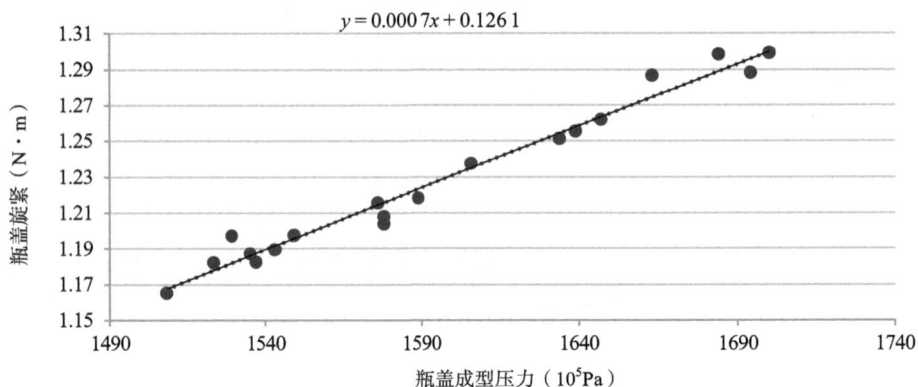

图 5-11　线性回归

同样地，数理统计分析也提供了证据表明，材料种类等参数对产品的关键要素没有太大的影响，只要满足基本的性能和法规需求即可。通过对这些参数的研究，项目团队确定了参数设计的主体方向，并且初步确定了产品的结构形式。

4. 设计阶段

产品设计团队根据已经确定的关键参数来进行产品的细节设计，包括图纸的绘制与必要的功能测试验证（verification）。

在这个阶段，设计团队还需要处理瓶盖难以打开和既往存在的产品不良问题，设计开发团队计划使用试验设计、稳健性设计等方式进行解决（见表 5-7~表 5-9）。

表 5-7　试验设计（3 因子 2 水平 2 中心点的 2K 因子试验）

标准序	运行序	中心点	区组	成型压力（10^5Pa）	成型时间（s）	间隙距离（mm）	锁紧力（N·m）
5	1	1	1	1 500	30	0.2	0.90
6	2	1	1	1 700	30	0.2	1.10
8	3	1	1	1 700	40	0.2	1.20
1	4	1	1	1 500	30	0.1	0.95
10	5	0	1	1 600	35	0.15	1.05
3	6	1	1	1 500	40	0.1	1.02
7	7	1	1	1 500	40	0.2	0.88
4	8	1	1	1 700	40	0.1	1.24
9	9	0	1	1 600	35	0.15	1.07
2	10	1	1	1 700	30	0.1	1.05

表 5-8　锁紧力回归方程

锁紧力　= 3.224– 0.001 800 成型压力– 0.074 0 成型时间– 5.30 间隙距离+

0.000 060 成型压力×成型时间+ 0.005 00 成型压力×间隙距离– 0.090 0 成型时间×间隙距离

表 5-9　优化解

方案	成型压力（10^5Pa）	成型时间（s）	间隙距离（mm）	锁紧力（拟合）（N·m）	复合合意性
1	1 615	40	0.1	1.15	1

通过试验设计，团队找到了以上参数与最终产品不合格率之间的数学模型，以及以上参数的最佳设计值。为了提升新产品的稳健性，团队进一步使用田口方法对瓶身瓶盖的相关参数进行了试验与优化。

至本阶段结束，项目组已经完成了设计的基本工作，并且完成了产品设计参数与工程过程参数的优化。

5. 验证阶段

在量产之前，项目团队对优化后的参数进行小批量试验，根据抽样数据统计，发现产品的不合格率下降到 0.2% 以下，并且流程稳定（见图 5-12）。

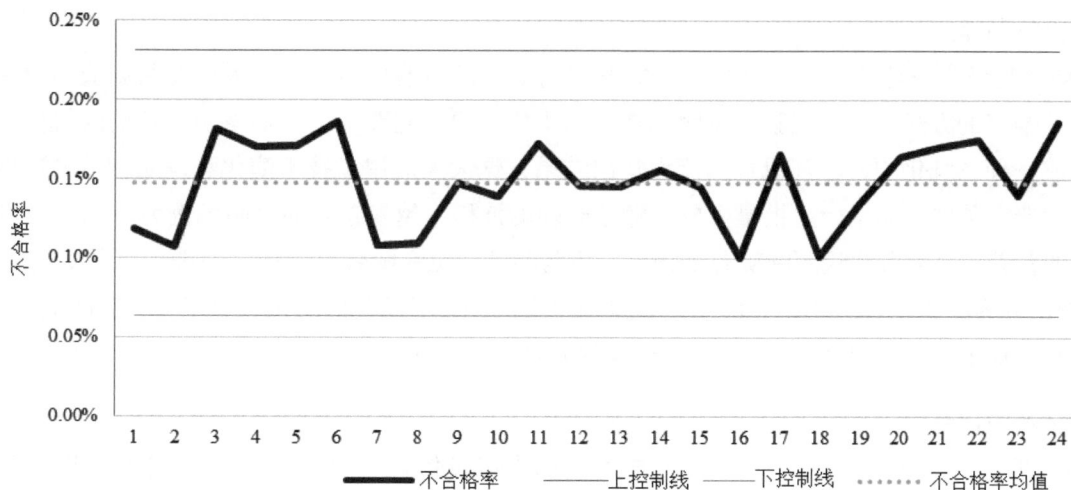

图 5-12　产品不合格率

由于客户反馈瓶盖难以打开的情况与客户实际使用的情况有关，尽管设计团队进行了优化，仍不知道是否能满足大多数客户的需求，所以进行了市场小范围试验。根据市场反馈，虽然仍有客户反馈存在该问题，但数量和比例大幅度减少，已经降至可接受的范围。

鉴于产品有密封存放和多次打开的需求，设计团队还对瓶盖密封的可靠性进行了优化。根据耐久性试验显示，瓶盖在反复打开 100 次以上时，依然可以保证应有的密封效果。由于 100 次反复打开远超过客户要求的使用次数，故耐久性试验终止。对产品长期存放是否会引起密封失效的问题，设计团队使用老化试验验证，发现当前的设计可满足正常条件下两年存放无密封问题的要求（见表 5-10）。表中 MTTF 为平均失效前时间（Mean Time to Failure）。

表 5-10　可靠性分析结果　　　　　　　　　　　　　　　　　　　　（单位：小时）

试验检查点	失效数（个）	指标	估计值	标准误差	95% 置信区间	
5 000	1	MTTF 均值	18 773.0	2 222.53	14 417.0	23 129.1
10 000	1	标准差	7 309.6	1 929.71	4 356.9	12 263.3
15 000	1	中位数	18 773.0	2 222.53	14 417.0	23 129.1
17 500	2	1/4 分位数	14 345.7	2 541.42	9 364.6	19 326.8
20 000	2	3/4 分位数	23 200.4	2 480.47	18 338.8	28 062.1
25 000	2	四分位差	8 854.8	2 337.64	5 277.9	14 855.7
30 000	1					

至此，产品经理汇总所有的验证结果，对比客户的需求文件，结合运行团队的合格报告，确认所有的需求项均已经被满足。产品经理与各功能团队负责人会签批准该产品量产上市，并且将项目移交给生产运营团队。

5.2.3　TRIZ

TRIZ 是一种系统化的发明理论，原文为俄语，其发明人为根里奇·阿奇舒勒博士。TRIZ 的字面意思是发明问题解决理论（TRIZ 的英文是 Theory of Inventive Problem Solving，也称为 TIPS），在国内有"萃智"这样的形象翻译。

TRIZ 理论是极富创意的，它通过对既有的发明创造进行归纳总结，尝试提炼发明创造的内在规律，并且使用技术推演的方式，来实现新的发明创造。从本质上说，它改变了人们发明创造的随机性，并且把发明创造变成一种系统化的，顺理成章的流程输出结果，这大大加快了技术演化和发明创造的速度，甚至可以让发明创造在某些产品平台上批量生成。随着时间的推移，越来越多的发明案例为 TRIZ 这套方法论提供了充足的营养。这套方法论不断被各个领域应用与验证，也在随着科学技术的进步而更新演化。

TRIZ 理论分为经典 TRIZ 和现代 TRIZ，这是技术发展和自然演化的结果。鉴于 TRIZ 的方法论庞杂，本书篇幅限制，这里主要介绍经典 TRIZ 的主要模块及部分现代 TRIZ 的理念。

1．TRIZ 的应用领域

从应用原理上说，由于人类早期的科学技术发明多以传统的物理机构也就是机械结构居多，所以 TRIZ 早期的经典理论也是从这些结构中提取的。TRIZ 几乎在所有行业都有出色的表现，尤其是航天、汽车、能源等前沿行业。多年的发展实践发现，TRIZ 在与机械构造相关的实物开发方面具有更好的应用前景。在电子、软件等新兴行业（相对于机械行业）里应用会有一定局限性，但这些年相关的研究从未停止，也取得了一些突破性的进展，TRIZ 甚至被用来处理复杂的管理问题。

TRIZ 对于打破惯性思维有极佳的作用，所以对于思维不活跃但技术功底深厚的人群非常适用，或者在某些研究领域陷入僵局的时候，TRIZ 可以另辟蹊径。对于部分具有强烈跳跃性思维的人来说，TRIZ 的帮助相对较少。

2．TRIZ 的方法逻辑

经典 TRIZ 解决问题的逻辑大致可以分成 4~5 个阶段，包括具体问题描述、TRIZ 通用问题、TRIZ 工具运用、TRIZ 通用解、具体问题解决方案。而现代 TRIZ 的范围更大，它考虑到了经典 TRIZ 所无法解决的一些问题，利用科学效应库和其他一些历史经验来更有效地解决发明问题，是对经典 TRIZ 的极大补充（见图 5-13）。

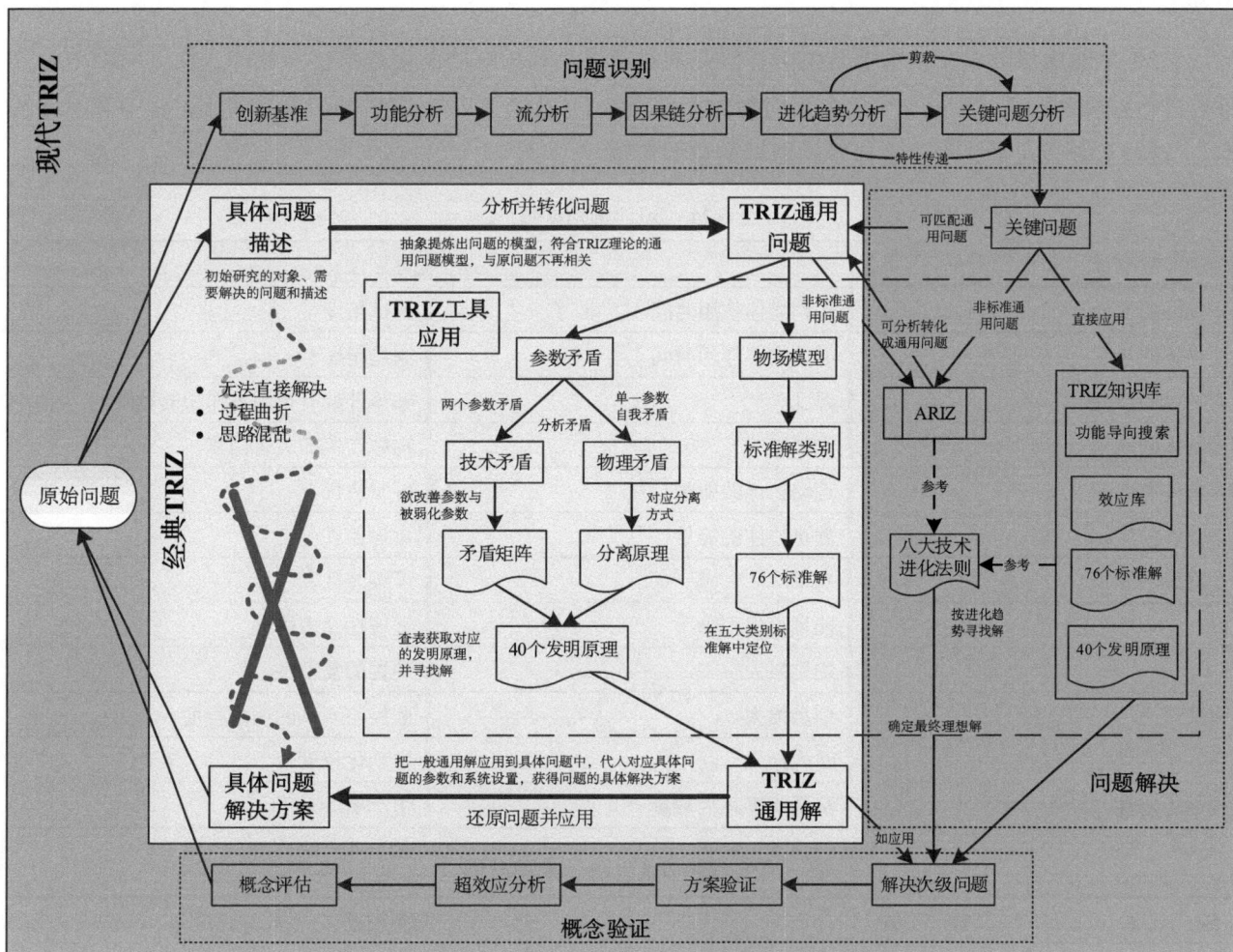

图 5-13　TRIZ 解决问题的逻辑

3．TRIZ 的典型模块与工具

（1）功能与矛盾。功能是 TRIZ 研究的主要对象，发明问题多数都是为了解决新产品或者研究对象的

功能实现问题，所以功能属性分析是定义问题过程中会使用到的必要工具之一，是寻找创新切入点与简化现有系统最实用的工具。一个完整的功能属性分析是进行系统创新最重要的一步。

在产品开发中，多数发明问题都是因为产品的功能与特征之间存在某些矛盾，也就是说，某一个功能实现或者加强的同时，很可能削弱另一个功能，甚至两个功能之间会存在水火不容的情况。对这种情况的分析，就叫矛盾分析。矛盾分为技术矛盾和物理矛盾，其中技术矛盾将通过其对应的参数类型和矛盾矩阵分析，查找对应的发明原理加以解决；物理矛盾将应用分离原理分析后，应用对应的解决措施。

经典 TRIZ 理论尝试使用各种参数和原理对功能所对应的矛盾寻找解决方案，从而实现发明和解决问题的目的。由于在求解过程中，会考虑尽可能减少折中方案对解决技术问题效果的影响，这种解决方案也被称作最终理想解。在这个理念下衍生出了各种工具。

在功能与矛盾的分析过程中，为了让问题的分析更加系统化，会引入价值或流的分析、因果链分析（寻找关键缺点），并且引用进化法则进行系统功能和部件的剪裁与特性传递分析，以便获得简洁清晰的问题定义。

（2）39 个通用参数。在技术矛盾中所有研究的对象都是有相应的衡量或描述参数的，在 TRIZ 中将这些参数进行整理和归纳，获得了 39 个通用参数（见表 5-11 及表 5-12，这些表在不断演化过程中有不同的版本），这些参数也是最终用于选择发明原理的重要依据。

表 5-11　39 个通用参数

运动物体的重量	强度	可靠性
静止物体的重量	运动物体作用时间	测试精度
运动物体的长度	静止物体作用时间	制造精度
静止物体的长度	温度	物体外部有害因素作用的敏感性
运动物体的面积	光照度	物体产生的有害因素
静止物体的面积	运动物体的能量	可制造性
运动物体的体积	静止物体的能量	可操作性
静止物体的体积	功率	可维修性
速度	能量损失	适应性及多用性
力	物质损失	装置的复杂性
应力或压力	信息损失	监控与测试的困难程度
形状	时间损失	自动化程度
结构的稳定性	物质或事物的数量	生产率

表 5-12　通用参数说明（部分示例）

编　号	参　数	简要说明
1	运动物体的重量	运动物体作用于其支撑或悬挂装置上的力
2	静止物体的重量	静止物体作用于其支撑或悬挂装置上的力
3	运动物体的长度	运动物体的任意线性尺寸，不一定是最长的
4	静止物体的长度	静止物体的任意线性尺寸，不一定是最长的

（3）矛盾矩阵。矛盾矩阵是经典 TRIZ 理论中最重要的工具之一，技术所承载的参数之间存在某些关联，TRIZ 就是通过历史案例，把这些关联提炼出来，形成矛盾矩阵，为使用者提供直观的解决方案。矛盾矩阵的横纵坐标分别是技术矛盾对应的参数，传统的矩阵就是一张 39×39 的矩阵（见图 5-14）。由于相同参数自身一般不存在矛盾，所以当横纵坐标为同一参数的时候，矩阵没有提供解决方案。而在其他参数组合的情况下，矛盾矩阵都提供了若干解决方案（对应 40 个发明原理）。这样使用者把一个随机化的发明工作变成了一个查表工作，从而实现了系统化思维。需要注意的是，矛盾矩阵只提供历史经验，但并不绝对，也不是说没有给出建议的技术矛盾不能应用发明原理来解决。

→ 恶化参数		运动物体的重量	静止物体的重量	运动物体的长度	静止物体的长度
改善的参数 ↓		1	2	3	4
1	运动物体的重量	+	—	15*,8 29,34	—
2	静止物体的重量	—	+	—	10,1 29,35

*此数据对应 40 个发明原理中的第 15 个（见表 5-13），其余同理。

图 5-14　矛盾矩阵（部分示例）

（4）40 个发明原理。所谓发明原理就是在众多的发明案例中，在其共性中提炼归纳出原理，在一定程度上揭示了发明创造的内在机理，并且可用于未来新发明参考（见表 5-13 及表 5-14）。使用者从矛盾矩阵中查出历史案例中对应参数的常用原理，借此来启发自己解决问题的思路。

表 5-13　40 个发明原理

编号	原　理	编号	原　理	编号	原　理
1	分割	15	动态特性	29	气压、液压机构
2	抽取	16	过度作用	30	柔性膜片或薄膜
3	局部质量	17	空间维数变化（一维变多维）	31	多孔材料
4	对称性	18	振动	32	改变颜色
5	组合	19	周期性作用	33	同质性
6	多面性多功能性	20	有效作用的持续性	34	抛弃或再生
7	嵌套	21	减少有害作用的时间	35	物理或化学状态的改变
8	重量补偿	22	变害为利	36	相变
9	预先反作用	23	反馈	37	热膨胀
10	预先作用	24	中介物	38	强氧化剂
11	事先防范	25	自服务	39	惰性环境
12	等势性	26	替代品	40	复合材料
13	反向作用	27	廉价品替代		
14	曲面化	28	机械系统的替代		

表 5-14　40 个发明原理（部分示例）

编号	原理	重要分类	范　例
1	分割	把一个物体分成相互独立的部分	将计算机工作站的主机分解成个人计算机；将巨型载重汽车分解成卡车及拖车；大型企业项目分解成子项目
		将物体分段组装	组合家具、消防器材中铅管的可拆卸连接
		提高物体分割的程度	为提高焊点的强度，用粉末金属熔融焊代替箔焊
2	抽取	从物体中抽出产生负影响的部分或属性	空气压缩机工作，将其产生噪声的部分移到室外；用光纤或光缆分离光源
		从物体中抽出必要的部分或属性	用电子狗代替真狗充当警卫，以减少伤人事件的发生和减少环境污染
3	局部质量	将物体的均一构成或外部环境及作用改为不均一	让系统的温度、密度、压力由恒定值改为按一定的斜率增长
		让物体的不同部分各具有不同功能	在食盒中设置间隔，在不同的间隔内放置不同的食物，避免相互影响味道
		让物体的各部分处于各自最佳状态	带橡皮的铅笔、羊角锤和瑞士军刀
4	对称性	变对称物体为非对称物体	为增强混合功能，在对称容器中用非对称的搅拌装置（水泥搅拌车、蛋糕搅拌机）；在圆柱把手上装一个螺旋装置，如保险箱的把手
		已经是非对称的物体，增强其非对称性	为提高焊接强度，将焊点由原来的椭圆形改为不规则形状；用散光片聚光

（5）物理矛盾与分离原理。物理矛盾和技术矛盾不同，技术矛盾考虑两个不同参数的矛盾，而物理矛盾则考虑单一参数的矛盾。例如，纸张的厚度，通常纸张越厚书写性能就越好，成本也越高，要想省成本就需要纸张薄。像这样单一参数合情合理但需求相反的矛盾就是物理矛盾。物理矛盾需要使用分离的原则，然后再使用发明原理来解决。TRIZ 用 3 种方式来解决物理矛盾：分离矛盾需求，满足矛盾需求，绕过矛盾需求。

- 分离矛盾需求。把矛盾的参数在不同条件下将其分离，这种分离被分成五大类，分别对应相应的发明原理（见表 5-15）。

表 5-15　分离原理

分离方法	发明原理
基于空间的分离	分割、抽取、局部质量、非对称、嵌套、空间维数变化
基于时间的分离	预先反作用、预先作用、事先防范、动态特性、抛弃或再生
基于关系的分离	局部质量、空间维数变化、周期性作用、多孔材料、改变颜色、复合材料
基于方向的分离	非对称、嵌套、曲面化、空间维数变化、改变颜色、物理/化学状态变化、复合材料
基于系统级别分离	分割、组合、等势、同质性

- 满足矛盾需求。这种情况并没有真正应用分离原则，而是直接尝试满足矛盾需求以达成目的。对应

的发明原理通常为：反向作用、机械系统替代、物理/化学状态变化、相变、热膨胀、强氧化剂、惰性环境。

- 绕过矛盾需求。并没有真正解决问题，而是绕过了矛盾，或者改变了工作原理，所以不对应发明原理。

（6）物–场模型与 ARIZ 发明问题算法。TRIZ 把发明问题分成 5 级，低等级的发明使用创新原理或标准解法即可，而高等级发明或非标准发明则需要更先进的方法。物–场模型和发明问题解决算法（ARIZ）就是其中典型的方法（见图 5-15）。

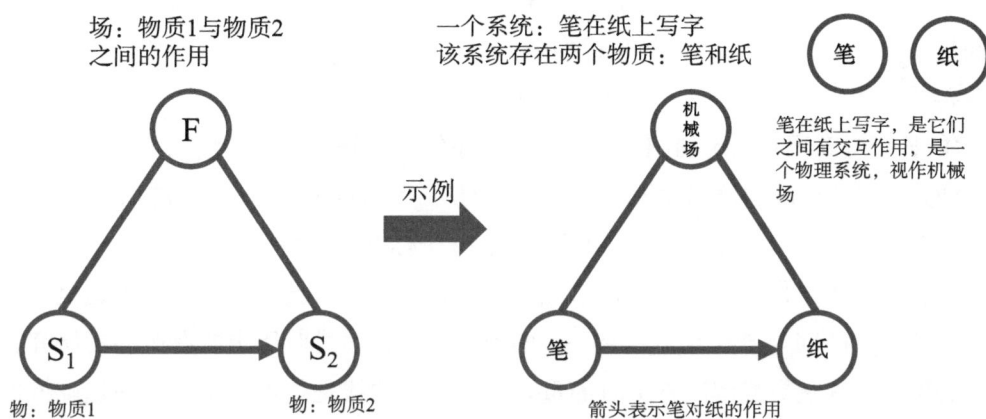

图 5-15　物–场模型示意

物–场模型可以帮助使用者厘清问题，理解物体之间相互作用的方式，是一种重要的问题描述和分析工具，用以建立与已存在的系统或新技术问题相联系的功能模型。

物–场模型分析研究物与物之间、物与场之间的相互作用及其形式，寻找其中有问题的物，包括不完整的、有害的、作用不足的物。不同的物对应的标准解都会有所不同。物–场分析通过研究物和场之间的关系，把一个发明问题划分成标准问题或非标准问题。对于标准问题，可以采用 40 个发明原理或 76 个标准解法（见后文）求解；对于非标准问题，则需要更复杂的求解方法。ARIZ 就是这样一种方法。

ARIZ 是 TRIZ 理论中一个进阶的分析问题和解决问题的方法，其目标是解决问题的物理矛盾。该算法主要针对情境复杂、矛盾及其相关部件不明确的技术系统，是一个对初始问题进行一系列变形及再定义等非计算性的逻辑过程，对问题逐步深入分析和转化，最终解决问题。该算法尤其强调矛盾与理想解的标准化，让技术系统向理想解的方向进化，如果一个技术问题存在矛盾需要克服，该问题就变成一个创新问题。ARIZ 至少包括 6 个部分：

- 将问题公开化，分析情境，构建问题模型。
- 基于物–场分析，完成从问题到模型的转换。
- 对模型进行分析，定义最终理想解与物理矛盾。
- 用设计来解决物理矛盾。
- 分析已获得的设计，如果设计不能解决矛盾，则调整或重新构建初始问题模型。
- 对解决方案进行分析与评价，并且扩展应用于其他领域的问题。

ARIZ 以其优秀的易操作性、系统性、实用性及易流程化等特性，成为发明问题解决理论 TRIZ 的重要支撑和高级工具。

（7）76 个标准解。标准解是 TRIZ 的高级工具，既可以解决初级标准问题，也可以用于从高等级的、非标准的发明难题转化成标准问题求解。这些解对物–场模型的拆解和分析结果提供了对应的解决方式。这些标准解被分成五大类：

- 不用改变或微小改变来改善系统　　13 个标准解
- 通过改变系统来改善系统　　　　　23 个标准解
- 系统转换　　　　　　　　　　　　6 个标准解
- 探测和测量　　　　　　　　　　　6 个标准解
- 简化和改善的策略　　　　　　　　17 个标准解

76 个标准解能显著提高现有系统的能力，它提供了系统化的解法，帮助使用者根据问题的特征类型来进解决问题。这种方法对非标准的发明尤为有效。在 ARIZ 中，部分问题在物–场模型中所有解的约束都确定了之后，将非标准问题转化成标准问题后，就可使用 76 个标准解求解。

（8）S 曲线与八大技术进化法则是 TRIZ 在解决问题时考虑的方向，因为发明创造是有一定的时间属性的。随着技术进化，解决问题自身就是具有一定的前瞻性的，通过对历史既有产品的研究，可以看到未来产品可能存在的影子，这是寻找解决方案时的重要思路。S 曲线是技术系统进化的基础依据，技术的 S 曲线包括婴儿期、成长期、成熟期和衰退期（见图 5-16）。各个系统都存在类似的 S 曲线，且这些曲线形成了 S 曲线族。

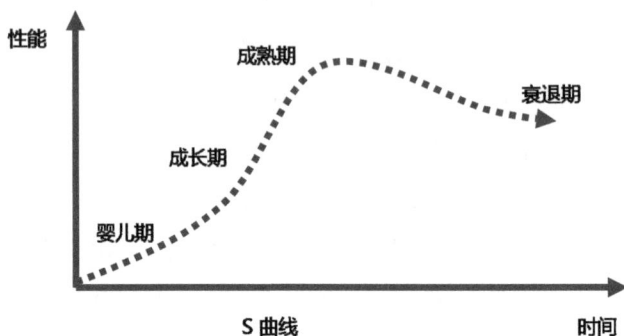

图 5-16　S 曲线

基于对 S 曲线的研究，发展出了经典 TRIZ 的八大进化法则。

1）提高理想度进化法则。

- 理想度=系统所有有用的功能/（系统所有有害的功能+成本），其目标是提高技术系统的理想度。
- 技术系统包括技术系统本身、技术系统子系统、技术系统的超系统和物质。

2）子系统的不均衡进化法则。一个系统一般由多个子系统完成，系统的短板往往是由最落后的子系统决定的。通过找出短板子系统，加以进化，使用较先进的子系统替代，就可以实现技术系统的改进目的。

3）动态性和可控性进化法则。系统会朝着更灵活、更方便的方向进化，且可控性会增强和提高。

4）增加集成度再进行简化法则。产品或技术的整合过程、功能与参数的集合与归类分配，使得系统最终得以简化。

5）子系统协调性进化法则。技术发展会使得各个子系统之间的协调运作效率更高。这种协调包括外形的协调、连接的协调和位置的协调等。

6）向微观级和增加场应用进化法则。技术系统或其子系统一般是朝着尺寸减小方向进化的，但如果出于功能需要，也会逆向发展。

7）能量传递法则。能量传递是系统工作的基本形式，也是系统产生价值或功能的基本途径。该法则要求在传递过程中能量损失最小化。

8）完备性进化法则。系统要想正常工作，只需要具备 4 个功能模块，包括执行机构、传动机构、能量源机构和控制机构。

经典 TRIZ 的八大进化法则是 TRIZ 理论的基础，但由于其过于抽象，所以在随后的几十年研究和发展中，逐步演化出了现代 TRIZ 的八大进化趋势，后续介绍的发明原理、标准解等都可以在现在 TRIZ 的进化趋势内体现。

现代 TRIZ 的进化趋势包括：

1）任何工程系统都遵守 S 曲线进化趋势。S 曲线进化是任何工程系统都需要遵守的，对新产品开发、技术储备和市场规划都有指导作用。

2）提高价值的进化趋势是 S 曲线进化趋势的子趋势。现代 TRIZ 用价值来取代理想度，并且将功能、成本、价值都进行量化，通过提高价值，来实现系统进化。

3）流增强进化趋势。该趋势由经典 TRIZ 中的能量传递法则演化而来，不仅包括最初的能量流，还包括物质流和信息流。

4）提高价值进化趋势的子趋势。提高价值进化一般由多个子系统来完成，其他几个进化法则也都以子趋势的形式实现系统价值的提升。

5）减少人工介入。人工的影响逐渐减少，从减少人的作用，到减少人的执行指令，到减少人的控制，到减少人的决策机制。

6）子系统不均衡进化趋势是系统协调性进化趋势的子趋势。类似短板理论，子系统的进化必然是有先有后的，落后的子系统进化后，总会有新的落后的子系统出现。

7）可控进化趋势是系统协调进化趋势的子趋势。系统进化随着环境和研究对象的变化而变化，是一种动态平衡协调后的结果。

8）动态性进化趋势是可控性进化趋势的子趋势。系统通过进化后获得更多的自由度，这些自由度使得系统的可控性能得以改善。

技术进化法则对构建 TRIZ 的科学效应库有重要意义。科学效应是指在自然界中原因和结果存在必然某种关系的例证，我们所熟知的很多科学定律，如电磁感应等都是一种科学效应。效应通常可以使用科学的语言来描述，例如，存在数学模型并可以推演。效应库即这些因果关系的集合，随着人类对自然认知的推进，外加不断有新的案例加入，效应库的规模也越来越大。在 TRIZ 中有一些非标准的问题，在使用 ARIZ 之后，会尝试在效应库中寻找解决方法，这时考虑技术的进化法则会帮助寻找最终理想解。

应用案例

具体问题：希望找到车辆低能耗且高速行驶的解决方案。

系统分析：车辆行驶需要消耗能量，但传统车辆的重量决定了能耗，车辆越重，行驶所需要的能耗越高。车辆行驶消耗的能量主要是车轮与路面的摩擦所消耗的能量，而车重增加会增加车轮与地面的摩擦力，从而增加能量的消耗。

参数分析：该问题所对应的系统里存在 3 个参数：车重、车速和消耗的能量。这 3 个参数之间都存在一定的矛盾关系。其中，车速是需要改善的参数，车重是被削弱参数（车辆减轻会降低安全性），消耗的能量也是被削弱的参数。

TRIZ 通用问题：这个问题里的参数主要分成两对矛盾：车速与消耗的能量，车速与车重。这两对都是传统的技术矛盾，是 TRIZ 的标准问题。消耗的能量和车重也存在矛盾，但因为最终是解决车速问题，所以这里就不再继续分析。

矛盾矩阵应用：分别在矛盾矩阵中寻找对应的解决原理（见图 5-17）。

你想改善的参数 ＼ 你想削弱的参数		运动物体的重量	运动物体的能量
		1	19
速度	9	2,28,13,38	8,15,35,38

图 5-17　矛盾矩阵（部分）

- 车速与车重对应的原理是：2（抽取），28（机械系统的替代），13（反向作用），38（强氧化剂）。
- 车速与运动物体的能量对应的原理是：8（重量补偿），15（动态特性），35（物理或化学状态的改变），38（强氧化剂）。

TRIZ 通用解：根据上面提到的原理寻找方案，并非所有的原理都适用。其中车轮与路面是能源消耗的主要途径，这是一个机械系统，可以考虑被替换成其他系统。车重与摩擦力成正比，如果路面产生反向推力来抵消车辆的重力，可以减少摩擦力和能耗。在重量补偿中可以考虑使用某种形式对车辆重量进行补偿，如车辆使用轻型材料，用流体力学/空气动力学的原理来改变车的外形，从而减少能耗。要想改变物理或化学状态，则可针对车轮系统进行改进，如使用低摩擦的材料，甚至改变作用形式。

具体问题解：应用上述原理，可以考虑改变车辆外形，减少风阻；减少车轮与路面接触面积；使用复合材料减少车辆重量；取消车轮设计，改变车辆与地面的作用形式，使用电磁场或其他系统替代机械系统等。可参考磁悬浮列车、流线型子弹头车头，利用磁力产生推力来克服车身的重量，从而实现高速与低能耗。

在实践中，不一定要同时寻找多对技术矛盾，因为往往一对技术矛盾就可以获得不错的解决方案。在本例中，运动物体的重量和能量之间本身存在一定关系，多次查找矛盾矩阵或许会获得类似的结论。

5.2.4　项目管理

1．定义与背景

项目是在一个特定时间范围内为了某个特定的目标而交付的产品、服务和流程。项目管理是运用可用的资源、工具、知识或技术来满足客户需求或实现项目目标的一系列管理活动。

经过半个世纪的发展，现代项目管理已经发展成相对成熟的方法论，目前几乎所有的行业或知识领域的研究都有项目管理的影子，在不同的行业中项目管理也演化出了具有行业特色的管理模式，如软件/互联网行业。

2．项目的多重制约

项目本身具有不同的属性或评价维度，这些维度大致可以分成范围、成本、时间、质量、资源和风险等，这些维度之间存在相互制约关系，这些制约使得项目管理变得更复杂。

要完成一个新产品开发项目，如果不明白其约束因素，那么这个开发项目前进的道路上将充满着风险和问题。传统的项目制约的"铁三角"为成本、时间、质量或范围（见图 5-18）。

图 5-18　项目的"铁三角"

事实上项目的那些维度多多少少都存在某些相互制约的关系。其约束条件是一个相互关联的集合，其中一项的变化会引起其他项的变化。在这种情况下，这些因素组成了一个有效的系统，如图 5-19 所示。

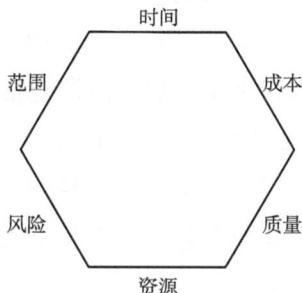

图 5-19　项目的"多重制约"

（1）范围。范围定义了要求做什么，也给出了不能做什么的边界。在信息系统行业，范围通常叫功能规格说明书；在工程行业，范围通常叫工作说明书。有关范围还有范围说明、项目启动文档、项目需求表等叫法。无论范围叫什么名字，这份文档都是后期项目工作的基础，其正确与否直接决定了项目最终能否成功。在项目执行过程中，项目范围会发生变化，范围管理的关注点在于如何检测到这些变化，并且在项目中管理和控制这些变化。

（2）时间。项目通常有一个必须完成的时间框架或最后期限。一定程度上，项目成本和时间成反比，项目时间的缩短可能导致项目成本的增加。要高效地使用分配给项目的时间。一旦项目启动，必须重点关注时间，保证项目按时完成。

（3）成本。成本即项目费用，包括项目概算、估算、预算与决算。在项目管理的生命周期中，成本是一个主要因素，自项目启动之前就需要考虑。

（4）质量。每个项目都包括两种类型的质量：

- 过程质量。项目管理过程本身的质量，重点关注的是项目管理过程进行得如何，以及过程如何改进。

- 产品质量。项目可交付成果的质量。

在项目执行过程中，过程质量常常被忽略，但过程质量的提升通常能够提高资源的使用效率，提升客户满意度。

（5）资源。项目资源主要涉及两大类——人力资源和实物资源。企业资源有限，故需要直面资源问题。以人力资源为例，通常在项目前期即对人力资源进行合理规划，并且在项目执行过程中依据执行情况进行动态更新/必要调整。

（6）风险。所谓风险，是指对可能性或无法达到预定目标的结果的一种度量。通常来讲，风险有不确定性，但并不是所有不确定性都是风险，当某种不确定性发生，对项目的范围、进度、成本和质量等一个或多个目标有影响时，才是风险。

3．五大过程组

美国项目管理协会出版的《项目管理知识体系指南》中，将项目管理大致分成五大过程组。这是对项目管理过程进行的逻辑分组，过程组不同于项目阶段。项目管理过程可分别在这五大过程组内执行，过程组不会重复发生。对于项目阶段而言，在简单的项目中，每个项目阶段都能一次完成并顺序进行；在复杂的项目中，某些阶段会重复发生。

（1）启动过程组。定义一个新项目或现有项目的一个新阶段，授权开始该项目或阶段的一组过程。在这个阶段，包括了所有与回答"需要做什么"的问题相关的活动，不包括与项目实际工作有关的活动。项目工作将在下一个阶段——项目规划阶段加以澄清。启动阶段包括制定项目成功标准，用来回答"如何判断项目是否成功"的问题。本阶段主要包括以下内容（不限于）：确定项目经理人选、职权及关键相关方的清单，确定高层级需求和范围边界及主要可交付成果，确定项目的总体里程碑进度计划，确定项目的总体预算，确定项目的目的、可测量的目标、审批要求、成功标准及退出标准，确定项目的整体风险，确定项目的其他内容（如项目发起人及其权限等）。

（2）规划过程组。明确项目范围，优化目标，为实现目标制定行动方案的一组过程。在此阶段，包括所有回答"怎样做"问题的活动，主要包含以下内容（不限于）：定义所有的项目工作，估算完成工作的具体时间、所需成本，所需达成的要求及所需资源，对工作所需活动进行排序并制订项目进度计划，分析、优化并调整项目进度计划，制订范围管理计划、进度管理计划、成本管理计划、质量管理计划及风险管理计划等子计划并将其整合进项目管理计划，项目管理计划最终呈报管理层审批。

（3）执行过程组。完成项目管理计划中确定的工作，以满足项目要求的一组过程。这个阶段主要是项目落地的实施，包括以下内容（不限于）：组建项目团队并获取相应实物资源，建设项目团队与管理项目团队，管理质量与沟通及争取相关方参与，实施采购和风险应对。

（4）监控过程组。跟踪、审查和调整项目进展与绩效，识别必要的计划变更并启动相应变更的一组过程。这个阶段主要对项目进行监督和控制，包括以下内容（但不限于）：控制范围、进度、成本、质量、资源和采购，监督沟通、风险、相关方参与，确认范围，全面监控项目工作，实施整体变更控制。

（5）收尾过程组。正式结束项目、阶段或合同的过程。这个阶段包括所有和项目或阶段结束相关的工作，回答"做得怎样"的问题，包括以下内容（但不限于）：项目整体验收并移交可交付成果，调查客户满意度并得到客户的认可，编写项目最终报告，组织项目后评价，总结经验教训及存档，释放项目资源。

4．十大知识领域

十大知识领域是《项目管理知识体系指南》的重要组成部分，覆盖了所有类型的项目管理生命周期。这十大知识领域定义了每个阶段的各个环节，会涉及多个阶段。知识领域与项目阶段密切相关，如表 5-16 所示。

表 5-16　项目管理知识领域和项目阶段的关系

知识领域	启动阶段	规划阶段	执行阶段	监控阶段	收尾阶段
整合	√	√	√	√	√
范围		√		√	
进度		√		√	
成本		√		√	
质量		√	√	√	
资源		√	√	√	
沟通		√		√	
风险		√	√	√	
采购		√	√	√	
相关方	√	√	√	√	

十大知识领域在不断变化，可能在不久的将来会出现更多知识领域。其他流派的项目管理知识体系也可能采用不同的划分方法。

（1）整合管理。整合管理知识领域是唯一一个站在项目全局的角度思考问题的知识领域。所谓整合就是充分考虑了项目管理所有的资源、属性等综合因素，制定出的全局管理框架。项目章程就是典型的整合管理的产物。

（2）范围管理。范围管理知识领域的重点在于收集需求。收集需求如果做得不好，后续很多项目工作都将可能面临推倒重来的风险。收集需求的工具与技术有很多，如头脑风暴、访谈、焦点小组、问卷调查、标杆对照等。收集需求之后，要定义好项目范围，明确需要交付的项目范围，再对项目范围进行分解，编写出工作分解结构，详细定义满足需求要完成的各项工作。在完成可交付成果之后，要对可交付成果进行核实验收，在全过程中对项目范围持续地监督与控制。

（3）进度管理。进度管理知识领域承接范围知识领域，首先将范围基准中的 WBS 的组件（工作包）

分解成具体的活动，排列活动的优先级，估算活动所持续的时间，然后输出项目的进度计划和进度基准，并在项目全过程中对项目的进度持续地监督和控制。

（4）成本管理。成本管理知识领域主要包括估算成本、制定预算和控制成本等过程。

（5）质量管理。质量管理知识领域主要包括规划质量管理、管理质量和控制质量。规划质量管理主要是确定产品和过程需要满足的标准和要求，这些标准和要求也许是企业外部要求的，如政府或行业质量要求，也许是内部标准要求的，如公司的质量方针和政策。另外，还会有项目必须满足的专项需求。管理质量主要是保证活动按质量计划执行。控制质量主要是对具体的可交付成果进行检查和核实。

（6）资源管理。项目如果没有资源，犹如巧妇难为无米之炊。首先应该确定项目需要哪些类型的资源、数量是多少，按照资源需求和计划来获得相应的资源。特别是人力资源，很可能你所希望的具有某种技能或经验的人不会被派到你的项目中。你要做的是充分利用你能获得的所有资源。

（7）沟通管理。在导致项目失败的原因中，缺乏沟通往往居于首位。在失败的 IT 项目中，最多时有70%的问题可以追溯到缺乏沟通或沟通不畅。建立一个有效的沟通管理过程并不是难事，困难的是按照计划执行。一个好的沟通管理过程需要回答以下问题：

- 谁是你沟通的对象？
- 他们需要什么？
- 他们的需求怎样被满足？

（8）风险管理。很多人认为风险只需要在项目初期关注，制订风险管理计划，形成文档即可，这是非常短视的行为。应将风险管理视为动态的工作，主要工作包括反复地邀请团队成员、风险管理团队、主题专家、客户或最终用户等尽可能多的相关方来识别风险，将其记录在风险登记册和风险报告中，评估风险发生的可能性、影响力、紧迫性、连通性等风险特性，并且对风险进行优先级排序。对项目目标有潜在的重大影响的风险还需要进一步定量分析，最终制定出相应的风险应对措施，在风险真的发生时及时加以执行。在项目的全过程中，要持续地监督风险应对措施的实施，跟踪已识别的风险，识别和分析新风险，并且评估风险管理过程的有效性。

（9）采购管理。采购管理知识领域主要包括制定采购决策，明确采购方法，识别潜在的卖方，获取卖方应答，选择卖方并签订合同。在采购管理过程中，要持续地管理采购关系，监督合同的执行情况，实施必要的变更和纠偏，最后关闭合同。

（10）相关方管理。相关方管理知识领域主要包括识别项目相关方（无论是内部的还是外部的，积极的、消极的还是中立的，对相关方姓名、职位、地点、项目角色及联系方式等基本信息，相关方主要的需求和期望，相关方对项目的潜在影响等，都需要记录在册。根据相关方的需求、期望、利益和对项目的潜在影响，制定出相关方参与项目的方法，按照管理相关方参与的策略来进行管理、执行、监督和调整。

应用案例

　　IT 行业某新企业得到了一个开发大型财务系统的业务机会。在此之前，公司的产品大都为小型化软件和 App，所以一直使用敏捷开发的模式。管理层发现，这次的开发任务需求复杂，需要交付的内容多，并且涉及部分周边业务，以前纯敏捷开发的模式可能无法满足需求，认为这个项目应更全面地进行规划。

公司本身属项目型组织，人员结构扁平化，功能团队以虚拟人才池的形式存在，不设功能团队负责人。各项目团队内人员由项目经理领导。公司设有项目管理办公室（Project Management Office，PMO）负责人直接向 CEO 汇报，同时 PMO 对所有项目经理进行综合管理。对于本项目，将直接由 PMO 负责人亲自担任项目经理，组建项目团队。

项目核心团队除项目经理外，由 5 个核心成员组成，分别负责销售、产品设计，系统开发、测试与质量、客户服务。所有核心成员的角色与职责都进行了明确定义，并且分配一定的项目成员来共同执行任务。公司按五大过程组来管理项目，在各个节点上，由项目核心团队进行项目质量的评估和把控，决定项目是否可以进入下一阶段或者交付出去。

1. 启动阶段

- 销售团队深入研究客户需求，通过多次拜访客户，明确客户的意图，形成客户需求列表。
- 产品经理对需求进行解读，初步规划项目所需要的资源，估算财务收益和风险水平，完成项目可行性分析。财务数据表明，该项目可以为公司带来超过 200 万美元的净收益；虽然存在客户变更需求的可能性，但根据合同，即便出现最差结果，公司仍可至少获得 100 万美元以上的收益。
- 产品经理起草第一版项目章程，预组建项目核心团队，确定其他团队成员，并且进行了部分预授权。
- 项目经理对项目章程的内容确认后，召开项目动员会议，了解企业内部的声音，进行必要的动员和热身。
- 项目经理将项目报送公司项目管理委员会审批，获得批准和授权可以正式启动并执行项目。委员会要求该项目每两周在公司级例会上进行汇报。

2. 规划阶段

- 产品经理进一步确定该产品在公司产品体系里的位置，更新了公司产品家族开发的路线图以及与之相关的 3 三年开发计划。
- 对于系统开发和测试环节所需要的资源进行详细测算，初步制定交付里程碑计划。考虑到之前公司的开发经验，在开发和测试之间至少会存在 8~10 轮迭代，所以在执行阶段的里程碑日期充分考虑了这种可能性。
- 产品经理和项目经理还对可能出现的资源风险进行细致评估。其中，技术专家基本不存在瓶颈问题，公司的架构师能力足够且工作状态稳定，代码开发人员虽然可能因为项目处于业务旺季会有些紧张，但通过合理的赶工是可以满足要求的，不需要外包。
- 项目在预订周期内至少规划了 3 次正式的评审，每次评审所需要的交付清单和标准进行了规划和确定。每次评审前，都必须有完整的测试验证报告，以便作为评审依据。
- 项目还规划了客户端的用户接受度测试（UAT 测试）。

3. 执行阶段

- 项目需求文件被固化，且分解成若干个子任务。对子任务的执行仍按照敏捷的方式进行。
- 每个子任务由敏捷教教带领，使用燃尽图管控进度，并且随时向项目经理汇报项目执行状态。
- 不出意料地，在第一次子任务交付集成时出现了一些问题，包括进度拖沓、部分功能有例外情况，这些问题主要是因为资源分配不均衡导致的。项目经理对部分开发团队的成员做了微调，重新分配任务。在几次迭代之后，将初步的系统代码交给测试团队。

- 测试团队没有经历太多波折，发现的系统常规问题，都以正式的测试报告的形式反馈给开发团队进行改善。

- 由于受到客户的多次催促，产品经理希望将用户接受度测试提前一个月进行。此时产品的初代码都已完成，并且经过多轮迭代，虽然还没有完成最后的测试工作，但项目经理和产品经理经过详细评估，与客户沟通了当前的情况，获得了客户的理解，进行了用户接受度测试。

- 用户接受度测试的结果良好，发现了一些小问题，如多个终端同时访问系统会出现部分数据丢失等情况，但这些问题很快被解决。

- 由于开发团队的人员稳定，虽然过程中个别人员有变化，但没有出现大规模的进度延期，所以资源的使用量始终在可控范围内，也没有出现大量赶工的现象。产品最后的交付日期与计划相比，差异在 5 天之内。

- 客户服务团队提前为客户采购了项目需要的额外硬件，在客户端进行了配置和相关培训。在产品交付之后，客户服务团队还进行了 30 天的系统跟踪和现场支持。

4. 监控

- 监控自始至终存在于整个项目执行周期内，所有的项目数据和进度都被录入在一个项目管理系统平台。从立项的那一刻起，产品经理即在系统中创建了该项目，项目经理实时地在系统中更新项目的进度和各项交付指标，财务数据规划和客户需求管理也在该系统内展现。

- 在各阶段各重大里程碑的节点上，项目经理组织了相应的阶段性评审，对所有可交付物，包括软件代码、测试报告、运行日志等进行评审，并将结果提交公司项目管理委员会。

- 公司项目管理委员会要求该项目每两周汇报一次，每次对项目的需求是否蔓延或变更，以及项目的财务状况、与市场匹配度、交付进度和质量进行审查，决定项目是否进入下一阶段。

5. 收尾阶段

- 项目经理将项目执行过程中所有的资料，即组织过程资产进行了归档和整理，并且提交了项目结项报告。报告显示，项目基本达到了财务预期，为公司的产品家族的发展做出了贡献。

- 项目经理与团队成员进行了经验教训总结，协助产品经理规划了产品的未来发展蓝图。

- 庆功会之后，项目团队成员进行了短暂的休整，然后各自回到功能人才池中，等待新的项目任务分配。

项目最后基本达成了预期的目标，顺利完成了交付。项目的数据同时也成为公司项目组合管理数据的一部分，在更高的层级进行评审和服务于后续规划。

5.3　绩效度量

5.3.1　概述与定义

绩效度量，或称度量指标，是衡量组织对于其人员、知识、项目、运营或创新能力等各个维度的目标的测度方法。它通过某些特定的指标来判断组织行为的收益，衡量组织战略的盈利能力和期望盈利的工具

（无论是财务上的还是非财务上的收益）。绩效度量可以反映组织的创新或研究发展速度和开拓市场的真实能力，凡是可以产生输出的流程或业务单元都可以应用相应的绩效度量来进行管控。

新产品开发也具有其对应的绩效度量指标，这些指标伴随产品开发全生命周期，由产品开发的体系或流程所决定，由产品开发过程中的各种交付物或特征所体现，形成企业管理者考察产品开发质量的重要依据。及时有效的度量和评估，可以让管理者在第一时间对产品开发过程中出现的问题实时采取行动进行纠偏，这是保证新产品开发成功的必要条件。

5.3.2　度量标准

绩效度量根据其服务对象的不同，评价和测量的方式也不同。良好的度量指标通常都具备下面几个特点：

- 有清晰的定义和计算公式。
- 有明确的度量指标承接对象或负责的团队。
- 有明确的度量目标和评价方式。

这些定义和评价通常都会被描述在产品开发的主程序文件内，或者被定义在相应的子流程文件内，并且在产品开发生命周期的各个里程碑或重大节点进行必要的评审。

设立这些指标和评价方式是为企业业务目标服务的，所以并不纯粹考虑团队的业绩。虽然这些度量可以作为团队和个人奖惩的依据，但更多的是出于组织行为有效性的考虑。应该考虑的问题如下所述（以下仅为部分问题）：

- 指标是否与企业的战略目标一致？
- 指标是否为企业带来了更多的收益，无论是有形的还是无形的？
- 指标是否有延续性，可以在一段时间内稳定地被测量？
- 指标是否是有效的，可以真实反映企业产品开发的真实情况？
- 企业是否有良好的环境来保证这些指标可以客观和公正地评价？
- 指标测量和评价之后的结果是否可以被反馈并实现相应的改善？
- 是否存在一些偏激或片面的评价想法，如单纯用于团队绩效奖惩？
- 指标的数量是否过多导致产品开发团队失去焦点？

绩效度量是为企业的综合目标服务的，在产品开发项目上，应关注两大方向——企业的业务发展和员工或团队的能力建设。

（1）企业的业务发展受到企业战略意图的制约，而产品作为企业盈利的最主要手段，承载了企业发展的使命。良好的产品发展规划是和企业的业务发展方向完全一致的。体现在产品开发过程中的绩效度量，也应同时体现业务发展目标，例如，某产品开发项目的预期收益，很显然就是将来企业可能存在的潜在收益。

（2）员工或团队的能力则是企业竞争力的有力体现。不同职能的员工自身具备相应的竞争力模型，这些模型可以通过一些关键绩效指标来体现，而这些指标上升到组织维度，即企业的竞争力。个别企业的产品开发甚至会受制于个别专家的个人能力，所以企业要想实现业务能力的提升，其员工能力或开发团队的能力都需要获得有效的度量和评估。

在新产品开发过程中，绩效度量存在各个不同的维度和应用阶段，其中：

- 产品开发项目在启动前，对其可能为企业带来的预期收益的度量等。
- 在产品开发过程中，对开发质量和过程执行质量管控，以及组织过程资产管理的质量等。
- 产品开发结束上市后，对市场的盈利能力和客户管理的度量等。
- 企业综合产品开发实力所进行的评估（与产品开发时间无关，如卓越绩效管理等）。

5.3.3　产品开发常用的度量指标

产品开发的度量指标很多，通常划分成财务类指标和非财务类指标，但也有其他划分方式，如结果类指标、过程类指标等。采用何种方式企业可根据自身的特点来决定，没有对错之分。由于度量指标名目繁多，这里仅介绍一些常用的度量指标。

1．财务类指标

（1）投资回报期。投资项目投产后获得的收益总额达到该投资项目投入的投资总额所需要的时间（年限）。该产品指标与盈亏时间点类似，但主要用于评估资金周转效率。它对于一定时期内企业的现金流有较大影响，通常情况下，投资回报期短意味着更小的资金风险和更高的盈利。

（2）投资回报率。指回报金额与投资额的比值。小型企业大于 100%即可，大型企业会提升比值，300%也很常见。该指标体现了产品开发项目的总体盈利能力，其缺点是没有考虑时间，故企业在使用该指标时通常会搭配投资回报期综合考虑。

（3）净现值。指当前流入现金价值与当前流出现金价值的差值。在新产品开发项目中，该指标通常用于分析投资或项目的盈利能力。净现值可从两个方面考虑：单个项目或整体新产品开发项目对公司现金流的影响。

（4）销售额。新产品开发项目的销售总额，通常指在特定时间段内（从新产品上市时起算，到评估日为止），由新产品开发项目带来的实际的产品销售总额。除销售总额外，有的企业也会依据销售额的变化趋势来评估产品的退市时间。销售额受销售时间影响可能存在淡季和旺季之分，多数企业会使用一段时间的滚动值（移动平均）的方法来获取这个指标。

（5）利润率。新产品开发项目的利润率，通常指在特定时间段内（从新产品上市时起算，到评估日为止），由新产品开发项目所带来的实际毛利润总和。该指标主要用于评价产品的盈利能力、产品设计的合理性，以及生产运营的配合能力。该指标既可以用于单个产品的评估，也可以用于组合产品的评估。

（6）客户获取成本。企业为了说服潜在客户购买产品/服务时所产生的成本，一般指在一定时期内，为了使某一特定产品或服务赢得新客户所产生的平均成本，包括但不限于促销、市场调查和激励计划等。该指标是计算客户价值及项目投资回报率时的一个重要关注项，可以指导企业评估针对特定客户群体所需投放资源的数量，通常由销售或市场相关部门对其负责。

（7）单客平均收益/单位利润。某一指定产品/服务在一定时期内，由单个客户带来的平均利润，即总利润与客户数量的比值。该指标常见于面向终端用户型的企业用于评估产品收益变化趋势，以便制定相应的市场战略，也可用于对客户需求变化的研究。

（8）失败成本。用于描述新产品立项之后，从概念开发开始到移交生产的过程中的任意阶段，由于内部或外部原因终止项目，导致产品最终无法上市，所产生的成本。例如，在产品开发过程中，由于客户破产，导致项目终止，这个过程中所产生的总费用就是失败成本。该指标也可用于对整个企业的业务能力进行评估。

（9）产品全生命周期成本。指产品全生命周期的开发和管理总成本，包含但不限于概念生成、研发、规划、工程、测试、发布、量产、售后和退市等过程中所产生的成本。这个成本在产品开发过程开始即被测量，通常在项目的预测损益表内体现，作为产品开发阶段性评审的重要依据。在产品开发完成后，产品开发的实际成本会纳入企业对产品整体开发成本的评估指标内。

2. 非财务类指标

（1）工程产出率。该指标是一个复合指标，是新产品开发项目数与开发人员数的比值。其中，开发人员数包含技术研究类人员，是评估日当天在职的所有产品开发技术人员数量；新产品开发项目数是指评估日当天往前一年内正常关闭项目且新品上市的项目数。比值越大，说明新产品开发团队的产出效率越高，经济效益也越高。该指标与部分战术指标，如研发经费利用率等紧密挂钩。

（2）项目平均周期。指评估日往前一年内所有正常关闭的新产品开发项目的平均执行周期（从项目启动到关闭，不包含前期立项审查阶段）。该指标可以直接衡量产品开发团队的开发速度与市场响应能力，是最常见的和普遍适用的指标。

（3）产品平均变更次数。指评估日之前上市满一年的新产品在上市之后第一年内平均升级变更的次数，不重复计算已经评估过的项目。其计算公式是：第一年所有变更次数 / 上市满一年的项目数量。该指标可以衡量新产品的可靠性、流程稳定性，同时也部分体现了客户的满意度。时间跨度可根据各企业的产品特点加以调整。

（4）知识产权数量。描述在特定的产品开发过程中，新增的知识产权数量。通常可以用于评估企业的创新能力。拥有的知识产权的数量并非越多越好，过多的知识产权也意味着庞大的维护开支。很多知识产权的申请是出于战略保护，或者技术防卫目的。所以该指标通常会被更详细地分类，其中创新性的产品发明知识产权数量是重要的评估对象。

（5）研发成本占比。描述研发成本（固定成本和可变成本）占公司所有部门总支出的百分比，或被描述为分配给研发的费用占公司同期利润或销售总额的百分比。该指标通常与企业的定位相一致，反映企业对于新产品研发的关注度、企业的创新能力及企业类型。该指标也是产品开发类企业最常用的指标之一。

（6）市场潜力。对于新产品/服务在目标市场上的可接受价格或市场容量的预估。该指标没有固定的计算公式，而是依据企业自身实际情况和对市场的核心关注点给定权重，进行综合分析而得到的。该指标需要综合考虑细分市场的客户总量、品牌价值、同类产品的竞争者状态、细分市场对于该类产品/服务的平均可接受价格（或客户对于该产品的价格预期），以及其他可能存在的重大市场风险等因素。该指标在项目可行性分析报告中需要有详细的分析和考虑。

（7）选定概念百分比。在指定时间内（依据企业实际情况自行定义，通常为一年），企业内部产生的新产品/服务创意中被选定进行进一步开发的产品/服务概念数占同期所产生的概念总数的百分比。该指标通常和队列管理相关指标协同考虑，需维持在一个企业可接受的平衡状态，既能保证有足够的备选项，同时又不会因为过于专注新产品概念产生而导致资源浪费。这个指标为产品开发的管道管理提供了依据。

（8）上市时间。从业务机会输入开始，到产品实现初步功能，可以被客户试用或被市场测试为止的项目周期长度。该指标比项目平均周期要短，但其更好地反映了产品开发团队对市场的响应速度。对于企业而言，更短的上市时间通常意味着更短的项目周期、更低的成本和更灵活的改进。在高速发展的行业中，多数企业会将上市时间作为一个重点关注的指标。但是，如果单纯追求产品尽快上市，容易忽略其他潜在风险。合适的上市时间目标应当与企业的业务战略相一致。一个可预测的时间表、稳定的交期，比盲目追求速度更有价值。无论是门径管理、精益六西格玛，还是项目管理，都在谋求速度与稳定的平衡，这也正是一个运转良好的新产品开发流程所必需的。

（9）需求潜变。在客户需求和产品规范初始化之后，新增并确定要添加到产品规范中的需求数量，或者新增需求占需求总量的百分比。该指标通常用于衡量产品开发过程中项目管理或需求管理的质量，该指标增长通常意味着项目范围扩大和项目成本增加，同时侧面反映了需求管理过程中存在着待改善点。该指标同时可用于单个产品开发项目和产品组合项目的管理。

（10）开发原型数量。指在产品开发的过程中，产品在被批准并引入市场之前所创建的原型数量。该指标通常用于考察产品开发能力，主要由研发团队负责。新开发的产品的原型能进入后期量产并成功上市的并不多，但原型的数量充分体现了开发团队的创新能力。

（11）被接受的原型数量。指在组合管理的层级，在新产品开发过程中被选中进行大规模量产的原型数量。该数量通常需要和实际开发的原型数量进行对比，有时候企业内部也会直接采用被接受的原型数量与实际开发原型数量的百分比来对研发的项目质量或研发效率进行评估。一般情况下，该指标越高，可能意味着研发效率越高和研发成本越低。

（12）生产验证时间（Time to Volume）。从业务机会输入开始，到产品可以通过小批量试制所经历的时间。该指标的起始时间与产品上市时间相同，结束时间晚于上市时间。该指标考察产品开发的能力，包括工艺流程的匹配能力，通常由项目团队（工程团队）承担。该指标意味着新产品可以开始产生市场回报的时间点。

（13）评审一次通过率。评估前一段时间内（如一年），新产品开发项目进行阶段评审，第一次评审即通过的项目数量与参与评审的项目总数之比。新产品开发在阶段评审或技术评审点上会出现设计迭代，这也是项目周期拖延的主要原因。事实上，项目会受到人员、资金、技术等诸多因素的影响，很少有项目可以一次就通过所有评审的。该指标体现了设计及评审的综合效率。

（14）单位时间内通过的里程碑数。评估前一段时间内（如一年），新产品开发项目共通过的项目重大节点或里程碑的数量。该指标在大型企业或项目数量较多、整体规模较大的情况下使用，与项目里程碑的设置有关。该指标不适用于单个产品开发项目，是组合管理和企业级绩效评估所使用的指标。

（15）设计重用性。在一段时间内（如一年），新产品中有多少个核心模块被重复利用，其计算公式为：复用模块数/总设计模块数。该指标越大越好，是模块化设计良好的体现，减少了重复设计的资源浪费。该指标是六西格玛设计的重要指标，也广泛地被其他设计开发流程所使用。

（16）需求满足度。对新产品所有需求的满足程度。该需求包括所有客户明示的、暗示的或隐含的需求，同时也包括市场环境或行业默认的需求，以及企业内部客户的需求。通常客户明示的需求会百分之百地予以满足，但其他需求则视企业实际情况而定。该指标常用于企业研究客户需求的趋势变化等。

（17）客户抱怨数。指新产品上市后第一年或前两年的客户抱怨数。部分企业会区分非正式抱怨和正式抱怨。该指标真实反映客户对产品的接受程度。非正式抱怨通常不会引起严重的后果，但体现了客户对产品微小瑕疵的容忍度；正式抱怨往往会对企业的声誉、业务产生影响，在个别行业甚至会产生重大的资金冲击。

（18）客户满意度。客户对新产品的主观评价，包含的内容广，不仅涉及产品的质量、可靠性，还包括客户对产品开发过程的满意度，以及对企业售前售后服务的评价。该指标是综合性指标，也是部分企业用于管理销售商的重要指标之一。

（19）产品生命周期。指新产品平均生命周期。一般来说，产品生命周期越长越好，但并非绝对。越长的生命周期代表产品的盈利时间越长，一些使用量大但变化很小的产品符合这个特点，如肥皂。但长期稳定的产品，会使得企业产品创新的能力受阻，所以部分企业会强制设定退市计划，以刺激业务团队保持新产品开发和创新的活力。

（20）生命周期内单位时间销量。指在生命周期内新产品单位时间的销售量。由于部分企业会设定产品的生命周期，以提升产品创新的速度，因此该指标体现了产品预期时间范围内的盈利能力，超出既定生命周期的销量不计算在内。该指标也可以用于研究市场对新产品的响应能力。

（21）峰值年市场份额。产品的销售量符合一定的数据分布形态，该指标考察的是产品在销售量最大的那一年（峰值年）的市场份额，以评估产品在市场中的地位，制定相应的产品发展规划。该指标通常对于行业的龙头企业适用，可以显示企业与其他领先企业之间的差异，制定相应的对策。小企业由于很难在市场中找到自己的位置，故很少采用。

5.3.4　进行绩效度量时的要点

产品开发的绩效度量不针对个人的能力，考察的是产品开发团队甚至企业的能力。其考察的要素主要包括如下。

1. 评价的有效性

所有的评价都要基于有效的数据采集，因此数据本身要客观与及时，评价也应在正确的时间点进行。评价所生成的结果要及时反馈给相关方，无论是针对正在进行中的产品开发项目还是针对整个组织的日常运作。

度量指标的设立要科学，不应过多且可以清晰地被测量，如涉及计算公式，则要对公式有合理的解释和必要的边界条件。要充分考虑度量指标会有的各种可能性。例如，某企业为了衡量产品开发的准确率，设定的公式是：（一年内）无显著错误的开发项目数/出错的项目数。该比值越大，越能体现开发的正确性，但忽略了一种可能性，就是一年内如果没有产品开发项目出错，那么该比值将变成无穷大。这时这个指标的数值就会和其他时期的数值产生不合理的差异性。

2. 结果的公正性

度量指标所覆盖的范围内的所有产品开发项目，要使用统一的度量标准。可以理解产品本身具有一定的独特性，但产品开发的方法论是相近的，只要其参照的标准或应用的体系相同，那么在度量时也应使用相同的标准。对于产品独特性的方面，可以在评价时略作调整，但不应影响指标的度量和计算。

如果产品之间的差异性过大，例如，某 IT 企业的产品既有软件产品，又有硬件产品，会选用不同的产品开发体系或流程，那么对应的度量指标也可以不同。但如果选用了相同的度量指标，还是要遵守既定的规则。

可能存在极个别的特殊情况，某个指标在度量时，因项目的环境、人员和背景等诸多因素的变化，而无法使用原来既定的评价方式，那么管理团队应充分和产品开发团队进行沟通后，选择适用的评价方式。

3. 过程的透明性

产品开发的度量指标一般都是公开的指标，这些指标是可以作为企业文化的一部分与开发团队的成员一起分享的。明确团队共同的目标对产品开发的成功有显著的贡献。所以，往往会在产品开发过程中，会实时主动告知团队开发成员这些指标。很多企业都有公共在线系统，如企业内网，会在显著的位置或专门的通道让企业成员看到这些指标的实时状态和相关数据，有时也会附上度量评价的结果。

对于部分敏感的商业指标，如企业的财务数据，有可能在短期内选择不向全员公开，但在相应的管理团队内部往往还是部分公开的。这可以根据企业管理的实际需要进行选择。不论采用哪种形式，都不能影响度量指标的公正性。

4. 可追溯性

所有的度量指标都有可追溯性，有些企业的度量指标可以追溯到几十年前。良好的可追溯性，能为企业指明改善的方向，也可以作为判断企业健康程度的依据，避免企业一些短期的冲动行为。例如，面对近年来频发的不同行业、不同规模的危机，部分企业会盲目采取事业线缩减、整编，甚至裁员的措施，但如果有相应的衡量指标，从更长的时间维度来看企业的绩效，很多所谓的危机其实是一种自然波动，企业应冷静地看待。如果指标的长期趋势出现下滑，则需要考虑业务的拓展和转型等问题。

可追溯性不仅指时间跨度，也指度量指标的有效性。企业为了衡量某一个行为的效率，可能在不同时期使用不同的指标。例如，为了度量产品开发的速度，可能之前使用产品开发周期，后来发现市场对响应速度要求高，就改为产品上市时间。但事实上，这两个指标中有部分数据是重合的，它们只是为了一个共同的目标而使用的两种不同的度量手段而已。度量指标的可追溯性通常是由某个特定的系统进行管理的。

应用案例

某消费类电子产品公司希望重新整理产品开发体系，并且构建相应的新产品开发项目的绩效指标。该公司产品名目繁多，有很多产品家族库，产品之间的差异性非常大。根据公司既往经验，把新产品开发项目耗费的资源（项目时间及投资额）为重要参考依据，典型的产品开发周期从 90 天（衍生类产品）到 500 天（新平台产品）不等，投资不仅包含技术研发投资、必要的人力资源投资，还包括新产品生产需要的新的大型工具，如模具和工装夹具类等。

公司希望用于度量新产品成功与否的指标可以反映财务状况，也可以度量产品开发过程中的开发能力和效率，同时还希望体现产品开发的可靠性和客户的满意度，这些指标都应可量化、可追踪，在新产品开发项目的重大节点上进行评估和审核。它们也将是度量公司发展的重要指标。

在综合公司的项目历史清单后，管理团队将绩效指标分成两大类——财务类指标和非财务类指标。初步识别的指标有很多，但由于关键绩效指标不宜太多，故通过归纳总结后，在这两类指标中分别定义了 6 个指标作为公司的产品开发的战略性指标，包括财务类指标（公司 3 年销售额、公司 3 年利润率和公司平均投资回报期）和非财务类指标（工程产出率、项目平均周期和产品平均变更次数）。这些指标都将在每个月公司级新产品项目管理会议上进行评审，该会议由 PMO 组织，由 PMO 总监进行汇报。该评审会议涉及公司最高级保密信息，仅各功能团队的负责人参与，不向新产品开发项目经理和项目成员公开。评审后的结果会通过公司的正式渠道发布。

（1）公司 3 年销售额。该指标为从评估日起往前 3 年内，由新产品开发项目带来的产品销售额的总和。例如，评估日是 2019 年 2 月 1 日，系统会统计从 2016 年 2 月 1 日至评估日所有已关闭（成功开发上市的产品）的新产品项目，然后从财务系统拉出这些项目至评估日为止的销售额总和。该指标的承接主体并非是销售业务团队，而是新产品开发涉及的所有的功能团队。公司认为该指标考核的是新产品开发项目的市场实际效益，是所有人努力的结果。度量该指标的标准有两条：该指标单值不得低于 140 亿元，且连续 12 个月的平均滚动值应每年最少有 5%的增长。

（2）公司 3 年利润率。该指标与公司 3 年销售额类似，从评估日起往前 3 年内，由新产品开发项目带来的实际利润总和。这里的利润指毛利润，因为和销售额相比，它涉及新产品规划、生产、运营需要的直接物料成本，可以体现产品设计的合理性，以及生产运营能力。之所以没有考虑净利润，是因为从毛利润到净利润涉及一些固定分摊的成本，公司不认为这是新产品开发团队的主责，不应纳入考核之列。该指标同样由新产品开发的所有功能团队共同承担。度量该指标的标准是该指标连续 12 个月的平均滚动值不得低于 35%。

（3）公司平均投资回报期。该指标指评估日当前所有正在正常运作且尚未关闭（还未上市）的项目的平均投资回报期，评估以年为单位。例如，当前评估日为 2019 年 4 月 1 日，当前在系统中有项目 209 个，其中暂停或中止的非正常项目有 28 个，尚未正式启动的项目有 42 个，处于各个不同阶段但正常推进的项目有 139 个。这 139 个新产品开发项目的财务投资回报期分别为 1.2 年、1.7 年、0.9 年、1.3 年……其平均值为 1.8 年。那么 1.8 年即当前该指标的评估值。公司认为该指标反映了当前新产品开发项目对投入资金的利用效率，也是一个新产品盈利能力的重要体现，该指标也可以帮助管理团队对公司未来现金流的走向进行控制。公司度量该指标的标准是时间不得大于 2 年，单个新产品开发项目的投资回报期如大于 2 年就需要特别汇报，如果投资回报期大于 3 年则项目立刻中止（战略性项目可经特别审批后除外）。

（4）工程产出率。该指标是一个复合指标，是新产品开发项目数与开发人员数的比值。例如，评估日往前一年里公司新产品开发项目共完成 110 个，评估日当天新产品开发人员有 280 人，则该指标为 110/280 = 0.39。公司认为该指标体现了产品开发团队的技术能力和工程效率，同时部分体现了技术团队资源的稳定性。该指标的度量标准是不得低于 0.2，该标准会定期由工程中心进行校核更新。

（5）项目平均周期。该指标指评估日往前一年内所有正常关闭的新产品开发项目的平均执行周期（从项目启动到关闭，不包含前期立项审查阶段）。例如，某项目于 2018 年 1 月 15 日立项，但由于商务论证、市场调研和业务评审的缘故，2018 年 3 月 21 日才启动，于 2018 年 11 月 30 日关闭且移交生产运营团队。则项目的周期为 3 月 21 日至 11 月 30 日，以天为单位。公司认为立项审查阶段属于商务判断阶段，虽然也是新产品开发的重要组成部分，但无法准确度量其时间，且不能由产品技术工程团队所控制，故不纳入考核周期内。公司根据产品类型，对按衍生类项目和全新平台类项目定了两个不同的标准。其中，衍生类项目的平均周期不得高于 150 天，全新平台类项目不得高于 400 天。工程中心管理团队还额外对滚动 12 个月的数据进行追踪。

（6）平均产品变更次数：该指标指评估日之前刚上市满一年的新产品在上市之后第一年内平均升级变更的次数，不重复计算已经评估过的项目。例如，本次评估日是 2019 年 3 月 1 日，上一次评估日是 2019 年 2 月 1 日，则 2 月 1 日已评估过的项目不再计算。从 2 月 1 日至 3 月 1 日之间上市满一年的新产品开发项目总计 30 个，共发生 130 次变更，则平均变更次数为 130/30 =4.3。公司认为新产品变更的主要原因是：客户需求变化，研发技术更新或工艺优化，研发团队有技术失误等。除客户原因外，其他原因都是新产品开发团队的能力问题。该指标的度量标准是非客户原因引起的平均变更数不得大于 5 次。

除了以上 6 个战略性指标，公司还将指标列表内的其他 20 余项指标作为战术性指标分解到各个功能团队。这些指标均被纳入公司的新产品开发项目的程序文件，由 PMO 监控与汇报。

本章作者简介

缪宇泓

精益六西格玛黑带大师、NPDP、PMP、NPDP 认证讲师、中国百强讲师、资深项目管理专家、IPD 流程建设专家。曾服务于多家世界 500 强外资企业，历任持续改善总监、项目管理办公室总监、流程体系建设负责人、项目组合管理倡导者、精益研发负责人、设计团队总负责人等。具有丰富的培训与咨询经验，为多家行业顶级企业提供专业咨询，有强有力的现场实施改善和解决问题的实操能力，培训精益六西格玛，新产品开发，项目管理，流程体系等各类人才数万人。

张翠玲

独立咨询师，NPDP 认证讲师、PMP、ACP、CSP、管理 3.0 认证引导师、三级拆书家。擅长产品管理、项目管理、敏捷管理、设计思维。有 20 年的 IT 行业经验，曾任项目总监，参与管理过单体超过 1 700 人月的纯软件项目，服务过中国联通、中航协、中广核、中石油等大型企事业单位。译有《项目管理思维：节本增效的工作方法》，参与翻译《改善敏捷回顾：提升团队效率》。

龙小丰

获得 PMP，ACP，PgMP，Scrum Master 等认证，NPDP 认证讲师、信息系统项目管理师。北京大学管理硕士，某上市公司项目高级合伙人，曾就职于上市集团公司，负责企业、政府、银行等 IT 软件、系统与集成项目管理和产品管理相关工作，具有丰富的项目管理和产品管理实战经验。

李洁

精益六西格玛黑带、六西格玛设计（DFSS）黑带、NPDP、资深咨询师。曾服务于多家咨询公司，擅长企业新产品开发流程建设、项目管理体系建设、与精益及六西格玛相关的现场问题解决和企业关键指标提升等落地改善，涉及包括汽车、电信、能源、自动化和工业基础设施等在内的诸多行业。现任穆琪咨询总经理，为多家世界 500 强企业提供专业的企业诊断、咨询服务及解决方案。

第 6 章　市场研究

6.1　新产品开发中的市场研究

市场研究是新产品开发不可或缺的组成部分。新产品开发的各个阶段，都需要市场研究提供的信息和数据来启发思路、评估风险、助力决策。

美国营销协会（American Marketing Association）将市场研究（Market Research）定义为：营销者通过信息与消费者、顾客和公众联系的一种职能。这些信息用于识别和定义营销问题与机遇，制定、完善和评估营销活动，监测营销绩效，改进对营销过程的理解。

6.1.1　客户心声

客户心声（Voice of the Customer，VOC）是一个用于描述"捕捉客户需求"的商业流程的术语。客户心声引导客户用自己的语言或文字来表述需求，挖掘客户的潜在想法，利用工具加以整理和分析，将其整合成一个对优先级和重要性进行排序后的层级结构。客户心声包含 4 个部分：客户需求、层次结构、优先级和客户感知。

（1）客户需求。客户用自己的语言或文字对产品或服务所实现的利益进行描述。客户对产品的需求不仅指产品功能，也包括广告、价格、包装、外观等。客户心声识别的是所有影响客户需求的因素。

（2）层次结构。将收集到的客户需求分成战略性、战术性和细节需求。战略需求用以确定产品战略，战术性需求是战略需求的分解，细节需求是详细的产品特性需求。

（3）优先级。客户需求有不同重要等级，产品经理需要在资源使用与客户需求满足之间取得平衡，优先满足重点需求。

（4）客户感知。客户感知是客户对竞争产品的认识。如果市场上还没有竞品，那么客户感知是指客户希望新产品如何满足需求的诉求。

客户心声对于新产品开发而言极端重要，本章列举的工具均属于了解客户心声的范围。

6.1.2 市场研究的 6 个关键步骤

市场研究通常包含 6 个步骤（见图 6-1）。

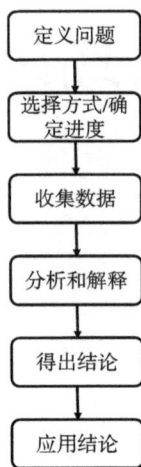

图 6-1　市场研究的 6 个关键步骤

1．定义问题

在这一步中，需要评估实施调研项目的必要性，以确定是否开展调研项目。评估包括以下方面：

（1）管理层的态度。管理层是否支持，是否需要。

（2）相应资源的可获得性。包括内部人员的工作量、调研项目所需资金、外部承包商的能力和资质。

（3）如果调研项目是必要的，则要明确调研目的。

（4）确认目前碰到的问题。如果问题很多，确定主要问题，以集中有限资源加以解决。

（5）讨论调研结果的作用、对下一步工作的影响，以及调研结果会以怎样的形式减少决策的不确定性。

Tips　清晰地定义调研目的是市场调研成功的前提。

2．选择方式/确定进度

调研方式一般被分为探索性与结论性。

（1）在问题描述不清晰、内容不确定、范围不明确时，一般使用探索性调研。探索性调研的目的是收集资料、了解情况、发现问题，以供进一步研究。

（2）结论性调研也被称为"核实性调研"，是正式进行研究并分析资料而得出结论。当调研者有准备好的预备方案，且希望借助研究来评估和完善这些方案的时候，一般选择结论性调研。结论性调研有两种形式：

- 描述性调研，目的是描述事实，记录调研相关人员（客户、主持人、使用者）的语言和行为，收集数据，描述被调研对象的特征。这种方法侧重于研究的内容，而非成因。
- 因果调研，又称实验性调研，用于推导不同变量之间的因果关系。因果调研用于以下情况：确认哪些变量是原因，哪些变量是结果；确定不同变量之间的变动关系。

（3）确定可信度，以及具体要达到的统计信度和实验误差。

3．收集数据

调研人员需要对数据进行有目的的收集。市场研究成功与否取决于数据的完整性和相关性，而数据的质量在很大程度上取决于所使用的数据收集方法。数据按类型可分为一手数据与二手数据；按收集的方法可分为定性市场研究与定量市场研究。

4．分析和解释

收集到的数据可能量很大，存在许多干扰信息和错误信息。数据分析是对收集到的定量或定性数据再检查，筛选出不清楚、不完整、对结论有干扰的部分。将筛选后的数据进行编辑，找出主要趋势，以明确的方式支持观点和结论。

5．得出结论

决策者通常不是市场调研的实施和参与者。在解释研究数据和总结研究报告时，以下几点需要注意：

（1）考虑报告的受众。弄清楚谁会看到报告，他们各自对哪些内容感兴趣，他们可能提出什么问题。

（2）突出重点。把最重要的结论和内容放在前面。不要假设所有人都能看到最后。对于特别长，或者包含复杂方法的报告，这一点尤其重要。

（3）确保建议是可执行的。对于部分听众和决策者而言，"怎么执行"可能是最有价值的部分。他们希望了解调研者的分析过程，但会更关心如何将结论转化为可执行的内容。如果有必要，列上落实建议所需要的资源。

（4）事先考虑演示效果。把听众当成客户，利用图片和表格让演示尽可能变得逻辑清晰，富有吸引力。

（5）保持精练。PPT 和 Keynote 提供了很多绚丽效果。看到自己的想法以华丽的形式展现，是一件非常令人自豪的事。然而，记住，少就是多。报告的真正价值在其逻辑性，简洁有力会让结论更有说服力。

6．应用结论

成功的报告并不意味着成功的市场调研。调研的组织者应该带着结论，回归产品开发环境，将报告结论用于产品开发和决策过程。

市场调研过程中的原始数据、客户心声和分析逻辑往往有利于说服关系人应用报告结论。

6.2　一级市场研究与次级市场研究

6.2.1　定义

一级市场研究是指研究者为了解决自己的问题，由本人或本组织主导的市场研究。在这个过程中需要投入较多资金和人力等资源。次级市场研究是指由研究者以外的人或机构，为某种目的而进行的市场研究。首先使用次级市场研究，在次级市场数据无法满足需求时再采用一级市场研究。一级市场研究和次级市场研究的主要区别如表 6-1 所示。

表 6-1　一级市场研究和次级市场研究的主要区别

比较维度	一级市场研究	次级市场研究
主导者	由研究者主导	由其他人主导
时效性	及时的，最新的	过时的，没有及时更新的
获取成本	比较高	相对较低
耗费时间	长	短
相关性	体现研究者的需求，可以灵活调整，改变内容	不受研究者控制，无法改变内容，可能不具有很强相关性
数据形式	粗糙的，需要进一步整理	整理后的
可靠性	较好	相对较差，可能需要验证来源
数据获得方式	首次获得	已被他人收集到的
目的	解决当前问题	出于其他目的被收集
数据来源	包括焦点小组、客户现场访问、人种学研究、社交媒体、问卷调查、消费者监测组等	政府出版物、网站、书籍、期刊、文章、公司内部数据等

6.2.2　次级市场研究的优缺点

1．优点

（1）节省时间和资金成本。相比于需要投入人力物力才能得到资料的一级市场研究，次级市场研究的数据往往唾手可得。在互联网时代，这种优势尤其明显。免费的、在很短时间内就能获得的次级研究数据可以让研究者保持灵活性（是否停止研究，是否转换方向）。而一级市场研究一旦开始，就意味着资金和人力的投入。

（2）数据广泛。政府和行业协会等机构收集的数据非常广泛，涵盖了一系列主体和分类数据，研究者可以从中选取需要的内容。次级市场研究数据在时间维度上的全面性也是其重要优势。单次的一级市场研究无法为研究者提供持续的数据，长周期的一级市场研究意味着成本较高。如果研究的时间跨度长达数年甚至数十年，次级市场研究几乎是唯一选择。跨国市场研究经常使用次级市场研究。尽管各国之间存在差异性，人口普查和其他政府研究往往使用同一标准，或者至少在某些区域（如欧盟）或某些组织（如亚太经合组织）之间采用同一标准。

（3）带来意料之外的发现。次级市场研究因其不聚焦，提供的数据超出预定研究范围，反而可能带来意外灵感。在新产品开发流程前期，高度不确定性和对创意的需求意味着研究者经常从次级市场研究中受益。

2．缺点

（1）数据定义口径可能存在差异。数据的分类可能过细。如需要年度数据，所收集到的资料是每日报告，这就要求研究人员进行数据整理分析。次级市场研究的数据也可能过粗。如需要月度数据，而实际只能获得年度数据，次级市场研究数据的价值就大大降低了。

（2）相关性不够。次级市场研究由他人主导，为其他目的进行，不能满足研究人员的特定需求，可能需要从不同角度进行多次收集，以便对特定需求进行完整分析。

（3）准确性不够。数据会有因不同来源而造成的误差，而分析这种误差是很困难的，因为研究者没有参与相关研究，可能需要追溯次级市场研究数据的源头，进行深入分析。

（4）及时性不够。书籍、期刊、报告等提供的信息通常不同步，现状可能已经发生了巨大变化。如果具有重大影响的技术/事件在这个时间窗口中发生，及时性的问题就更加明显了。

（5）可能存在版权问题。一些次级市场研究数据来源可能涉及版权，在未经许可的情况下使用这些数据，会带来法律问题。

6.2.3　次级市场研究的资料来源

次级市场研究数据可分为外部数据与内部数据。

1．外部数据的种类

（1）政府机关数据：人口普查报告、白皮书、经济统计数据、专利数据库和工商信息在线查询等。

（2）行业、企业报告：行业协会发布的数据、季度和年度报告，以及上市公司业绩报告等。

（3）通用出版物：报纸、杂志、峰会报告和展会目录等。

（4）专业出版物：学术期刊、论文集和专业杂志等。

（5）互联网内容：网站、微信、微博和知乎等问答社区。

（6）付费咨询：智库和咨询公司提供的有偿数据服务（数据库和报告等）。

2．内部数据的种类

（1）企业的经营资料：资产负债表、利润表、现金流表、企业战略和愿景等。

（2）销售资料：销售数据、投诉和售后信息。

（3）调查报告：顾客满意度报告、质量改善报告和工艺报告。

（4）顾客信息：终端和门店的录入信息和大客户信息等。

6.3　定性与定量市场研究

无论是一级还是次级市场研究，从内容上都可以分为定量和定性市场研究。定性研究是对问题的看法与判断。定量研究则用数据将问题量化。

6.3.1　定性市场研究

对一小部分人进行个体或集体调研，了解他们的想法、意向、动机和观点，收集他们的初始需求及对于创意和概念的第一反应。定性市场研究解读消费者购买产品的原因，而定量市场研究则揭示购买产品的消费者数量。

定性市场研究可以在与受访者互动的过程中，一边观察受访者的反应，一边灵活调整调查内容、顺序，变更或追加问题。定性市场研究有以下用途：

（1）验证假说。提出假设，听取受访者的反馈，思考假设是否成立。

（2）确定定量市场研究的内容。用于调查主干，设定选项，分析预期用户的反馈。

（3）验证和开发概念。将设计图和样品展示给受访者，观察其评价和反应，获得进一步改进的方向，也可以通过这种方式取得新想法。

6.3.2 定量市场研究

客户调研方法，最常使见的形式是问卷调查。通过对大量客户的调查得出可信数据结果，用于预测一般客户的反馈。定量市场研究可用于判定一些重要指标，包括不同客户的需求的优先级、现有产品性能等级和满意程度、试验的可能性、二次购买率和对产品的喜好程度等，可以减少产品开发流程中的诸多不确定因素。定量市场研究的结果具有逻辑性、统计性和无偏移性。数据收集是通过对代表整个群体的较大样本使用结构化方法进行的。

定量市场研究的分类如下：

（1）调查研究。调查研究是所有定量研究方法的最基本工具。其中，问卷调查是指使用各种类型的问卷，如在线调查、纸质问卷和网络拦截调查等，对抽样调查对象进行提问的调查方式。

（2）因果比较研究。这种研究方法主要依靠比较因素，也被称为准实验研究。研究人员利用这种方法研究两个或两个以上变量之间的因果关系，其中一个变量（称为因变量）依赖另一个自变量。设定自变量，但不进行操作，观察其对其他变量的影响。由于因变量和自变量总是存在一个组中，因此建议在考虑所有因素的情况后仔细地确定结论。

（3）实验研究。实验研究，顾名思义，通常基于一个或多个理论。这个理论过去没有得到证实，只是一个假设。在实验研究中，分析是围绕着证明或反驳这种理论而进行的。实验研究可以涉及多种理论。理论是一种可以被证实或反驳的陈述。这种定量研究方法主要用于自然科学或社会科学中，因为有各种陈述需要证明是对的还是错的。

（4）次级定量研究。次级定量研究是一种利用现有数据或二次数据的研究方法。对现有数据进行汇总整理，提高研究的整体有效性。这种研究方法包括从现有数据来源如互联网、政府资源、图书馆、研究报告等收集定量数据。次级定量研究有助于验证从初级定量研究中收集的数据，以及加强、证明或反驳以前收集到的数据。定性与定量市场研究的比较如表 6-2 所示。

表 6-2 定性与定量市场研究的比较

项　目	定性研究	定量研究
目标	<ul><li>了解潜在的原因和动机</li><li>提供对问题设置的见解，为以后的定量研究产生想法或假设</li><li>揭示思想和观点的流行趋势</li></ul>	<ul><li>将数据量化，并且将结果从样本推广到与其相关的总体</li><li>在选定的样本中测量各种观点和意见的发生率</li><li>有时与定性研究结合使用，用来进一步探索和发现真相</li></ul>
样本	<ul><li>常常是少量无代表性的</li><li>调查对象是被事先选定的</li></ul>	<ul><li>通常通过大量案例来代表相关人群</li><li>调查对象是随机选择的</li></ul>

续表

项　　目	定性研究	定量研究
数据收集	使用非结构化或半结构化的技巧，如个人深度访谈或小组讨论	使用结构化的技巧，如在线问卷调查、街头访问或电话访问
数据分析	非统计性的	• 统计数据通常以表格的形式出现 • 研究结果是结论性的，通常是描述性的
输出	• 探索性调查 • 研究结果不是结论性的，也不能用于对相关人群进行概括 • 为进一步的决策打下初步的基础	常常用来辅助决策

Tips

如果预算允许，应该同时使用定性和定量市场研究，因为它们提供了不同的视角，而且通常是互补的。

6.4　市场研究工具

6.4.1　焦点小组法

这是一种将 8~12 个市场参与者集中起来，在一位专业主持人的引导下进行讨论的定性市场调研方法。讨论的焦点是消费者问题、产品问题及其解决方法，讨论的结果不直接映射大众市场。尽管不可能倾听目标市场所有客户的心声，但研究者可以通过多次组织焦点小组的方式尽量接近客户心声，或者通过有目的的焦点小组法来了解某些方面的客户心声。

6.4.1.1　焦点小组的准备

1．参与者

（1）仔细筛选参与者。根据调研目的确定对参与者背景和经历的要求，小组成员要具有符合需求的共性（如已婚、已生育的女性）。参与者具有同质性有以下几个好处：

- 易于彼此迅速熟悉，营造轻松的、具有安全感的氛围。
- 哗众取宠或故意提出尖锐问题的可能性较小。
- 对于共同话题有类似经历，容易引起共鸣，内向或羞涩的参与者也会有倾诉欲，愿意就调研话题发表看法。
- 与多数人不一致的参与者会被迅速识别出来，便于调研者标记。这些参与者的意见往往不代表目标群体。
- 与时间有关的同质性（如都有一个 3 岁孩子），意味着研究者可以持续地跟踪访问（一年后，她们都有一个 4 岁孩子）。

（2）重视筛选程序。筛选程序需要尽量模拟目标客户群的构成。统计学上的相似性是产生真实数据的前提。第三方调研机构经常从类似成员聚集的机构，如同一小区、学校、协会和酒吧招募焦点小组参与者。一般而言，一个人不应该参与有邻居、同学、同事和朋友在内的调研。熟人之间更容易彼此交谈、开玩笑，这种默契在调研过程中会破坏群体气氛，导致所提供的数据缺乏代表性。

（3）警惕专业参加调研小组的人。出于各种目的（为了获得报酬、打发时间、满足好奇心，或者调研公司找来凑人数），这些人经常出现在调研中。他们不符合筛选条件时，一般会通过伪装来迎合调研需求。这部分参与者的意见没有价值，需要仔细甄别。

（4）避免定量化倾向。焦点小组法属于定性研究。多小组带来的较大样本量容易让调研者产生量化结论的倾向，然而请注意，焦点小组法不能得出任何定量分析结果。100 个同质用户的代表性可能不如 10 个符合目标市场要求的随机抽取的用户。

（5）注意保密条款。在产品上市前进行概念和方案的调研会带来泄密风险。与调研参与者签订不泄密协议是一种有效举措。调研团队还可以采取其他方式来减小风险，例如：

- 模糊不重要的产品特征。只调研外观、隐藏功能，不提供价格。
- 将同一产品的几个特征分开调研。参与者不能一次性了解所有功能。
- 掺杂有误导性的方案，或者提供已被淘汰的方案。有时候参与者的意见会让这些方案起死回生，这也是焦点小组法令人兴奋的原因之一。
- 提出开放式问题。例如，给出产品方案，询问参与者的价格期望和最低能接受的价格，而不给出具体价格。

（6）控制参与者人数。参与者应限定在 8~12 人。少于 8 人难以形成讨论氛围，可能出现冷场。多于 12 人，可能形成数个讨论小组，不利于注意力集中和话题聚焦。

2. 环境

（1）营造轻松舒适的环境。焦点小组会议通常持续 1~3 小时。为了有效利用时间，必须尽快让参与者进入状态。可以通过精心布置让场地更休闲，在讨论前和讨论过程中提供少量饮料和零食。

（2）录音和录像。通过录音和录像记录全过程。录像可以记录参与者的表情和身体语言，当然也会导致成本增加。部分参与者在镜头前会不自在。如果不能录像，至少使用录音，以便后续反复播放和分析。在告知参与者的前提下，电子设备应尽量布置得隐蔽些，利用窗帘和幕布遮蔽电缆。谨慎展示麦克风，以免参与者的注意力被分散。

（3）使用单面镜。如果有条件，可以考虑使用带有单面镜的会场。调研人员可以在隔壁观察讨论进程，避免被参与者发现。调研人员也可以随时调整调研计划，通过语音设备将指令传递给主持人。

3. 主持人

主持人是现场的掌控者，需要保持参与者自然讨论的氛围，同时要确保讨论围绕主题，不发散或偏离。同质人群有利于参与者保持紧密性和鼓励所有人积极发言。但一般而言，总会有 1~2 人主导讨论，1~2 人不愿参与讨论。因此，优秀的主持人必须具备良好的洞察力和沟通能力。以下是对主持人的要求：

（1）友善但坚定。对参与者友善、宽容，鼓励参与者在讨论中放松，保持讨论内容与焦点问题相关，避免由一个成员主导讨论的倾向。

（2）宽容。关注友好的讨论氛围是否被打断，重建人群目标，保持以调研目的为本。

（3）保持参与性。鼓励和激发参与者积极参与，让他们完全进入讨论主题中。

（4）不表态。谨慎发表表态性的言论，要采用询问口吻，鼓励参与者对他们意见的来源更深入地思考，展示更深入理解参与者想法的好奇心。

（5）鼓励。了解不愿回答的小组成员并尝试打破他们的沉默，鼓励他们参与讨论；了解非语言的暗示，有办法扩展积极参与的人群的范围。

（6）灵活性。准备好覆盖主题的讨论大纲，避免忽略或遗漏某些内容。在大家出现精力不集中时，拥有即兴制订和修改计划的能力。

（7）敏感性。具有识别信息是否适合讨论的能力。

6.4.1.2 对焦点小组的讨论进行分析

对焦点小组的讨论进行分析主要包括以下步骤：

（1）讨论尚未结束，就开始分析。倾听并分析理解不一致的意见，以及含糊或隐晦的评论；考虑在讨论最后问每个参与者一个偏好性问题；对关键问题进行总结并寻求确认。

（2）完成收尾工作。绘制座位示意图，标注参与人员的姓名和简要特征；检查录音和录像设备，确保记录完整并做好标记；听取主持人的汇报，记下预感、解释和想法；分析人员听录音，查看现场笔记，阅读记录。

（3）对多个焦点小组进行分析。对各焦点小组分类比较和对比结果，构建图表进行分析，描述所有的发现。

（4）准备报告。考虑叙述风格，引用参与者的话来说明，按主题或问题顺序来排序；与参与调研的其他研究人员分享报告，对比验证；修改并完成报告。

6.4.1.3 焦点小组法的优点和缺点

1. 焦点小组法的优点

（1）可以在短时间内完成。能一次性获得许多信息和想法，实际调查时间短，数据收集速度快。

（2）参与者会相互作用。参与者会互相激发，出现连锁反应，产生新概念。通过交谈挖掘主题，使参与者充分表达。

（3）可以现场观察表情、肢体语言。能观察到参与者语言之外的想法，通过话题设置来影响参与者的情绪。

（4）能激发观察者。可以从无意间的对话中获取灵感，随着讨论的进行，观察者的构思会越来越丰富。

（5）参与者具有同质性。因为感受相似，参与者有安全感，愿意主动表达；因为有群体认同感，不容易出现拒绝回答、中途离场的情况。

2. 焦点小组法的缺点

（1）依赖高水平的主持人。焦点小组讨论很难主持，具有相应技能的主持人很少，同时调研质量与主持人的水平高度相关。

（2）结论容易被误用。焦点小组法提供的结论非常丰富，如果调研者先入为主，很容易找到相应的支撑数据。

（3）统计困难。大量定性回答使调研数据难以被分类统计。

（4）缺乏代表性。除了高度同质化，参与焦点小组的人通常更加外向，这进一步削弱了焦点小组参与者的代表性。

（5）成本高昂。调研所招募的参与者必须比预定人数更多，以防有人缺席。

（6）难以接触特定人群。很难将企业高管、医生、律师等特定受访者聚到一起。出于隐私等考虑因素，邀请他们的难度也更高。

6.4.1.4　焦点小组法的应用

（1）了解消费者。了解消费者对某一类产品的认知与偏好，收集消费者对新产品概念的反馈，收集消费者对旧产品新的认知，评估广告效果，获得对相关主题的反馈。

（2）与其他方法结合使用。修正对问题的定义，提出备选方案，得到有利于构思调查问卷的创意，提出可用于定量检验的假设，解释定量研究的结果。

6.4.2　客户现场访问

客户现场访问是指与一个或多个客户在其所处环境（销售区域或产品使用区域）中进行深入访谈。根据对客户定义的不同，客户现场访问所拜访的可能是经销商、用户，或者供应商。

客户现场访问是充满挑战性的工作。每位访问对象都是全新的。访问者不仅需要在很短的时间内与访问对象建立互信，获得所需信息，还要处理各种突发问题，应对没有预料到的状况，对访问者而言，每次访问都是新的考验。

6.4.2.1　客户现场访问的应用

1. 访问前

（1）明确访问目的。项目的成功在很大程度上取决于目标的清晰度，以及访问团队对目标的理解。模糊的目标通常会导致模糊的结果。将访问目的以文字形式呈现可以迫使团队对访问范围做出取舍；另一种方法是根据现有数据来调研细分市场。

（2）仔细考虑选择受访者，访问正确和必要的客户。

- 有时候需要访问渠道客户、批发客户和零售客户。
- 有时候需要访问产品的购买者、使用者，以及可能对购买行为有影响的人。
- 有时候需要访问销售员、安装人员和售后人员。

Tips

异地访问需要考虑金钱和时间成本，一次客户现场访问往往包含多种访问对象。每种访问要多访问几个人，以便获得普遍性结论。

（3）根据访问目的和客户种类选择访问地点和访问形式。对经销商的访问通常在对方办公室，也可以主动要求到受访者的销售地点参观。边看边聊的效果要好于座谈。如果经销商日程繁忙，一起吃饭或陪同其出差也是常见的访问形式。

（4）选择跨职能团队。来自不同部门的调研者可以从多角度审视问题，并且对客户需求达成共识。建议使用 2~3 人的团队，至少保证一人主导讨论，一人记录负责。

（5）设计讨论指南。编写 1~2 页的讨论大纲，通过开放式问题来实现访问目标。将复杂问题拆成几个部分，确保受访者能快速理解、容易回答。重点应放在要求受访者识别的问题或预期结果上，对于具体的产品或服务解决方案应放在最后。

（6）获得当地同事的支持。访问之前与当地同事联系，访问之后与当地同事做简单沟通，确保他们了解访问的目的和大致情况。

（7）做好确认工作。访问前与约定好的受访者联系，简要叙述访问目的，确认时间安排，请他们做好访问准备。

2．访问中

（1）使用开放式问题。封闭式问题会抑制受访者的表达欲，让访谈陷入尴尬的局面。

（2）不要求受访者提供解决方案。调查者要抑制自己谈论产品的欲望，不要说得太多，也不要炫耀自己的专业知识，要让受访者做 75% 的发言。

（3）持续探究。追问，提出后续问题，当问到第 4 或第 5 轮的时候，真正的答案才开始浮现。

3．访问后

（1）立即撰写报告。在遗忘细节之前将其记录下来。

（2）在报告中引述客户的话。客户现场访问不是定量调查，研究者要记录的是客户感受。

（3）与客户再确认。对于模糊的关键信息，要与客户再次确认。如有必要，可进行二次客户访问。

（4）审视方向。很多时候访问过程中会出现意想不到的结果，这时应重新审视目标。

6.4.2.2　受访者的 3 种类型

1．经销商

经销商的视野较宽广。许多经销商曾经营过竞争品牌或相近类目产品，对细分领域、产品战略、产品趋势有独到见解。访问人员以请教姿态讨论，可以获得更多信息。资历和积累不够的访问者容易被轻视，因此访问前要做较多准备工作。

Tips

注意：不要向经销商透露过多新产品细节和方向；尽量不要录音，而使用笔记等形式；不要迟到，不要爽约。

Tips

与目标区域的销售人员提前沟通，了解经销商的背景、性格特点，以及销售数据，对销售情况和竞品形势有预先了解。在访问前，先到经销商的销售场所实地考察。访问中提及这些细节可以得到经销商的尊重。

2. 用户

用户（产品的使用者）可以提供大量直接的信息。普通用户往往不具备较高水平的逻辑性和总结能力，访问者要引导用户，挖掘其话语中的真正含义，同时要严格避免诱导。如果用户总是肯定访问者的意见，或者频繁回答"你说得对"，访问者就应该有所警觉了。

访问者以品牌商工作人员的形象出现，用户可能抱怨缺陷，甚至对访问者产生敌意；或者放大访问者的专业形象，对其产生敬畏之情。访问者要向用户解释清楚调研的过程和目的，强调用户意见对于产品开发的重要性。承诺联系售后人员来解决用户问题，是获取受访者好感的一种方法。

Tips

注意：避免与用户谈论过多非主题的问题，要随时将谈话拉回主题。

在征得用户同意的前提下，使用拍照、录像记录产品使用环境和关键细节，这一点对于调研总结和后续的资料分析尤为重要。事先考察用户的居住环境，如小区条件、周围商业设施的状况和小区房价等，对了解用户很有帮助。

3. 销售员、安装员和售后人员

销售员、安装员和售后人员往往对所在区域各种品牌的同类型产品都有了解。他们对于产品的评论是在长期与不同用户接触的过程中形成的，具有代表性和普遍性。其中，一线销售员对于竞争产品和自身产品的优缺点了如指掌，对竞争产品的营销技巧很敏感。如果调研者想了解特定产品功能是否打动了消费者，销售人员可以给出最具权威的答案。

安装员了解产品的使用环境。对于某些产品，使用环境可能是影响购买决策的关键因素。

售后人员清楚产品的各种质量问题。对质量的整体印象往往通过口口相传影响购买决策。

Tips

注意：这些意见是主观的、定性的，也是高度概括性的，很难形成量化结论。记忆可能有偏差，口口相传会产生偏见。具有明显特征（销量很好/很坏，产品很重/很轻，问题特别多/不多）的产品会得到最多评论，所以很难获得对于产品线的全面反馈。赠送受访者小礼物有助于迅速打开话题。

6.4.2.3 客户现场访问的优点和缺点

1. 优点

（1）客户现场访问是面对面的现场研究技术。研究者进入客户所在的环境，在与客户交谈的同时，更容易体会到客户的感受，有助于深入了解客户。

（2）可以与客户建立更紧密的关系，为回访打下基础。对于部分重要客户，定期访问是必要的。

（3）由于结构灵活且问题开放，因此客户现场访问可以提供其他方式无法获得的意外信息。除了访问大纲，客户现场访问没有其他限制，有可能获得意外想法。

2. 缺点

（1）客户现场访问对访问者的要求较高。访问者要具备与不同人沟通的能力，以应对受访者的多样性。结构的开放性要求访问者能够随机应变来掌控访问现象。至少要有一位访问者对产品有深入的了解。

（2）客户现场访问往往需要出差，时间和金钱成本较高。

6.4.3 人种学市场研究

6.4.3.1 人种学市场研究的分类

人种学市场研究分为 3 种形式：语境调查、观察性研究和参与性观察。

（1）语境调查主要使用提问来获取信息，是一种结合语言与使用环境的调查方法。

（2）观察性研究只需要在被研究者所处的环境中观察，不需要询问。

（3）参与性观察是更加深入的研究形式。为了更好地理解受访者，市场研究者要进入研究环境，与受访者互动。

6.4.3.2 人种学市场研究的流程

1. 准备工作

（1）设定目标。合适的目标包括：

- 了解情感、象征或社交网络如何影响消费者的生活。
- 深入了解某一特定的消费群。
- 了解消费者的生活方式，以及在日常生活中如何使用产品或服务。
- 揭示未满足的需求。
- 发现并记录消费者能体验到的产品或服务真正的好处。
- 探索与产品或服务相关的问题和机会。
- 了解广告对消费者的影响。
- 了解消费者在商店中的选择和购买行为。
- 发现消费者产生的新产品创意。
- 根据环境测试新产品。
- 识别交互方式，以此描述消费者细分市场。

（2）调查前的准备工作。

- 陈述明确、简单的目标。
- 严格筛选受访者。缩小受访者资格范围，直到找到符合要求的受访者。人种学市场研究要求研究者不仅要关注对话，也要观察受访者的行为、表情和访问环境，因此受访者符合资格的程度尤为重要。访问要持续几小时，甚至几天，不合适的受访者会让市场研究失去意义。
- 撰写研究大纲。利用大纲的目的是为所有参与者提供框架性指导，明确每一步的主要工作和目的，并且突出关键问题。大纲不应该着眼于细节，也不一定是一成不变的，在某些情况下，受访者会主导观察和后续的讨论过程，而这往往意味着灵感萌发。

Tips

需要指出的是，一些人种学市场研究者倾向于在没有任何大纲的情况下进行调查，他们觉得不应该有任何预设框架，对调研过程中看到的和听到的任何事情都要持开放的心态。

（3）招募受访者。

- 确定招募者。尽管通常由专门从事招募的机构进行，研究者应该亲自参与招募，随时与招聘人员保持联系。如果你使用的是全国性的招聘公司，要坚持与当地人员联系。经常会出现被招募者在最后一分钟反悔的情况，因此要提前做好准备。
- 成本。招募费用和激励费用的多少取决于找到受访者的难度，以及受访者的时间成本。罕见人群与高收入人群需要更高激励；大城市的招募成本相对于农村的更高，但交通费用较低。
- 联系被招募者。研究者可以通过电话联系确定人选，建立初步的信任。某些研究人员会要求被招募者在访问前完成一些调查问卷。

2. 调查过程

（1）访问人数。访问人数应该介于 15~40 人。无论怎样细心选择，覆盖收入、年龄、性别等因素都需要足够多的受访者。15 位受访者可以给出基础的共性结论。同时，人数上限不应超过 40 人。过多的受访者会使资料分析的过程延长。此外，在受访者人数较多时，有些人可能倾向于得出定量结论，这是不对的。

（2）访问时间。访问时间取决于涉及的产品和调研目的。如果目的是了解一个家庭的生活方式如何影响食品的购买决策，就需要与家庭成员一起购物、吃饭，研究和观察这家的冰箱和储藏室，了解他们的价值观、对每顿饭的感受。这个过程会持续几天到几周。如果目的是观察受访者早晨刷牙的过程，几十分钟就能完成。

（3）访问方式。

- 访问者人数。人种学研究是一种亲密的体验，包括摄影师在内的访问者的人数应在 3 人以内，否则受访者会感到不自在。
- 访问者与受访者的关系。有些人认为访问者应该把自己塑造成一个无反应的、纯粹的、冷静的观察者，以一种完全中立的方式，让受访者填补访问者沉默的许多时刻。另一种是访问者要进行参与式观察。访问者进入受访者的生活，尽可能地作为家庭的一员进行观察和探索。这两种方式都是有效的，需要根据具体环境来决定使用哪种方法，有些人两者兼用。
- 其他形式。有时候，让受访者自己拍摄视频会更好。例如，成年人的存在可能改变孩子们的游戏方式，给孩子们一个相机，让他们录下最喜欢的娱乐活动，访问者可能获得意外收获。

3. 分析资料

（1）解释。没有固定的框架，也没有需要遵循的指导原则。解释调研资料的方式会随着研究者的背景、经历、带给受访者的观点及研究目标的不同而改变。试着用包含消费者价值观和社会背景的框架去分析消费者的品牌偏好和购买决策。

（2）讨论。在产品会议上与团队成员分享经历，交换见解，形成初步结论，带着更清晰的观点离开，准备报告。

（3）报告。报告的呈现方式有很多。无论选择哪一个，报告都应该指出要采取的行动，即如何处理调查结果。

- 视频报告实际上是一个纪录片。该视频包括标题或要点，有时还会有旁白。根据原始资料和报告目的，视频可以持续 20 分钟或一小时，甚至更长时间。虽然视频报告可以非常有效地表达观点，但需要考虑时间和整体预算。

- 如果采访主要采用静态拍摄，将要点、照片结合起来的 PPT 报告可以有效地传达调查结果。制作 PPT 与制作视频花费的时间差不多，但前者通常要便宜一些。缺点是没有显示消费者的动态行为。

6.4.3.3 人种学市场研究与焦点小组法的比较

有一种观点是，人种学市场研究在模糊前端优于焦点小组法。传统的焦点小组法主要依靠"人们说了什么"，但是有很多想法和感受无法用语言表达，当使用依赖语言的研究方法时，这些信息很难被揭示。人种学市场研究同时借鉴了许多不同的研究方法，访问者在倾听的同时，也观察受访者的做法，从而规避因受访者言行不一而带来的误判，并且可提供更多和更深刻的见解。在新产品开发过程的模糊前端，为了从客户的角度推动真正的创新，这种更深层次的理解是必要的。

6.4.4 社交媒体

社交媒体是指具有社交属性的媒体。社交媒体基于用户需求出现，为了迎合不同的市场，其形态和特点总是不断改变的。

6.4.4.1 海外社交媒体

1. 社交网站

（1）脸书（Facebook）。Facebook 成立于 2004 年。用户除了可发送文字消息，还可发送图片、影片和声音等。Facebook 已拥有十几亿活跃用户，每天上传 3 亿多张图片。截至 2015 年 6 月底，每月至少浏览 Facebook 一次的用户达 14.9 亿人，约占全球 30 亿网民的一半，其中 6 成用户每天都会登录。

（2）领英（LinkedIn）。作为全球最大的职业社交网站，LinkedIn 具有浓厚的商务氛围，是专业人士的首选社交平台。注册用户可以在网站中维护在现实生活中认识的人，并且认识新的联系人，也可以邀请他认识的人成为"关系"（Connections）圈的人。

（3）推特（Twitter）。作为社交网络与微博客，其用户可以更新不超过 140 个字符的消息。截至 2018 年 3 月，Twitter 共有 3.36 亿个活跃用户，这些用户每天会发表约 3.4 亿条推文。同时，Twitter 每天还会处理约 16 亿次搜索请求。Twitter 强调小容量的内容和更新，使用户能够在瞬间与任何人建立联系。

2. 图片共享网站

（1）Instagram。允许用户将不同的滤镜效果添加到照片上，然后分享到其他网站。截至 2018 年 6 月，其月活跃用户超过 10 亿个。

（2）Snapchat。用户可以在平台上发布照片、录制影片、写文字，并且发送给好友，这些照片及影片被称为"快照"（Snaps）。用户在向好友发送快照时，可以设定一个限制访问的最后时间，在此之后，这些快照会被彻底删除，即"阅后即焚"模式。

（3）Pinterest（缤趣）。用户可以利用平台作为个人创意及视觉探索工具，也有人把它视为一个图片分享类的社交网站。用户可以按主题分类添加和管理图片收藏，并且与好友分享。

3. 视频分享网站。

（1）YouTube。YouTube 被评为全球第二大热门网站。截至 2015 年，YouTube 有超过 10 亿个用户，世界上每 3 个上网的人中就有一人每天登录 YouTube。截至 2017 年 2 月，在 YouTube 上每分钟上传的视频时长超过 400 小时，每天的观看时长累计达 10 亿小时。

（2）Vimeo。作为第一个支持高清视频上传的视频网站，Vimeo 支持嵌入、分享、储存视频，也允许用户对视频做出评论。

4. 社交博客

（1）Medium。有专业和非专业作者的轻量级博客平台。Medium 抛弃了传统的时间线，采用了模块化主题加推荐排序的形式，从而把读者从信息爆炸中解放出来。

（2）Tumblr。Tumblr 十分看重自定义性与易用性，所以把注册和登录页面极简化。此外，绑定域名也是它的一大特点，用户可以在自己的域名下发表文章。

5. 社交社区和讨论网站

（1）Reddit。Reddit 是由注册用户的帖子所集成的电子布告栏系统。用户可以对每个帖子和评论投正反票，得票高的帖子组成网站首页。

（2）Quora。Quora 是一个以回答问题为中心的社区。用户可以根据自己的兴趣定制问题流，并且对答案进行投票。

6.4.4.2 国内社交媒体

不仅微信、微博、QQ 等这些具有明显通信社交功能的媒体属于社交媒体，论坛、视频、新闻甚至电商类的媒体也通过评论、弹幕等形式获得社交功能，主要包括：

- 微信。
- 微博。
- 交友类社交媒体（如世纪佳缘、珍爱网等）。
- 通信社交类媒体（如 QQ、LINE、米聊、无秘等，不包括微信）。
- 论坛类社交媒体（如百度贴吧、天涯、QQ 空间、豆瓣、知乎等）。
- 生活类社交媒体（如美团、去哪儿、携程、大众点评等）。
- 带有社交评论功能的新闻类媒体（如今日头条、腾讯新闻、网易新闻等可评论的新闻 App）。
- 带有社交评论功能的电商类媒体（如淘宝、京东、小红书等）。
- 带有社交评论功能的视频平台（如优酷、哔哩哔哩等）。
- 带有社交评论功能的直播平台（如抖音、快手、斗鱼 TV 等）。

6.4.4.3 社交媒体调研的优点和缺点

1. 优点

（1）低成本。与焦点小组法和客户现场访问等方法不同，社交媒体调研可以在没有专业人士的帮助下使用。只要付出少量时间和精力去注册，大多数社交媒体可以自由加入和使用。

（2）时效性强。通过社交软件可以与被调研者即时沟通，了解他们的最新想法。当他们改变想法时，也可以在第一时间获得消息。

（3）范围广泛。社交媒体每天会产生海量内容，这意味着很容易找到有关特定市场、业务或人口统计的信息。

（4）无沟通压力。在面对面场合，受访者可能猜测访问者的心思，给出虚假回答。网络链接是虚拟的，意味着这种讨好调研者的必要性大大减少。

（5）研究周期短。在社交媒体上挖掘信息就像执行搜索一样简单，付费应用和其他工具可以帮助自动收集和分类信息，这使得研究变得快速而有效，同时减少了研究完成前数据过时的可能性。

2. 缺点

（1）难以甄别受访者。社交媒体的身份信息往往由注册者填写，筛选和识别的难度大。如果不能确认符合要求的受访者，就难以保证调查结论的真实性和客观性。

（2）受访者可能不具有代表性。受访者往往是有条件使用社交媒体，更外向、更有表达欲的人。对于购买行为研究而言，如果受访人群喜欢线上购物，那么社交媒体调研无疑是合适的；如果受访人群更倾向在实体商店购物，社交媒体调研的代表性就存在疑问。

（3）信息的可靠性需要确认。非面对面调研减轻了沟通压力，也增大了随意填写调查内容的可能性。缺乏直接监督，受访者可能胡乱表达，调研者需要对内容做审核和筛选。

（4）需要处理伴生问题。品牌主导的社交媒体调研会吸引各种回复，其中一部分是针对质量、功能、价格变动等问题的抱怨。这些问题如果不能被及时处理，可能迅速发酵，形成舆论危机。因此这类与调研目的无关的内容会消耗研究者的时间和精力。

6.4.5　问卷调查

问卷调查是一种研究工具，由各种类型的封闭式问题和开放式问题混合而成，旨在从受访者那里收集信息。这种调查可以是定性的，也可以是定量的。

6.4.5.1　问卷调查的步骤

1. 设计问卷

（1）明确问卷调查的目的，即想获得什么数据。这将有助于提出问题，以及决定问题的顺序。

（2）从大的范围开始收集信息，逐渐缩小范围，直到每个问题都与目标有关。保持问题和答案的简洁。

（3）使用封闭式问题来收集具体的答案，让受访者选择或判断；使用开放式问题来征求反馈，让受访者表达他们的具体体验或期望。

（4）避免使用引导性问题。引导性问题表明提出问题的人正在寻找一个确定的答案，这会限制受访者。

2. 实施问卷

（1）决定问卷的发放方式。

- 传统的问卷调查要求组织者将问卷打印出来，受访者填写，再统一回收。这种方式相对其他问卷方式而言成本较高，通常与焦点小组法、客户现场访问方式结合使用。
- 电话或其他语音通话调查的费用较低，时间灵活，可以根据受访者的回答随时调整问题。这种方式的缺点是调查者一次只能对一个人进行调研，如果受访人数较多，成本会很高。

Tips

问卷星或微信问卷等第三方软件是流行的调研工具。借助社交媒体，问卷可以被迅速发放。同时，第三方软件所集成的数据分析和图表生成功能可以大大减少工作量。

（2）考虑问题的顺序。问卷的形式和内容一样重要。问题需要按顺序排列，这样就能在逻辑上相互衔接。把复杂的问题留到最后。

（3）准备好奖品。现场问卷调查可以提供赠品，线上或电话问卷调查可以给予少量感谢金。

（4）在正式调查开始之前，先做小范围测试。朋友、员工和家人都可以成为优秀的测试人员。询问测试人员的反馈，优化完毕后再发放问卷。

3. 回顾问卷

（1）分析数据。了解问卷真正的问题是什么。

（2）进一步修改问题。一些问题可能在测试期间有效，但在现场可能效果不太好。

（3）回顾开放式问题，看看这些问题是否符合要求。它们可能过于开放，以至于受访者信口开河；或者它们可能不够开放，以至于收集到的数据缺乏价值。

（4）关注没有被回答的问题。看看哪些问题被跳过或回答得不完整，这可能是是因为问题的顺序、措辞或主题有问题。在下一次调查中要加以改进。

（5）回顾收到的反馈。看看数据中是否有不寻常的趋势，与现实印证，确认是否是问卷缺陷导致的。

6.4.5.2 问卷调查的优缺点

1. 优点

（1）成本低。问卷调查是收集定量数据成本最低的方式之一，通过网站或社交媒体进行的客户调研几乎没有成本。

（2）实用性强。可以非常有针对性，并且可以以各种方式进行管理。

（3）可以快速得到结果。可以在短时间内收集到所需要的数据，为做出结论提供支持。

（4）不受距离限制。可以通过互联网把问卷分发给任何地方的任何人（只要他们能够上网）。

（5）可比较。数据被量化后，可以用来比较，也可以衡量变化。

（6）可匿名。在线调查允许受访者匿名提交问卷。在这种情况下，受访者会倾向于表达真实感受。

（7）没有时间限制。受访者可以在空余时间完成问卷，这大大提升了问卷的回收率和答案的完整性。

2. 缺点

（1）可能不诚实。受访者的回答可能不是 100%真实。很多原因会导致这种情况，包括有偏见、出于隐私考虑，或者只是想快点填完。

（2）答案缺失。在填写问卷的时候，有些问题可能被忽略或不回答。在线调查为这个问题提供了一个简单的解决方案：答案必填且不可跳过。

（3）存在解释偏差。不同的人对同一个问题会有不同的理解。受访者可能难以理解一些问题的意思，而这些问题在问卷编写者看来可能很清楚。最好将复杂问题分解为简单的、容易回答的问题。

（4）难以表达情感。问卷调查不能捕捉到受访者的情绪或感受。如果没有进行面对面调查，就无法观察到受访者的面部表情和肢体语言。

（5）有些问题很难统计。问卷调查产生了大量的数据，选择题可以用表格和图表来展示结论，但开放式问题允许个性化答案，无法量化，必须逐个分析。

（6）产生问卷或调查疲劳。有两种类型的调查疲劳：

- 调查反应疲劳。越来越多的调查让受访者不堪重负，他们不愿意参与调查，导致问卷回收率低于预期。

- 疲劳调查。问题太多或难以理解的问卷会导致受访者在调查过程中出现疲劳，从而导致完成率较低。

6.4.6　消费者监测组

消费者监测组的定义是："由研究公司和机构招募挑选出的某类消费者群体，他们参与产品测试、味道测试或其他具体研究的问题并提供反馈。通常，他们参与到数个项目的特定消费者小组。作为具有专业知识的样本群体而非大众代表样本，消费者小组特别适合参与短期的快速调查。"

6.4.6.1　消费者监测组的分类（见表 6-3）

表 6-3　消费者监测组的分类

分类	一般消费者监测组	引领时尚的消费者监测组	忠于品牌的消费者监测组	创造力受训的消费者监测组
目的	由一家类似市场研究公司的公司运营，根据使用行为来筛选并随机招募消费者，可以灵活提问	由特定类别的早期接受者或趋势引领者组成，他们可以帮助公司了解下一步的方向，或者帮助评估未来的技术	由对品牌忠诚的消费者组成，他们会免费回答问题，并且乐于试用产品，分享意见	为创新过程而设计的监测组，他们是经过筛选和培训并学习了如何发现和解决问题的普通消费者
优点	快速，有效	比普通消费者更有远见	容易招募，对品牌忠诚	创新过程中将包含消费者导向的解决方案
缺点	意见比较发散或落伍	意见可能不具有代表性	只代表部分群体	要付出额外的培训成本

6.4.6.2　消费者监测组的优缺点

1. 优点

（1）可以缩短研究周期。监测组的成员固定，意味着不用每次调研都重新招募受访者，可以更快地进行研究。

（2）可以持续跟踪消费者偏好。监测组的数据是在相当长一段时间内收集到的关于同一组人的信息，因此可以跟踪和识别消费者偏好、趋势或行为的变化。不仅可以将现有观点与早期看法比较，还有助于分析那些可能导致变化的因素。

（3）结合定性和定量分析。在监测组中，可以根据需求进行定性和定量研究。如果你想获得快速反馈，可以向目标受众发送问卷，并获得即时统计数据。如果想更深入地了解客户的行为和观点，可以选择邀请高价值客户参加更多的定性研究，如焦点小组法或深度访谈。

（4）反馈质量高。受访者知道测试将会持续几轮，与研究者并非一次性合作，更有可能给出经过深思熟虑的答案。另外，随着研究的进行，受访者对产品的了解逐渐深入，也更有可能给出有深度的意见。

2. 缺点

（1）反馈失真。受访者出于各种目的，可能提供不准确的反馈。例如，希望继续被邀请参加项目，或者自认为专家，提供他们认为应该给出的答案，而不是真实的反馈。

（2）成本高。相对于一次性的焦点小组法，监测组持续的时间更长、研究团队人数更多，需要处理的数据和信息量也更大，这需要较高的成本。

（3）可能损失受访者。如果研究持续几个月甚至更长时间，一些受访者可能中途退出。在调研进行中邀请新成员可能使研究结果不够准确。

6.4.7　阿尔法、贝塔和伽马测试

阿尔法、贝塔和伽马测试在软件行业中被广泛采用。

6.4.7.1　阿尔法测试

1. 定义

阿尔法测试是由内部开发人员或 QA 团队完成的内部检测，它的目的是发现以前没有发现的软件漏洞。在阿尔法测试阶段，软件测试是通过模仿最终用户在真实条件下的行为验证的。

在阿尔法测试阶段执行所有类型测试，以功能冻结结束，后续不再向软件添加功能。测试人员在阿尔法阶段完成烟雾测试、集成测试、系统测试、UI 和可用性测试、功能测试、安全性测试、性能测试、回归测试、完整性测试和验收测试。

2. 优点

（1）开发人员可以立即在阿尔法测试中解决或修复关键问题。

（2）这是获得客户批准，从而继续开发过程的最快的方式之一。

（3）在需求收集阶段可能遗漏的任何重大或微小变化都可以在此阶段修复。

3. 缺点

（1）客户提供的数据通常不代表实际数据，测试人员/团队创建的数据可能需要客户预先批准。

（2）由于阿尔法测试只是可用性测试，因此不能执行可靠性和安全性检测。

6.4.7.2　贝塔测试

1. 定义

贝塔测试可以称为预发布测试。在正式产品交付之前，它可以由被称为贝塔测试人员的最终用户执行。贝塔测试的主要目的是，验证软件与不同软硬件配置、网络连接的兼容状况，并且获得用户对软件可用性和功能的反馈。贝塔测试有两种类型：

- 开放测试版，适用于大量的终端用户。
- 封闭测试版，只针对经过选择的有限数量用户。

在贝塔测试期间，最终用户检测并报告他们发现的漏洞。

2. 优点

（1）有助于确定实际实施与原始需求之间的差距，从而增加或删除一些需求。

（2）在最初的提交过程中不够清晰的需求会被明确。

（3）确保应用程序可以在具有实时数据的真实业务环境中运行。

（4）可以识别售后服务要求，便于预测和安排未来实施所需的支持。

3．缺点

（1）难以找到理想的贝塔测试人员。

（2）测试在实时环境中进行，所以难以控制测试架构。

6.4.7.3　伽马测试

1．定义

伽马测试是测试过程的最后一个阶段，其目的是确保产品按照规格投放市场。伽马测试主要关注安全性和功能性。在测试期间，软件不会进行修改，除非检测到的漏洞具有高度优先级和严重性。伽马测试收到的反馈将用来准备下一版本的更新。

2．优点

（1）该测试直接完成，无须重复任何内部测试，因此节省了大量时间。

（2）可以充分确认应用程序的准备情况，确保满足用户提出的要求。

3．缺点

团队更新或更改代码的范围受限。一旦更改，可能影响程序功能。出于开发周期和成本等考虑，许多团队倾向于跳过伽马测试阶段。

6.4.7.4　3 种测试法的比较（见表 6-4）

表6-4　3 种测试法的比较

项　目	阿尔法测试	贝塔测试	伽马测试
目的	从各个角度测试软件，确保贝塔测试准备就绪	取得最终用户的反馈，确保发布准备就绪	确保软件对指定需求准备就绪
时间阶段	开发阶段末期	阿尔法测试后	贝塔测试后
参与者	开发团队或 QA、客户	一些终端用户	限定人数的终端用户
输出	软件漏洞，未满足的需求等	优化易用性、兼容性和功能性的想法	下个版本需要更新的内容
下一阶段	贝塔测试	伽马测试	最终发布

6.4.8　试销

试销又被称为市场测试，是一种通过改变有限市场中的营销组合来影响和监控销售状况，以确定最佳营销策略的研究方法。试销的目的是确定市场对产品的接受程度，同时测试可供选择的营销组合。试销主要有 4 种方式。

1．标准试销

类似正常的全国性市场活动，只不过这种活动是在指定城市进行的，以这些城市代表全国市场。研究人员会使用诸如店内调查、消费者和经销商调查等各种方法来测试产品性能。

标准试销法的优势在于营销人员可以衡量营销计划的实际表现。缺点有：

（1）竞争对手会借此了解新产品的功能和营销策略，在新产品全面上市之前进行有针对性的反击。

（2）实施成本比较高。

（3）测试周期长（有时长达 3~5 年）。

（4）竞争对手可以通过降低测试城市的产品价格、加大促销力度或购买所有被测试产品的库存，来监控或干预测试结果。

2. 受控试销

研究者选取一系列商店，监控结账柜台数据，以统计初次和重复购买率，以及竞争产品的销售情况，被选取的商店必须展示和销售特定新产品。其优点是新产品能在第一时间出现在顾客面前，减少了研究时间。缺点有：

（1）研究者无法了解零售商对新产品的喜好程度。

（2）与标准试销法一样，竞争对手可以在产品正式上市前获得情报。

（3）参与测试的购物者可能不代表目标消费群。

3. 模拟试销

研究者向消费者展示各种产品（包括正在测试的新产品）的广告和促销活动，给消费者少量的钱，邀请他们到一个真实的或在实验环境中的商店，他们可以随意购买，或者什么都不买。研究人员会跟踪有多少消费者购买了新产品，多少人购买了竞争品牌，并且询问相应原因。一段时间后，研究人员对消费者进行电话回访，以确定他们对该产品的态度、使用情况、满意度和回购意向。利用计算模型，研究人员可以使用收集到的数据来预测全国市场的销售潜力。模拟试销克服了标准试销和受控试销法的一些缺点。优点有：

（1）通常比较便宜。

（2）通常完成得较快（可以在 8 周内结束）。

（3）不会让新产品进入竞争对手的视野。

模拟试销法的一个缺点是，小样本消费者和模拟的购物环境导致结果不会像大型真实测试那样准确可靠。

4. 销售波试销

在试销时，首先免费提供给消费者试用产品，然后再以低价提供新产品或竞争者的产品，这个过程可能持续 3~5 次（销售波）。研究者会记录顾客的选择意向，以及他们的满意度。销售波试销可以快速实施，并且不需要最终的包装和广告。

6.4.9 众包

众包是召集一群人参与项目，获得他们的技能、想法，以生成内容，或帮助促进内容或产品的创建。

1. 众包的类型

（1）众包工作。公司或机构把过去由员工执行的工作任务以自由自愿的形式外包给非特定的大众志愿者。

（2）公众投票。借助公众投票来吸引利益相关者，如员工或客户，以及让公众帮助确定想法或行动方向。

（3）获得公众智慧。发布者在专业和严肃的知识社区发布问题，期待能够获得最好的答案。

2．众包的优点

（1）节省时间和金钱。相对于雇用全职或兼职员工，众包让企业在有特定需要时可以迅速获得大量劳动力，在必要时也可以灵活降低成本。众包可以完成一些必须进行，但不是每天都会发生的工作（如摄影、宣传、办公室工作或设计）。对企业来说，单独雇用这类员工是没有意义的。例如，雇用一个团队打一天的调研电话、在会议上宣传品牌，或者在一系列连锁零售店开展店面调查。众包意味着小公司和企业家可以做一些以前根本不可能做的事情，将有限的商业资源用于重点方向。

（2）有助于营销。众包会引起广泛影响，参与者关注品牌、产品或创意，这会对未来的购买决策产生积极效应。

Tips

通过单一的市场平台进行大量的众包交易，真实的交易数据变得更加透明。成千上万经过验证的互动和用户评论意味着评价高的产品将得到信任，并且可产生"用户创造的声誉"。相反，评价较少的产品会迅速被淘汰。

（3）削弱群体思维倾向。内部团队通常倾向于保持一致，导致没人愿意提出不同意见或建设性批评，正确和重要的意见成为集体思维的牺牲品。使用众包可以削弱这种效应，使得新产品开发过程更具有创造性。

3．众包的缺点

（1）存在被操纵的危险。竞争对手可能提供虚假反馈，对项目产生负面影响。

（2）管理成本加大。众包意味着需要与很多没有合作过的工作人员打交道，这可能导致管理成本在短时间内急剧升高。大多数众包案例中都没有合同，参与者可以随时加入和退出，这对组织的管理和协调能力是极大的考验。一次性合作还会带来互信问题。

（3）需要分析大量数据。借助更多参与者产生更多观点，但这也意味着需要分析更多的数据。

6.5 多变量分析

6.5.1 多变量分析的分类

多变量分析可分为相依分析和互依分析。相依分析是将一个变量作为因变量，其他变量作为自变量。互依分析不指定任何变量作为自变量或因变量，只研究变量间的关系。相依分析和互依分析的比较如表6-5所示。

表 6-5　相依分析和互依分析的比较

分类	分析方法	输入数据格式	主要目的
相依分析	回归分析	因变量，可度量；自变量，可度量	确定自变量与因变量之间的关系，同时在给定自变量时计算因变量
	方差分析	因变量，可度量；自变量，不可度量	验证不同的自变量水平是否会对因变量产生显著影响
	判别分析	因变量，可度量；自变量，不可度量	利用已知类别的样本建立判别模型，判别未知类别的样本
互依分析	因子分析	可度量	在许多变量中找出隐藏的具有代表性的因子，将相同本质的变量归入一个因子，以减少变量的数量，检验变量之间的关系
	聚类分析	可度量	将一批数据根据其诸多特性，按照其性质上的亲疏程度在没有先验知识的情况下进行自动分类，产生多个分类结果。同一类别内部的个体具有相似性，不同分类间的个体差异性较大
	多维尺度分析	不可度量	表示研究对象的感知和偏好的分析方法，用于确认消费者对不同品牌感知维度的数量与性质，现有品牌在这些维度上的定位，消费者的理想品牌在这些维度上的定位
	联合分析	不可度量	确定消费者选择过程中不同属性的相对重要性，估计具有不同属性的品牌的市场份额，确定最受欢迎的品牌的属性构成，根据不同属性水平偏好的相似度进行市场细分

下面将重点介绍因子分析、多维尺度分析和联合分析。

6.5.2　因子分析

因子分析是一组数据提炼与概括方法的统称。营销研究可能涉及大量的变量，其中大部分变量是相关的，因此需要将变量的数量缩减到合适的水平来进一步分析。大量相互关联的变量之间的关系可以用几个潜在的因子表示。

因子分析可分为两种完全不同的方法：一种是探索性因子分析，研究人员对于被研究的变量集中的因子数量只有模糊概念，对变量与因子的相关性也没有明确预期。因此，探索性方法适用于了解变量之间的关系，以及发现潜在的因子结构。另一种是验证性因子分析。在这种分析中，研究人员对潜在因子的真实数量有预期，可以应用不同类型的测试来确定假设的结构是否正确。

在实践中，探索性因子分析和验证性因子分析常常联合使用。初步工作可能用探索性因子分析，以识别观察到的变量之间可能存在的相互关系。一旦确定了这些因子，就可以使用验证性因子分析来测试预期的关系。

6.5.3　多维尺度分析

多维尺度分析可以将消费者对产品或品牌的偏好或看法转化为较少（通常是 2~3 个）维度，用偏好图或感知图的方式表示。多维比例尺图表将显示变量之间的关系，而不是显示原始数字。相似的东西会离得很近，不同的东西会离得很远。

度假目的地的多维尺度分析如图 6-2 所示。

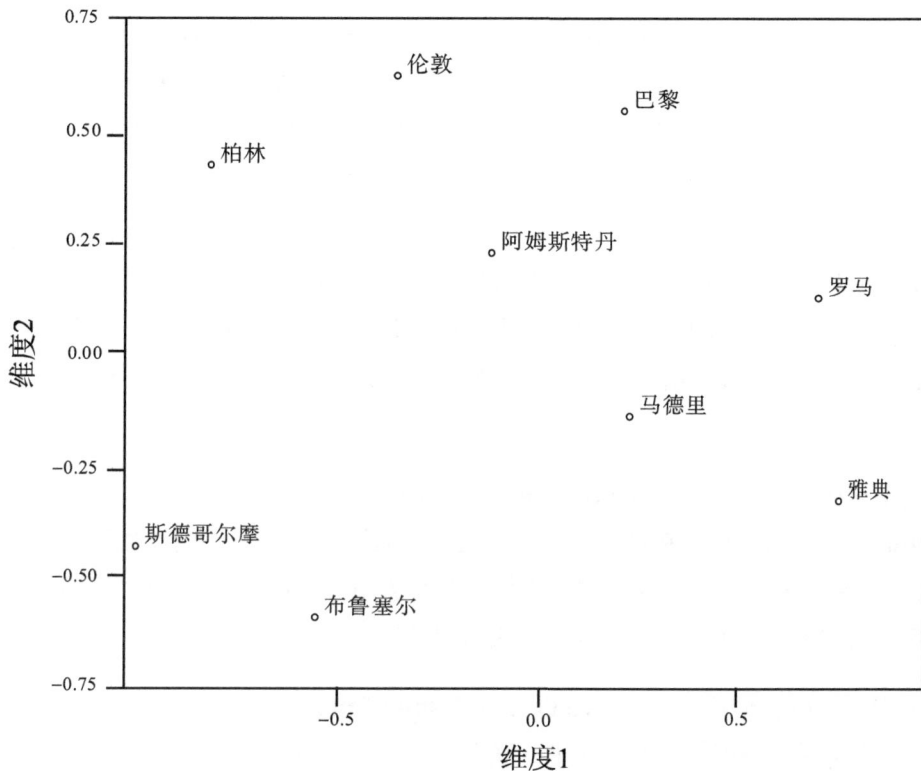

图 6-2　度假目的地多维尺度分析

- 受访者被要求对这些城市进行排名，但不一定要说明为什么一个城市比另一个城市更受欢迎。
- 如果受访者足够多，排名的相似性就能够反映城市之间的相似性（例如，伦敦与柏林的相似性大于伦敦与雅典的相似性）。
- 城市在图上的间隔距离反映了差异的大小。
- 如果这两个维度可以按照某种标准进行标记，那么就有可能理解受访者的感知差异。

实际上，可以将维度 1 理解为"天气"，即位于横轴偏左区域的城市比较寒冷，而偏右区域的城市比较炎热。将维度 2 理解为"流行程度"，相较于布鲁塞尔和雅典，伦敦和巴黎是时下热门的度假地。

多维尺度分析具有以下特点：

（1）可以显示事物之间的关系。例如，如果做一个美国城市距离的多维尺度分析，芝加哥会比菲尼克斯离底特律更近。

这种方法可以查看并评估多维尺度数据之间的密切关系，缺点是不能处理真实的数字。波士顿、纽约和洛杉矶的多维数据看起来与伦敦、都柏林和布宜诺斯艾利斯的多维数据大致相似，但是实际数据有很大不同。

（2）简化表格。多维尺度分析适合分析大量数据，通过将其转换为多维尺度，可以立即评估这些数据之间的相互关系。使用表格来寻找 10 000 个或更多不同数据之间的关系是不可能的。多维尺度分析的缺点是需要一个复杂的公式来将原始数据转换成多维尺度。因此，虽然后续工作比较简单，创建公式时需要花费大量的精力，并且要尽量确保这个公式可以多次使用。

（3）需要考虑主观因素。多维量表通常用于心理学，绘制受试者对各种刺激的反应，研究人员可以借此了解不同变量的受重视程度。其缺点在于其主观性。因为将表中数据建模为多维尺度需要一些决策，例如，哪些数据要进入量表，哪些乘数将用于创建关系图，这对多维尺度分析的准确性有较大影响。

6.5.4 联合分析

联合分析是用于估计不同属性对消费者的相对重要性，以及不同属性水平给消费者带来的效用的统计分析方法。从消费者对品牌或品牌的不同属性及其水平的评价，可以得到联合分析所需的信息。收集数据时，向调查对象展示由不同属性水平组合成的选项，然后让他对其渴望程度进行评价。联合分析主要有 3 种类型。

1. 基于选择的联合分析（Choice Based Conjoint，CBC）

CBC 是最常用的联合分析方法。在这种方法中，受访者被要求在具有不同属性配置的多个产品之间进行选择，重复多次（通常是 8~12 次）。在所有最常用的联合分析方法中，CBC 要求的调查时间最短，因此当使用 CBC 时，通常可以研究联合分析之外的其他复杂主题。

2. 基于选择的自适应联合分析（Adaptive Choice Based Conjoint，ACBC）

ACBC 是一种适用于复杂决策任务的更先进的联合方法。与 CBC 相反，ACBC 从一个更大的范围开始，这样会更好地模拟真实世界的决策。受访者被要求帮助制定一个考察因素的集合，然后执行一个类似 CBC 的取舍过程。根据最初的输入和返回数据，这个过程会被训练得更加具有相关性。因为 ACBC 从一个宽的漏斗开始，可以容纳比 CBC 更多的属性和属性水平。此外，由于收集了足够多的关于完成 ACBC 所有阶段的受访者的信息，因此可以使用相对较小的样本量，同时仍能产生令人满意的误差幅度。ACBC 的主要缺点是没有为联合分析之外的其他复杂主题留出空间。

3. 基于菜单的联合分析（Menu Based Conjoint，MBC）

MBC 是一种专门的离散选择建模形式，适用于受访者可以在捆绑产品和点菜功能之间进行选择的情况。MBC 使用交叉弹性建模、多产品选择和定制建模等分析来更好地解决业务目标，例如：

（1）了解哪些产品或服务配置可在产品组合中为客户带来最大收益。

（2）确定哪些功能或服务应该放在预先设定的菜单中，哪些应该是单点产品的一部分。

（3）评估不同特征或服务对需求的影响。

（4）确定哪些功能/激励措施将最大限度地促进产品线中最有利可图的商品的销售。

6.6　市场研究中的个人信息保护

随着人工智能和大数据等技术的发展和运用，对个人数据的挖掘和分析越来越便利。技术变革给新产品开发中的市场研究带来了很多积极影响，同时也提出了许多有待回答的问题。

例如，以视频连线的形式进行客户访问，相比传统形式，其优势在于低成本、高效率、时间灵活，而同时带来的疑惑是，访问过程是否可摄录、视频是否可转发、数据的保存及使用期限是多久。

研究者需要在数据利用和数据保护之间取得平衡。以下将介绍欧盟、美国和中国的数据监管法规，以及行业协会的自律准则。

6.6.1　监管法规

1．欧盟

2016 年 4 月，欧盟发布了《通用数据保护条例》（*General Data Protection Regulation*），对于个人数据权利、数据控制者的数据保护义务等进行了创新性的规定。它包含 8 条指导方针：

（1）公平合法地获取和处理个人数据。

（2）个人数据仅用于指定的合法目的。

（3）个人数据不得以指定用途以外的任何理由使用。

（4）用于特定目的的个人数据量不应过多。

（5）个人数据准确无误并将保持最新状态。

（6）个人数据的保存时间不得超过指定用途所需的时间。

（7）当个人在合理的时间间隔内提出检查其个人数据的请求时，个人数据的用户必须提供非延迟的个人数据访问（免费）。在适当情况下，数据用户必须纠正或删除错误数据。

（8）数据用户必须采取适当的安全措施，防止未经授权的访问、更改、披露、破坏或丢失个人数据。

2．中国

中国《GB/T 35273—2017 信息安全技术个人信息安全规范》于 2017 年 12 月 29 日正式发布，并于 2018 年 5 月 1 日正式实施。其主要内容包括个人信息及其相关术语基本定义，个人信息安全基本原则，个人信息的收集、保存、使用和处理等流转环节，以及个人信息安全事件处置和组织管理要求等。

关于个人信息的授权与明示，有如下内容：

（1）收集个人信息时的授权同意。对个人信息控制者的要求包括：

● 收集个人信息前，应向个人信息主体明确告知所提供产品或服务的不同业务功能分别收集的个人信息类型，以及收集、使用个人信息的规则（例如，收集和使用个人信息的目的、收集方式和频率、存放地域、存储期限和自身的数据安全能力，与对外共享、转让、公开披露有关的情况等），并且获得个人信息主体的授权同意。

● 间接获取个人信息时：

　　— 应要求个人信息提供方说明个人信息的来源，并且对其个人信息来源的合法性进行确认。

　　— 应了解个人信息提供方已获得的个人信息处理的授权同意范围，包括使用目的，个人信息主体是否授权同意转让、共享、公开披露等。如本组织开展业务需进行的个人信息处理活动超出该授权同意范围，应在获取个人信息后的合理期限内或处理个人信息前，征得个人信息主体的明示同意。

（2）收集个人敏感信息时的明示同意。对个人信息控制者的要求包括：

- 收集个人敏感信息时，应取得个人信息主体的明示同意。应确保个人信息主体的明示同意是其在完全知情的基础上自愿给出的、具体的、清晰明确的愿望表示。
- 通过主动提供或自动采集方式收集个人敏感信息前，应：
  — 向个人信息主体告知所提供产品或服务的核心业务功能及必须收集的个人敏感信息，并且明确告知拒绝提供或拒绝同意将带来的影响。应允许个人信息主体选择是否提供或同意自动采集。
  — 产品或服务如提供其他附加功能，需要收集个人敏感信息时且收集前应向个人信息主体逐一说明个人敏感信息为完成何种附加功能所必需，并且允许个人信息主体逐项选择是否提供或同意自动采集个人敏感信息。当个人信息主体拒绝时，可不提供相应的附加功能，但不应以此为理由停止提供核心业务功能，并且应保障相应的服务质量。
  — 收集年满 14 周岁的未成年人的个人信息前，应征得未成年人或其监护人的明示同意；不满 14 周岁的，应征得其监护人的明示同意。

6.6.2 行业自律

为了达到日益趋紧的法律法规要求，从事市场调研的企业和组织必须遵守具有约束性的行业规则和行为准则。国际上比较有代表性的行业规则和行为准则如下所述。

1.《MRS 行为守则》

市场研究协会（Market Research Society，MRS）是一家总部设在伦敦的专业的市场研究机构，于 1946 年在伦敦新闻交易所成立。MRS 在 50 个国家共有 5 000 名个人会员和 500 多家合作伙伴。作为监管机构，它通过《MRS 行为守则》在整个行业推广最高的专业标准。提出：

（1）会员必须确保收集和处理个人数据的专业活动具有合法依据。

（2）会员在进行数据收集时必须采取合理的行动，以确保：

- 数据收集过程符合目的，并且据此通知了客户。
- 数据收集过程的设计和内容适合参与者。
- 参与者以能够反映他们想表达的观点的方式提供信息，包括表示不知道，或者不愿意说。
- 参与者不会被引向特定的观点。
- 收集的答复和数据能够以明确的方式被解释。
- 个人数据的任何潜在用途都会被明确告知。
- 收集或处理的个人数据仅限于特定目的。

（3）成员必须确保在招聘时和数据收集活动开始时向参与者通报记录、监测或观察的情况，但这不包括用于过程控制的监控。

2.《营销与社会研究国际伦理准则 》

欧洲民意与市场调查协会有超过 4 900 名专业人士和 500 多家公司在 130 多个国家/地区提供或委托进行数据分析和研究。

在《营销与社会研究国际伦理准则》中，该协会提出：

（1）如果研究人员计划收集可能用于非研究目的的个人数据，必须在数据收集之前向数据主体明确这一点，并且获得他们的同意。

（2）研究人员不得与客户共享数据主体的个人数据，除非数据主体同意这样做并同意其使用的具体目的。

（3）研究人员必须拥有一个易于被数据主体访问和理解的隐私声明。

（4）研究人员必须确保个人数据无法被追踪，也无法被用来推断个人身份。

（5）研究人员必须采取一切合理的预防措施确保个人数据被安全保存。

（6）个人资料的保存时间不得超过其收集或使用目的所需的期限。

（7）如果要将个人数据转移给分包商或其他服务提供商，研究人员必须确保接收者至少采用同等水平的安全措施。

（8）研究人员必须特别注意维护个人数据从一个司法管辖区转移到另一个司法管辖区的数据主体的数据保护权。未经数据主体或其他法律允许的理由同意，不得进行此类转让。

（9）如果数据泄露事件包含个人数据，研究人员有责任照顾所涉及的数据主体，并且遵守所有适用的数据泄露法律条文。

6.7　产品开发中的市场研究情景

6.7.1　情景一　拼多多在电商夹缝中异军突起

1. 背景

拼多多是一家专注于 C2B 拼团的第三方社交电商平台，用户通过发起与朋友、家人的拼团，以更低的价格购买到优质商品。2015 年成立的拼多多在电商红海中杀出一条血路，3 年时间做成了一个拥有 2.95 亿活跃用户、超 100 万个活跃商家、月成交总额破百亿元的新电商，市值赶超 2/3 个京东，用户消费次数远高于京东，用户每个月在拼多多停留 4 小时 20 分，仅次于淘宝。拼多多的发展用一个"快"字形容实不为过。

拼多多作为一家新公司，能在巨头林立的市场找到机遇点快速成长，非常值得深思。

Tips　低端颠覆式创新——发现未被满足的低端市场

哈佛大学教授克莱顿·克里斯坦森（Clayton Christensen）最先提出颠覆式创新这一概念，在颠覆式创新理论中，创新往往从行业低端发生，逐渐颠覆行业高端，我们称之为低端颠覆式创新。

低端颠覆式创新的根源是技术的发展快于人们需求的上升。技术在发展，人们对产品的需求却相对停滞，而大多数大的公司更聚焦于技术迭代，往往导致产品性能过度开发，最后产品变贵了、变复杂了，离低端客户越来越远，从而形成了被忽略的低端市场。低端颠覆式创新就会找到机会，帮助创新的新公司切入市场。

2．拼多多的市场策略

（1）新需求：聚焦低端消费人群。拼多多成功寻找到了未被识别或已被遗忘的边缘化的低端消费人群。拼多多的用户画像是北京五环以外及三四线城市的低端消费人群。这些人群希望买到实惠的垃圾袋、卫生纸和便宜的水果等生活必需品。因此从定位来看，拼多多并不是另一个淘宝，它是在另一个维度上做电商，满足有别于淘宝用户的需求。

（2）新供给：整合低端供应链。自 2015 年 6 月起，淘宝开始提高产品进入门槛，其后大约有 24 万个低端商家离开了淘宝。他们去哪里了？ 拼多多成建制地吸纳了这些被淘宝、京东抛弃的商家，而这些商家积累了足够多的电商经验，非常了解低端客户，他们的大批量产品在拼多多上找到了归宿。

（3）新连接：发起微信拼团。拼多多发现有一个巨大的流量入口没有被电商们利用过，这个流量入口就是微信。

拼多多在融资过程中期牵手腾讯，获得了腾讯的投资，获准以微信作为流量入口，成功地将电商融入社交平台。这个路径淘宝不能做，京东做不到，只有拼多多这样的初创公司可以得到。拼多多利用微信流量以及拼团的形式，把低端消费用户与低端供应链连接起来，以较低的成本快速获得上亿用户。动辄百万件订单量使得拼多多拥有极强的议价能力，通过直接与品牌商和工厂合作，以 C2B 模式省去诸多中间环节，为消费者带来低价好货。

（4）新技术：操作简单易懂。拼多多 App 在设计上引入了更简单的技术和更便捷的操作，降低了消费决策的门槛，如取消购物车、默认包邮、快速拼团等。

拼多多将社交理念融入电商，利用拼单、砍价等模式使得用户呈现裂变式增长，创造了电商奇迹。

案例思考：你认为拼多多在下个阶段会天猫化吗？

6.7.2　情景二　惊险的奈飞公司战略转型

1997 年，里德·哈斯廷斯（Reed Hastings）曾因租借的电影光盘到期未还，无奈地交了 40 美元的罚金。第二年，他受到这件麻烦事的启发，成立了奈飞（Netflix）公司。

1．从 DVD 邮寄业务到视频直播

奈飞公司成立于 1998 年，总部位于加利福尼亚州洛斯盖图。公司能够提供超大数量的 DVD，而且能够让顾客快速方便地挑选影片，同时免费递送。

2．推广与分销策略

奈飞以不同方式推广它的服务，包括互联网、电视广告及主流 DVD 生产厂商的产品植入。它提供 14 天的试用服务，试用结束后用户会被自动登记为付费用户，除非自己取消。大约有 90%的用户成功支付了费用。网络广告包括付费搜索链接、E-mail 链接、热门网站条幅等。2003 年互联网和口口相传的广告已经占据了公司广告量的 85%。

奈飞公司非常关注市场营销的准确性和迅捷度，特别关注分销中心的建设。开始奈飞的唯一配送中心在旧金山，随着 DVD 的普及，奈飞在全国范围建立分销中心，尤其是在大都市建立分销中心。

3. 奈飞的转型

奈飞起家时不过是一家 DVD 租赁公司，其唯一的服务是 DVD 邮购业务。2007 年，在网络带宽很低的时候，奈飞在网站推出了一个新功能：会员可以在浏览器上直接在线观看电影，而无须再等待奈飞的红色邮包。该项目对奈飞和娱乐行业来说是一个标志性的转变。

奈飞大举进军流媒体业务，这在当时确实是一种激进的做法。奈飞愿意把整个公司都押在流媒体上，而消费者对流媒体视频的需求在当时是不存在的。2007 年的流媒体技术非常糟糕，即使最快的宽带连接也缺乏处理高分辨率视频的能力，这意味着视频总体体验相比 DVD 差距很大，很多人都看不懂奈飞的这个做法。

2007 年之后，人们对 DVD 作为一种家庭娱乐形式的兴趣开始减弱。经过两年的滞销后，DVD 市场萎缩了 4.5%。2008 年奈飞宣布，它将在 Mac 平台上推出 Watch Now 之后的一周内停止 DVD 零售业务。此举引发轩然大波，众多媒体在头版头条批判奈飞的冒进，预言奈飞即将倒闭，奈飞的用户也是一边倒地反对。

2007—2012 年，可能是奈飞历史上最动荡的时期。这期间，奈飞大量购进影视剧版权，通过自己的线上流媒体播放视频，扩大线上用户群。然而，影视剧内容供应商发现了奈飞的短板，进而提高影视作品的版权价格，奈飞发现采购视频版权成本急剧升高，从而陷入困境。是向视频版权方屈服，还是另辟蹊径？

奈飞采用了以下 3 种营销模式：

（1）**营销模式一：突破授权模式，积累原创资源。**奈飞决心自己成为影视内容的创作者。从 2013 年起，奈飞将几乎全部营收用于打造自己的原创节目，重塑娱乐业务。它的第一步就是把自己改造成一个电视剧和电影工作室。在外人看来，这无异于一次豪赌。

"我们不要成为下一个柯达或美国在线，不要成为一种死守本业而错过大趋势的公司。我们当时说，如果别人对此存有偏见，我们反而必须更加进取，我们必须进取到让自己毛骨悚然的地步。"里德·哈斯廷斯说。

2013 年，奈飞一头扎进了原创节目的世界，凭借电视剧《纸牌屋》一炮走红，广受评论界和粉丝称赞，这是奈飞成长的关键转折点。从 2016 年开始，奈飞的节目获得了众多奖项和赞誉，包括第 68 届艾美奖的 54 项提名。奈飞的故事片变得越来越有市场，吸引了一些好莱坞最著名的编剧、导演和演员。

奈飞进入纯数字的商业模式下的客户价值主张是：

- 提供更高品质的影片，影片类型更加多样化。
- 影片不断更新，更具有时效性。
- 影片种类范围更广。
- 采用更好的分享、评分和评价机制。

（2）**营销模式二：进行数据库营销，扩充内容库，利用长尾内容盈利。**奈飞通过对客户个人偏好的采集和影片标签化管理，实现由系统完成人影匹配，大幅度提高了影片推荐成功率，让许多冷门电影进入推荐榜单。在传统做法中，人影匹配不易实现，客户都是奔着成本较高的热门电影去的。奈飞通过增加冷门电影的比例，利用长尾效应形成差异化，由此增加了影片的种类，扩大了消费群体，带来了"小利润大市场"，提升了公司的盈利能力。

（3）营销模式三：体验式营销。

- 支持正版，永远高清。奈飞的全部影片都有版权，通过付费制度稳定了一些高端客户。
- 加强互动式体验。链接 Facebook，满足客户在社交网络分享的需求。
- 一切简约，无广告。提供纯粹的观影体验，全程无广告插入，界面简单清爽。

2017 年，奈飞实现了一个曾经似乎不可能实现的目标：用户数量超过了美国所有有线电视频道用户总数，其股价不断攀升。

奈飞为用户提供数以千计的内容的即时访问，让用户可以在任何设备上尽情观看，从而彻底改变了娱乐交付方式。如今，奈飞每个月有超过 10 亿小时的电影流推送给来自 40 多个国家的 4 800 万名会员。同时，奈飞占据了美国超过 1/3 的高峰期下行网络流量，这使得其获得了大量的数据。

案例思考： 奈飞的产品转型是势在必行还是一次豪赌？

本章作者简介

骆超

NPDP 认证讲师，曾任职于富士康、歌尔声学、海尔等企业，担任代工企业项目经理，客户为世界 500 强企业。现担任海尔集团白色家电产品经理，所负责的产品线年销量达 10 亿元。目前专注于制造业，具有 10 余年项目管理和新产品管理经验。对新产品开发全过程有深刻的理解和丰富和实践经验。

赵书扬

NPDP 认证讲师、行动教练认证讲师、六西格玛质量黑带、人力资源管理师 （中级）、ISO9001 & 27001 审核员，是瑞士知名管理学院 MBA、私募基金管理人。在 17 年中外企业工作中，积累了大量管理体系建设、流程优化经验，兼做课程开发和授课工作。具有 BPO 及软件开发行业管理实战经验，以及质量管理、流程优化实践经验。目前在私募基金行业从事金融产品设计及管理体系建设工作。

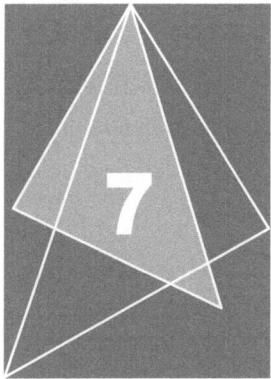

7 第 7 章 产品生命周期管理

7.1 产品管理面临的环境

7.1.1 全球化趋势带来的机遇与挑战

全球化的影响力可以说无处不在，无论企业是大是小，都或多或少地受到其影响，尤其是对于发展中的中国来说更是一把双刃剑，挑战与机遇并存。一方面，全球化意味着企业可以在更广阔的市场销售和服务，扩大企业的影响力、知名度和潜在市场容量，甚至可以延缓企业和产品衰退期的来临；另一方面，全球化的浪潮也让企业不得不面对更多的竞争对手，以及不同国家不同的经济、法律、政治、文化等复杂环境。因此，企业必须在不同的环境中采用合适的战略组合和选择，在各地提供科研、零配件、产品和售前售后服务，其中也包括全球市场的新产品开发。

随着全球化的深度发展，各类跨国联合科研平台应运而生。由飞鹤与哈佛大学医学院 BIDMC 医学中心共同推动建设的横跨两国三地（波士顿、北京和甘南）的联合科研平台就是其中一个较为典型的案例。

在飞鹤与哈佛大学医学院 BIDMC 医学中心的共同努力下，2014 年顺利揭牌波士顿实验室，同时成立了甘南培训基地。2015 年，飞鹤—哈佛 BIDMC 营养实验室北京研发中心也正式挂牌，这代表着平台最终形成。随着全球乳业市场日益融合和发展，以及我国二胎政策的开放，中国已然成为世界乳业品的重要市场，特别是婴幼儿奶粉的主战场。国外一些乳制品品牌纷纷进入中国，如荷兰牛栏奶粉、德国爱他美奶粉、英国牛栏奶粉、荷兰美素奶粉和德国喜宝奶粉等。面对日益激烈的国际化竞争格局，中国奶粉企业必须在提升质量的同时，进一步进行新产品开发，以提升竞争力。我们可以看到，这个两国三地新产品开发平台就是在全球化的背景下产生的，但这并不是个例，从中国企业整体发展来看，尤其是高新企业，设立境外研发机构或跨国联合研发机构已成为一种趋势。有数据显示，截至 2017 年年底，国家各类高新区企业设立境外研发机构达 994 家之多。

从飞鹤积极参与联合科研平台建设可以看出，为顺应全球化发展浪潮，企业需要大力推动品牌的国际化进程，从本质上来说，需要借力研发的全球化带动产品的国际化。由此可见，随着全球化进程的持续推进，进行全球的研发、生产和服务布局势在必行，愈加激烈的竞争也将无可避免。因此，为了抓住全球化发展带来的机遇，企业需要从产品管理的源头入手，加大新产品开发的力度，以新产品开拓新市场，同时巩固已有市场份额。

7.1.2　经济发展带来日益个性化的需求

1913 年，福特诞生了全世界第一条汽车生产流水线，实现批量化生产，可以称得上是人类工业发展史中的一个伟大进步，这使得那时还是奢侈品的汽车走进了寻常百姓家，因为这种高效的生产方式使得研发和生产时间、成本和价格大幅下降。在那个物资匮乏的年代，人们的需求是解决有无问题，所以，20 世纪初，亨利·福特说的那句名言"你可以要任何颜色的车，但我们只生产黑色的"是有其历史背景的。第二次世界大战以后，全球经济快速复苏，同时全球化的市场竞争也逐渐由生产者市场转向消费者市场，个性化市场的需求逐步被打开，标准化生产已经不能满足日益多样化的客户需要，随之而来的是以满足单个或某一群体客户需求为目标的小批量、定制化生产与服务。我们可以看到，尽管很多产业还并没有像汽车行业那样达到那么高的标准化生产水平，但个性化的挑战变得越来越逼近，柔性制造正变得越来越广泛，实现"差异化"已经成为企业赢得竞争的必由之路。

应用案例

2018 年，海尔集团总裁、董事局副主席周云杰在"2018 工业互联网峰会"的开幕式上发表了《换道超车，让中国模式走向世界舞台——海尔 COSMOPlat 创新与实践》的主题演讲，介绍了海尔开放大规模定制平台 COSMOPlat 取得的不凡成就，也展示了现今不同客户对于个性化定制日益增长的需要。2015 年，海尔通过定制平台实现销售量 15 万台，而 2016 年则一下子达到 109 万台之多，增加了 6 倍。到了 2017 年，COSMOPlat 平台成交额达 3 113 亿元，定制定单量达 4 116 万台。现在的海尔定制平台功能越发完善，可以实现从外观到功能，再到内部结构等各项定制生产。

海尔定制平台以客户需求为出发点，根据需求改良产品，形成"从创意到交付"（Mind To Delivery，MTD）模式。海尔表示，从需求出发的流程，就是为了满足客户日益增长的个性化定制需要。新一代技术发展使得越来越多新兴产品和服务的出现成为可能，经济的发展也大幅提升了消费者的消费能力，对产品和服务产生了更多的个性化的定制需求。为了满足消费需求的多样化，企业应持续开发新产品。

7.1.3　技术更新促进新产品开发

科技是第一生产力，也是社会进步、经济发展的重要推动力。现今的世界，各种新技术、新知识层出不穷，技术的持续开展已经成为推动世界经济发展的关键因素，以工业物联网、区块链、绿色科技、新一代通信技术（5G）、人工智能、物联网、AR/VR、边缘计算、无人机、机器人、大数据、云计算、3D 打印、自动驾驶和智慧城市等为代表的前沿科技，将成为企业提升自身竞争力的关键能力，进而实现可持续发展（见图 7-1）。

人工智能		生物技术		信息技术				
人脸识别	语音识别	基因测序	细胞工程				物联网	
虚拟代理	机器学习	基因芯片	液体活检	VR 游戏	VR 电影	VR 社交	智慧城市	智慧企业
AI 金融	AI 安防	细胞免疫	抗体药物	体验店	AR 眼镜	VR 头显	智慧医疗	红外传感
语言处理	决策管理	基因工程	脑科学	全息投影	三维重建	VR 应用	激光扫描	射频识别
航空航天		智能制造		新能源		光子芯片		新材料
商业航天	无人机	工业物联网	传感器	太阳能	风能	光器件	5G 网络	高分子
飞控传感器	空间技术	工业大数据	机器人	核能	生物质能	集成芯片	外延材料	石墨烯
北斗系统	有效载荷	机器视觉	3D 打印	海洋能	氢能	流片加工	IC 设计	碳纤维
机器人		信息安全		区块链	云计算	大数据	半导体	生物材料
								海洋装备
							防腐技术	深海装备

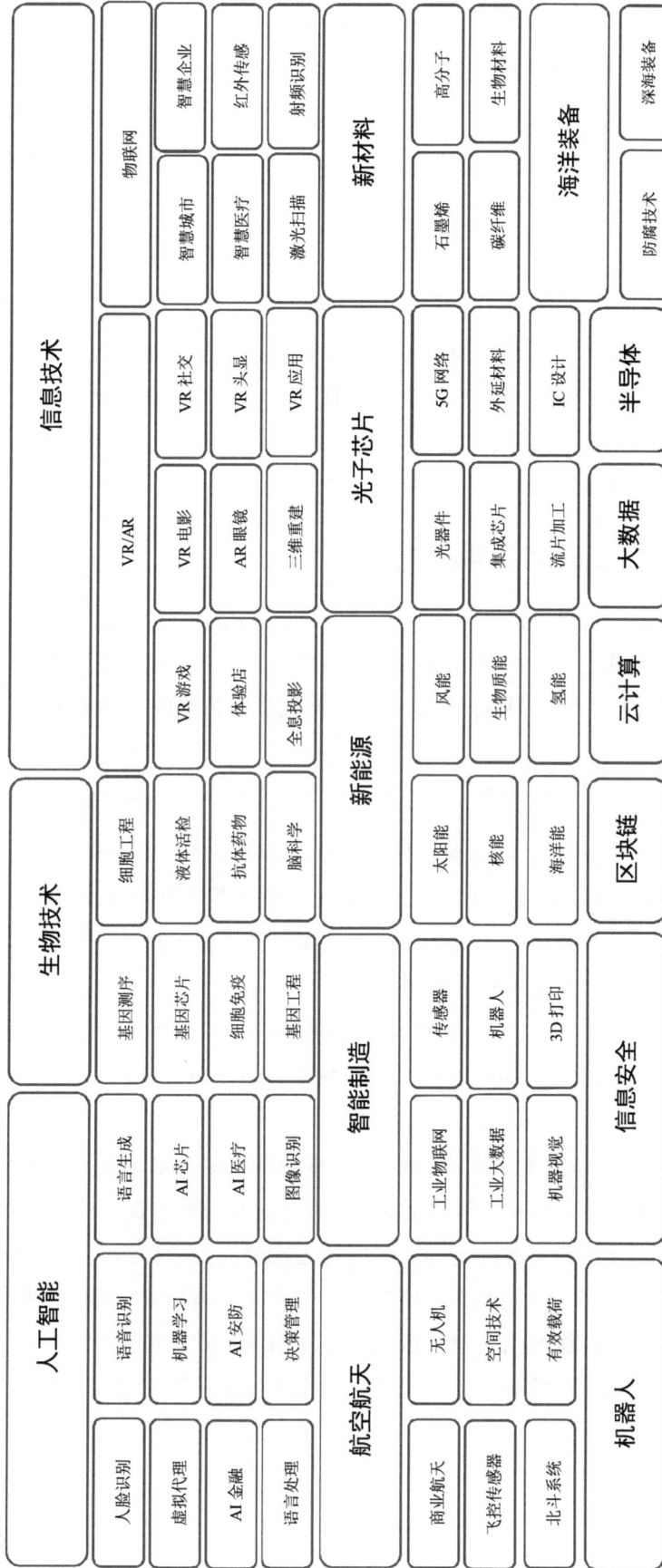

图 7-1　我国前沿科技（部分）

技术与科研生产的紧密结合，将促使各类产业发生深刻变革，新技术带来新兴产业诞生，同时也迫使传统产业进行转型升级，一些相对落后的产业最终将被市场抛弃。技术发展与企业新产品的研发相辅相成：一方面，技术的迅猛发展，大幅缩短了新产品的研究开发周期，产品面世加速，助力企业开拓新市场；另一方面，新市场的巩固需要新产品的不断更新换代，因此，也促使企业不断探索新技术，进而开发更多满足新市场需要的新产品。

应用案例

2019 年 3 月 26 日，华为发布了 P30 和 P30 Pro 两款旗舰产品。正是通过技术的不断革新，产品在各类功能上实现大幅突破。最新主推的产品 P30 Pro 表现突出，尤其体现在拍照功能上，机身中配置的潜望式超级变焦镜头，支持 5 倍光学变焦、10 倍混合变焦以及 50 倍最大变焦。而 P30 的优势则体现在搭载了 7nm 麒麟 980 芯片，支持 40W 超级快充+15W 无线快充。

7.1.4　市场竞争加剧使产品生命周期日益变短

随着全球经济的深度融合发展，以及新一代科技信息技术的广泛应用，加剧了国内外众多产品之间的竞争。简单来说，为了在市场上占据一席之地，企业必须通过创新机制，持续开发、推出新产品，加快产品的更新换代，进而巩固已有市场，同时开拓新市场，持续提升自身的市场竞争力。

应用案例

以就在华为新手机 P30 和 P30Pro 举行发布会的前后，各大手机厂商也都陆续发布了自己的产品。

2019 年 2 月，OPPO 发布了一款新手机。该机型进一步完善了照相功能，配备了 10 倍长焦镜头。值得一提的是，该类变焦功能，在此之前都未能在手机上实现，只能依托专业相机。另外，OPPO 还在超清主摄与长焦摄像头上引入了双 OIS 光学防抖功能。

vivo 也不甘示弱，在 2019 年 3 月推出了 X27 新款手机。该机型采用了 4 800 万像素 IMX586 传感器，同时配置了 1 300 万像素超广角+500 万像素景深镜头三摄组合。另外，考虑到一些客户需求，其前置摄像头是 1 600 万像素的升降镜头。

诺基亚作为功能类手机的领头羊，在产品研发方面奋力直追，尤其在照相功能方面，其最新款机型 Pureview 配置的摄像头多达 5 个。此外，该机型还配置了 3D 景深传感器，提供新型"计算摄影"。

综上所述，企业开发新产品，一方面是为了顺应社会发展的要求，满足如全球化发展的浪潮，以及新一代信息技术应用等的需要；另一方面是为了使自身发展壮大，满足客户日益多样化的需求，以及增加自身市场竞争力的需要。此外，地缘政治变化、社会和健康问题，商业模式的变化，新的信息系统的应用，新的企业结构和业务流程重组，环境与可持续发展，知识产权保护等也都深刻影响着产品管理，产品生命周期正在变得越来越短。

7.2 产品生命周期管理概述

7.2.1 产品生命周期的基本概念

产品生命周期管理（Product Life-Cycle Management，PLM）是指从产品概念产生持续至产品退市和被废弃的生命周期内，用最有效的、最优化的方式对企业的产品进行管理的活动。产品生命周期管理不仅要管理单独的产品，还要对产品组合及企业内不同类型的所有产品进行管理。

经典的营销学一般将产品生命周期分为导入期、成长期、成熟期、衰退期 4 个阶段，这是一种面向市场的狭义的产品生命周期定义。显然，产品的生命周期全过程并未被完全概括在内。正如一个人的生命周期也不只是从出生之日到离开世界的这一段过程，还应包括胚胎孕育等阶段。因此，这个对产品生命周期的 4 个阶段的定义一般被称为产品市场生命周期。

从产品制造角度来看，产品生命周期管理应该分为 5 个阶段：概念、定义、实现、应用/支持、退市/废弃。所有这些阶段都必须得到有效管理，确保各阶段运行顺利，这样才能为企业带来更大的经济效益，这也就意味着要面向产品生命全周期来管理产品的各项活动。

PLM 从概念诞生至今，已经从最初分散式、碎片式的管理活动发展为系统化、集成化的产品生命周期管理系统，它体现的是一种现代的企业信息化战略，为组织在激烈的市场竞争中增加收入、降低成本以及使产品组合价值最大化提供了有效的方式和手段。

1．PLM 的演进过程

（1）第一阶段。产品生命周期理论最早是由哈佛大学教授雷蒙德·弗农于 1966 年提出的。他的主要观点是：产品生命周期应该是产品在市场上生存的寿命，也是一个新产品从进入市场到被市场淘汰的整个过程。弗农强调产品生命是指产品的市场生命，一般要经历从产品形成、市场成长、市场成熟到市场衰退 4 个阶段。就产品开发而言，就是一个从开发、引进、成熟、成长到衰退的过程。

在这个阶段，各个企业对于产品生命周期只进行隐性的管理，各部门单独作战，没有明确的、系统的、跨生命周期的产品管理，其结果就是，尽管营销、研发、制造和支持链的每个人都按照程序正确地完成了自己的工作，但是最终可能产生产品上市推迟以及产品在客户现场不能正常工作的问题。

（2）第二阶段。真正意义上的产品生命周期管理（PLM）在 2001 年左右出现。当时，随着全球化的发展，产品的潜在问题被放大（例如，丰田公司在 2009 年下半年及 2010 年年初因质量问题召回了大约 800 万辆汽车），为了应对产品风险的日益增加，各企业更加注重风险管理活动，以保证企业的主要利益不受损害。

20 世纪 90 年代至 21 世纪初，许多企业在精益制造方面取得很大进步，它们希望在其他管理方面也取得类似进步，其中就包括产品开发项目。同时，更多基于网络和产品的服务以及计算机辅助系统的开发，为 PLM 系统的诞生创造了良好的条件，PLM 软件系统开始进入企业。

随着 PLM 软件系统的发展，企业逐渐将需求收集、概念确定、产品设计、产品上市等集合在一个系统中。完整的 PLM 系统也结合了电子商务技术与协同技术，把 SCM、CRM、ERP 等管理系统与产品的开发流程集成起来，将部门内部各自为政的零散流程管理转变为系统化管理，完成了从概念设计、产品设计、产品生产、产品维护到信息管理的全面信息化集成，真正使得企业可以做到知识价值提升和协同管理、产品开发和业务流程优化、生产效率提高及管理成本降低，从而增强了企业的市场竞争力。

（3）第三阶段。随着现代管理理念的发展，很多领先企业和产品开发研究机构提出，就产品管理概念而言，有必要将产品生命周期扩展为产品战略制定、产品市场调研、产品需求提出、产品规划实现、产品开发实施、产品上市、产品市场生命周期管理，将产品生命周期管理扩展为企业新产品创新开发的全流程体系，将企业的战略管理与产品生命周期管理紧密结合起来，从而更好地帮助企业建设面向未来、面向企业战略、面向市场需求的企业信息化管理系统。

2．PLM 系统的关键特性

PLM 一般具备以下关键特性：

（1）PLM 是一个企业信息化战略，需要从企业战略的角度来规划 PLM 系统，包括体系、工具和实施方法等。

（2）PLM 的范围包括从产品概念产生到产品消亡和回收的全过程。

（3）PLM 的对象是产品及其信息。PLM 的核心是产品，它管理的信息不但包括产品生命周期的定义数据，同时，也包括产品是如何被设计、制造和服务的等信息。

（4）PLM 的目的是通过信息技术来实现产品生命周期管理中对产品的定义、制造和管理的协同一致，实现产品收入的提高及产品管理成本的降低，使产品组合价值最大化。

（5）PLM 的实现需要一批工具和技术支持，并且需要企业建立起一个信息基础框架来支持其实施和运行。

（6）PLM 的功能是对产品信息的管理。它负责获取、处理、传递和存储由 CAD、CAM、CRM 等管理工具或系统所产生的产品信息。

综上所述，PLM 是基于信息平台框架，将产品生命周期过程中信息的创建、管理、分享、使用及优化集成管理的应用系统和信息化系统，它实现了企业各部门、各组织在产品生命周期全过程中协同一致地开发、制造和管理产品。

3．PLM 系统的成熟度等级

（1）等级 1：孤岛 PLM。这是产品生命周期管理成熟度最低的等级，企业拥有诸如产品组合管理、计算机辅助设计等互不连通的产品管理孤岛和数据孤岛等。从 PLM 视角看，该等级的企业的组织结构主要是由职能部门和业务部门组成的。

（2）等级 2：交叉 PLM。在交叉有 PLM 级中，企业中有广泛的 PLM 意识，但是没有针对整个产品生命周期的 PLM 战略。在该等级中，很多业务流程已在系统中得到描述，但完整的企业范围的业务流程结构还没有建立起来。

（3）等级 3：企业单项 PLM。企业单项 PLM 通常是针对构成平台整体的单一资源的，如管理产品生命周期数据的 PDM 应用软件、可用于生命周期的质量配置管理技术等。在该等级中，企业隐约意识到需要 PLM，并在探索如何应用，但是还没有定义出 PLM 的愿景和战略。

（4）等级 4：企业多项 PLM。在该等级中表现为 PLM 的拼合模式，包含来自已有的一个或多个企业范围的、附加在孤岛群上的 PLM 构件。但是，这只是一个拼合，还存在着许多管理裂缝，目前许多企业处于或接近这个等级。

（5）等级 5：全企业 PLM。当企业单项 PLM 针对所有资源时，则进入了第 5 等级。在该等级中，PLM 在范围和深度上都是企业级的，PLM 被清晰地理解，并被视为获得竞争优势的一种方式。企业能够将 PLM 的愿景、战略、计划和度量指标加以集成，实施 PLM，但还缺乏全面规划，也无法以相应的度量指标量化改进的程度。

（6）等级 6：全球 PLM。PLM 的前 5 个等级针对的是特定企业或者处于特定企业的界限范围内，或者处于由企业及其供应商、合作伙伴、客户构成的扩展了的企业范围之内，该等级的 PLM 以人为中心，涉及许多企业和相关者。

7.2.2 产品生命周期的适用性

PLM 的核心是"产品"，它广泛应用于产品制造及支持性企业，如机械制造、制药、快速消费品、软件、服装、金融及服务业等。所以 PLM 可以应用在行业不同、规模各异的企业所有产品上。

PLM 是在产品生命周期内对产品进行管理的，无论企业有一个产品还是全系列产品，都可以应用。PLM 也适用于制造有许多相似产品的企业，如汽车、家用电器等产品制造类企业，还适用于制造独特产品的企业，以及每个产品都是根据客户要求定制的企业。

企业规模不同，对 PLM 的个性化需求会有所不同，但是基本的流程和架构是相同的。

1. 产品类别

产品生命周期管理所面向的产品按照用户的性质，可分为工业类产品和消费类产品。

（1）工业类产品主要指用来进行社会再生产的产品，其中包括商品与服务。而以营销角度来说，工业类产品一般是指由企业、政府机构等组织类客户购买的，用于生产、销售、维护或研发的产品与服务的总称。由此可见，用户购买工业类产品的主要目的是为了再生产，而消费类产品则直接用于家庭或个人消费。工业类产品直接或间接生产消费类产品，处于产品价值链的中间位置，所以，工业类产品与消费类产品的生命周期是有所不同的。

常见的工业类产品包括原材料、设备、元器件、零部件、消耗补给品和商务服务等。

1）从再生产的角度来看，工业类产品又由两大类组成：第一类为工业中间品，也可以称为中间型工业品，如辅材、零部件、仪表、工具等，多用于服务工业品生产企业，但最终的产品既可能是工业品也可能是消费品，其中消费品既可以是耐用消费品，也可以是快速消费品；第二类为终端工业品，主要应用于工业企业或各类工程项目，也可能用于民用消费品生产。

2）根据参与生产过程的程度和作用，工业类产品也可分为生产材料、资本项目、辅助材料和服务三大类：

- 生产材料。生产材料完全参与生产过程，其价值全部转移到最终产品，它又可以分为原材料，以及半制成品和部件两大类。
- 资本项目。资本项目指生产的辅助工具、设备及设施，不形成最终产品，价值通过折旧、摊销的方式部分转移到最终产品之中。

- 辅助材料和服务。辅助材料和服务也不形成最终产品，且价值较低，是在生产中消耗的辅助产品，如办公耗材、防护用品、软件服务等。

（2）消费类产品是指用于个人和家庭消费的产品。常见的消费类产品有日用品（如农产品、乳制品、服装、饮料食品等）、选用日用品（如家纺产品、家具、体育用品等）、耐用消费品（如汽车、家用电器、房地产等）、文化娱乐品（如影视、音像及社交类平台）及其他产品（如医疗保健、金融保险等）。

一般而言，工业类产品的产品生命周期要普遍长于消费类产品。

2. 产品生命周期的形态

我们都知道，在产品从概念产生、开发到市场测试期间，产品的销售额一般为零，但投资是持续增长的，所以利润为负数；在产品上市引入期，销售收入会缓慢增加，但初期通常利润偏低或为负数；在成长期，销售收入开始快速增长，利润也显著增加；产品进入成熟期，利润在达到高峰后将下滑；在衰退期，产品销售量显著减少，但售后服务成本增加，利润也开始降低甚至为负数。这就是一般产品的市场生命周期过程（见图 7-2）。

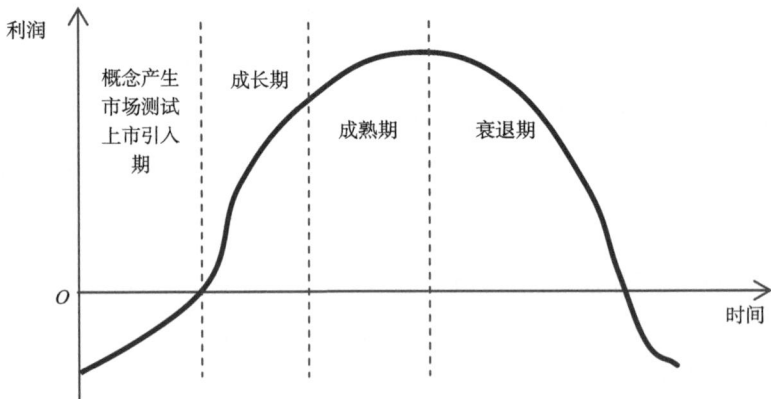

图 7-2　基于产品市场生命周期的可实现利润

但一些特殊的产品在不同的条件下，却有着与一般生命周期不同的状态，下面是产品生命周期的其他形态。

（1）再循环形态。指由于种种条件的作用，产品在成熟期后进入衰退期，随即又进入第二个成熟期的现象，此时，产品销售额再次从底部向峰值增长。这种再循环型生命周期是由于市场需求的变化或投入了更多促销资源而产生的（见图 7-3）。

（2）多循环形态，也称"扇形"运动曲线，或波浪形循环形态。从这种形态可看出，产品在进入成熟期及衰退期，又经历了多次再成长、再成熟的循环。这一般是厂商通过制定和实施新的营销策略，使产品销售量不断达到新的高潮（见图 7-4）。

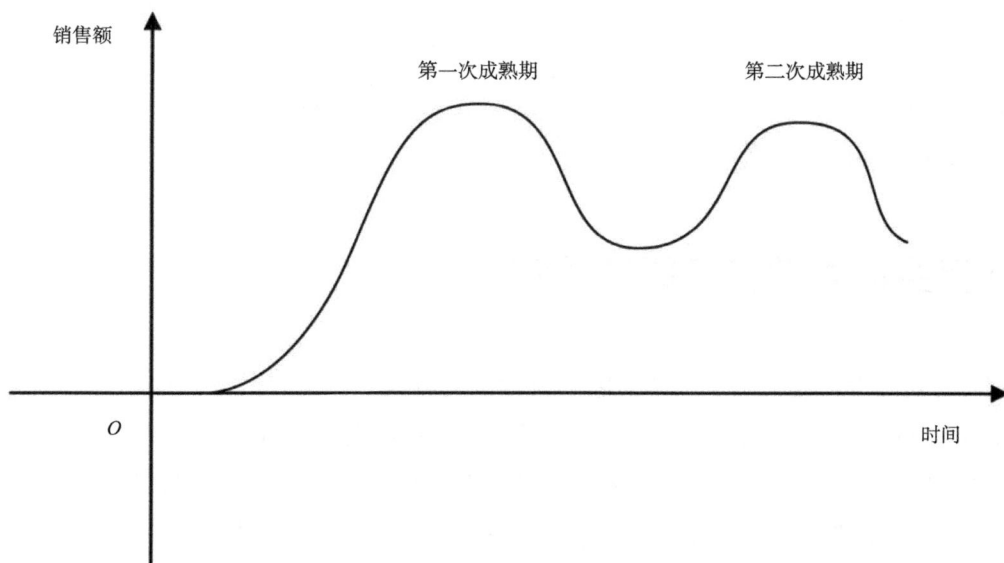

图 7-3 再循环形态

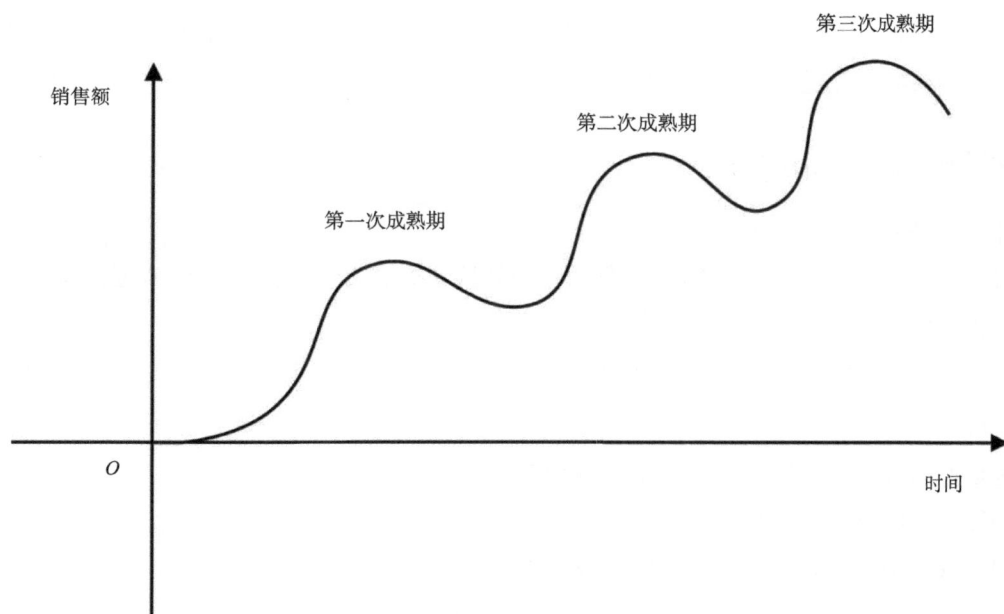

图 7-4 多循环形态

7.2.3 研究产品生命周期要注意的问题

（1）这里的产品生命周期是指产品的市场生命周期及经济生命周期，而不是产品的物理寿命周期或使用寿命周期。

（2）产品会因不同类别、不同形式及不同品牌而形成不同的生命周期，所采取的管理策略也会有较大差别。例如，工业类产品和消费类产品，在产品的复杂程度、客户需求的明确性及交易过程的烦琐性方面就有很大的不同。就工业类产品而言，市场营销策略的变化可能涉及对设备投资、开发方向的转变及制造方式的再造，这其中的任何一项变动都会影响全局。而消费类产品的营销策略的变化往往通过改变广告的重点和力度、促销重点和形式、包装设计等就可以完成。

（3）决定产品生命周期的长度并不在于产品本身，而在于消费者和市场的需求。

（4）产品生命周期模型不应被看作一成不变的市场行为规则，而应将其视为营销策略、市场结构的变化，以及产品在一定时期产生销售和获得业绩的模式。

7.3　产品生命周期各阶段的策略

产品生命周期的划分为企业提供了一个清晰的营销策划方向。它将产品生命周期分为不同的市场阶段，这样便于营销人员针对各个阶段不同的市场特点而制定相应的营销组合策略。以产品生命周期理论为依据，企业根据产品所处的生命周期阶段，预测出产品未来的发展趋势，延续产品的市场寿命。同时，根据产品所处的不同阶段所面对的市场及客户的特点，制定并实施有针对性的市场营销组合策略，提高产品的市场进入能力，尽快实现高收益。

虽然从广义上讲，产品生命周期管理涵盖了从创意产生到产品退市整个过程，但从营销管理角度来说，产品的引入、成长、成熟、衰退这 4 个时期是产品能否成功占领市场、获取利润的重要阶段。所以，本节主要讨论这 4 个时期企业的 4P 营销策略。

7.3.1　引入期的特点与营销策略

1．引入期的市场特点

（1）这一时期产品在市场上是陌生的，消费者对产品持怀疑态度，产品得不到认可，所以产品的销量小，产品的成本相应较高。

（2）营销渠道和分配模式不成熟，且不高效。

（3）合适的价格策略还在确立中。

（4）由于是新产品入市，促销费和其他推广费用较大。

（5）产品的技术和性能仍需完善。

（6）由于利润低常常造成企业亏损，此时风险最大。

2．引入期的市场营销策略

（1）产品方面。坚定树立产品品牌和质量标准，关注对专利和商标等知识产权的保护。改变消费者对产品的认知度及品牌的信任度，使消费者愿意尝试新产品并逐渐接受新产品。

（2）定价方面。

1）采取快速掠取策略。以高价和强力度促销的策略迅速推出新产品，以尽快获取较高利润。实施这种策略的条件是：市场上有较大的需求潜力；有许多领先消费者愿意付出高价购买新产品；企业采取探索者策略，尽快上市；企业有相当大的品牌知名度（不一定在这一领域）及资金实力。例如，苹果的探索者战略，恒大冰泉的高价强推策略。国际化、大品牌的工业化产品往往也采用此种策略，如施耐德、ABB、西门子等公司。

2）缓慢掠取策略。以高价格但较低促销费用将新产品推向市场。高价格和低促销成本无疑使企业利润增加。实施这种策略的条件：市场规模相对不大，竞争威胁也很弱；市场上大多数用户对新产品接受程度较高，适当的高价也能被市场所认可；企业不追求快速获利。例如，大众、特斯拉汽车等耐用消费品营销策略。

3）快速渗透策略。以低价和强促销力度推广新产品，以期迅速占领市场。此策略的实施，需要有以下前提条件：产品市场容量很大；潜在消费者对价格十分敏感，但也很关注产品的新奇性能；市场竞争很激烈；销售量的迅速增加可显著降低产品的单位成本。采取此类策略的一般以日用消费类产品及服务类居多，如小米手机快速进入市场的价格策略等。最近十多年发展起来的颠覆性互联网共享产品，更是通过这种低价策略快速抢占市场。例如，滴滴打车、美团外卖的前期补贴政策，迅速吸引和积攒了大量的用户和粉丝。

4）缓慢渗透策略。价格和促销费用都低的策略。此种策略实施的基本条件：市场容量较大；潜在顾客对价格十分敏感且乐于接受新产品；潜在竞争者众多。通常此种策略适用于品牌知名度低、经济实力不强的企业。例如，拼多多、微商等采用的就是这种策略。

（3）促销方面。建立消费者对新产品适当的定位及认知，强化新产品带给消费者的核心价值，培育出该产品的前期购买者，并强调其独特的价值主张和不同的性能。例如，海飞丝的去头屑、飘柔的光滑柔顺、潘婷的深层护理等，就是强调了不同产品的差异功效，从而迅速建立了消费者对这 3 种产品的不同认知，满足了消费者不同的需求。要采取全方位的宣传推广方式，使产品信息最快、最方便地触达广泛的用户，从而达到快速建立客户认知、初步提升品牌知名度、快速占领市场的目的。要与其他促销策略协调配合，达到最好的促销效果，缩短引入期，尽快进入成长期。

（4）渠道方面。根据产品形式的不同，采取的策略可能完全不同。就工业类产品和耐用消费品而言，选择渠道非常重要。例如，汽车、电力产品等，需要客户较长时间的了解和认可，不但产品本身需要得到客户的检验和信任，渠道质量也是提高客户认可度的重要方面。日用消费品或服务类产品的渠道可能需要全方位的，如传统的经销商、电商平台、代理商及微商等。

7.3.2　成长期的特点与营销策略

1．成长期的市场特点

（1）新产品得到市场认可，销售额快速增长。

（2）有竞争者加入市场，市场竞争加剧。

（3）产品已定型，技术工艺比较成熟。

（4）建立了比较理想的营销渠道。

（5）为了应对竞争和满足市场持续扩张的需要，企业的市场推广投入基本稳定或略有提高。

（6）产品单位成本由于销量的增加而迅速下降，利润迅速上升。

2．成长期的市场营销策略

（1）产品方面。维护产品质量很重要，增加产品特性和辅助服务很有必要。例如，开发产品的新款式、新型号，增加产品的新用途等。蓝月亮洗衣液进入市场后，及时推出机洗、手洗等多种洗衣液，牢牢抓住了客户的各种需求。

（2）定价方面。定价不变，此时的市场竞争还不激烈，企业能满足不断增长的需求。

（3）促销方面。采取说服性、竞争性推广策略，突出品牌影响力，巩固产品认知度。在推广中，强化产品的优异性，刺激更多大众的需求，进一步扩大市场份额。同时，企业应迅速打造和提升品牌形象，牺牲短期经济效益也在所不惜。在此阶段，树立品牌形象比强调产品的特性更重要。一些知名品牌就是一开始采取了树立品牌形象策略，通过品牌形象建立了与消费者的情感联系，从而占领了市场。例如，20 世纪80 年代的日立牌电视、李宁牌运动服、格力空调、苹果手机等。在这个阶段，由于品牌效应和消费者口碑的作用，市场需求增长持续，促销的费用相对会降低。

（4）渠道方面。渠道要随着客户数量的增长而增加，广泛地采用各种形式的渠道，这样能更好地利用各种营销渠道，将产品信息触达更多的客户。

7.3.3　成熟期的特点与营销策略

1．成熟期的市场特点

产品的成熟期可以分为 3 个阶段：成长期末端、成熟期和衰退期开始。在这个时期需求从基本饱和发展到饱和，最后到开始衰退，销售增长率从缓慢上升、平稳到开始下滑。

2．成熟期的市场营销策略

（1）产品方面。需要进一步增加产品的特性，提高产品的差异化并通过对产品的质量或服务的升级和迭代更新再投放市场。

（2）定价方面。由于出现新的竞争者，可以通过降价留住忠诚客户。例如，苹果各型号手机随着时间的推移逐渐降价，吸引了新的、对价格敏感的苹果产品追求者。汽车行业也会常常采取这种策略提高市场占有率。

（3）促销方面。在这个阶段，市场推广的重点应该放在品牌和企业形象的宣传上，提高品牌和企业美誉度，培养品牌忠诚者。注意维系企业、品牌和消费者之间的情感，为下一代新产品上市打下良好基础。成熟期竞争非常激烈，各品牌都期望维持并扩大市场份额，新产品的进入难度加大。在这一阶段，各品牌促销广告增多且形式多样，可以充分利用各种公关活动推动产品品牌的发展、提升企业的形象。此阶段产品的质量更加关键，要加强质量管理，以可靠优质的产品来赢得消费者的持续信赖。要努力提高服务水平，完善服务网络，尽量延长产品成熟期的时间。

（4）渠道方面。要采取市场多元化策略，密织分销网络，给分销商更多的激励措施，促进新市场、新用户的开发。要进行营销组合改良，将定价、促销手段与销售渠道的改进措施结合起来，以延长产品成熟期的时间。

7.3.4　衰退期的特点与营销策略

1．衰退期的市场特点

（1）销售量迅速回落，消费者的兴趣已转向新的产品方向。

（2）价格已下降到最低水平。

（3）企业无利可图，被迫退出市场。

（4）企业逐渐减少产品的附带服务，削减促销预算，以维持最低水平的经营。

2．衰退期的市场营销策略

（1）产品方面。通过增加产品的新特性和改变产品的细分市场来重新定义该产品的市场价值。继续提供产品，但是产品仅投放到忠诚的利基细分市场。把资源集中使用在最有利的细分市场、最有效的销售渠道和最易销售的品种、款式上。例如，诺基亚将非数字手机开发成老人手机等。将产品退市，仅保留部分存货，或者将该产品转让。

（2）定价方面。通过降低成本收割利润。大幅度降低销售费用及推广成本，如将广告费用削减为零、精简推销人员等，这样一来，虽然产品销量下降，但利润可以维持甚至增加。

（3）促销方面。重点宣传企业品牌，以维持品牌忠诚者即老用户对该品牌的偏爱和购买习惯。将低廉的价格、精简的促销活动，以及良好的售后服务、品牌效应和企业信誉等形成组合推广策略，吸引产品后期购买者。企业应及时引入新产品替代旧产品，并把推广精力投到新产品上，有策略、有计划地引导消费者将产品以新代旧。

（4）渠道方面。积极维持渠道商的忠诚度，协助合作伙伴维护对客户的售后服务。对工业类产品，这一时期非常关键，要消除渠道商及客户的担忧，保证企业对产品售后服务的连续性和信誉度。

7.4　产品生命周期和产品组合管理

7.4.1　产品生命周期管理对产品组合的影响

我们知道，在产品生命周期的不同阶段，企业的管理战略都强调产品改进、新产品机会、产品线延伸和降低成本的重要性。也就是说，产品组合中的项目既包括降低产品成本和改进产品项目，也包括开发新产品项目。鉴于新产品开发预算有限，如何在新产品和现有产品之间平衡产品开发费用是一项非常重要并具有挑战性的战略决策。

开发新产品及延伸产品线有可能为企业带来新的市场机会和利润增长，而降低成本和改进产品作为产品生命周期管理中产品开发的基本手段，其目的是扩展市场份额和延长产品的市场寿命。

通过增加产品的性能和延伸产品线，已经成为大多数企业为延长产品生命周期而进行的产品开发组合管理的重要组成部分。随着技术的快速发展，很多行业，如电子、软件和互联网行业，对产品改进和性能提升的开发周期越来越短，频率越来越快，采用敏捷的新产品开发方法能为企业实现这些目标提供极好的途径。

7.4.2　产品组合管理

除了在产品开发中要做到项目平衡，在产品生命周期中通过组合管理保持产品平衡也同样重要，图 7-5 体现了产品生命周期内的产品组合平衡。图 7-6 显示了大部分产品组合工作模块，以及相应的现金流曲线。这张图体现了两个重要观点：第一，处在新产品计划和导入阶段的工作是不贡献现金流的；第二，投资盈亏平衡点通常发生在新产品导入阶段之后，甚至有时在现金流变为正值之后。这就是为什么在思考优化产品组合时，要将整个生命周期都考虑进去的原因。

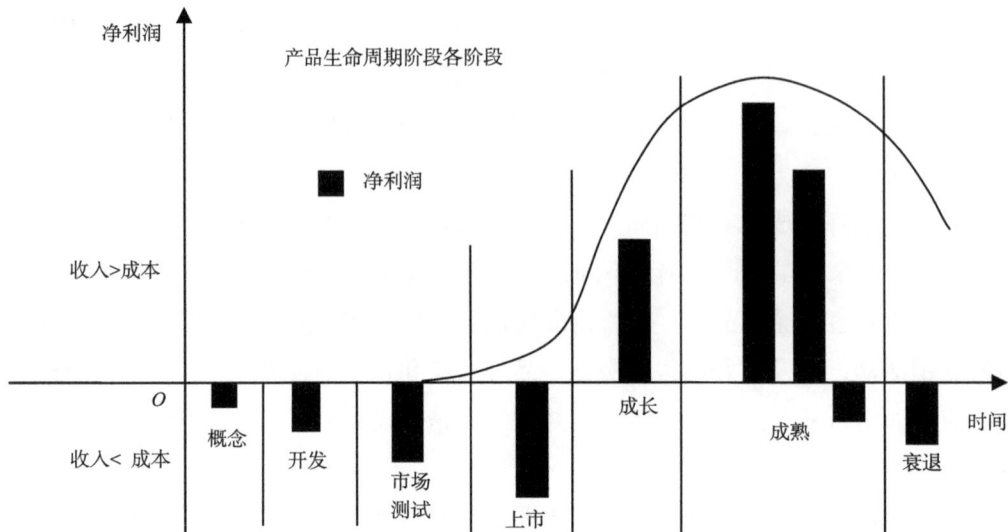

图 7-5　产品生命周期内的产品组合平衡

新产品计划			新产品导入		上市后产品管理			
概念	可行性	定义	开发	上市	成长	成熟	衰退	退出

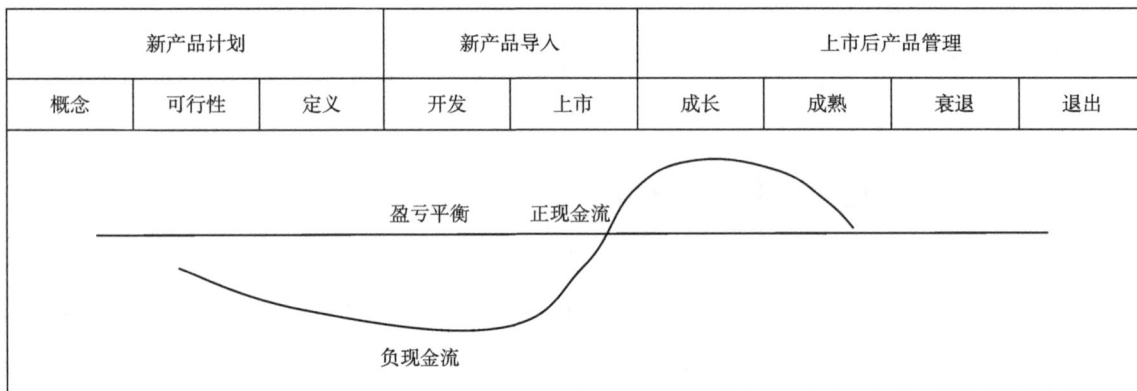

图 7-6　产品组合工作模块与现金流的关系

企业在整个产品生命周期中要保证产品间的平衡，同时，总体上要着眼于整体盈利增长趋势的实现。产品组合的持续更新为企业发展和盈利提供了基础，帮助企业在一定时期内实现战略、市场、财务和运营的平衡。产品组合管理的特点是：

（1）持续的。产品组合分析不是一年才进行一次，也不是发生了问题才分析，而是需要动态地讨论分析，随着市场的节奏，改善投资组合。

（2）多维度的。企业要考虑影响战略的多方面外部因素，以及在产品线、团队、部门和企业管理等层面的各种内部因素（如核心竞争力或技术实力）。

（3）多阶段的。要考虑到所有产品在整个生命周期内所处的阶段是不同的，要识别出产品处于哪个阶段，以便进行相应的管理。

（4）有决策方法论。一流的产品管理能确保企业做出最合理的战略和财务决策，PEST 战略环境分析、SWOT 企业优劣分析、气泡图分析、价值链分析等都是很有效的工具。

（5）能实现平衡。一个多元化的产品组合能平衡投资风险，实现价值最大化（见图 7-7）。

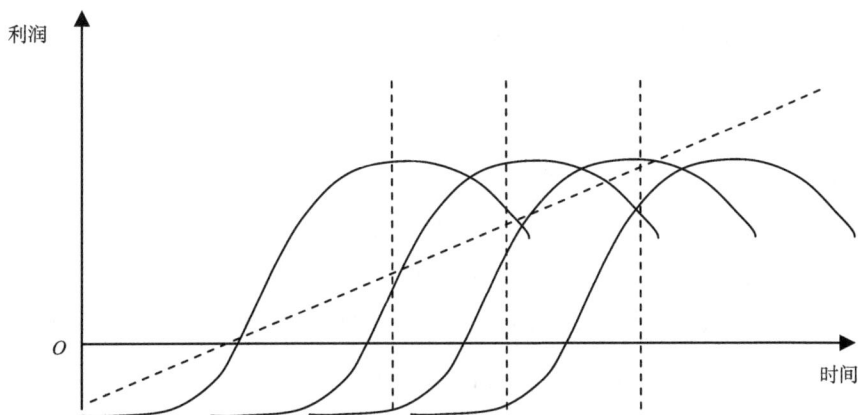

图 7-7　产品组合的更新与利润增长的关系

7.5　产品生命周期的关键阶段

在产品进入市场的过程中，企业面对的最大难题是产品如何迅速进入市场、尽快占领市场并盈利。为了解决这个难题，就需要面对一个横亘在早期市场和主流市场之间的巨大"鸿沟"，产品能否顺利跨越这个鸿沟并进入主流市场，赢得用户的支持，决定了产品能否成功上市。

早期市场指的是由早期产品采用者和创新者占主导地位的市场状态，这类消费群体一般愿意并能够迅速地接受具有新技术特性和优势的新产品。主流市场中的消费者，除了创新者和早期采用者，大部分是由其他早期大众组成的。他们的特点是既想体验新产品带来的新奇感，又不愿意承受改变使用习惯带来的陌生感和风险。所以，在这两个市场之间过渡是一个艰难的过程。杰弗里·摩尔在他的《跨越鸿沟》这本书中，第一次提到产品营销的鸿沟，指的就是介于早期市场和主流市场之间的危险阶段。

7.5.1　市场分析

1. 早期市场

通常，新产品的创新者和早期采用者是早期市场的主要消费者。

（1）创新者。创新者经常是技术的狂热追随者。他们在决定采用新产品的时候相对来讲没有太苛刻的要求，他们主要有以下几个需求：①想知道真相而不是任何花哨的噱头；②当遇到技术方面的问题，希望厂家有专业的解答和服务；③希望及时了解到产品技术的发展动向；④以较低价格买到产品。针对这批消费者的策略是：让他们试用产品并得到他们的反馈意见。只要意见合理，企业就立即参照这些意见对产品进行改进，同时向他们及时反馈项目进展。

（2）早期采用者。早期采用者是有远见卓识的人。与领先者不同，他们并不是从产品所使用的新技术中获取价值，而是从这项技术给环境带来的战略性突破中发现自己想要的价值。与此类消费者沟通时要注意他们的两个需求：①一般希望从一个试验性的项目着手先试用产品；②期望在一定的时间期限内取得结果。对早期采用者的策略是：通过将产品的核心利益与他们所需求的价值相结合来获得他们的认可。

2．主流市场

主流市场的消费者主要是由早期大众和后期大众组成的。

（1）早期大众。早期大众可以说是实用主义者，他们一般很看重自己买到的产品是否来自行业中的主导品牌。他们认为，一旦行业中的领先者推出新产品，会很快形成一个围绕这个产品的生态圈，会出现各种实用的支持性产品或附件，从而提高产品使用的便捷性，获得良好的体验感。所以，早期大众在想要使用一款新产品之前，通常会参考其他人特别是行业权威人士对这款产品的评价意见，除非产品的口碑已经得到确认，否则早期大众很可能不会选择这款产品。很明显，这对于没有市场品牌的新产品非常不利。另一方面，早期大众一旦认可企业品牌和产品就会非常忠诚。例如，虽然苹果手机的市场份额近年有所降低，但还是有很多忠实"果粉"依然在苹果新款手机推出时彻夜排队购买。

因此，规模较小的企业如果希望产品尽快被早期大众所接受，应及早跨越鸿沟，与行业中已经被早期大众消费者认可的企业结为联盟，或者双方合作，共同开发市场，这种模式是非常有效的。如借助Facebook成功的社交游戏公司Zynga就是一个范例。

（2）后期大众。后期大众一般是保守主义者。他们对于颠覆性创新的技术和产品往往有本能的排斥，对传统的技术和产品更加偏好，因此通常只会在新技术产品进入成熟阶段后期才购买使用。此时产品的性能和应用已经非常成熟，由于竞争开始激烈，产品的价格也开始大幅降低，例如，微信支付、支付宝、财付通等第三方支付产品一开始就很难被不赶时髦的人接受。对待这类群体的策略有：①实施整体产品策略；②扩大低成本营销推广渠道，更有针对性地将产品推向目标客户。

7.5.2　产品上市的路径

上一节分析了产品在跨越鸿沟、上市的基本过程中所要面对的目标市场和客户群。为了更好地应对产品引入市场过程中会发生的问题，尽快让产品走向成长、成熟期，在产品开发的模糊前端就要策划好上市的步骤和计划。制定一个成功的上市战略一般包括以下过程。

（1）明确自己要出售什么产品。在这个过程中，首先要做的是确定产品的独特定位，将自己和竞争对手的产品区分开来，形成差异化，从而让目标客户更容易接受和认可。当然，产品定位的基础来源于目标市场的客户心声，定位就是要在目标客户头脑中形成一个认知，让客户认为自己的产品或服务是最佳选择。所以，企业一旦选定了目标市场，就要研究如何将目标市场中的客户需求与自己产品的定位紧密结合。其次，要将产品的描述转变成给潜在客户传递价值的价值主张，这非常重要，有可能把客户的认知转化成客户的直接购买需求。

（2）基于产品的核心利益以及有形特性和附加特性，规划产品的整体解决方案，并且策划如何提供整体解决方案。在新产品开始进入市场时，企业主要是围绕着产品本身展开营销的。随着向主流市场迈进，产品的同质化程度越来越严重，企业的整体产品解决方案和服务就变成了竞争的重心，尤其在面对非常关注产品技术和应用场景的领先客户和早期客户时，能否提供他们需要的完整使用方案是很关键的。这时候，产品的附加属性就变得越来越重要，企业要围绕产品和服务给早期客户提供更多的实惠和便利，从而提高产品的被认可度，增强客户的黏度，进一步扩大客户群。例如，Windows操作系统使用得比安全性极佳的 Linux 更普遍，主要原因就是 Linux 支持的应用软件很少，无法给客户提供完整的解决方案。而 Windows 却集成了办公环境中的各种应用软件，给办公带来更多的工作便利性（如 Office 软件系统），从而获得了市场的青睐。

（3）确定向谁出售产品。这个过程需要企业在对各细分市场进行研究的基础上，精确地定位产品的细分目标客户群。这虽然是第三个过程，却是第一个过程的基础。目标市场、目标客户的确定决定了产品的定位。在产品走向上市的初期，市场的规模不应该作为考虑的重点，而应该把精力放在考虑满足这个市场的消费者需求后能够带来多大的长远经济价值上。

分析大部分产品之所以没能成功地跨越鸿沟的原因后发现，企业在面对市场时，往往会迷失目标和方向，贪婪地想抓住出现在面前的每一个市场机会，但最终发现由于贪多、精力分散，无法为早期客户带去满足他们真正需求的产品和服务。另外，企业在鸿沟期，过分关注销售额，忽略了对客户心声的理解，从而造成企业忽视产品的不断改进和客户体验的改善。因此，消费者在需求不能被满足的情况下，自然转向选择其他同类产品，在此情况下，产品销售额无法持续增长，也就谈不上跨越鸿沟进而得到主流市场的认可了。

（4）在确定好的细分市场开展抢滩进攻，并获得"滩头阵地"。在确定好市场细分客户后，企业要进一步挑选这个细分市场中的一个目标市场，集中资源和能力，进行持续攻击，迅速跨越鸿沟期，然后以此目标市场为基础，向其他市场扩展，类似战争中的"抢滩战略"。这也是一个产品进行市场测试的过程，在一个小的细分市场专注进行推销，不但可以避免大面积推销而造成的成本上升，同时也可以进一步验证产品特性、促销计划和渠道策略的有效性，从市场、客户得到实时的反馈和意见，及时对商业计划进行调整和优化，为产品下一步更广泛、更深入的推广创造更好的条件，这是新式上市路径的迭代特性。以小米手机为例，上市初期，为了避开与苹果、三星等当时市场上主流品牌的竞争，小米将目标客户定位在 18~30 岁的手机发烧友，并将销售领域限定在网上预订这一单一市场，最终成为走向市场的赢家。

（5）制订促销计划和渠道战略，开始扩大市场推广规模和促销力度。产品营销中一般包括 4 个价值领域：技术、产品、市场和企业，在产品生命周期的不同阶段，能够为客户带来最大价值的领域也会随之发生改变。在早期市场中，早期产品采用者和创新者囊括了几乎所有的购买需求，此时带给客户的最主要的价值就是技术和产品。当产品出现在主流市场中时，消费主体变成了实用的早期大众和保守的后期大众。因此，"跨越鸿沟"的完成就表示企业提供的价值领域从以产品为基础转变为以市场为基础了。这就要求企业在制订促销计划时，要根据产品生命周期的不同阶段、不同客户来策划促销的侧重点，促销计划也需要在实施时不断被监控和调整。

同样，渠道战略的制定也要根据企业所处的行业、企业的性质、客户及价格等因素。一般来说，复杂程度较高、面向工业用户的产品主要通过举办专业的产品推介会、展览会及客户现场拜访进行促销，销售渠道有代理商或直接销售两种方式；日用消费类产品可通过媒体广告、社交传播等方式推销，销售渠道有线上、线下批发和零售商等渠道。所有的策略以资源利用最大化、促销效率最大化为目标，包括资源的开放性、市场的合作性等。

（6）一个好的产品定位声明对产品促销和推广至关重要。它体现了客户的价值主张、产品定位、产品优势等，会引起目标客户的购买欲望。因此，营销工具的设计和制作是否完善、促销方案的创意是否能抓住潜在客户的眼球，也是产品能否顺利上市的重要因素。

这 6 个过程包含了 8 个基本步骤（见图 7-8）。需要注意的是，这不是简单的线性路径，而是一个迭代过程，8 个步骤是动态的和相互影响的，要根据市场、客户、企业资源、产品生命周期不同阶段及竞争者的策略的变化及时调整和更新，不能一成不变，这也是进行产品生命周期管理的原因。

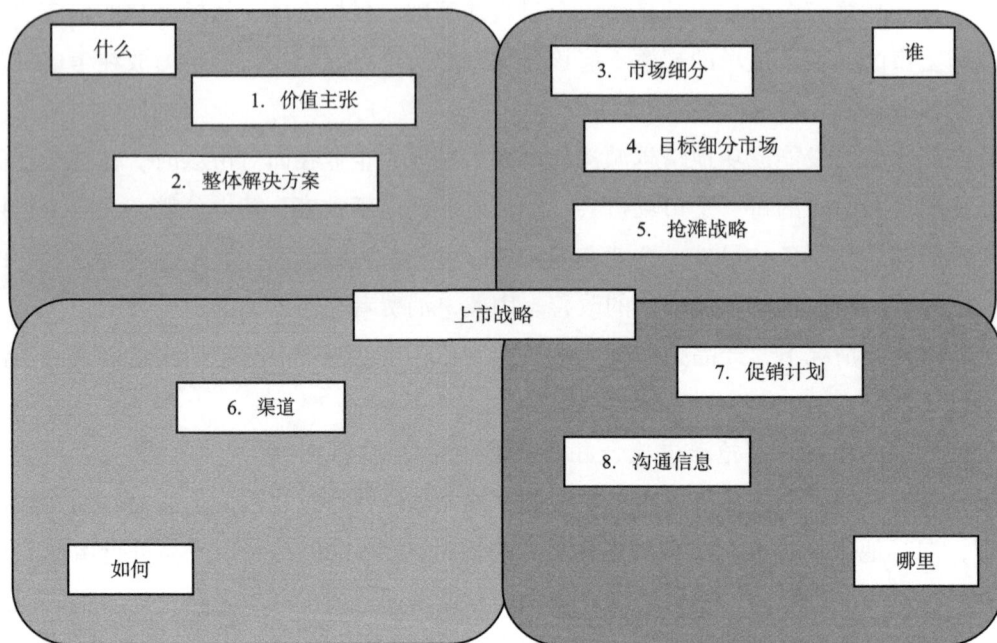

图 7-8　制定上市战略的 8 个步骤

7.6　可持续发展的产品创新

可持续性是建立在人类永续发展的理念上的，追求长久存续的一种稳定状态。可持续性决定着人们未来的生活，体现为经济、社会、生态三位一体的可持续性系统。当今时代，可持续性已经成为企业和社会发展的战略性问题和社会性责任。可持续性也是新产品开发的趋势和要求。将可持续性的理念与方法有机整合到企业业务战略、运作模式和关键流程中，通过战略思维管控、运营、优化方案、技术手段以及具体的开发实施，可以使企业从可持续性行动中获得新的竞争优势。

7.6.1　可持续开发与创新

可持续开发是强调既满足当代人的需求，又不影响后代满足其需求的一种发展模式。可持续产品开发在可持续发展的基础上，基于产品价值链，进行产品开发与业务流程优化组合，以最合理的资源循环使用，创造最大化的边际经济效益。

可持续创新是从多方面对产品的开发、使用、服务进行商业化循环创造的过程，是以产品价值链衍生与经济效益外溢为合规性的、由市场驱动的、有意识地塑造产品未来生态系统的行为。在整个产品生命周期中，要从社会、经济、环境和生态角度强调可持续发展的重要性，并在开发、设计、生产、采购、消费、使用和服务结束的若干阶段都遵循可持续发展的良性循环模式。可持续产品开发需要整体性的、开放式的思维，超越产品和服务的基本生命周期，考虑产品对所有的利益相关者的影响。

可持续发展意味着在产品开发、产品创新等环节，要将对环境和生态的关注，融入发展计划和设计中，用整体性循环生态系统的观点来谋求发展，开展产品可持续性开发与创新，努力构建经济健康发展、社会持续进步、人与自然和谐共生的良性循环系统。

1．可持续性和战略

可持续发展战略是由实现可持续发展的行动计划、纲领、文件和规划方案等组成的，是国家或企业在多个领域实现可持续发展的目标的总称，尤其强调社会、经济、生态、环境、文化等系统的协调发展。对于企业来说，为了实现和长久维持可持续性状态，必须有明确的顶层设计和战略规划。可持续发展战略关注所提供的产品的创新性、服务和成果，因为产品的最大成就来自所在行业解决方案所实现的指数级节能成果。可持续发展战略必须遵循"公平性、共同性、持续性"原则，对于新产品开发来说，则强调要在产品生命周期内延长产品的业务线与价值链。

当前，很多企业将可持续性发展战略引入企业的标准运营中，进行整体运营战略规划和企业产品业务布局，这意味着：

（1）企业会制定正式的可持续性发展计划，以计划为牵引，统筹资源使用、产品开发与业务发展全过程。

（2）将可持续性应用于增强企业的竞争优势，产品业务聚焦市场需求，寻求产品差异化竞争、成本领先和产品聚焦业务战略。

（3）将可持续性用于驱动新产品开发与创新，遵循"企业盈利、社会责任、环境责任相统一"的三重底线原则，这是促进企业不断发展创新、与时俱进、保持市场竞争力的基础。

（4）将可持续性融入企业的使命陈述和价值观，用企业文化和道德准则来贯彻可持续性理念与标准。

（5）在绩效跟踪层面，高层管理者利用绩效度量指标进行衡量，既关注结果，又关注过程。

（6）依据可持续性原则，建立产品可持续性成熟度模型，并进行周期性跟踪与进程检测。

应用案例

2018 年 8 月 21 日，在中国经营报社主办的"2018 中国企业社会责任高峰论坛"上，麦德龙中国总裁康德出席论坛并发表了主题演讲。康德表示："企业社会责任应当包含可持续发展的战略思维……在我们的日常营运中保护环境和资源，将其融入商业模式中，我们才能成功。"正如他所说，麦德龙在进入中国22 年的时间中，食品配送业务、绿色商场、绿色供应链体系可持续发展已经融入麦德龙的整个发展理念，成为其指导思想。

2．可持续性和产品组合

在能源保护、能量效率、材料回收、循环经济和环境兼容性等方面的优化组合过程中，可持续性是现代企业必须考虑的重点，已经成为整体发展战略中的重要组成部分与项目选择的关键准则。因此，很多企业将可持续性视作一个整体进行考察，把产品组合的可持续性作为评估企业可持续行为的一项重要内容。

在新产品开发领域就表现为产品组合更经济、生态和环保，在产品解决方案上就表现为帮助客户及其他利益相关方根据各自的可持续发展目标对产品进行优化组合。

企业在可持续发展过程中，产品组合的选择应当基于愿景和使命，注重效率、循环经济、价值链，以可持续性为标准，综合考虑产品价值和分析市场，包括行业动态和地区情况，采用能切实改善发展过程和产品最终效用的组合措施。

将可持续性作为标准应用于新产品开发与创意评估时需要考虑如下因素：

（1）可持续性的三重底线。

（2）气候变化和污染残留。

（3）ISO 生命周期评估。

（4）要求产品和部件可再利用。

应用案例

2019 年在广州举办的"中国国际塑料橡胶工业展览会"上，SONGWON 产业集团中国区负责人田民先生表示："像中国这样充满活力的市场，要求企业专业知识丰富，兼具创新实力和灵活性，才能适应各行各业的飞速发展。SONGWON 矢志不渝地为中国和亚太地区的客户提供最先进的解决方案，满足他们对更高效的材料加工、更出色的性能及可持续性的需求。在今年的中国国际塑料橡胶工业展览会上，我们期待能有机会展现 SONGWON 的技术实力、行业经验以及丰富的高性能产品组合。"

3．可持续性和新产品流程

可持续性作为企业价值和创新战略的一部分已经渗透到新产品开发流程的方方面面，企业致力于通过可持续性产品开发组合来追求"卓越运营，合规管理，产品创新，品牌提升，价值集成"。企业可持续性产品开发流程是基于创意、想象、设计，把可持续理念融入产品概念、产品设计、产品开发、产品营销和产品服务各环节，开发新产品或新功能，并促使产品商业化的一系列步骤和活动。

可持续性新产品开发流程一般包括产品开发思路计划、产品概念开发、系统水平设计、产品细节设计、测试和改进、产品推出等关键阶段。目前很多企业以多种方式将可持续性整合进新产品开发流程中，包括专门制造"绿色"产品（如 Brooks Green Silence 生产的 BioMoGo 可降解鞋底夹层），减小硬件产品对环境的影响（如苹果公司在 Mac Pro 计算机中使用可回收铝制外壳）等。

4．可持续性和概念开发

随着新消费习惯的养成和生态环保概念的普及，消费者越来越接受和认可可持续性产品。因此，在新产品开发之前，必须进行正确的市场研究和客户需求调查，以便更准确地理解客户的想法，进行精准的可持续产品概念开发。产品概念开发阶段主要是在客户需求调研与目标市场定位的基础上，评估产生可替代的产品概念，并选择合适的产品概念进行开发。产品概念是就产品的性能、形状、功能、尺寸、材料和特性的整体描述，通常附有概念说明、竞争性产品分析和项目经济分析。

例如，在设计开发一个新产品时，需要考虑与该产品相关的利益相关方，以及整个产品可持续性的问题，如是否环保、有没有次生环境问题等。

- 该产品是否可回收利用？
- 该产品的包装能够回收吗？
- 与产品分销相关的绿色公里数是多少？
- 产品涉及有害物质排放吗？

应用案例

2018 年 6 月，北京市朝阳区对牛王庙村的公厕进行改造，在其设计概念阶段就引入了高铁中使用的技术，运用真空排导技术改善如厕环境。真空排导技术最大的好处就是可以节约用水。据了解，普通厕所一般一次冲水量约为 6 升，大概相当于 12 瓶 0.5 升的矿泉水，而引入新技术后，厕所冲水量只有 0.5 升左右，仅相当于一瓶 0.5 升的矿泉水。

5. 可持续性和产品设计

产品设计中的可持续性要求以整体视角看待产品及服务对生态、环境、经济和社会的影响，针对每个产品考虑如何提高效率，最大限度地减少对自然资源的使用并提高安全性。

基于产品可持续性开发概念进行规范设计时，往往要综合考虑以下因素：

- 原材料的选择。
- 原材料来源对环境的影响。
- 产品生命周期结束后的可循环使用性。
- 产品的可制造性。
- 相关辅助制造材料的选择。
- 能源使用和能源来源。
- 产品的使用。
- 污染物排放。
- 对稀缺资源的使用。
- 产品的处置。

应用案例

苹果公司在其 2019 年环境责任报告中宣称，苹果致力于构建新产品，同时试图让世界更加美好，重点项目包括苹果公司如何应对气候变化。报告称，其全球所有设施均由 100% 可再生能源提供。自 2011 年以来，苹果公司的碳排放总量下降了 64%，碳足迹总量为 2 520 万吨。其中 74% 来自制造业，19% 来自产品使用，5% 来自运输，2% 来自公司设施，资源消耗不到 1%。

6. 可持续性和营销组合

在传统的产品商业化运作领域，为了追求经济效益最大化，会为了某类产品的销售而过度开采自然资源，不仅造成环境的破坏，还会反过来危害人类的健康。同时，传统的营销手段，往往借助广告的刺激、过度的包装、过度的产品差异化以及人为地缩短产品的生命周期等手段，导致资源的大量浪费，这是不可持续的发展路径。因而，必须在可持续性理念的指导下，推行可持续营销模式，促进可持续性产品开发与循环经济的发展。

7.6.2 循环经济与创新

发展循环经济是构建生态文明、构建新的资源保障体系，实现人与自然和谐共处及经济绿色转型发展的必由之路。发展循环经济有利于推动环境保护由末端治理向全过程防控转变，有利于提高发展的质量和效益，有利于实现"资源—产品—废弃物—资源"的闭合式循环。循环经济创新就是在产品设计中贯穿"减量化，再利用，再循环"理念，在整个经济流程中尽可能减少资源投入和不必要消耗，并且系统地避免和减少废物，大力提高废弃物的再生利用率，在产品生命周期中创造发展闭环。循环经济创新原理如下：

- 原理 1：循环经济通过控制库存商品、产品生产以及平衡可再生资源的流动，保护自然资源并提高利用效率。
- 原理 2：通过资源的循环利用及产品、零部件和原材料的优化组合，实现产出效率最大化和利用率最大化。
- 原理 3：通过不断地变革与可持续性改进，揭露和消除外部的负面影响，提升整体系统效率。

7.6.3 数字化准备与创新

信息化时代的产品开发与创新必须重视数字化准备工作，不断地积累项目的过程资产，把客户需求融入产品设计理念中。产品的数字化准备与创新不单单局限于技术领域，还存在于对客户需求的创新及价值衍生。

当前，数字经济日益成为推动经济实现快速增长、包容性增长和可持续增长的强大驱动力量。随着技术的发展、模式的创新和认识的提升，数字经济内涵进一步创新，大大推动了消费升级、产业升级和全面创新，要求企业加快实现产品精细化开发与创新升级。

7.6.4 环境友好型能源生产与创新

环境友好型能源生产是针对自然资源的有限性与整体环境的系统性提出来的战略思考。人类社会要想可持续发展，必须构建生态系统，各个组成部分之间要和睦共生，协同进化；要大力推动能源的高效利用和废弃物的循环再生产。同时，还要着眼于生态系统内部各组织自我调节功能的完善和持续性发展，以整体性实现生态的自我调节与协同演化。

环境友好型是典型的人类生产和消费活动与自然生态系统相互协调、可持续发展的良性互动模式，包括环境友好型能源、产业、产品、技术与生态社区。"环境友好"的概念是动态的和分层次的，从能源生产与消费的角度来说，指生产活动对环境的负荷和影响要达到现有技术条件下的最小化，要把这种负荷和影响控制在生态系统的资源供给能力和环境自净容量之内，形成一个良性的生态循环系统。

环境友好型能源生产，就是在能源生产与使用过程中采取有利于环境保护的生产方式、技术控制方式、生活方式、消费方式与环保方式，建立人与环境良性互动的和谐关系。环境友好型能源生产创新主要包括在能源生产的各个环节都贯彻生态环保理念，满足生产上的低碳环保要求，提供有利于环境的消费方式，采取无污染或低污染的工艺，进行产业结构调整与升级，减少和淘汰"三高"产业的传统生产模式，打造清洁能源生产系统。

建设环境友好型能源生产与创新模式，要以有限资源与可持续利用为基调，以人与自然和谐相处、可持续发展为目标，以环境承载力与科技创新为基础，以遵循自然规律和发挥人类创造为核心，以绿色科技和产业链延伸为动力，倡导环境保护文化和生态文明，形成能源低碳开发、清洁生产、精准分类、高效利用、绿色环保、无污染处理、循环使用的可持续发展路径。

发展绿色科技是构建环境友好型能源生产与创新模式的必要技术支撑。传统的生产、开发技术充满了对抗自然与征服自然的思维，虽然极大地延伸了人类占有和掠夺自然资源的能力，但也加剧了人类对自然资源的不合理利用，导致了自然界对人类报复性的反应，造成了严重的资源浪费、资源枯竭、环境污染、生态破坏等一系列问题。因而，环境友好型能源生产与创新需要突破传统的思维方式，着眼和立足于人与自然的共生共存，发展绿色环保科技，向生态和资源的丰裕、清洁、可持续利用方面拓展深耕。

7.6.5　绿色技术与创新

绿色技术是遵循生态原理和生态经济规律，与生态环境相协调的新型技术，是致力于节约资源和能源，最大化减少生态环境污染和破坏的环保技术、工艺和产品的总称。绿色技术创新属于生态技术创新的一种，主要包括环保技术、污染控制和预防技术、循环利用技术、源头削减技术、转化技术、废物最少化技术、再生技术、生态工艺、处理技术、绿色产品、净化技术等。

绿色技术创新一般包括绿色产品设计、绿色材料选取、绿色材料使用、绿色工艺、绿色设备、绿色回收处理、绿色包装、绿色循环等技术的创新。绿色技术创新主要有两种方式：一种是从创新特征来看待绿色创新的整体性，综合考虑在创新过程中环境资源的整合，执行"为环境而设计—面向环境的制造—面向环境的营销"的绿色经营链；另一种是从生产过程考虑，对绿色技术创新过程做系统描述，以实现产品生命周期成本总和最小化为目的进行创新，把可持续性融入产品设计理念和推向市场的全过程。

企业的绿色生产管理创新是一个基于绿色技术的生态系统，包括制定绿色企业管理机制、绿色成本管理创新、绿色生产方式、绿色营销机制、绿色网络化供应链和建立环境评价与管理系统，以便更好地服务于经济社会可持续性发展需求，进一步增强企业竞争力，降低经营成本，提高产品市场份额，扩大占有率和接受度。

7.6.6　可持续性技术工具

可持续性技术工具，是指在产品研发、产品设计、产品生产、产品产业化和商品化过程中综合运用的技术工具。企业应建立"资源—生产—产品—消费—废弃物再资源化"的密闭性循环创新模式，把产品可持续性、产业价值衍生、清洁生产、绿色能量、资源综合利用、可再生资源开发、产品的生态设计、环保技术应用、生态消费和循环利用融为一体，实现可持续性产品开发与业务创新。

企业在可持续性发展中要杜绝过度镀金与漂绿行为。镀金与漂绿本身的目的是更好地创造企业品牌，但过度镀金与漂绿违背了行为本身的初衷。过度镀金是指给予产品过度的包装与宣传，而没有真正增加产品本身的价值。过度漂绿是指企业投入大量的时间和资金，进行广告营销与绿色宣传，而在实际业务活动和经营活动中，没有努力进行环保投入与消减对环境的影响。为了避免过度镀金与漂绿行为的发生，在产品开发创新中通过特定工具以检验产品的生态环保效率与效果极为重要，同时在宣传中要强调与产品本身真实的、相关的、明确的、易于理解的、透明的、有数据支持的特性。

在可持续性技术工具中产品生命周期评估与生命周期分析模型是不可或缺的重要评估工具。在产品生命周期评估中，产品或服务对气候变化、土地利用、自然资源消耗、烟尘排放等因素带来的影响都是可以被量化评估的。产品生命周期分析模型是考察产品的整个生命周期的可持续性工具，包括对整个产品开发过程中的资源开采、生产制造、产品使用、废物回收、循环利用、产品生命结束后的处置，以及对这些阶段发生的运输传递等过程进行综合分析。

可持续性技术工具的使用是为了更好地服务产品开发、产品设计与产品生产，因而在使用工具时要综合考虑环境、健康、生态和可持续性等因素，开展面向环境的设计、可持续性设计，最大限度地实现产品、原材料、生产和消费之间的良性互动，构建产品可持续开发与人类社会可持续发展的和谐世界。

◤ 本章作者简介

吴勋波

毕业于中国科学技术大学，NPDP 认证讲师、行动学习认证讲师（AACTP）、南京航空航天大学和西南科技大学特聘讲师。现任中国航天科工集团教材建设中心主任、南京航天管理干部学院（中国航天科工经济管理研究所）科研四部部长，曾荣获集团"杰出青年岗位能手""2018 年全国首选企业培训师 100 强"等称号。已在国际和国内核心刊物发表论文十余篇，多篇论文被 SCI、SSCI、CSSCI、CSCD 收录，主持国家级和省部级课题 30 余项。

邱建宏

中国科技大学工程硕士、清华大学 MBA，NPDP 认证讲师。曾分别就职于大型国有上市公司长城电工、500 强跨国美资企业伊顿电气及多家民营创业型企业，历任项目经理、产品经理、市场总监及董事副总经理等职。擅长新产品研发项目的全流程管理、产品市场定位及开拓、产品产业化实现、产品全生命周期中的质量保证管理、客户需求调研等。从 2000 年起至今，一直担任企业内训工作，目前兼任 20 多家企业的产品开发管理顾问、国内多家机构的青年大学生创业导师等职。

8 第8章 实践应用

NPDP 知识体系集成了大量创新和产品开发实践中提炼出来的方法论,这些方法论对实践有很好的指导作用。通过战略管理,构建组织生存和发展的总体策略,为产品管理提供方向和目标;通过产品组合管理落实组织战略,确保合理的项目类型和数量合理,充分利用资源,实现价值最大化;通过产品开发流程管理,打造结构化和可持续的产品实现途径;通过文化、组织和团队建设,创建和维护创新成功的核心要素;通过工具和度量,提供产品生命周期管理所需的具体方法和测量标准;通过市场研究,提供市场信息和数据,为决策提供依据;通过产品生命周期管理,确保产品持续价值最大化。创新是系统工程,需要统筹管理以上各要素,来实现创新成功和组织成长。

作为创新的主要承担者——产品管理者,除了要掌握 NPDP 知识体系,更需具备价值导向和商业思维的能力。产品管理者应参与战略制定,关注市场研究,参与组合分析,执行高效流程,带领高效团队,管理开放式创新的外包合作方,应用工具和度量手段,以全生命周期的视野,站在全业务价值链的视角,实现产品价值最大化。此外,作为"迷你 CEO",只有具备技术、管理和经营综合素质的产品管理者才能带领团队实现创新成功,在竞争中立于不败之地,引领组织走向成功的未来。

"从实践中来,到实践中去。"以下几个案例都是创新领域资深顾问和从业者在企业管理、产品开发中运用创新和新产品开发方法论的实践所得。

案例一 通过创新实现企业效益倍增 楼政 金指南管理咨询创办人,首席顾问

1. 挑战

"如果再不进行突破,那么大家随时做好卷铺盖回家的准备。有人说:不改革不创新是他杀,改革创新是自杀。我宁愿选择改革和创新!我相信只要我们上下一心,背水一战,一定能够东山再起!"JD 集团董事长在集团全面推进项目制管理启动会议上,面向顾问和全体干部斩钉截铁地说道。

JD 集团创办于 2000 年年初,总部位于粤港澳大湾区,是一家新能源产品和解决方案提供商。企业创

办时正值新能源行业快速发展期，依靠创办者敏锐的商业嗅觉和强大的销售能力，集团业务实现了持续爆发式增长。可是好景不长，仿佛一夜之间市场上就像雨后春笋般冒出了很多做类似产品和业务的企业。和DVD、数码相机、功能手机行业发展如出一辙，新能源市场同质化竞争愈演愈烈，价格战也随之进入白热化。屋漏偏逢连夜雨，客户的需求也越来越多样化，单品种大批量的产品需求了无踪影，取而代之的是多品种小批量订单。波谲云诡的市场和红海中的惨烈厮杀并没有引起 JD 集团管理层足够的重视。与之相反，大家仍然陶醉在以前形势一片大好的氛围中，也都习惯了各管一摊、按部就班的工作方式。直到董事长拿到年度报表，发现销售收入和利润已经开始显著下滑，这才火急火燎地找到总经理，要求他在半年之内扭转业务颓势。

凭借自己多年管理企业的经验，总经理未加思索就决定通过销售这条途径来实现收入提升。他一上来就加强市场销售力量，通过外部招募和内部抽调的方式将市场部门人员规模扩大了将近一倍。接着把销售人员奖金和销售额直接挂钩，并大幅上调销售额提成比例。这个办法果然奏效，销售人员开始不分昼夜，火力全开。订单纷至沓来的同时，开发部也被牵动起来。因为订单多而急，开发部开始进入早八晚十的状态。采购部、制造部等部门也被调动起来，一向沉寂的办公大楼和生产车间开始灯火通明了，总经理似乎从这久违的灯火中看到了希望之光。

令总经理万万没想到的是，客户的投诉也接踵而至。有投诉出货延误的，有投诉质量问题的，有投诉对需求响应不及时的，也有投诉图纸发错的，更有投诉找不到接口负责人的，等等。特别是一个新近合作的大客户抱怨 JD 集团管理不专业，产品开发水平低下，根本不懂什么是项目管理，这让总经理很难堪。送走客户后，总经理马上召集各部门负责人开会。本来想开个检讨会，结果变成了声讨会。大家好像积攒了一肚子苦水，恰好有了开闸放水的机会，便一股脑儿倾泻出来。市场部说制造部产品生产质量不过关导致客户退货；制造部说开发部的设计有缺陷，没有进行可制造性设计，来料也有质量问题；开发部责怪市场部接的订单又多又杂，拿不准客户需求，还经常变来变去；采购部说开发部给的采购单写得含糊糊、不清不楚，不是无法准确找到供应方，就是买来不合用……总经理再也听不下去了，大力挥手做了个制止的动作，厉声问道："你们都认为是别人的问题，难道你们自己没问题吗？！"被领导这么一问，部门经理们禁不住面面相觑起来。

散会后，总经理找来了人力资源负责人，让她马上到人才市场上去招募精通产品开发的项目管理专业人士。人力资源部好不容易从一家著名外资企业挖来一名项目经理，可是还没到一个月，他就辞职了。总经理转而把目光投向了在民营企业就职的职业经理人。这次，总经理亲自出马，重金力邀了一位国内著名民企的产品开发管理者。可是不到 3 个月，这位项目总监也提交了辞呈。在离职面谈中，这位总监说了一句让总经理至今难以释怀的话："仅靠我这一台常规动力发动机是无法驱动万吨巨轮的。"

接下来怎么办？董事会经过反复商讨和权衡，最终决定从外部聘请咨询顾问来帮助和促进集团发展。咨询顾问进入集团后，着手和集团管理层一道带动大家进行了一次彻底而又充满挑战的创新成功实践。

2. 创新和倍增之路

（1）**制定发展方针**。在对企业进行全面深入调研的基础上，咨询顾问和集团上下进行了多轮次磋商，确定了实现营业收入和利润倍增的目标。把"创新实现发展，全面全员项目化"定为集团的发展方针，并且制定了以管理创新为先导，以产品技术创新和商业模式创新为两翼的集成创新战略。在管理创新中，以项目制为核心，在集团全面推行。在具体实施上，采取分期分步的策略，循序推进。学医出身的董事长总结道："管理是血液和神经系统，产品和技术是骨骼和肌肉系统，商业模式是消化和吸收系统，这些系统只有协同并进，企业才能健康发展。我们目前还是幼儿园的水平，要一步一个台阶，在顾问的指导下，从幼儿园进入小学，从小学生变成中学生，再从中学生成长为大学生。"

（2）**构建组织**。大政方针确定后，组织保证成为首当其冲的工作。集团组建了战略委员会和项目管理办公室。战略委员会由集团高管和咨询顾问组成，主要职能是战略和政策制定、资源保障、投融资、重大项目决策、项目优先级设定和综合评价。项目管理办公室由集团体系办和咨询顾问组成，作为战略落地和组合管理的执行主体，主要职能是制定标准和方法、起草政策、审查项目、沟通协调和调配资源。身为"军迷"的总经理说："战略委员会就是总司令部，咨询顾问团就是总参谋部，项目管理办就是总作战部，各个职能部门就是各军种，各个项目就是各战区。只有这样分工合作，我们才能打赢战争。"

（3）**制定筛选项目的标准**。组织建好后，开始打响攻坚克难的第一枪。目标瞄准集团的出血点和痛点，采取止血镇痛措施。在项目管理办公室的决策下，抽调精干人员组建客户满意度提升攻关组，主动拜访重要客户，针对客户的投诉进行及时有效的处理，同时通过增值和专业服务提升客户的满意度。从销售部承接市场和客户需求这个龙头着手，摈弃之前"来单就接，有项目就做"的做法。制定项目评估和选择标准，用"严进严出"取代以往的"宽进宽出"。调整对销售部的激励制度，重"质"胜过重"量"，培训销售人员用项目评估和选择标准对新进项目进行初步筛选。组建项目可研和立项评审委员会，对新进项目进行详细的可行性评估，不符合条件的一律不予立项。对已经在做但不符合新定标准的项目，采取逐步退出的策略。对进入运营后结果不能达到预期的项目进行整顿。组建运营改善攻关组，对过高的运营成本进行控制和削减。运营经理感慨道："我之前不断要求增加产线员工，还总觉得人手不够用。产线上跑的品种又多又杂，好不容易跑顺了，订单又没了。疲于奔命还好说，最令我痛苦的是徒劳无功。现在好了，折腾人的项目少了，让我减人我没话说。"

（4）**确定愿景和战略**。在解决痛点问题的同时，顾问和管理层着手展开集团愿景、战略和方针梳理。JD 集团一直没有明确的愿景，只知什么挣钱做什么。没有愿景，企业就没有灵魂。是做"小而美"还是"大而全"的企业？是在一个细分领域做精做强还是在宽泛领域做大做全？顾问引导高管层进行了充分而又深入的讨论，最终达成了共识：围绕自身特点和核心竞争力，有所为有所不为，"小而美""精而专"更符合集团当前的情况，最后确定了"成为领先的特种锂电系统定制化方案和产品提供商"这一愿景。基于愿景，展开了集团战略制定，包括公司战略、经营战略、创新战略、技术战略、营销战略、平台战略和能力战略。为了避免战略落地不畅，采取了自上而下和自下而上相结合的方法，充分发动中层和基层人员参与。有基层管理人员反馈道："之前我们从来没有参与过集团任何政策的制定，都是领导定完，我们听喝。这次集团能够开门纳谏是一大进步。我们的诉求得到了重视，建议也得到了采纳，干起来更带劲了。"

（5）**进行项目组合管理**。定了战略，组合管理就有了依据。第一，为了落实"精而新"的战略，一改集团原有的项目几乎都是支持型项目和衍生型项目的做法，相应增加了平台型项目和突破型项目；第二，对所有项目进行平衡，包括长期与短期项目的平衡、高风险与低风险项目的平衡、不同市场类别项目的平衡，等等；第三，项目必须和战略完全吻合，与战略不一致的项目予以淘汰，通过资源分配使得项目组合价值最大化；第四，保持适当的项目数量，保证项目资源需求和可用资源之间的平衡，把资源负荷率控制在合理水平；第五，确保项目组合能够实现财务稳健，达到收益目标。基于以上 5 个原则，对项目进一步分析筛查，保留一些项目，重审一些项目，暂缓一些项目，逐渐退出一些项目，砍掉一些项目，有计划进入一些项目。对项目重新组合规划后，开发部经理主动找到顾问说："之前我们部门最多的时候一个人要跟十几个项目，经常忙到半夜才走。有时候被客户和领导追，加上长期疲劳和压力太大，开发人员把 A 客户的图纸发给 B 客户这样的低级错误都发生过。这次实施项目组合管理我非常赞成！以前螺丝、玻璃、铁钉都往嘴里送，不吃坏胃才怪！现在有选择地吃，吃得精而不是吃得杂，我们的胃才会负荷适当，身体才会逐渐健康起来。"

（6）**优化组织结构**。全面推行项目制需要组织结构的配套，要将原来的职能型组织结构往项目型组织结构转型。JD 集团一直饱受职能型组织结构之苦，部门墙严重，互相推诿，争吵不断，效率低下，有问题时无人担责，客户抱怨声不断。为了解决这一问题，减少组织结构变革带来的冲击，JD 集团进行了渐进式组织结构调整。根据不同项目特点和客户要求，采取不同的矩阵式组织结构。先由销售部或开发部人员担任项目协调员，统筹协调项目。之后将优秀的项目协调员提拔为项目经理。接着把一些负责重要项目的项目经理从职能部门脱离出来，直接向事业部负责人汇报。高优先级的项目则采取项目型或自治型组织结构，由项目经理直接领导项目团队开展项目。在总结经验的基础上，发动全员参与，逐渐过渡到项目型组织结构，为项目制的全面实施提供了组织保证。

（7）**制定绩效制度**。没有绩效制度协同的创新就像一辆没有发动机的车。好的绩效制度就像一台优良的发动机，能够形成强大的动力，持续驱动项目团队前行。JD 集团采取"公平，公正，公开"的原则，以成果和业绩为导向，发动全员参与新的绩效制度制定。一改原来只奖销售人员的片面做法，转为奖项目团队。为了更好地度量项目绩效，采用了专业的挣值测量方法，同时采取内部交易制度，实行阿米巴核算方法，合理竞争，公平交易。通过"强市场化，去行政化"，引导资源合理流动。为了鼓励创新，在绩效模型中引入创新系数，引导项目团队承接平台型和突破型项目。设计简单易算的绩效算法，每个人都可以计算出自己的绩效，同时及时兑现奖金，让员工产生信赖和满足感。一个项目经理通过向客户展现专业水平和不懈努力，承接并交付了一个大项目，产值达 1.5 亿元，他自己的项目绩效奖也达到 100 万元之巨，这在集团历史上首开先例。重奖有功之士极大地调动了项目团队的积极性，开始有开发人员打地铺睡在办公室了。董事长欣慰地说："集团创业期的活力和拼劲又回来了！"

（8）**培养人才**。当正确的战略、方针、组织结构、绩效制度制定后，干部就是决定的因素。集团选拔出一群有潜力的职员进行综合培养。首先培养技术开发和创新能力，其次培养带团队做项目的实战能力，然后培养市场、营销和商务能力和国际化视野。为了提高国际客户和大客户的认可度，集团还对项目团队进行了产品经理认证（NPDP）和项目管理专业人士认证（PMP）的培训。培养结束后，集团采取双向选择的方式，考核和选拔产品经理和项目经理。选定目标项目后，由入选的产品经理和项目经理组建团队，在顾问的全程辅导下开展项目。顾问对目标项目的全生命周期进行指导，产品经理和项目经理在实战中应用所学，在学习中总结提升，形成增强回路。这些人才逐渐成长为集团中坚力量，其中也涌现了一些明星管理干部，为集团带来了项目的成功和巨大的收益。训练有素的产品经理从激烈的市场竞争中拿下了不少优质订单。一个共享单车电源系统开发项目一年就为集团贡献了 3 000 多万元利润，被评为集团的优秀项目。因项目绩效突出而被提拔的项目经理说："如果还是用以前凭经验、靠试错、勤返工这三板斧的话，这个项目肯定拿不下来。客户正是看中了我们是受过严格专业训练的正规军，才对我们产生信任，给我们机会，这才有了后来项目的成功。"负责集团项目的副总也补充道："搭建好有吸引力的平台，创建好适宜的内外环境，并给他们提供持续的专业训练，优秀项目管理者的涌现和成功项目的增多也就成为必然。"

（9）**建立知识中心**。玫瑰再娇艳夺目，没有土壤的滋养就会很快枯萎。项目经理即便再优秀，没有团队成员的协同也会孤掌难鸣。为了形成全员项目协同，集团开展了全体干部项目管理、产品开发和创新以及运营效率提升的培训，不仅仅把培训作为传授最佳实践的方法，而且将培训作为全员协同、应用出成果继而实现战略的落地手段。培训前收集需要解决的重点问题，培训中选用集团项目案例对问题进行全员研讨，形成一致意见，培训后由各组落实，经验证后，由顾问和项目管理办公室一起总结形成集团的流程、方法、模板、工具和方法，形成了《项目管理手册》《产品开发手册》《技术手册》《商务手册》和《采购手册》，逐步建立集团级的知识中心。项目经理说："以前新成员进项目组要耗费我很长的时间培养，有时一忙起来，就根本顾不上辅导了，结果导致项目整体绩效因新成员的协同不畅而下降。现在有了这些手册，新成员可以自学，遇到难点问题才需要我花时间辅导，这样一来节约了我很多时间，新成员上手也快多了，出错也少了。"

（10）**创新营销方法**，拥抱互联网。集团建立电子商务平台，拓展销售渠道。目前集团的绝大部分新项目都来自网上询盘。原来几十人的线下销售队伍目前只保留了不到 2 人，其他订单都通过线上实现。营销负责人说："集团的电商平台可以顶几十个线下营销员，这是我之前绝对不敢想的事。这一方面说明互联网太强大了，另一方面也说明业务模式彻底变了。我们还好顺应了形势，否则就会被淘汰。"

（11）**提升运营效率**。运营是产品生命周期中的重要阶段。研发项目阶段是投入，到了运营阶段才产出。因此，运营效率的提升至关重要。集团发动全员提升运营水平。开展全面生产率管理，制定激励制度，充分调动生产一线人员的积极性。组建改善小组，开展单点学习报告、微改进、故障诊断报告和大型改善项目。通过持之以恒地推进，显著较少了浪费，降低了运营成本，提高了生产效率，提升了产品质量。制造部负责人说："在没有投入资金购买设备的情况下，通过发动全员改善，我们的人均产值提升了将近一倍，生产成本下降了30%，这是一个了不起的成绩。"

（12）**固化良好实践**。通过信息化手段固化良好实践。将自身的良好实践进行总结提升，形成内部标准，并定制信息系统，实现管理体系、方法和流程的固化，提高管理效率和效果。集团项目办负责人说："没有建立信息系统之前，大家各行其是，再好的培训辅导效果也很难持续，再好的方法也只能是个别行为，领导再三强调的事情，时间长了也会遗忘。有了信息系统，这些问题都迎刃而解了。"

通过全面集成创新，集团用了一年时间便实现了利润比上年增长 103.1%和税收比上年增长 99.6%的倍增目标，成为其他企业竞相学习效仿的标杆。在全市倍增企业经验总结会上，董事长总结了 JD 集团创新成功实现倍增目标的六大要素：一是谨慎选择，完全信任顾问；二是一把手工程，一把手亲自抓；三是全员发动参与，强化主人翁意识；四是科学规划，分步实施；五是成果导向，面向实效；六是锁定目标，持续改进。

3. 面向未来

虽然 JD 集团获得了阶段性的成功，但放眼未来，依然充满变数和挑战。现今和未来的宏观和外部环境更为错综复杂，中国经济也面临前所未有的下行压力。在这样严峻的环境下，如何保持企业持续发展？答案就是：谁掌握创新规律，谁就能引领未来！国家提出"发展是第一要务，人才为第一资源，创新是第一动力"的方针指明了这一点。

JD 集团的成功正是遵循创新规律，应用创新方法的逻辑必然。你可能问：如何从 JD 集团的成功实践中总结出一般方法推广到更多的企业，帮助它们实现发展呢？实际上，顾问们运用的正是专业人员研究大量企业创新实践总结出来的系统方法，这个系统方法涵盖了战略、项目组合、流程、市场研究、工具和度量、文化、组织和团队，以及全生命周期管理各个方面。在《产品经理认证（NPDP）知识体系指南》中有详细论述。顾问们通过一般方法结合 JD 集团企业实践，定制出有效方案，帮助 JD 集团实现项目成功和收益倍增。

案例二　卓越企业创新实践
陈和兰　海工股份公司 OCI 大奖辅导者

1．卓越企业背景

海洋石油工程股份有限公司（简称海工股份公司）成立于 2000 年 4 月，是中国海洋石油集团有限公司控股的上市公司。中国海油石油集团有限公司是中国国务院国资委直属的特大型国有企业，是中国最大的海上油气生产商。2011 年在世界最大 50 家石油公司中排名第 34 位；2014 年在中国央企 20 强排行榜中位列第 6 名；2017 年在世界 500 强企业中排名第 115 位，连续 11 年入围 500 强。

海洋石油工程股份有限公司员工 7 800 余人，2002 年 2 月在上海证券交易所上市，注册资本 44 亿元人民币，是中国唯一的集海洋石油、天然气开发工程设计、陆地制造和海上安装、调试、维修于一体的大型工程综合服务公司，亚太地区最大的海洋石油工程 EPCI 总承包商之一；海洋油气工程作业船队排名世界第二；场地制造能力排名世界第三；拥有国际一流的资质水平，建立了与国际接轨的运作程序、管理标准和创新机制，是国家级企业技术中心，获得 PDMA 2018 年卓越创新企业大奖（Outstanding Corporate Innovation，OCI）。

2．创新实践

（1）浮托安装（Float-over installation）方法创新。该方法指利用驳船，在海上通过潮汐和调载系统的有效配合，使平台上部模块坐落在平台上的过程。通过根本性创新，利用普通驳船、新型导管架产品、LMU、DSU、交叉缆和护舷系统的创造性实践，完成了超浅水浮托、低位浮托、动力定位船浮托等多种方式海上安装作业，实现了浮托"大满贯"（全覆盖）。浮托安装方法降低了业主的成本和公司的成本，提高了效率，达到了国际先进水平，创造了海工品牌。

（2）导管架的渐进式创新。从 20 米水深的 Jacket，到 200 米水深的 Jacket，通过开放式创新和集成创新，完成了单根超长桩设计，裙装套筒、防沉板、隔水套管、靠船件等导管架附属结构，以及下水摇臂等创新技术，攻克了多个技术难题，使得公司导管架式固定平台（产品）服务达到国际领先水平。

3．创新战略

（1）组织创新战略。在海洋强国方针政策指导下，海工股份公司确立了以服务中国海油和确保国家能源安全为使命，致力于建设国际一流能源工程公司，成为全球能源工程领域更高性价比的引领者这一愿景，坚持以客户为中心，秉承"诚信，人本，创新，共赢"的企业价值观，结合业务发展，积极打造平台战略、技术战略、营销战略、知识产权战略、能力战略等创新型战略。

（2）**高层管理者大力支持组织创新**。海工股份公司领导一直重视创新和产品开发，积极参与新产品开发决策，提供新产品开发的资源保障，为新产品开发提供市场和政府政策信息，定期参加新产品开发各种会议，构建"信任，责任，机会，公平，包容"的创新文化。

（3）**企业创新活动与企业战略和日常业务相一致**。从组织创新产品的优选、资源平衡、优化直至创新项目实施，组织通过构建产品开发全生命周期流程，确保创新和产品开发活动与公司战略及日常业务的一致性。如新能源业务发展的产品创新是为了支持公司的国际化发展战略；水下业务根据市场发展，通过"研发一代，测试一代，应用一代，销售一代"的平衡组合，合理配置资源，平衡财务和风险，从而有效利用日常业务的资源。通过"三新三化"的方式，实施低成本战略，并宣贯到每个部门、每个岗位，真正做到全员参与创新活动。

（4）**发挥可持续性在组织创新中的作用**。在浮托技术开发中，公司制定了可持续性开发计划，充分考虑满足当前一代需求的开发，而不牺牲满足未来各代需求的能力。在模块化建造创新中，最大限度地减少了场地需求、劳动力需求，最大限度地减少了材料损耗及设备使用，最大限度地提高了生产效率，节约了成本，减少了排放，整体减少能源消耗 20%以上。

（5）**新产品开发成功的主要驱动力**。海工股份公司认为，新产品开发的主要驱动因素分别是人才、开发工具和新产品开发流程。

4．产品组合管理

（1）**产品组合的管理创新**。围绕价值最大化、项目平衡、战略协同、管道平衡、财务稳健五大目标，建立了投资组合管理体系，并依据《组合管理规定》《组合管理审查委员会组成及议事管理办法》等文件，对产品组合实施动态管理。投资组合管理审查委员会（以下简称投委会）是董事会批准设立的公司投资决策机构，在董事会的授权下实施产品组合选择和组合审查。

（2）**产品组合管理流程**。

- 投资组合项目内容审核。计划投资的项目（新产品、产品改进/维护/支持、研发）要先完成所属单位内部决策程序，通过相应层级的专家审查论证，落实各职能部门的专项审核意见之后，提交投委会进行决策。

- 投委会决策。投委会须严格遵守可持续性、环境保护、节能减排、安全生产、城市规划等法律法规，严格执行国家制定的产业政策及行业准入标准，依据公司战略规划确定与创新相关的战略目标与优先级。明确公司可用于项目组合的资源水平，决策各项目的优先顺序和分配至各项目的理想比例，并纳入年度生产建设计划、五年发展规划及中长期规划（战略桶）。投委会每年将结合国家发展规划和产业政策，在分析外部环境和内部条件、现状及其变化趋势的基础上滚动调整各项目优先级。

（3）**产品管道健康评价**。评估和评价产品管道的健康状况，包括资源使用率、投资回报率、技术风险水平及上市时间。

（4）**选择/管理新产品开发机会**。在产品组合选择和持续性管理的情景下，对于新开发机会的选择，重点考虑新产品在财务上是否可行（是否有可能提供一个令人满意的投资回报率），利用财务分析框架，进行详细的财务分析（模拟报表）并决定项目的优先级。为了达到良好的风险与回报平衡，海工股份公司也对新产品机会进行动态的平衡组合。这些新产品机会的选择范围和比例取决于公司整体战略。海工股份公司将新产品机会所属的业务单元、产品类别、目标市场，或者项目和产品的特征，都作为新产品机会的分类标准，并利用"气泡图"等方法评估和筛选新产品机会。

5．工具和指标

（1）**创新目标的监控指标及持续改进的管理与实践**。海工股份公司开发了以下指标用于监控和度量创新目标：

- 用知识产权监控成功创意数量。每年组织开展科技项目申报工作，以知识产权的申报数量衡量创新目标的先进性和技术进展。
- 用高层管理者参加项目会议的次数监控高层管理者的参与度。公司组合审查委员会一年参与的审查创新项目会多达 200 次。在产品开发过程中，A 类项目风险升级到高层管理者审查和决策。
- 用准时到达关口的次数监控新产品开发流程。采用门径管理方法，使用 P6 软件对项目（产品）计划进度进行控制，在产品开发前设置多个里程碑节点，以里程碑节点准时完成的次数作为产品成功的要求。
- 用个人和团队绩效的获奖情况、监控认可和奖励流程。海工股份公司实施创新驱动发展，鼓励团队创新。年底在公司所有的项目（产品）中评选优秀个人或团队进行奖励，择优推荐参评总公司级、国家级奖项或申报国际大奖。
- 用利润率监控创新财务目标达成情况。对于每个创新项目，海工股份公司将在项目周期结束后，对整个项目进行后评价，评价项目的经济性，从而监控创新财务目标的达成情况。

（2）**过去 5 年（2013—2017 年）新产品创造的价值见表 8-1、图 8-1 和图 8-2。**

表 8-1　各年度各类新产品创造的价值　　　　　　　　　　　　　（单位：万元）

年　　度	新产品收入			公司销售收入	活力指数
	渐进式创新	颠覆式创新	合　　计		
2013	669 981.167 8	86 026.976 04	756 008.143 8	2 033 921.787	0.371 699 713
2014	634 847.650 5	97 207.663 79	732 055.314 3	2 203 137.518	0.332 278 538
2015	448 064.423 2	89 128.117 75	537 192.540 9	1 620 150.674	0.331 569 495
2016	281 688.126 6	111 947.496 4	393 635.623	1 199 168.325	0.328 257 189
2017	232 988.834 2	139 629.758 6	372 618.592 8	1 025 253.718	0.363 440 372

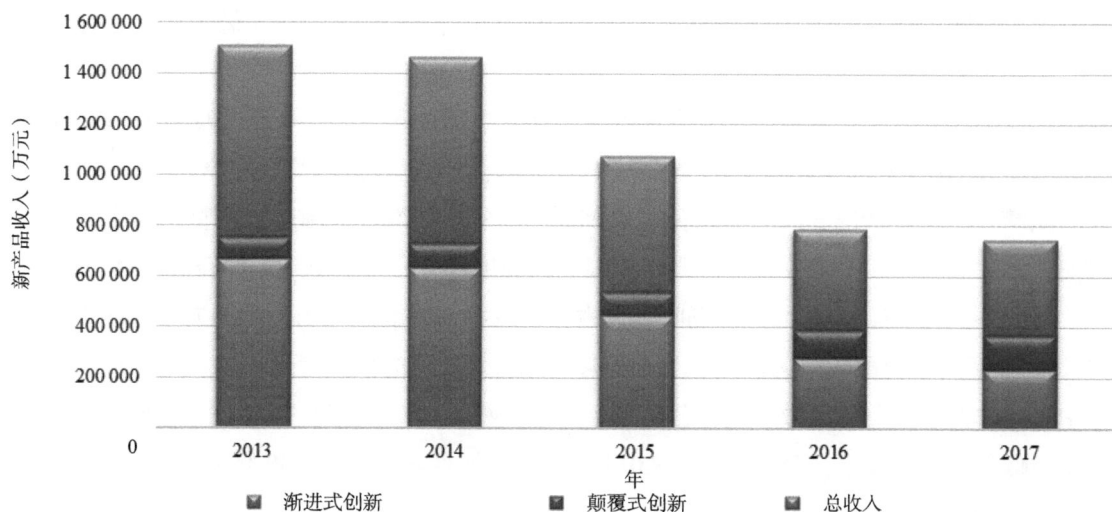

图 8-1　近 5 年新产品收入

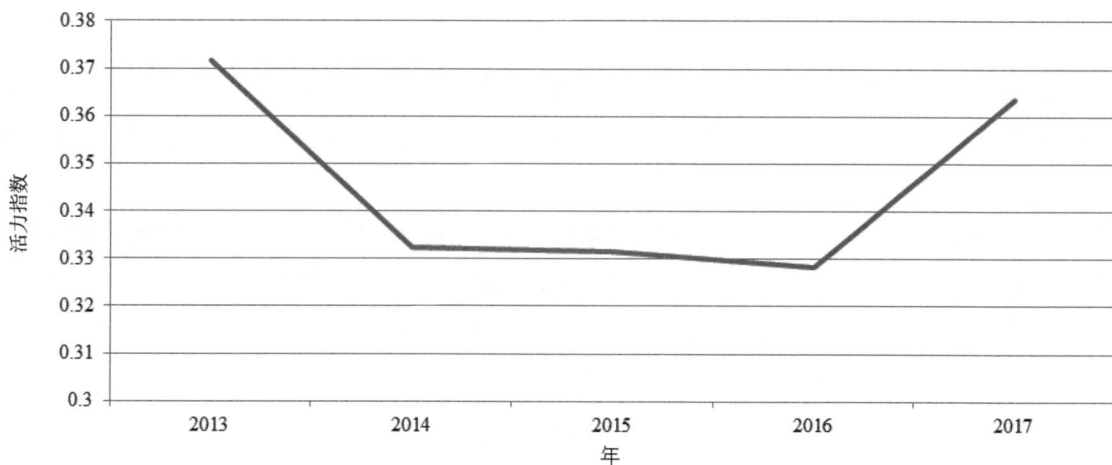

图 8-2　新产品活力指数

（3）创新监控指标过去 5 年对业务的影响与贡献。

- 知识产权。过去 5 年，通过对创意数量的监控，工程进度大幅提高，2014—2015 年，公司累计为客户节约 370 天工期，为客户降低成本做出了积极贡献。秦皇岛 32-6 项目创造万吨级组块最短建造周期纪录（11.5 月），荔湾 3-1 项目万吨组块建造周期仅用 21 月，较国际同类产品建造周期缩短 15%；公司海上整体作业效率提升约 12%，其中，"蓝鲸"船"蓝疆"船吊装效率较定额分别提高 58%和 36%，"海洋石油 201"和"海洋石油 202"船队铺管效率较定额分别提高 48%和 46%。

- 高层管理者参加项目会议的次数。对于上面列出的所有创新项目，在项目的各个阶段，均要求高层管理者参与项目的相关会议，监控项目的实施流程，及时发现项目在实施过程中的重要问题。通过新产品开发方法的应用，公司产品组合/产业结构进一步优化：产品上从单一组块、导管架建造拓展到 LNG、模块化、FPSO 等高附加值新产品；服务上从 EPCI 工程建设总包逐步向前期 CONCEPT、FEED 研究，向后期运营、维修改造、拆除等方面拓展。通过业务拓展扩大了公司知名度及业务范围，2013—2017 年寻求公司参与投标的项目年均合同额近 1 000 亿元，而之前 5 年不到 200 亿元。

- 准时到达关口的次数。在创新项目的开发流程中，海工股份公司建立了完备的项目管理流程并监控项目实施，通过 P6 计划管理软件及 SAPERP 系统，实现对工程项目的关口监控。
- 个人和团队绩效的获奖情况。海工股份公司对创新项目实施绩效奖励制度，在整个项目周期没有发生任何安全事故和工程质量事故，按照既定计划完成的项目，公司给予一定的经济奖励。
- 利润率。2008—2012 年，公司海外市场收入仅占公司总收入的 8%。2013—2017 年，该比例迅速提升至 26%，显示出公司国际市场份额呈上升趋势。随着新产品的投入运用，公司市场范围从东南亚逐步向中东、非洲、南美等区域推进，公司稳定的客户数量从 2012 年的 7 家扩展到 2017 年的 15 家，即便在低油价大环境下，公司 2013—2017 年新签合同额累计仍达 690 亿元，较上个 5 年（600 亿元）增长了 15%。

6. 新产品开发过程

（1）概念来源和筛选

- 新产品概念来源。从公司内部来看，创意产生的主要来源有高层管理者直接提出，工程技术人员通过技术升级提出，市场营销人员通过市场营销创新战略提出。从公司外部来看，创意产生的主要来源有为满足客户需求、创造客户价值最大化提出，分包商和供应商提出，分析竞争对手逆向推理提出。
- 新产品筛选。海工股份公司工程技术中心定期搜集全公司的新产品创意，通过头脑风暴进行筛选工作。其筛选新产品的理念是：创意理念和公司战略保持高度一致性是基本原则，满足客户需求、创造客户价值最大化是主要驱动力。通过公司内部创新概念筛选评价矩阵对提出的新产品概念进行筛选。

（2）机会分析。 基于宏观环境、内外部因素、竞争对手、客户市场等多方面信息、数据、知识，采用 PESTEL 要素分析、SWOT 分析、外部因素评价矩阵等方法进行机会分析，是海工股份公司新产品开发活动前端最重要的环节。

（3）技术或客户趋势在前端流程中的作用。

- 技术。包括 3 个方面：一是技术可行性，即新产品的技术是否存在严重的技术壁垒，尤其是对于那些早期开发的新产品，技术可行性是未来新产品发展壮大最根本的制约因素；二是通过技术改进降低成本的可行性；三是技术效益，包括技术创造新产品的市场的能力、技术安全、技术对环境的影响力、技术带来的社会效应等。
- 客户趋势。客户趋势是改变海工股份公司新产品开发活动前端的驱动力，在活动前端的各个环节，都要充分考虑可能对客户趋势造成颠覆性影响的因素。

（4）开放式创新的作用。 主要体现在两个层面：一个是企业间的合作创新，另一个是产学研用的协同创新。海工股份公司目前正在通过开放式创新契合国际化发展战略，逐步实施网络组织创新，模糊边界，完全开放，让全世界资源为我所用。

7．组织和文化

（1）**管理颠覆性或高风险的新机会。**2012 年海工股份公司在对现有客户未来几年产品需求量和公司自身产能分析的基础上制定了国际化战略。通过国际市场调研、信息收集，在分析了国际客户需求的基础上，进行了业务流程再造，成立了国际公司，对所有的国际化项目客户关系维护、市场开发、项目运营进行统一管理，为国际化客户提供更加专业、更敏捷的一体化解决方案。公司对高风险创新通过战略、流程、产品、组织和团队四个维度进行精细化管理。

（2）**识别、评估和合并新的创新方法。**海工股份公司采取"模糊前端"的新产品开发评价方式对新产品创新的方法进行识别、评估和整合，包括开放式创新的"模糊前端"识别与评价、发散式与收敛性创新的 PESTEL 分析方式、创意筛选的多维尺度分析方法、与客户同创下的客户拜访和客户赋能等方法。

（3）**制度化交流和共享创新成果。**公司在注重创新的同时也特别重视创新在组织内部的交流、共享和复制。保证创新能够在组织内部顺利推广。公司在推广平台战略和塑造企业文化两个方面确保创新成果得到共享和推广。

（4）**保持创新过程和活动的敏捷性。**公司在新产品开发（创新）过程中始终秉承"依靠科技进步，实施过程控制，持续改进管理绩效，不断追求客户满意"这一宗旨，积极与客户互动，快速响应内外部环境变化，始终以成果符合性为目标，有效实现了创新过程和活动的灵活性和敏捷性。

（5）**将创新责任分配给整个组织。**职能部门首先发起创意，提交公司领导层进行决策。领导层决策后由公司职能部门将分解的职责分配给执行单位（各分子公司），执行单位（各分子公司）再将职责继续细分，最终分解到具体员工，形成组织创新的横向管理。同时公司新产品开发以项目为单位展开，在纵向分工中领取到创新职责的各分子公司为项目组提供成员，由项目组组织开展创新研发工作。在创新过程中项目组横向协调和管理各分子公司提供的研发成员。

（6）**创建创新文化的实践过程。**

- 创新文化的组织保障。海工股份公司始终做好创新文化顶层设计，以"成为创造更高性价比的引领者"为愿景，以建设国际一流能源工程公司为目标，以国际化、市场引领、创新驱动、绿色保障、人才兴企为五大发展战略，描绘了创新文化发展蓝图。
- 创新文化的全员参与。公司对员工的建议及时、正确地接纳和反馈，培养员工归属感和勇于承担的精神。公司充分尊重每个人实现自我价值的意愿，在公司长远发展的前提下，尽可能为每个员工提供自我发展的空间。
- 创新文化的人才培养。通过岗位激励、绩效考核、培训、培养，以及职业发展通道等多种方式打造企业创新文化与培养人才。
- 创新文化的环境打造。海工股份公司是具有包容性企业文化的公司，它积极推行"三重一大"容错纠错清单，鼓励员工主动作为、敢于作为，积极总结经验教训并予以推广，确保公司健康可持续地发展。

"创新不仅是海油工程的企业文化，更是溶在血液里的特质。" 海工股份公司董事长金晓剑说。"创新促发展，海油工程这条路走得对。创新增强了企业的实力，增加了品牌含金量，更重要的是增强了我们更好地服务国家战略、服务客户的自信心。海油工程得到了市场的认可，也证明了海油工程创新的技术、创新的商业模式、创新的人才战略是有效的。"

案例三　传统银行的产品敏捷创新　　　　　于兆鹏　中国银联支付学院主管

近年来，随着银行业市场化转型步伐的加快，传统银行越来越重视产品创新。这一方面是由于国家金融体制改革的要求，另一方面也是因为国内互联网金融的迅猛发展和外资银行加快进入中国市场。传统银行在锐意创新、加快产品开发的过程中，敏捷创新是非常重要的一环。

下面，我们从传统银行的产品革新、敏捷转型、敏捷项目管理 3 个主要方面来看一下银行业的产品敏捷创新的方法与实践。

1．产品革新

传统银行这两年非常重视产品革新，它的很多产品是基于已有的业务架构来进行创新的，这不同于互联网行业，可以凭空创造出一个新品出来。因为传统银行的新产品要考虑与已有业务的兼容性，因此是一种基于现有业务和产品的革新。

以某金融机构的清算系统为例。该清算系统采用适应银行卡产业未来发展方向的集中清算模式，为银行支付服务外延扩展提供清算支持。而且，采用智能推理、智能规划和机器学习等技术，清分清算速度得到极大提升，在需求大幅度提升的情况下，为机构提供的对账文件和报表文件的时间也需要按照 SLA（服务等级协议）不断提前。同时，基于已有的业务和系统，传统银行也在不断推陈出新，如银联的云闪付就是一款优秀的针对 C 端用户的拳头产品，其用户已经突破 1.7 亿个。

下面我们从两个方面来介绍传统银行产品革新的方法和实践。

（1）战略组合管理。 传统银行是一种自上而下的管理机制，需要实时关注来自人民银行和银监会的政策要求，同时也要考虑市场的客户需求，因此战略组合管理是很重要的，因为它关注的是如何基于先前筛选出来的产品概念选择好的项目，以及平衡所选择项目的风险和收益问题。

在传统银行中，通常会有战略部或企划部这样的部门负责产品组合管理，这实际上是一个承接战略的决策过程，为公司选择最有效的新产品开发项目，从而优化稀缺资源的使用。产品项目的评审小组通常会按照一套预设的标准（见表 8-2）对项目进行排序。排序区间从强烈同意到强烈反对，分别对应 1~5 分。

表 8-2　项目评审标准

战略一致性	市场吸引力	产品优势	技术可行性
适合商业战略	达到最小市场规模标准	满足客户的需要	拥有或获取知识/专业技能
适合创新战略	增长机会	提供独特的价值主张	技术复杂性和风险是可管理的
利用技能和核心能力	提供竞争优势	风险	回报
支持整体业务单元的需要	满足现有市场或客户的需要	无杀手变量	与风险相符的投入产出比
提供平衡	无法规或环境障碍	不确定性是可管理的	整个生命周期盈利率是可接受的

表 8-3 是一个传统银行的项目评审实例。评审小组要将每个评审者的打分汇总在一起，最后，对项目进行优先级排序，挑选出活跃项目。

表 8-3 项目评审（示例）

项目	战略一致性	产品优势	市场吸引力	核心能力	技术可行性	回报	分数	标准分数	资源数量	状态
项目 1	5	5	5	5	4	5	29	97%	16	活跃
项目 2	2	5	5	5	4	5	26	87%	20	活跃
项目 3	5	4	4	4	5	4	26	87%	15	活跃
项目 4	5	4	3	4	3	3	22	73%	20	活跃
项目 5	5	3	4	3	4	2	21	70%	15	暂停
项目 6	2	2	5	2	5	4	20	67%	30	暂停
项目 7	4	4	2	4	2	4	20	67%	20	暂停
项目 8	3	5	5	1	1	4	19	63%	25	暂停

（2）**商业模式创新**。在传统银行的众多创新产品中，有些产品会改变商业模式，带来新的业务机会，因此受到传统银行的重视。

图 8-3 是某金融机构的一个典型商业模式，被称为四边模式。其核心是将商户和持卡人等两个或者更多有明显区别但又相互依赖的客户群体集合在一起，通过成为这些客户群体的中介来创造价值。平台运营商通常会通过为一个群体提供低价甚至免费的服务来吸引它，并依靠这个群体来吸引与之相对的另一个群体。

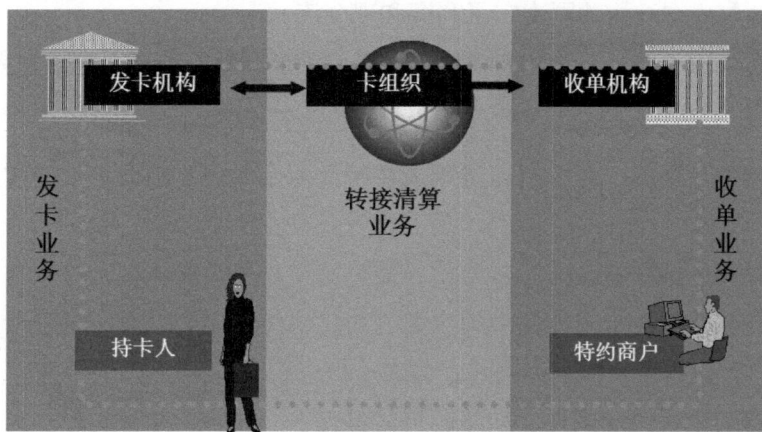

图 8-3 某金融机构的商业模式

商业模式的作用是迫使我们重新认知我们在市场中的定位，重构产品的生态圈。如图 8-4 所示，我们经常使用商业模式画布这个工具来进行新的商业模式分析。这个工具可以用一个中心三个环来描述。好的商业模式或产品必须有一个有力的价值主张作为中心，例如，"支付先看云闪付"就是一个价值主张。价值主张由两个方面组成：痛点和解决方案，云闪付凸显了支付的速度优势和联网通用优势。

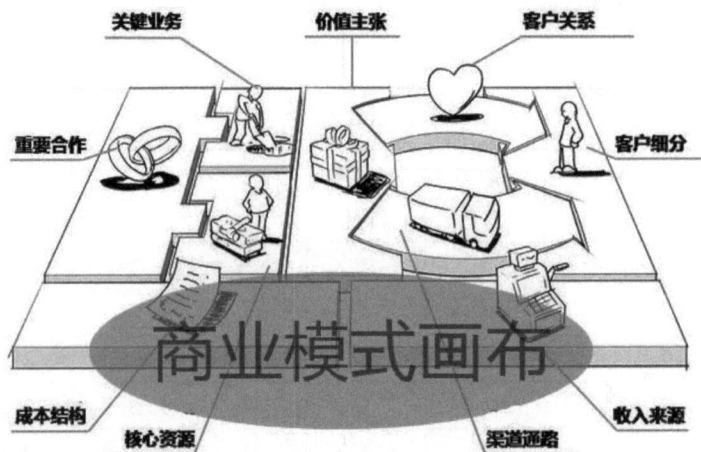

图 8-4　商业模式画布

一个中心明确后，我们来看看三个环。第一个环叫作客户环，由三要素组成：客户细分、渠道通路和客户关系。云闪付产品的客户定位是年轻人群体，因此你会看到这个产品的渠道通路往往是地铁广告或网上广告等这些年轻人比较关注的媒介。同时它还通过红包和送优惠活动来巩固和维护客户关系。

第二个环叫作业务环。这个环也是由三要素组成的：关键业务、重要合作伙伴，以及核心资源。云闪付的关键业务包括扫码支付、转账、商圈积分等。考虑到不可能所有的业务都是自己来做，因此需要合作伙伴，包括商户、移动公司、电信公司、水电煤等基础服务公司等。云闪付的核心资源是用户的支付大数据，正是因为有了这些大数据，才可能不断分析用户的消费习惯，从而精准推送各方面的增值服务。

第三个环是现金流环。这个环由两个要素组成：成本结构和收入来源。成本结构由业务决定，收入来源由客户决定。收入来源与成本结构共同决定了利润和现金流。

从上面所述的商业模式中，你可以看到商业模式对于建设产品的生态圈是非常重要的。

2．敏捷转型

为了更大力度地进行产品创新，传统银行近年来在研发体系内部开始推行敏捷实践。在这个过程中，敏捷转型是必不可缺的一环。

以某国内大型金融公司为例，从 2017 年开始，该公司开始了敏捷转型，并取得了不小的成就。对于这样的企业，转型必须是战略性的，不能简单地拷贝，而且将经历多个阶段，每个阶段都会有不同的目标需要完成。

在项目初期，必须搞清楚对企业来说，转型的目的是什么，能给企业带来怎样的价值，这也是敏捷价值的体现。该金融公司经过与管理层几轮探讨，确定敏捷可以带来以下收益：

- 团队有效沟通，信息公开，发现问题及风险。
- 测试开发融合，有共同的工作目标和验收标准。
- 增量迭代交付，团队协作，鼓励适应变化。
- 需求渐进明细，重要业务需求优先开发。
- 注重客户意识，吸引最终用户、业务部门共同参与。

- 深化项目指标，团队绩效持续跟踪。

了解了敏捷的目的后，该公司的项目管理办公室针对敏捷转型项目列了一个里程碑式的转型计划：

- 2017/10/31：项目启动。
- 2017/12/31：访谈评估。
- 2018/3/30—4/30：方案设计。
- 2018/5/30：项目试点。
- 2018/9/1—9/30：方法论导入。
- 2018/10/7—11/1：健康检查。

（1）**评估访谈**。评判该公司的研发能力，从 8 个基本方面进行，包括项目管理、需求管理、项目测试等。了解评估范围后，对相关角色进行访谈（见表 8-4）。

表 8-4 敏捷转型访谈评估记录

主题/角色	PMO	部门经理	QA	需求管理人员	Scrum Master	业务分析师	沟通协调员	开发工程师	测试工程师	运输工程师
项目治理及预算	√	√					√			
需求管理	√	√		√	√	√		√	√	
变革管理	√	√	√							
发布管理		√	√					√	√	√
审计合规		√	√					√	√	
交流合作	√	√				√		√	√	√
团队构成	√	√	√	√		√				
质量保证		√	√	√				√	√	
工程实践及架构	√	√			√			√		√

（2）**转型方案**。任何敏捷流程的实施都必须与组织自身特点相结合，否则只能水土不服。该公司的敏捷转型特点是项目多而复杂，项目之间关联紧密，而且测试存在较大的技术和资源短板。因此相关流程里就必须加强这些方面的设计，方案如下。

- 敏捷整体框架：敏捷活动名称、参与角色、活动输入输出等。
- 人员角色文件：30 个岗位描述，岗位职责及技能要求说明。
- 引用模板：120 个混合敏捷型的过程模板。
- 敏捷流程图：6 个流程，整体流程与分段流程相结合。

同时，团队架构也进行了重新设计，如图 8-5 所示。

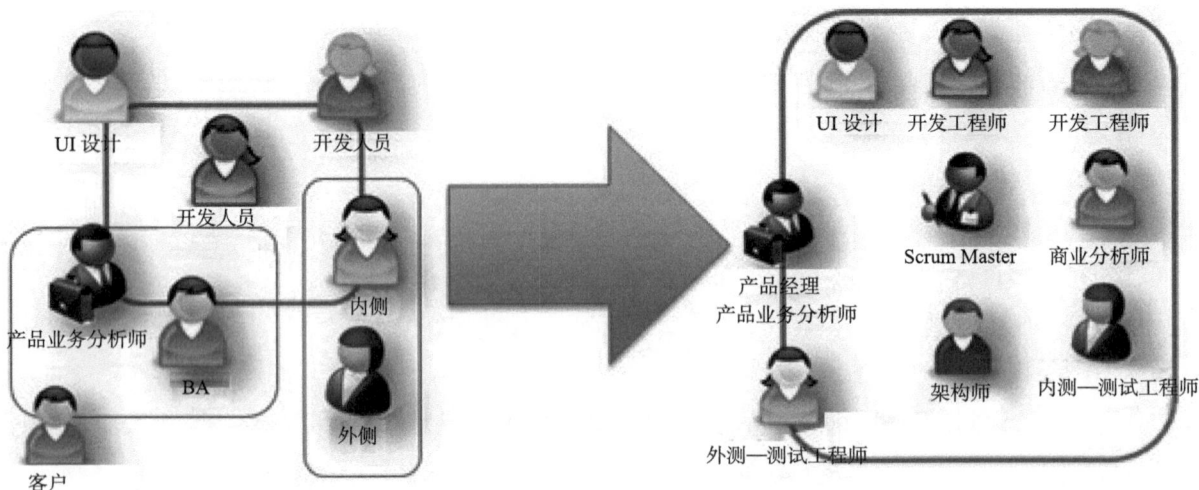

图 8-5　敏捷转型团队架构设计

（3）**项目试点**。方案需要寻找合适的项目进行试点，以确保方案是可执行的。寻找项目的时候，必须有一定的过滤条件，也就是哪些项目更适合敏捷。因为在一个项目众多的组织里面，不是所有项目都必须敏捷。根据选择条件，最终选择了 3 个项目作为试点项目。由于项目特点不同，需要对不同试点项目采取不同的转型方法。例如，有些项目需要客户很好地参与，而有些项目则需要持续集成。其共同点就是它们都会采用敏捷和看板方法（见图 8-6）。

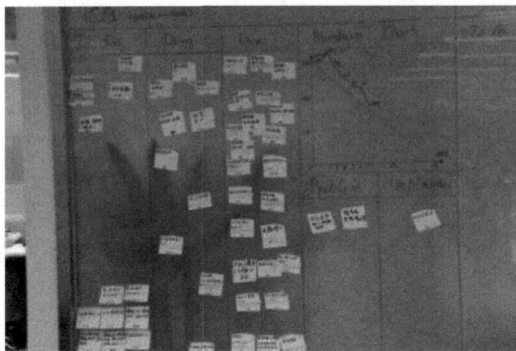

图 8-6　敏捷转型中使用的看板

（4）**导入和健康检查**。方法导入和健康检查是交替进行的，既要确保设计的方案被研发团队正确执行了，也要保证其能达到预期的效果。因此，需要在导入方法后，对那些项目进行健康检查，一般检查周期是半年，主要对如下几个方面进行检查：

- 研发中心级别度量指标（KLOC 代表"千行代码"）
  - 外测缺陷密度：缺陷数/KLOC。
  - 内测缺陷密度：缺陷数/KLOC。
  - 单元测试覆盖率：单元测试用例方法个数/KLOC。
- 项目级别度量指标
  - 进度偏差：（本迭代实际工期–计划工期）/计划工期。

— 工时偏差：（完成本迭代实际所需小时数–完成本迭代计划所需小时数）/完成本迭代计划所需小时数。

将这两个方面的得分汇总，就可以判断敏捷执行的成熟度了。

从上面的敏捷转型案例中可以看出，敏捷转型是一个系统的工程，不能一蹴而就。另外，没有一种方法可以适用于所有的软件开发，敏捷实践也是在不断演进的，具体在应用的时候，需要不断地加以调整。

3. 敏捷项目管理

受传统项目管理思维的影响，人们往往认为只有项目计划很完备才能开工，试图在一开始就将项目的方方面面都考虑得很周全，这在大部分场合几乎是不可能的。而且长久以来，人们一直在接受着这样的教导：项目经理是负责人，他管理团队，指派任务并且承担整个项目成功的责任。当所有压力及所有期望都指向同一个人，而这个人又负责项目的沟通交流，我们怎么可能期望项目的沟通交流会是中立的？

应用敏捷方法能有效解决这些传统管理模式所带来的痛点。敏捷非常强调用户的参与，用户参与可以有效降低需求歧义，提升其满意度与项目的可视性。要求相关方对项目成果进行频繁的核实与确认，可以更加明确需求，提升用户体验。同时敏捷方法以自适应管理的模式，更早、更频繁地引入变更，以小规模的、循序渐进的步骤来构建产品，可以及早获取客户的反馈，大幅减少项目返工的概率（见图 8-7）。

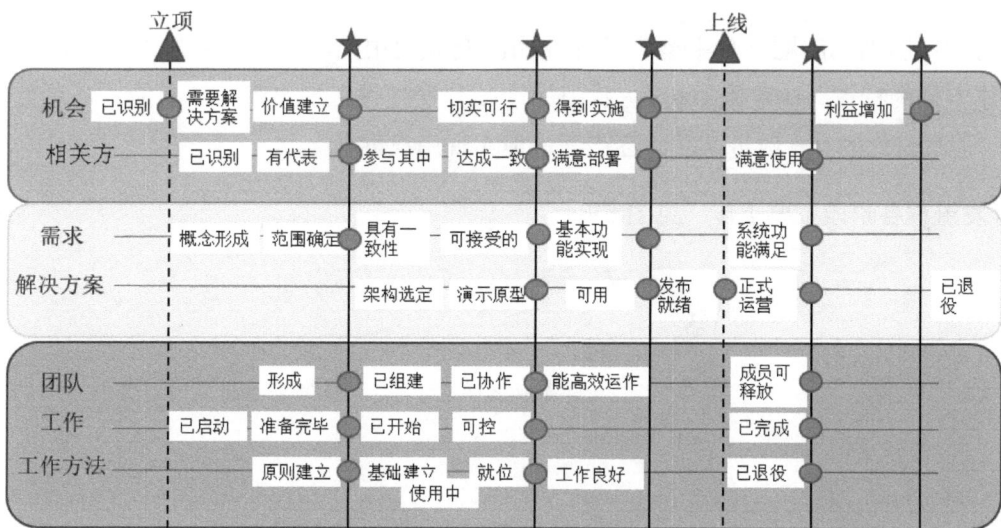

图 8-7 某金融公司研发中心敏捷项目管理框架

总之，需求的定义开始重塑，企业更注重符合新生代消费群体定制化和希望参与的需求，这就注定了用于创建独特产品或服务过程的项目管理模式必须随之发生变化。想要适应日新月异的市场环境，以及品味越来越多样化的客户群体，崇尚客户参与、拥抱变化、团队自适应的敏捷模式将得到广泛的应用。

案例四　某微信公众号产品的创新开发　杨云　产品创新、创业管理资深顾问

为了响应国家"大众创业，万众创新"的双创要求，全国各地涌现出大量创业园区。这些园区高质量

的发展，有利于进一步增强创业带动就业的能力，提升科技创新和产业发展活力，创造优质供给和扩大有效需求，对增强经济发展内生动力具有重要意义。然而，众多创业园区的孵化服务，还只是停留在为创业者提供基础的办公空间和共享办公设备等低端硬件服务上，在创业者和风投资本方急需的创业项目辅导、筛选和孵化等软服务方面提供的帮助有限。因此，某创业园区决定开发一款能提供创业项目可行性测评、合伙人招募、风投资金对接等一条龙孵化服务的产品——"Ta 靠谱吗"，全面提升园区创新创业服务能力！

1. 产品开发流程设计要点

在产品开发初期，用户需求不明确且多变，各方对产品有不同诉求。创业园区领导关注到创新创业生态不够完善、科技成果转化机制尚不健全、大中小企业融通发展还不充分等问题，提出该产品需要积极响应和落实国家的双创政策。年轻的创业者创业热情高涨，但他们空有创业梦想和激情，不掌握一些应知应会的创业知识，经常出现"盲目上场，黯然离场"的现象，他们呼唤创业项目辅导和孵化平台；风投资本面对大量涌现、沙石俱下的创业项目，发现要在其中筛选出优质的项目难度极大，甚至出现劣币淘汰良币的现象，他们需要有个优质创业项目筛选和资本对接平台。然而，三方除了同意"产品应以微信公众号的形式提供便捷的访问服务"，对于该产品到底要做成什么样、具备什么功能，并没有达成一个明确的共识。

针对产品需求不明确的问题，自主型产品开发团队充分利用微信公众号类软件产品获得用户反馈快速、开发迭代成本低的特点，决定采用精益+敏捷的产品开发过程，聚焦产品核心能力，迅速推出产品，根据用户反馈，通过迭代的方式改进产品，逐步渐进地实现用户诉求。

2. 产品开发流程各阶段主要工作（见图 8-8）

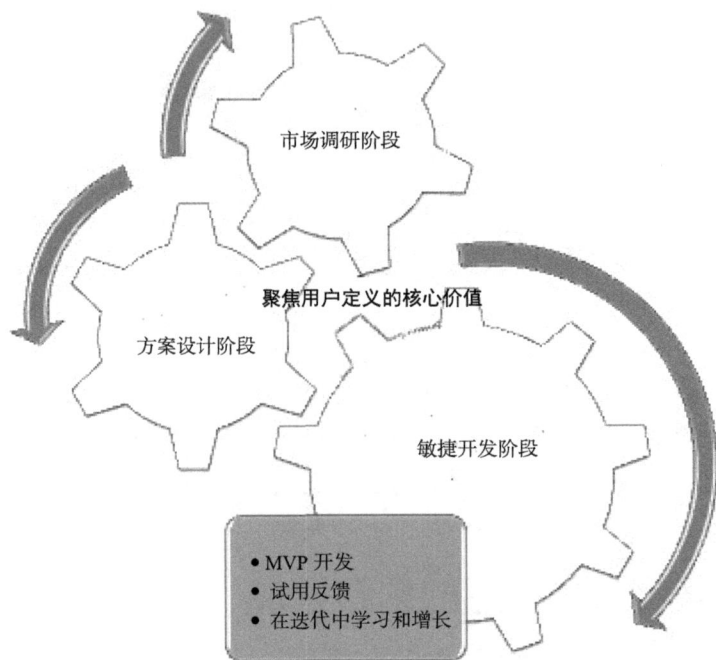

图 8-8 "Ta 靠谱吗"微信公众号产品开发流程

（1）**市场调研阶段**。产品开发团队在市场调研阶段主要采用次级市场调研方法，收集、研究与创业相关的行业发展咨询报告；采用用户现场访问的方法访谈了创业园区领导和风投资本机构；采用问卷调查的方式，广泛了解广大创业者的诉求，并邀请初次创业者、重复创业者、成功创业者等多种类型的创业人员，采用焦点小组的方式进行深度访谈。产品开发团队通过市场调研，绘制出了用户画像和市场细分地图，并且发现，"创业项目辅导"是创业者、风投资本机构和园区领导都非常关心的一个产品核心价值，所以产品开发团队准备以该服务作为产品的核心功能和应用推广重点。

（2）**方案设计阶段**。产品开发团队在方案设计阶段主要采用 PESTLE 分析法分析外部各要素的变化，通过情景分析法探讨这些变化对产品的影响，绘制行业画布为产品找到直接和间接竞品，并开展竞品分析。产品团队邀请部分用户一起采用 Scamper、头脑风暴法、TRIZ、头脑速写法、故事看板等创新工具获得产品概念的创意和灵感。然后花了三天时间，采用设计思维法，带领整个团队成员定义用户问题和为产品设计解决方案。这样，初步的产品概念在产品团队和部分受邀用户之间达成了共识。

（3）**敏捷开发阶段**。

1）最小可用产品开发。产品团队在开发最小可用产品（Minimal Viable Product，MVP）时，秉承"精益产品过程"的理念设计，一方面要求减少浪费、迅速做出产品；另一方面还须确保实现"创业项目辅导"这一用户核心价值。为了迎接这一双重挑战，产品团队决定以一年一度的园区创业大赛为契机，以先辅导好创业大赛中的创业者为目标，完成产品 MVP 的设计和研发工作。

在"Ta 靠谱吗"MVP 设计上，产品团队不求一次做出完美的产品，而是围绕"创业项目辅导"这一核心诉求，决定首先实现"辅导创业者定义创业项目概念和设计商业模式"这一核心功能。在开发过程中，采用小步迭代、快速开发的方式，力求用最小的资源（包括业务资源和开发资源）在最短的时间内快速做出产品，尽早投入真实的市场上小范围试用。

2）试用反馈。产品团队邀请创业大赛部分早期报名者为天使用户，小范围开展"Ta 靠谱吗"MVP 的试用效果研究，并收集和对比了本届和往届创业大赛在上报项目数量、增长率、合格率、满意率、转发率等方面的度量指标，发现"Ta 靠谱吗"MVP 版的投入使用，并没有带来指标的优化表现，度量指标证据残酷而清晰地指出——产品失败了！

为了查明原因，产品团队邀约了一些早期用户进行深度的现场访问。使用过产品的早期用户反馈：单纯的产品概念定义和商业模式设计辅导，在网上和书上有大量的资料可以找到，产品的推出在"帮助创业者规范创业项目内容和格式上"有一定的帮助，但对于"创业项目是否可行"帮助不大，希望未来产品能够增强项目可行性验证这类的帮助。

3）在迭代中学习和增长。围绕这一用户需求，产品团队在第二轮迭代中将原来"辅导创业者定义创业项目概念和设计商业模式"这一核心功能，扩展为"辅导定义创业项目概念+用户测试和反馈意见收集""辅导设计商业模式+邀请专家测评"两大核心功能，并在两周内用最少资源迅速开发完成，再次投入试用。这次，产品在上报项目增长率、合格率等指标上取得了明显的改进，获得了广大参赛用户的认可。

接下来，产品团队采用敏捷的产品开发过程，以两周为一个迭代周期，不断分析度量指标，收集创业者、风投资本机构和创业园区管理者等各类用户的反馈意见，以用户价值驱动，减少浪费，快速迭代，逐步实现了"辅导创业项目概念定义、用户测试、辅导商业模式设计、专家测评、创业项目 PK 赛、入围项目路演、合伙人招募、风投资金对接"等功能，完整地提供了创业项目孵化一条龙服务，获得了园区领导、风投资本机构和创业者的一致认可，在创投圈内树立了标杆，形成了良好的口碑！

本章作者简介

楼政

作者简介同第 3 章。

陈和兰

中国社科院经济管理博士，获得 PMP、PgMP 证书，NPDP 认证讲师。《项目管理技术》《项目管理评论》杂志编委，国家重大专项课题"应用型项目管理知识体系研究"专家组成员。曾在神州长城科技公司、宏智科技股份公司分管销售、项目管理、研发管理和产品管理。2006 年开始提供产品管理培训和体系建设咨询服务。著有《项目管理工具技术应用全案》《项目管理模板表单应用全案》《项目绩效与薪酬管理指南》等书。

于兆鹏

作者简介同第 0 章。

杨云

核物理专业毕业，因本科毕业设计软件卖了上百万元（获部级二等奖），从此走上 IT 这条不归路。曾经沿着技术的路线一路狂飙，历经程序员、架构师、需求师、项目经理、产品总监、IT 咨询顾问等岗位磨砺，被聘为国家部委信息化高级顾问和软件工程标准起草人（主笔的国家软件标准已颁布，并成为国际提案）、ISO 国际标准组织 SOA 组中国区代表（首批 4 人小组成员）、NPDP 认证讲师、光环国际 NPDP 课程架构师和首席讲师，为百余家企业提供过培训和咨询服务。

反侵权盗版声明